教育部人文社会科学研究专项任务项目（马克思主义中国化、时代化、大众化）资助：

“以社会主义核心价值体系引领文化产业发展研究”课题（项目号12JD710095）成果

引领文化与文化引领

YINLING WENHUA YU WENHUA YINLING

叶飞霞　刘淑兰／著

人民出版社

责任编辑:詹素娟
封面设计:徐　晖

图书在版编目(CIP)数据

引领文化与文化引领/叶飞霞 刘淑兰 著. -北京:人民出版社,2012.10
(社会主义核心价值体系建设丛书)
ISBN 978-7-01-011268-8

Ⅰ.①引… Ⅱ.①叶…②刘… Ⅲ.①社会主义-文化事业-建设-研究-中国
Ⅳ.①G12

中国版本图书馆CIP数据核字(2012)第230427号

引领文化与文化引领
YINLING WENHUA YU WENHUA YINLING

叶飞霞　刘淑兰 著

人民出版社 出版发行
(100706　北京市东城区隆福寺街99号)

北京市文林印务有限公司印刷　新华书店经销

2012年10月第1版　2012年10月北京第1次印刷
开本:710毫米×1000毫米 1/16　印张:23.5
字数:420千字

ISBN 978-7-01-011268-8　定价:50.00元

邮购地址 100706　北京市东城区隆福寺街99号
人民东方图书销售中心　电话 (010)65250042　65289539

序

中国,作为拥有五千多年灿烂文化积淀的文明古国,在近代无可争辩地衰落了。时至今日,在世界民族文化之林中,面对文化强国争雄,我国仍然处于文化落后的境地。中国文化软实力的不足,与悠久的民族文化传统、与博大文化历史资源不对称,与中国的大国地位不对等,与中国的总体经济实力不相称,更与中华民族百年复兴之理想不吻合。建设文化强国是时代的呼唤、国人的心声、民族的期盼。

党的十七届六中全会作出《中共中央关于深化文化体制改革的决定》(以下简称《决定》),以高度的文化自觉,充分认识推进文化改革发展的重要性和紧迫性,提出了建设社会主义文化强国的战略目标、重要方针和战略任务。民心党心凝聚成了共识:以我中华五千多年文明创造出的博大精深的中华文化,为中华民族发展壮大提供了强大精神力量,为人类文明进步作出新的重大贡献。自强不息锻造的中华民族,能够在改革开放三十多年励精图治下,创造出经济总量世界第二的奇迹。我们有理由相信,只要我们抓住和用好我国发展的重要战略机遇期,坚持发展是硬道理、发展是党执政兴国第一要务的战略理念,在坚持以经济建设为中心的同时,自觉把文化繁荣发展作为发展的重要内容,作为深入贯彻落实科学发展观的一个基本要求,始终坚持文化建设与经济建设、政治建设、社会建设以及生态文明建设协调发展,我们就能够发展面向现代化、面向世界、面向未来的,民族的科学的大众的社会主义文化,培养高度的文化自觉和文化自信,提高全民族文明素质,增强国家文化软实力,弘扬中华文化,努力建设社会主义文化强国。

战略目标已经明确,宏伟的蓝图业已描绘,我们在建设社会主义文化强国的道路上迈出了坚定的步伐。然而"路漫漫其修远兮",需要吾辈上下而求索。《引领文化与文化引领》是我们尽"匹夫"之责为之奉献的一点努力,虽不言精湛,但显拳拳之心,其中凝结着我们的所思所想,愿为文化研究提出新的问题与思考。

当代中国，细品建设文化强国可以作两层理解：一是建设文化强盛的国家；二是以文化强盛推动建设现代化强国。第一个层面理解要求解决的问题是：建设什么样的文化和怎样建设文化的问题。建设什么样的文化问题，十七届六中全会《决定》已经明确；怎样建设文化的问题，《决定》也作出了方向性和宏观的指导。我们在《引领文化与文化引领》中的“引领文化”部分，对怎样建设社会主义文化的问题进行了宏观的解读和微观的路径探究，特别是对以社会主义核心价值体系引领文化事业和文化产业发展做了细致的分析。第二个层面理解要求解决的问题是：发挥社会主义文化的功能推动经济发展和社会进步，为实现社会主义现代化强国提供文化支撑和精神动力。《引领文化与文化引领》中的“文化引领”部分，是针对这个问题进行的探索。相比较而言，这个问题更为复杂，涉及社会生活的方方面面。我们在大胆提出自己观念的同时，严守小心求证的科学精神，立足使观点建立在客观依据的基础上。正如我们在书中所指，引领文化与文化引领具有密切的逻辑关联，社会主义核心价值体系引领文化建设是实现文化引领经济发展和社会进步的前提和基础，文化引领是实现社会主义核心价值体系引领文化的落脚点和归宿，同时又促进社会主义先进文化的建设。二者相互促进、协调发展是推动社会主义文化大发展大繁荣、建设文化强国的内在需求和重要任务。

引领文化与文化引领既是民族文化自觉的象征，又是启迪国人文化自觉的行动。我们希望《引领文化与文化引领》这一小小的浪花，能够汇入党的十七届六中全会掀起的社会主义文化大发展大繁荣的时代浪潮，一同追逐中华民族的百年梦想，实现文化强国与民族复兴。

作　者

2012 年 9 月

目　录

第一章 引领文化与文化引领概述

《中共中央关于深化文化体制改革 推动社会主义文化大发展大繁荣若干重大问题的决定》(以下简称《决定》)明确提出建设社会主义文化强国的重要目标,把文化建设提到前所未有的高度。建设社会主义文化强国首先要解决两个问题:"怎样建设社会主义文化"和"如何发挥社会主义文化的功能推动经济发展和社会进步",这正是"引领文化与文化引领"研究的目标指向。引领文化探讨的是"怎样建设社会主义文化"的问题,文化引领探讨的是"如何发挥社会主义文化的功能推动经济发展和社会进步"的问题。

第一节 引领文化与文化引领的内涵及逻辑关联

"文化"概念,源于英国文化人类学家爱德华·泰勒的《原始文化》(1871)。该书把文化表述为:"文化,或文明,就其广泛的民族学意义来说,是包括全部的知识、信仰、艺术、道德、法律、风俗以及作为社会成员的人所掌握和接受的任何其他的才能和习惯的复合体。"①2004 年,国家统计局关于印发《文化及相关产业分类》的通知中将文化定义为:从广义上讲,文化是指人类创造的一切物质产品和精神产品的总和;狭义上是指语言、文学、艺术及一切意识形态在内的精神产品。在此,我们研究的"文化"特指社会主义文化,即"中国特色社会主义文化"。对此,党的十五大报告做了十分明确的概括:"建设有中国特色社会主义的文化,就是以马克思主义为指导,以培育有理想、有道德、有文化、有纪律的公民为目标,发展面向现代化、面向世界、面向未来的,民族的科学的大众的社会主

① [英]爱德华·泰勒(Tylor Edward Bernatt)著、连树声译:《原始文化》,上海文艺出版社 1992 年版,第 1 页。

义文化。”①

一、引领文化与文化引领的内涵

引领文化宏观上指的是以社会主义核心价值体系引领社会主义文化建设，确保社会主义文化建设沿着正确的方向健康发展，努力建设中国社会主义先进文化；微观上指的是在不断推进社会主义文化的建设中，坚持用社会主义核心价值体系引领文化事业和文化产业发展方向和价值追求，实现文化事业发展的公共服务目标和文化产业发展的社会效益与经济效益的统一。

文化引领指的是发挥社会主义先进文化引领风尚、教育人民、服务社会、推动发展的作用，引领经济发展和社会进步。努力促进社会主义意识形态的吸引力和凝聚力的增强，努力促进社会共识的形成，努力促进经济社会的发展，更好地满足人民群众多样化多层次多方面的物质需求和精神文化需求，构建社会主义和谐社会，为实现全面建设小康社会奋斗目标，充分发挥文化功能，有效实现文化价值。

二、引领文化与文化引领的逻辑关联

引领文化与文化引领的逻辑关联在于：社会主义核心价值体系引领文化建设是实现文化引领经济发展和社会进步的前提和基础，文化引领是实现社会主义核心价值体系引领文化的落脚点和归宿，同时又促进社会主义先进文化的建设。二者相互促进、协调发展是推动社会主义文化大发展大繁荣、建设文化强国的内在需求和重要任务。

（一）引领文化是文化引领的前提和基础

社会主义核心价值体系是兴国之魂，是社会主义先进文化的精髓，决定着中国特色社会主义的发展方向。没有社会主义核心价值体系的引领和主导，社会主义文化建设就会迷失方向，失去根本。

社会主义核心价值体系引领文化为文化引领提供了根本政治保证。社会主义核心价值体系强调坚持马克思主义指导思想，马克思主义指导思想决定了社会主义核心价值体系的性质和方向，也决定了社会主义文化的性质和定位。文

---

① 江泽民：《高举邓小平理论伟大旗帜 把建设有中国特色社会主义事业全面推向二十一世纪》，《人民日报》1997年9月13日。

化引领的任务就是要巩固马克思主义指导地位，坚持不懈地用马克思主义中国化最新成果武装全党、教育人民，用中国特色社会主义共同理想凝聚力量，用以爱国主义为核心的民族精神和以改革创新为核心的时代精神鼓舞斗志，用社会主义荣辱观引领风尚，巩固全党全国各族人民团结奋斗的共同思想基础。这是文化引领最根本的要求。因此，以社会主义核心价值体系引领文化，建设起以社会主义核心价值体系为精髓的社会主义先进文化，将为文化引领提供有力的政治保障。

社会主义核心价值体系引领文化为文化引领提供了坚实的价值基础。社会主义核心价值体系的提出，丰富了中国特色社会主义理论体系，是马克思主义中国化的最新成果，凝结着我们党的指导思想、基本理论、理想信念、思想观念和价值取向，内在地蕴含着以人为本、科学发展的根本要求，是真正能够引领当代中国发展进步的兴国之魂。社会主义核心价值体系是兴国之魂，是社会主义先进文化的精髓，在引领文化建设中为文化引领提供了坚实的价值基础。一方面，在建设社会主义文化强国过程中，将社会主义核心价值体系融入国民教育、精神文明建设和党的建设全过程，以增进全社会对社会主义核心价值体系的认同；将社会主义核心价值体系贯穿改革开放和社会主义现代化建设各领域与精神文化产品创作生产传播各方面，彰显社会主义核心价值体系的强大效能，建设起以社会主义核心价值体系为灵魂的社会主义先进文化，使社会主义先进文化具有很强的引领力、渗透力、感召力，增强其价值功能，为文化引领提供坚实的价值基础。另一方面，坚持以社会主义先进文化引领社会风尚、引领社会思潮、引领大众认同、引领社会发展，就必须有共同的价值基础。社会主义核心价值体系既在宏观价值层面上倡导马克思主义政治价值观，即坚持马克思主义指导和中国特色社会主义共同理想，又在中观价值层面上倡导积极进取的社会价值观，即坚持以爱国主义为核心的民族精神和以改革创新为核心的时代精神，同时还在微观价值层面上倡导普遍的社会公德价值观，即社会主义荣辱观，因此，它为全社会每个成员提供各层次的价值判断标准和价值行为准则，成为文化引领社会经济发展和社会进步的共同价值基础。

社会主义核心价值体系引领文化为文化引领奠定了广泛的群众基础。没有社会成员的广泛参与，文化引领就无法实现。社会主义核心价值体系提倡树立建设中国特色社会主义的共同理想，把我们党在社会主义初级阶段的目标、国家的发展与民族的振兴以及个人的幸福紧密地联系在一起，把各个阶层和各个群体的共同愿望有机地结合在一起，从而保证了全体人民在政治上的高度统一、道义上和精神上的高度一致，为文化引领奠定了良好的群众基础。

社会主义核心价值体系引领文化为文化引领提供强大精神支撑及优秀资源。社会主义先进文化所具有的科学性、时代性、民族性、开放性、丰富性和进步性，既是文化引领的强大的精神支撑，又为文化引领提供了丰富的资源。一个民族没有振奋的精神和高尚的品格，就失去了赖以生存发展的根基。一方面，社会主义核心价值体系提倡弘扬以爱国主义为核心的民族精神和以改革创新为核心的时代精神，这一精神已深深熔铸在中华民族的价值理念之中，熔铸在民族的生命力、创造力和凝聚力之中，形成了丰富的文化积淀和厚重的文化底蕴，在为文化引领提供了强大的精神动力的同时，也为文化引领提供了丰富的优秀资源。另一方面，社会主义核心价值体系引领文化建设，促进社会主义文化的大发展大繁荣，必然能大大加强文化引领的效果及影响力，为文化引领进一步提供源源不断的优秀资源。

（二）文化引领是实现引领文化的落脚点和归宿

引领文化的最终目的是建设起社会主义先进文化，并以此引领社会，推动发展。因此，文化引领是实现社会主义核心价值体系引领文化的落脚点和归宿。文化是民族的血脉，是人民的精神家园。没有文化的积极引领，没有人民精神世界的极大丰富和全民族精神力量的充分发挥，一个国家、一个民族不可能屹立于世界民族之林。

文化引领实现引领文化的价值目标。以社会主义核心价值体系引领文化建设，就是要提升社会主义核心价值体系的公众认同力，提升社会主义先进文化的引领力。而提升公众认同力和社会主义先进文化的引领力的价值目标，就是提高公众对社会主义先进文化的认同和增强对社会主义核心价值体系的认同。这一目标得以实现，要通过成功的文化引领。通过先进文化引领社会风尚、整合社会思潮，提高公众的辨别力和判断力，自觉抵制各种错误思想的侵蚀，最大限度地形成社会共识，从而提高对社会主义核心价值体系、对社会主义先进文化的认同。

文化引领实现引领文化的建设任务。以社会主义核心价值体系引领文化建设的任务，就是要建设社会主义先进文化、增强社会主义先进文化的影响力，实现文化引领风尚、整合思潮、教育人民、服务社会、推动发展的作用。文化引领正是实现引领文化的这些任务，它通过社会主义先进文化的宣传与传播，使之为大众所接受、所崇尚、所追捧，逐步内化为自己思想观念和外化为自己的行为方式，实现引领社会风尚的目的；它通过整合社会思潮，吸纳各种思潮中合理有益的成分，丰富社会主义先进文化的建设内容，扩大社会主义先进文化的社会覆盖面和影响力，扩大和巩固社会主义先进文化的群众基础；它通过文化“化”人，提高人们的文化素养和文化软实力，实现文化育人；它通过文化引领经济社会发展方向，推动经济发展和社会进步。

文化引领实现引领文化的政治意义。通过文化引领社会风尚、整合社会思潮，教育人民，巩固了马克思主义指导地位，实现了用马克思主义中国化最新成果武装全党、教育人民的目的；形成了以中国特色社会主义共同理想凝聚而成的力量；以爱国主义为核心的民族精神和以改革创新为核心的时代精神成为鼓舞人们斗志的精神力量；社会主义荣辱观蔚然成风，全党全国各族人民团结奋斗的共同思想基础得以巩固。

第二节 引领文化的价值分析

以社会主义核心价值体系引领文化建设的价值目标是建设中国社会主义先进文化，即中国特色的社会主义文化。党的十七届六中全会的《决定》指出：“坚持中国特色社会主义文化发展道路，就是必须全面贯彻党的十七大精神，高举中国特色社会主义伟大旗帜，以马克思列宁主义、毛泽东思想、邓小平理论和‘三个代表’重要思想为指导，深入贯彻落实科学发展观，坚持社会主义先进文化前进方向，以科学发展为主题，以建设社会主义核心价值体系为根本任务，以满足人民精神文化需求为出发点和落脚点，以改革创新为动力，发展面向现代化、面向世界、面向未来的，民族的科学的大众的社会主义文化，培养高度的文化自觉和文化自信，提高全民族文明素质，增强国家文化软实力，弘扬中华文化，努力建设社会主义文化强国。”①这里包含着社会主义文化发展的指导思想、发展的路径与任务，都鲜明体现了以社会主义核心价值体系引领中国特色社会主义文化建设的价值目标。这一价值目标的实现，有其内在的基础和依据。社会主义文

① 《中共中央关于深化文化体制改革 推动社会主义文化大发展大繁荣若干重大问题的决定》，《人民日报》2011年10月26日。

化建设的内在要求，是社会主义核心价值体系引领文化的价值基础，社会主义核心价值体系的本质和特点是引领文化的价值依据。

一、引领文化的价值基础

以社会主义核心价值体系引领文化建设，努力建设社会主义先进文化，是社会主义文化建设的内在需求。

（一）社会主义核心价值体系是社会文化的精神支柱和本质所在

社会主义核心价值体系是社会文化的精神支柱和本质所在，是中国社会主义先进文化的根本标志，在社会主义文化建设中具有政治引导作用，处于社会文化建设主导地位。没有文化作支撑，就没有国家和民族的自强自立；没有核心价值体系，也就没有文化的自强自立。社会主义中国要屹立于世界民族之林，就必须要使社会主义文化屹立于世界民族之林。因此，必须建设自己的核心价值体系，并以此引领文化建设与发展。

社会主义核心价值体系是文化改革发展的灵魂，决定着文化的性质和方向，是文化引领风尚、教育人民、服务社会、推动发展的力量源泉。在我国，包括国民教育体系、公共文化服务体系、文化事业和产业体系、文化市场体系以及各种形式的文化产品和服务等，都是承载文化精神价值的物质基础和传播形态，是文化实现引领风尚、教育人民、服务社会、推动发展的基本依托，决定着文化精神价值的传播力和影响力。文化是民族的血脉，是人民的精神家园、政党的精神旗帜。建设和发展什么样的文化，决定着一个国家和民族的前途未来。社会主义核心价值体系为我国文化改革发展提供了有力的保障，保证了我国文化改革发展的方向，始终把握“五个坚持”：即坚持以马克思主义为指导，坚持社会主义先进文化前进方向，坚持以人为本，坚持把社会效益放在首位，坚持改革开放。也就是要坚持以马克思主义作为文化改革发展的根本指导思想，筑牢中国特色社会主义文化发展的根基，丰富发展具有中国特色、符合时代发展要求的文化建设理论；坚持文化改革发展的社会主义根本性质，坚持文化为人民服务，为社会主义服务的根本方针，在思想多样、价值多元、思潮多变的当今社会，不断巩固和壮大社会主义主流思想文化，在全社会形成积极向上的精神追求和健康文明的生活方式；坚持文化改革发展以人为本的根本目的，坚持文化发展为了人民、文化发展依靠人民、文化发展成果由人民共享，让人民成为推动文化大发展大繁荣最深厚的力量源泉；坚持文化改革发展把社会效益放在首位的根本要求，在文化事业和文化产业全面协调可持续发展中，提供更多更好的公共文化服务和文化精品，在满足人们日益增长的精神文化需求的同时，充分发挥文化的社会功能、教化功能和审美功能；坚持改革开放作为文化改革发展的根本动力，不断解放和发展文化生产力，为推动文化的繁荣发展提供强大动力。经过新中国特别是改革开放三十多年的实践，我国文化建设成就巨大，但文化发展水平同经济社会发展还不能完全适应，与人民群众日益增长的精神文化需求还有距离，文化的整体实力和影响力与我国的国际地位尚不相称。面对当今文化越来越成为综合国力竞争重要因素的新形势，更加需要我们以高度的文化自觉和文化自信，着眼于提高民族素质和塑造高尚人格，以更大力度推进文化改革发展，在中国特色社会主义伟大实践中进行文化创造，让人民共享文化发展成果。同时，社会主义核心价值体系保证了我国文化改革发展的方向，还体现在坚持以社会主义核心价值体系为指导，积极主动应对当前文化发展中呈现出更加频繁的各种思想文化交流交融交锋，应对社会思想意识中日趋明显多元多样多变对文化改革发展、形成文化共识提出的严峻挑战。加强社会主义核心价值体系建设，扩大主流意识形态的影响，才能应对多元价值观念的新挑战，适应经济社会发展新要求，满足人民群众精神文化生活新期待，为我国文化大发展大繁荣提供牢固的思想文化基础。

（二）社会主义核心价值体系是国家文化软实力的核心内容

当今时代，文化软实力已经成为民族凝聚力和创造力的重要源泉，成为综合国力竞争的重要因素。因此，建设社会主义核心价值体系的过程，也是提高国家文化软实力的过程。在各种思想文化相互激荡，不同文明相互碰撞更加频繁的情形下，建设社会主义核心价值体系，将极大推进文化大发展大繁荣，从根本上增强中华民族的凝聚力，增强对中华民族大家庭的向心力和归属感，不断巩固民族团结和睦的精神纽带，从根本上提高中华民族的创新力，激发以改革创新为核心的时代精神，凝聚起实现中华民族伟大复兴的强大精神力量；从根本上抵御西方资产阶级腐朽思想文化的渗透，更好地保持中华文化的民族性、时代性、先进性，有效维护我国文化安全；从根本上扩大中华文化的影响力，展现出中国特色、中国风格、中国气派，不断推动中华文化走向世界，扩大我国国际影响力。

二、引领文化的价值依据

以社会主义核心价值体系引领社会主义文化建设，努力建设社会主义社会主义先进文化，是社会主义核心价值体系的本质属性所决定的。社会主义核心价值体系是富有中国特色、具有强大生命力的价值体系，有着鲜明的科学性、先导性、时代性、民族性和开放性，社会主义核心价值体系的本质和特点是引领文化的价值依据。

（一）社会主义核心价值体系具有鲜明的科学性

《中共中央关于构建社会主义和谐社会若干重大问题的决定》指出：建设社会主义核心价值体系，形成全民族奋发向上的精神力量和团结和睦的精神纽带。马克思主义指导思想，中国特色社会主义共同理想，以爱国主义为核心的民族精神和以改革创新为核心的时代精神，社会主义荣辱观，构成社会主义核心价值体系的基本内容。社会主义核心价值体系的这些内容，是根据我国文化建设的历史经验和我国全面实现现代化的奋斗目标而确定的，是改革开放以来我国文化建设实践基础上经验的总结和理论的提升，是中华民族文化自觉的集中体现，体现了社会主义思想文化建设的基本特质，贯穿着马克思主义的思想和原则，融会了我们党的政治主张和文化思想，具有鲜明的科学性。

（二）社会主义核心价值体系具有不可替代的先导性

社会主义核心价值体系具有不可替代的先导性，这种先导性体现为先进性与主导性。其先进性体现为：社会主义核心价值体系即马克思主义指导思想、中国特色社会主义共同理想、以爱国主义为核心的民族精神和以改革创新为核心的时代精神、社会主义荣辱观，代表着最广大人民的根本利益和整个社会文化的发展方向，具有其他任何价值体系都不可替代的先导性和影响力。社会主义先进文化具有与时俱进的创造性特征，能够充分反映时代发展趋势，始终走在时代潮流前面。社会主义先进文化坚持以科学的理论武装人、以正确的舆论引导人、以高尚的精神塑造人、以优秀的作品鼓舞人，帮助人们树立正确的世界观、人生观、价值观，培养高尚的理想和道德情操，弘扬优良的民族精神和社会风气，并引领时代发展的潮流，是健康有益思想文化的前进方向。这就决定了社会主义先进文化是当代中国各族人民面向未来、开拓奋进的主心骨，也决定了社会主义先进文化在各种社会文化思潮面前始终具有正确主导和引领的主动性。社会主义先进文化既体现思想道德建设上的先进性要求，又体现思想道德建设上的广泛性要求；既坚持社会主义先进文化的前进方向，又符合不同层次群众的思想状况；既体现共同一致的愿望和追求，又涵盖不同的群体和阶层，这就决定了它具有广泛的适用性和强大的整合力，能够最大限度地发挥先导作用。社会主义核心价值体系的主导性体现为：社会主义核心价值体系代表了中国特色社会主义社会的主流价值,提供了社会前行的文化认同和价值追求。社会主义核心价值体系是社会主义意识形态的核心内容和最重要组成部分,既突出了立党立国的根本指导思想,又凸显了广大人民群众的价值追求;既传承了中国文化的优良传统,又吸收借鉴了国外的有益成果,是社会主义制度的内在精神,决定着社会主义的发展模式、制度体制和目标任务;是社会主义意识形态的本质特征,决定着社会主义意识形态的性质和方向。建设社会主义核心价值体系,对于在多元多样中立主导、在交流交融中谋共识,形成既有国家统一意志又有个人心情舒畅、既包容多样又有力抵制各种错误思潮和腐朽思想、既坚守基本的社会思想道德又向着更高目标前进的生动局面,具有重要作用。

(三)社会主义核心价值体系具有强烈的时代性

马克思主义与时俱进的理论品质,使其获得鲜明的时代性;中国特色社会主义共同理想,是当下全党全国人民在建设中国特色社会主义过程中形成的,它本身就是时代的产物;爱国主义为核心的民族精神是新时代对中华民族优秀文化传统继承与创新的总结;改革创新的时代精神直接现时代精神之精华;社会主义荣辱观是在今天社会主义市场经济条件下提出的新的道德规范,因而,他们都体现鲜明的时代特色,包含丰富的时代内涵,散发强烈的时代气息。社会主义核心价值体系明确了我国社会共同的价值目标、价值标准,激励人的价值追求,矫正人的价值取向,使之在今天它所蕴含的价值理念能够启迪人、激励人、感召人,能够激起人们对共同价值的向往与追求。以社会主义核心价值体系引领社会主义文化建设,是时代的要求与呼唤。

(四)社会主义核心价值体系体现浓厚的民族性和鲜明的开放性

社会主义核心价值体系是中华文化走向世界的重要基础。推动中华文化走向世界,扩大中华文化的国际感召力和影响力,进而提升国家形象,是中国特色社会主义文化建设的重要任务。民族的才是世界的,社会主义核心价值体系是中华文化有别于他国文化的根本特征,是中华文化民族性的集中体现,是中华文化走向世界的基础,体现出鲜明的民族性。同时,社会主义核心价值体系是参与国际文化竞争的重要支撑。在经济全球化背景下,多元文化的交流交融交锋不可避免。如何使中国文化经受外来文化冲击,维护国家文化安全、捍卫文化主权,是当前文化建设必须面对的严峻问题。应对和参与国际文化竞争,基础性的工作和支撑性的力量在于推进社会主义核心价值体系建设,增强中华文化自身的力量,夯实中华文化自身的底蕴。只有如此,才能有效抵御西方国家的文化渗透与文化扩张，使中华文化在国际文化竞争中立于不败之地。以社会主义核心价值体系引领社会主义文化建设，是开放的中国走向世界的要求。

三、引领文化的价值内涵

党的十七届六中全会《决定》指出，社会主义核心价值体系是社会主义先进文化的精髓。这一重要论述深刻揭示了社会主义核心价值体系引领社会主义先进文化的价值。马克思主义哲学认为，任何事物存在着区别于其他事物的根本属性，即事物的本质。精髓就是体现事物的本质，在事物发展中占有核心和支配地位。任何文化都有自己的核心价值体系，它决定着文化的本质。社会主义核心价值体系作为社会主义先进文化的精髓，就是凝结在社会主义先进文化之中，是决定着社会主义先进文化本质的深层次要素。在整个社会主义先进文化中，社会主义核心价值体系处于统摄和支配地位，它从坚持马克思主义指导地位、坚定中国特色社会主义共同理想、弘扬以爱国主义为核心的民族精神和以改革创新为核心的时代精神、树立和践行社会主义荣辱观四个方面决定了社会主义先进文化的指导思想、发展方向、根本目的等，从而决定了社会主义先进文化的本质。社会主义先进文化因此才具有了科学性、先导性和优越性。

（一）社会主义核心价值体系为社会主义文化建设确立了指导思想

文化的发展需要一定的思想作指导，社会主义核心价值体系强调坚持马克思主义指导地位。马克思主义深刻揭示了人类社会发展规律，坚定维护和发展最广大人民根本利益，是指引人民推动社会进步、创造美好生活的科学理论。马克思主义是中国经济、政治、文化和社会建设的统领，发展社会主义先进文化当然必须以马克思主义为指导思想。建设的社会主义先进文化，要坚持以马克思主义为指导思想，不仅是我们党长期以来领导文化建设的实践经验总结，而且，以马克思主义为指导的，建设面向现代化、面向世界、面向未来的，民族的科学的大众的文化，是与我国的社会性质和发展道路的高度契合，是与我国的经济社会发展状况的观点契合。马克思主义指导思想，是社会主义先进文化建设的内在要求。

（二）社会主义核心价值体系为社会主义文化建设指明了发展方向

文化的发展方向是文化价值取向的最本质体现。社会主义核心价值体系从坚持马克思主义指导地位、坚定中国特色社会主义共同理想、弘扬以爱国主义为核心的民族精神和以改革创新为核心的时代精神、树立和践行社会主义荣辱观四个方面告诉人们应该信仰什么、追求什么、奉行什么、遵循什么，指明文化建设者应该坚持为人民服务、为社会主义服务的鲜明价值取向，文化建设应该体现的社会主义先进文化的发展方向。只有坚持社会主义核心价值体系，我国文化建设才能始终保持正确方向，真正做到为人民服务、为社会主义服务。

（三）社会主义核心价值体系明确了社会主义文化建设的根本目的

文化建设的目的是文化性质、文化价值取向的集中反映。社会主义文化建设的目的是满足人民群众日益增长的精神文化需求，体现鲜明的人民性，而这种鲜明的人民性恰恰是由社会主义核心价值体系决定的。坚持马克思主义指导，就是要用马克思主义武装大众，推进马克思主义大众化；坚定中国特色社会主义共同理想，就是要使中国特色社会主义成为人民大众的共同理想；以爱国主义为核心的民族精神和以改革创新为核心的时代精神，是人民群众实践创造的精神成果；树立和践行社会主义荣辱观，就是要推进公民道德建设、深化群众性精神文明创建活动等等。它们都体现出着眼于满足人民精神需求、充实人民精神世界、提升人民精神境界、增强人民精神力量的价值意义，体现出社会主义先进文化人民创造、人民共享的价值取向。

四、引领文化的价值实现途径

以社会主义核心价值体系引领文化建设的关键在探求引领文化建设的有效途径。把宏观上采用有效的引领方法与微观上坚持用社会主义核心价值体系引领文化事业和文化产业发展方向和价值追求有机地结合起来。

（一）宏观上有效引领的“三个坚持”

在宏观上，采用有效的引领方法，必须做到“三个坚持”：

坚持关注现实问题。社会主义核心价值体系的感召力、引领力，来源于对现实利益的正确表达。它在多大程度上正确反映中国国情，代表最广大人民群众的根本利益，它就能够在多大程度上吸引和凝聚广大人民群众。它越是与中国社会主义建设现实相一致、与最广大人民群众的根本利益相符合，就越具有感召力。因此，以社会主义核心价值体系引领文化建设中要做到“三个密切关注”：密切关注人民大众正在进行的改革开放与建设中国特色社会主义的伟大实践。以我国改革开放和现代化建设的实际问题、以我们正在做的事情为中心，着眼于马克思主义理论的运用，着眼于实际问题的理论思考，着眼于新的实践和新的发展。坚持依靠人民群众、尊重人民群众的首创精神，深入人民群众的火热生活，善于总结人民群众的实践创造和鲜活经验，在人民大众的实践中推进中国特色社会主义理论体系不断创新，为改革开放与中国特色社会主义实践提供前瞻性指导。使社会主义先进文化在指导实践中扩大话语权，在与时俱进中增强感召力；密切关注全球化浪潮和改革攻坚阶段所遇到的各种矛盾与冲突。要善于以利益关系的变化和发展，作为社会主义先进文化引导社会发展的基础。在关注现实中建设社会主义先进文化，不仅要为人民群众提供超越现实的理想价值追求，也要考虑社会发展的现实状况和人民群众发展的利益需求。要紧密联系人民群众关注的我国发展不平衡、就业难、看病难、教育公平、房价过高、分配不公和腐败现象等社会问题，把推进马克思主义大众化与解决这些现实问题结合起来，凸显社会主义先进文化为民谋幸福的社会引导功能，使人民大众在切身受益中体验它的感召力；密切关注改革开放以来国内外环境变化对社会主义文化建设产生的重大影响。改革开放以来，国内外环境变化对社会主义意识形态产生重大的影响，提出了推进马克思主义大众化维护社会主义意识形态领域安全的紧迫性要求。从国际环境看，世界多极化、经济全球化深入发展，科技进步日新月异，世界经济格局发生新变化，国际力量对比出现新态势，全球思想文化交流交融交锋呈现新特点，发达国家在经济、科技等方面仍占优势，西方发达国家借助其物质文明的吸引力、物质文明造就的意识形态的强势话语权，很容易使大众产生认同上的趋向性偏好，特别是对具有开放意识和向往西方文明的年轻一代。同时，全球化进程加速了各种“西化”文化的渗透，加剧了多元化社会思潮的交织与碰撞，“去意识形态化”等错误倾向和各种社会思潮在人民大众中的影响在扩大。这种倾向，如果引导不力，很容易形成大众对主流意识形态的疏离感，削弱大众的鉴别力，影响意识形态社会主义性质的稳定存在和健康发展；从国内环境看：我国的主流意识形态是建立在社会主义初级阶段的客观基础上并受世界各种意识形态影响的，同时，改革带来的社会变革，引发人们观念上的变化与价值观选择上的矛盾，给大众是非鉴别带来了难度。这都迫切需要加强用马克思主义武装大众，用社会主义意识形态为社会公众在总体上进行价值导向和观念整合，提高大众是非鉴别能力，维护社会安定稳定，保证改革开放的顺利进行。马克思主义大众化要重视这些影响，坚持用中国特色社会主义理论体系武装人民大众，提高大众的政治鉴别力。加强理论阐释，着力帮助大众弄清楚“六个为什么”和“划清四个重大界限”，引导大众自觉维护社会主义意识形态的主导地位，自觉抵御西方意识形态的冲击和各种错误思潮的影响，努力提高政治鉴别力。坚持武装头脑，努力帮助大众掌握好贯穿在中国特色社会主义理论体系中的马克思主义立场、观点、方法，并运用于观察问题、分析问题和解决问题；掌握好中国特色社会主义理论体系所蕴含的新思想新观点新论断，并使之成为自己的精神追求，内化为自觉的生活方式和行为方式，提高实践选择能力，增强对社会主义意识形态的认同，增强走中国特色社会主义道路的自觉性坚定性。

坚持把握辩证统一。社会主义核心价值体系是社会主义意识形态本质体现，也是社会主义文化的灵魂。在推进社会主义核心价值体系建设的过程中，要善于运用辩证统一的方法，在坚持“三个统一”中建设社会主义文化，从而提高社会主义核心价值体系的引领力：注重把握先进性和层次性的统一，在坚持社会主义核心价值体系引领文化建设中，注重精英文化与大众文化建设并重、执政文化与社会文化建设并举；在坚持用社会主义核心价值体系教育和武装大众中，注重大众认知水平和思想素质的差异，在引领过程中要注重层次性推进。既要为人民大众提供理想的价值追求，也要考虑人民大众的合理现实需求；既要彰显社会主义核心价值体系的本质特征，也要符合人民群众的认知规律和思想素质的形成发展规律；既要体现社会主义核心价值体系建设的目标要求，也要考虑人民大众不同的接受水平；注重把握整合性引领与多样性包容的统一。多样性的存在是整合引领的前提，没有多样就无所谓整合。在推进社会主义文化建设中，既要毫不动摇地坚持马克思主义在我国意识形态领域的主导地位，反对文化指导思想多元化，以社会主义核心价值体系作为引领复杂多样社会思潮的精神旗帜，又要善于在对错误思潮进行理性批判的同时，吸取社会思潮中的一些合理成分来丰富自己。在对各种社会思潮采取尊重差异、包容多样态度的同时，注重通过社会主义核心价值体系的有效引领，最大限度地形成社会思想共识，使多样化思想、文化成为社会主义文化的有益补充。在包容多样的基础上实现整合，在整合的同时实现引领。把指导思想的一元化与文化的多样化和谐统一起来，增强社会主义先进文化的亲和力、提高引领力；注重把握科学性引领与艺术性把握的统一。在坚持社会主义核心价值体系引领文化建设中，要依靠社会主义核心价值体系的科学性、先导性、时代性、民族性和开放性的优势实现引领。同时，在引领方法上要把握艺术性，注重文化建设的方向性引导、文化产业发展中的社会效益导向。

坚持扩大开放交流。在开放交流中增强社会主义的吸纳力是保持其生命力的源泉。社会主义核心价值体系的吸纳力体现在“三性”上：一是对人类文明的集成性。保持开放交流才能提高社会主义核心价值体系对人类文明的集成性。马克思主义是开放的体系，改革开放为马克思主义的发展搭建了交流平台、扩大了交流范围，为马克思主义中国化的理论成果——中国特色社会主义理论体系的建设创造良好的思想文化交流环境和交流机遇，促进其立足当代，积极汲取人民大众在改革开放和中国特色社会主义建设实践中创造的文明成果。同时，善于海纳百川地吸收人类历史创造的一切文明成果来丰富自己，广泛汲取中华民族优秀传统文化蕴藏的智慧和养分，积极借鉴世界一切有益文明成果来提升自己，使中国特色社会主义理论体系在博采众长中不断焕发新的生机活力，提高其人类文明的集成性，这是增强社会主义意识形态的吸纳力的基础。二是文化发展的竞争性。保持开放交流增强了社会主义核心价值体系的文化发展的竞争性。在思想观念多样化和意识形态的国际竞争激化的今天，推社会主义核心价值体系建设必须注重在与各种思想文化的交流碰撞中，增强其文化发展的竞争性。要根据不断变化的国际环境，善于抓住机遇、积极应对挑战，使社会主义核心价值体系在与各种思想、文化的交流、交锋中来发展自己；要坚持百花齐放、百家争鸣的方针，使社会主义核心价值体系在与各种思想、文化的碰撞中来提升自己，不断增强社会主义核心价值体系文化发展的竞争性。只有这样，才能对具有生活需求多样性和思想认识差异性的广大群众保持其强大的吸引力和引导力。三是与时俱进的创新性。保持开放交流赋予社会主义核心价值体系与时俱进的创新性。与时俱进是马克思主义的理论品质，要始终站在时代前列，善于总结实践经验，不断推进实践创新和理论创新。要在马克思主义大众化的实践中不断创造新的经验，不断总结人民大众在中国特色社会主义建设中创造出的新的实践经验，不断将新的实践经验升华为新的理论成果。同时，用新的理论成果指导新的实践，并勇于从时代的变化和人民大众需求的变化中、在实践的检验中来完善自己。在如此循环往复中，不断提高社会主义核心价值体系的创新性，为增强其影响力提供动力。

（二）微观上有效引领的“四个必须”

在微观上，坚持用社会主义核心价值体系引领文化事业和文化产业发展方向和价值追求，做到“四个必须”：

发展文化事业和文化产业，必须以社会主义先进文化的前进方向为导向。在当代中国，要发展文化事业和文化产业，就必须牢牢把握社会主义先进文化的发展趋势和要求，坚持以马克思列宁主义、毛泽东思想、邓小平理论以及“三个代表”重要思想为指导，坚持党关于文化建设的基本方针，坚持以科学的理论武装人，以正确的舆论引导人，以高尚的精神塑造人，以优秀的作品鼓舞人。立足于建设有中国特色社会主义的实践，着眼于世界科学文化发展的前沿，不断发展健康向上、丰富多彩的，具有中国特色、中国风格的社会主义文化，满足人民群众日益增长的精神文化需求，引导广大人民群众从思想上、精神上正确武装和不断进步，为我国经济发展和社会进步提供精神动力和智力支持。

发展文化事业和文化产业必须始终把社会效益放在首位。发展各类文化事业和文化产业要贯彻发展社会主义先进文化的要求，始终把社会效益放在首位，这是在社会主义市场经济条件下，发展各类文化事业和文化产业的基本原则，也是繁荣各类文化事业和文化产业的根本保证。正确认识和处理文化产业的社会效益和经济效益之间的关系，是社会主义文化建设的根本要求。文化既是一种意识形态，也是一种经济资源，将文化作为产业，文化产品就成了商品，但它是特殊的商品，它具有鲜明的意识形态性质。由于文化的意识形态的作用与特质，它必须坚持把追求社会效益放在首位。在建立和完善社会主义市场经济体制过程中发展社会主义先进文化，特别要注重文化产业的这一与物质生产不同的要求。文化产业是精神产品的生产，其产品的价值实现形式更重要地表现在社会效益上。文化产品和服务实现社会效益和经济效益的双赢，是文化建设追求的最佳效果。当经济效益同社会效益相一致时，也要首先和充分考虑社会效益；文化产品和服务，在社会效益和经济效益表现出不一致的矛盾时，如果直接经济效益不大，但对于推动社会生产力的发展和社会全面进步的作用却很大，应该采取政策扶持或企业让利等方法，鼓励企业生产；如果经济效益大，却对社会进步产生不良的影响，则必须从政策上、法律上给予坚决的制止，同时引导企业提高社会责任感，以文化自觉的精神自觉抵制经济至上的行为，自觉服从社会效益，决不能为了经济效益而不顾甚至牺牲社会效益，去制造或传播文化糟粕和精神垃圾。正确地处理好文化产业的社会效益和经济效益，始终是我们发展社会主义先进文化的关键。社会主义先进文化之所以先进，在于它的根本属性和社会作用是维护和促进先进生产力的发展要求，维护和发展最广大人民的根本利益。文化对生产力发展和社会进步的这种积极社会作用，就是文化的社会效益。因此，把社会效益放在首位，是我们发展社会主义先进文化的客观要求和根本保证。当然，始终把社会效益放在首位，并不是要忽视经济效益，而是要以此为前提去讲求经济效益，实现经济效益和社会效益的双赢。始终把社会效益放在首位，不仅仅是对各类文化事业和文化产业提出的要求，也是对文化领导机关和文化管理部门提出的要求。文化领导机关和文化管理部门要做到“五个坚持”：一是坚持完善有关文化法规和政策，为文化事业和文化产业的发展提供良好的政策导向和政策保障，使社会效益好的文化产品和文化服务能够取得好的经济效益。同时，打压文化糟粕和精神垃圾生产和生存空间；二是坚持改进与完善管理方法，为发展文化事业和文化产业创造良好的环境和条件，使他们能够在市场经济条件下始终把社会效益放在首位，合乎规律地健康发展。坚持一手抓繁荣、一手抓管理，大力发展社会主义先进文化，支持健康有益文化，努力改造落后文化，坚决抵制腐朽文化，推动我国文化事业和文化产业健康发展；三是坚持积极完善支持文化公益事业发展的政策措施，不断扩大人民群众的文化生活空间，提高全社会的文化生活质量；四是坚持积极完善文化产业政策，支持文化产业发展，增强我国文化产业的整体实力和竞争力；五是坚持改革是发展的动力。根据社会主义文化建设的特点和规律，适应社会主义市场经济发展要求，大力推进文化体制改革，逐步建立起有利于调动文化工作者积极性、调动文化事业单位和文化企业的积极性，推动文化创新、文化精品的生产和文化人才的培养，以及文化服务质量提高的文化管理体制和运行机制，不断增强我国文化发展的生机和活力。

社会主义核心价值体系引领文化事业与文化产业的建设中，必须区别文化事业和文化产业的不同特点。文化产业和文化事业的在生产目的、资本来源、机构性质、运营机制、调控方式等方面都有很大的区别，以社会主义核心价值体系引领也必须采取不同的措施。文化事业部门是生产公共产品，以国家需要为转移，其生产资本由国家或社会提供。文化事业机构是政府部门的附属单位，以行政方式管理，事业机构是由国家财政提供经费维持其生产与服务活动，以寻求最高社会效益为原则。对事业单位，国家可以采取行政命令的方式直接调控，要求它生产的文化产品、为大众提供的服务，都必须坚持文化为人民服务的宗旨，坚持高层次文化主导，在生产出更多优秀的公共产品的同时，满足不同层次人们的文化需求。在市场经济的条件下有效抵御金钱的腐蚀，坚持文化事业的公益性原则等等。文化产业部门是为市场生产商品，以市场需要为转移，其资本来源在我国社会主义市场经济制度多种经济成分并存下，需从不同经济成分中获取。文化产业机构是企业单位，以企业法人进行经营活动，企业的本质是以少投入、多产出、追求最高经济效益为原则。社会效益与经济效益有时是一致的，有时则是矛盾的。在有矛盾的时候，企业必然要考虑自己的利润目标和承受能力。因此,更需要以社会主义核心价值体系引导企业发展方向。国家以间接的调控方式,按照社会主义核心价值体系的要求,通过立法程序把生产和经营文化服务商品的基本准则写进法律,要求企业依法经营,违法必究;通过税收政策引导,对企业经营国家和社会最需要的商品实行低税,而加以限制的文化商品则实行高税;通过价格杠杆,工资、利率、商品与服务的价格等等,都可以对企业按社会效益的原则进行引导。与此同时,加强社会主义核心价值体系教育与引导,提高企业的文化自觉性和社会责任感,引导企业积极探求,走出一条适应市场需求、符合社会要求、满足大众需要的文化产品生产的创新之路,努力实现社会效益与经济效益的统一。

以社会主义核心价值体系为引领,必须注重文化事业与文化产业协调发展。繁荣发展文化事业是提高人民精神生活质量和促进人的全面发展的需要。坚持文艺“为人民服务,为社会主义服务”的方向和“百花齐放,百家争鸣”的方针,以满足人民群众日益增长的文化需求为出发点,努力提高人民精神生活质量。丰富健康的文化生活是人们生活质量提高的重要标志。人人享有公共文化服务,既是国家公共建设的主要任务,也是公民享有的基本权利。因此,要坚持以科学发展观为指导,大力繁荣发展文化事业,建设社会主义精神文明,提高国民素质,促进人的全面发展和社会全面进步。要进一步加强文化立法、完善文化经济政策,加大对文化事业的投入力度,建设好重要文化设施。要以深化改革为动力,努力提高文化事业管理水平,扎扎实实推进文化事业的思想理论建设、文化体制创新和机制建设,处理好文化作品思想性、艺术性、观赏性的关系,推动文化产品创作生产,在不断丰富品种、数量的基础上,着力提高质量和水平,推出更多无愧于时代、无愧于人民的精品力作。要加强对具有代表性、示范性的艺术团体的有效扶持,使各艺术门类百花齐放,培育出大批优秀文艺作品和在国内外有重要影响的文艺人才。要健全社会文化网络,丰富群众文化生活,有效保护和利用文化遗产,加强文化领域的信息化建设。要加强文化市场管理,努力实现文化市场健康、繁荣、活跃、有序的目标。总之,要坚持正确的文化立场和文化追求,弘扬社会主义核心价值体系,靠思想的力量、艺术的魅力打动人心,靠喜闻乐见、雅俗共赏赢得受众,抵制庸俗、低俗、媚俗之风,通过提高人民精神生活质量,促进人的全面发展。其次,必须重视文化产业对国民经济强大的推动作用。文化产业作为满足人类物质及精神文化生活需要为目标的新兴产业,是21世纪最具发展潜力的“朝阳产业”。它既是振兴和弘扬民族文化的重要力量,又是现代经济的重要支柱之一。文化的发展不仅自身创造了雄厚的经济效益,而且已成为带动一国经济发展的重要的原动力。美国以其具有深厚美国色彩的电影、体育用品不仅有力地推动了美国经济发展,而且在全球范围内迅速推广了美国的形象。韩国基于21世纪是用文化建设新时代的世纪、文化是21世纪最重要的产业之一的战略思考,大力发展文化产业,用文化产业来带动和推进整个国民经济的发展,成为公认的文化产品出口大国,实现了经济的再崛起。作为具有丰富文化遗产和优秀文化传统的中国,文化产业更应该成为经济发展的重要增长点,文化的发展应该对我国社会、经济的发展发挥着更加重要的作用。文化产业所具有的巨大的经济价值和难以估量的文化价值,决定了倾力打造文化产业,不断推进文化繁荣发展,增强文化产业的竞争力和发展力,深化文化体制改革,建立和完善促进文化产业发展的政策体系,制定推进文化产业发展的具体措施,是促进中国社会主义文化大繁荣大发展的必由之路。发展文化产业是一个系统工程,要在发展文化产业的理念、目标、战略定位、具体对策、路径选择、配套政策、重点项目和具有中观和微观性质的实施方法等方面下大力气。国家要制定和完善引导文化产业发展的战略规划和金融政策,指导投资界和产业界大力发展文化产业。结合中国文化产业对带动产业结构调整的目标,注重发展体育产业和文化旅游等特色文化产业。确立以文化产业带动制造业升级发展的目标,重视培育龙头企业和扶持企业上市等具体促进产业化和规模化的目标和措施。针对未来中国文化产业的大发展与国家软实力提升的要求,资源禀赋特别是经济发达地区和旅游人口较多的城市,应当规划建设若干个具有品牌效益的特色项目或者文化产业集聚园,以建设文化产业园或者打造文化产业集群作为发展文化产业的抓手,注重文化产业集聚园建设的质量和对本地文化产业发展的带动作用。要选择具有未来前景的产业,包括"数字文化产业"、"3D技术与3G技术"以及内容产业等。选择与新媒体对接的产业,如新媒体视频化和多媒体产业、传统艺术产业与新媒体艺术产业、内容提供的传统产业与新媒体结合的内容产业及其产业链开发等。总之,重视未来型产业和与本地产业结合的提升型产业,是重要的产业选择目标或者规划标准。总之,应当重视文化事业发展与文化产业发展之间的衔接,以事业发展促进产业发展,以产业发展推动事业发展,实现文化事业和文化产业协调发展,共同推动社会主义文化大繁荣大发展。

第三节　文化引领的功能探究

没有文化的积极引领,没有人民精神世界的极大丰富,没有全民族精神力量的充分发挥,一个国家、一个民族不可能屹立于世界民族之林。当今的中国,文化引领即发挥社会主义先进文化引领风尚、教育人民、服务社会、推动发展的作用,引领经济发展和社会进步。这不仅反映了一般意义上文化所具有的功能,更体现出社会主义先进文化对社会经济的巨大的能动性。社会主义先进文化所具有的先进性与特色,是实现文化引领的内在根据。

一、文化的社会功能

文化作为人类在社会历史发展过程中所创造的物质财富和精神财富的总和,是一定社会的政治和经济在观念形态上的反映,它同时也在很大的程度上反作用于社会的经济基础和政治上层建筑,显示出它特有的社会功能。

(一)文化具有延续与传播信息的功能

文化使人类所创造的知识和积累的经验不因个体生命的时空局限而世代延续和广泛传播功能。个体生命是有限的,而人类的文化是无限的。文化的延续与传播,成为促进人类文明发展的前提。今天的文明是昨天文明通过文化传承而延续,又是未来文明发展之基础。今天的信息时代就是文化通过信息技术这一载体快速传播的时代,从文化角度看,信息就是文化通过电子技术的运用加速传播不断变化的消息的集合。因此,信息时代也是文化的时代。谁占有了信息,谁就占有了先机;谁占有了文化,谁就拥有了实力。

(二)文化具有很强的教化功能

中国传统文化十分强调文化教化功能,如《周易》中的"观乎人文,以化成天下",《论语·秦伯》中的"兴于诗,立于礼,成于乐",这些实际上都是先哲对文化的教化功能的深刻认识。重视文化的教化功能,是中华民族的一个优良传统。通过文化塑造人格、提升人的素质,内化价值观念、传递社会文化,掌握生活技能、培养社会角色,实现文化的教化功能。人的社会化就是人接受社会文化的过程,是文化延续和传递的过程,个人社会化的实质是社会文化的内化。这一过程人实现由自然人到社会人的转变过程,通过这一过程使客观的外在的社会行为规范、准则，内化为个人自己的行为标准。通过社会文化的内化实现促进个性形成和发展，促使个性与社会价值标准吻合，使自己的认识与社会规范协调一致，使人们在经历了社会化过程之后，从外在行为到内心世界尽可能地合乎社会的需要，能够有效地参与社会生活。通过内化价值观念，传递社会文化。社会文化的最核心内容就是价值体系和社会规范。个人通过文化的教化将社会价值观念内化，学习和掌握社会规范。这一过程对于个人人格的形成和发展及自我观念的完善，以及个人在特定社会结构中的角色扮演具有重要意义。通过掌握生活技能，培养社会角色。社会要使人们知道社会对不同角色的具体要求。通过文化教化，使人们在学习掌握基本生活技能和某些专门技能的基础上，了解自己在群体或社会关系中的地位，按社会结构中所规定的规范行事，培养出符合社会要求的社会成员，使其在社会生活中承担起特定的责任、权利和义务，在一定社会结构中充当合适的角色。

（三）文化具有社会发展的导向功能

文化可以通过各种途径改变人的生存方式、活动方式和思维方式，从而对社会经济、政治以及文化本身的发展产生巨大的影响，对社会存在产生巨大的反作用，这也是文化最主要的功能。文化的社会导向有两种向背的功能，即文化的社会导进功能和文化的反向功能。文化的社会导进功能，包括提供知识、协调社会管理、巩固社会进步成果三方面。每个社会都有自己的导进系统，如教育系统、科学研究系统、决策系统、计划系统、管理系统、医疗卫生系统等。社会导进必须以知识为动力，而新的知识，包括新的理论、科学、技术，依赖于文化上的发明和发现。有计划地推动社会进步是一项巨大的社会系统工程，包括决策、规划、组织、实施四阶段。在总的系统工程中，又包含许多子系统，文化在各阶段子系统的协调配合上发生着重要的调适作用。同时，文化是一份社会遗产，这种遗产是逐步积累的。每一次社会改革和社会进步所取得的成果，都必须以新的制度巩固起来。文化在新制度建设过程中以及建成以后，在新的发展阶段上再起着协调整合作用，以维持新制度的秩序和稳定。另外，文化还具有反向功能。社会并非总是处于整合状态，非整合状态也兼而有之。个人和群体并不总是顺从社会规范，违反社会规范的情形也是时常发生的。这种非整合状态和违规行为并不是偶然的，而是文化反向功能的一种表现形式。例如，社会的机会结构是一种文化安排，这种机会结构使一部分人通过合法的方式去追求自己的目标，而使另一部分人通过非法的方式去追求自己的目标。前者是文化的正向整合功能的表现,后者是反向的非整合功能的表现。正向功能保持社会体系的均衡,反向功能破坏这种均衡。

将文化的进步同经济的发展与社会的进步紧密联系起来,这是当代社会发展现实所提出的一种内在要求。21世纪以来,在全球范围内,文化问题都日益凸显于人们社会实践的各个方面。随着当代世界文化发展的突飞猛进,人类更加高度自觉地对文化进行价值导向与规范,使文化服务于社会进步,推动人的全面发展。从20世纪以来,随着一系列现实社会经济问题的出现,以及它与文化相关度的增强,人们开始对以往发展的价值取向提出怀疑。一方面,由于发达国家工业化本身所带来的问题,工业化实践对生态平衡的破坏、对生存环境的污染、对传统文化的侵蚀,使人们开始对工业文明的迷信发生怀疑;另一方面,发达国家的主导发展模式的普适性受到质疑,建立国际政治经济新秩序的呼声也日趋强烈,发展中国家在努力寻求适合本民族文化发展的社会发展模式,以求得真正富有成效的社会发展,而社会发展的现实要求呼唤着一种理论上的自觉。如荷兰经济学家让·廷伯根认为,当代社会发展要想真正富有文化品性,真正获得有成效的社会进步,必须具备三个条件:在规划和建设未来方面利用自己的力量;根据满足每个人的基本需要来确定发展的方向;确立与环境的健康关系。法国经济学家弗·佩鲁说得更为直接,他认为任何社会发展目标和模式都是和文化因素紧密联系的,企图把共同的经济目标同他们的文化环境分开,最终会以失败告终。的确,社会发展的文化因素虽然很难用数字考量,但是它却作用于社会发展过程的始终。当代社会发展的现实产生的一系列问题都告诉我们,应该以高度的文化自觉将文化的进步同经济的发展与社会的进步紧密联系起来,使社会经济发展真正获得取之不尽用之不竭的文化动力。

二、社会主义先进文化引领作用的内在依据

社会主义先进文化引领经济发展和社会进步的引领功能,具体体现在引领风尚、教育人民、服务社会、推动发展,这是文化的社会功能的重要体现,是社会主义先进文化内在特质及其先进性与鲜明时代特色所决定的。

(一)社会主义先进文化的内涵

当代中国社会主义先进文化内涵界定是江泽民同志在党的十五大报告中提出的,他指出:所谓"先进文化",就是适应生产力发展,反映最广大人民利益和要求,推动社会进步、代表未来发展方向,并在诸多思潮的较量中日益显示其生

命力的文化,是面向现代化、面向世界、面向未来的,民族的科学的大众的社会主义文化。社会主义先进文化是中国特色社会主义社会的基本特征。中国社会主义先进文化,深深植根于中国特色社会主义的伟大实践,是对中国特色社会主义经济和中国特色社会主义政治的反映,必然具有鲜明的中国特色社会主义的特征。社会主义社会是全面发展、全面进步的社会。社会主义现代化建设事业是物质文明和精神文明协调发展、相辅相成的事业,缺少任何一个方面,都不成其为有中国特色的社会主义。精神文明对物质文明建设起巨大的推动作用,并且保证它的正确发展方向。在任何时候任何情况下,都不能以牺牲精神文明为代价,去换取经济的一时发展。社会主义的优越性不仅表现在经济政治方面,表现在能够创造出高度的物质文明上,而且表现在思想文化方面,表现在能够创造出高度的精神文明上。党的十七届六中全会《决定》指出:"文化建设是中国特色社会主义事业总体布局的重要组成部分。没有文化的积极引领,没有人民精神世界的极大丰富,没有全民族精神力量的充分发挥,一个国家、一个民族不可能屹立于世界民族之林。物质贫乏不是社会主义,精神空虚也不是社会主义。没有社会主义文化繁荣发展,就没有社会主义现代化。"①强调文化建设关系实现全面建设小康社会奋斗目标,关系坚持和发展中国特色社会主义,关系实现中华民族伟大复兴。要求我们在新的历史起点上,深化文化体制改革,推动社会主义文化大发展大繁荣,努力开创社会主义文化建设新局面。中国社会主义先进文化,不仅反映我国社会主义经济和政治的基本特征,而且对经济和政治的发展起巨大促进作用。只有建设好中国社会主义文化,才能更好地体现和发挥社会主义制度的优越性,才是中国特色社会主义。

社会主义先进文化凝聚和激励全国各族人民的重要力量。渊源于中华五千年文明、植根于当代伟大实践、吸收世界优秀文明成果的中国特色社会主义文化,是中华民族身份的象征,是最广泛团结全国人民的旗帜,是激励各族人民建设伟大祖国、实现民族复兴的强大精神支柱。一个民族,一个国家,如果没有自己的精神支柱,就等于没有灵魂,就会失去凝聚力和生命力。在全社会形成共同理想和精神支柱,是有中国特色社会主义文化建设的根本。一个民族只有物质和精神都富有,才能成为一个有强大生命力和凝聚力的民族。精神文明建设搞

① 《中共中央关于深化文化体制改革 推动社会主义文化大发展大繁荣若干重大问题的决定》,《人民日报》2011年10月26日。

好了，人心凝聚，精神振奋，经济建设和其他各项事业就会全面兴盛。只有把亿万人民凝聚在社会主义先进文化的旗帜下，把人民群众的智慧和力量最大地集中起来，最充分地发挥出来，才能焕发出中华民族强大的生机和活力，才能继续创造出无愧于历史和时代的伟业。

社会主义先进文化是综合国力的重要标志。当今世界激烈的综合国力竞争，不仅包括经济实力、科技实力、国防实力等方面的竞争，也包括文化方面的竞争。当今世界，文化与经济和政治相互交融，在综合国力竞争中的地位和作用越来越突出。文化的力量，深深熔铸在民族的生命力、创造力和凝聚力之中。国家的发展和强盛，民族的独立和振兴，人民的尊严和幸福，都离不开强大的文化支撑。面对日趋激烈的综合国力竞争，面对社会主义市场经济和改革开放的深入发展，面对人民群众日益增长的精神文化需求，努力建设我国的社会主义先进文化，使它在全国人民乃至世界人民中间具有强大的吸引力和感召力；努力发展我国的先进生产力，使我国加快进入世界生产力发达国家的行列，都是我们实现社会主义现代化的战略任务。只有高扬自己的文化理想，高举自己的文化旗帜，大力加强社会主义文化建设，才能在世界文化的相互激荡中把我国建设成为文化强国，才能在激烈的国际竞争中不断增强我国的综合国力，才能使中华民族自尊、自信、自强地屹立于世界民族之林。正如十七届六中全会《决定》指出："建设社会主义文化强国，就是要着力推动社会主义先进文化更加深入人心，推动社会主义精神文明和物质文明全面发展，不断开创全民族文化创造活力持续迸发、社会文化生活更加丰富多彩、人民基本文化权益得到更好保障、人民思想道德素质和科学文化素质全面提高的新局面，建设中华民族共有精神家园，为人类文明进步作出更大贡献。"①

（二）中国社会主义先进文化的先进性与时代特色

中国社会主义先进文化建设始终坚持以马克思主义为指导。马克思主义是我们立党立国的根本，也是社会主义文化建设的根本，决定着我国文化发展的性质和方向。马克思主义的意识形态占统治地位，是中国社会主义先进文化的重要特征，是凝聚与激励党和人民共同奋斗的强大力量。同时，社会主义先进文化，必然是在先进的理论或思想的指导和支持下不断发展和完善的。十一届三

① 《中共中央关于深化文化体制改革 推动社会主义文化大发展大繁荣若干重大问题的决定》，《人民日报》2011年10月26日。

中全会后，邓小平在认真总结我国社会主义建设的经验和教训，结合马克思主义基本原理的基础上，提出建设有中国特色社会主义的基本理论。而后，我们党又与时俱进地提出了“三个代表”重要思想、科学发展观等系列重要战略思想。这些理论与思想都促进了中国社会主义先进文化的发展。中国社会主义先进文化，是以马克思列宁主义、毛泽东思想、邓小平理论和“三个代表”重要思想为指导，以科学发展观为统领，牢牢把握先进文化的前进方向，紧紧围绕实现全面建设小康社会宏伟目标和构建社会主义和谐社会的要求，弘扬以爱国主义为核心的民族精神和以改革创新为核心的时代精神，树立新的文化发展观，解放思想、实事求是、与时俱进、开拓创新，发展面向现代化、面向世界、面向未来的民族的科学的大众的社会主义文化，不断满足人民群众日益增长的精神文化需求，努力培育有理想、有道德、有文化、有纪律的社会主义公民，提高全民族的思想道德和科学文化素质，促进人的全面发展和社会全面进步。

社会主义先进文化始终代表中国先进文化的前进方向。依据历史唯物主义观点，社会主义先进文化可以理解为能够及时反映政治上层建筑不断适应经济基础的要求，能够及时反映生产关系不断适应生产力发展的要求，能够积极促进经济发展和社会全面进步，并最终促进生产力的解放和发展的文化。就文化与政治、经济间的辩证关系而言，社会主义先进文化就是在观念形态上反映先进政治和先进经济，并为它们服务的文化。社会主义先进文化是一个历史的范畴，其在实践中不断发展和完善，“与时俱进”是它最主要的特征。作为代表中国先进文化前进方向的中国社会主义先进文化，包括先进的思想道德和先进的科学文化两大部分，是我党领导全国人民在长期的革命和建设实践中逐步形成和发展起来的，是对革命和建设的经验总结和积累，反映了社会主义初级阶段经济和政治的本质要求。一个没有先进文化支撑的国家，注定要落后；一个没有先进文化武装的政党，也难以有大作为。社会主义先进文化是马克思主义政党思想精神上的旗帜，中国社会主义先进文化是中国共产党思想精神上的旗帜，是中国共产党执政的文化前提，是社会主义事业最终胜利的根基。中国共产党始终代表中国先进文化的前进方向就是体现在以社会主义先进文化引领文化建设、实现文化功能上，这是党的根本性质的内在要求。中国社会主义先进文化能够代表中国先进文化的前进方向，正是由于它与时俱进，始终保持着鲜明的时代性。随着时代的发展，全球化多元化趋势势不可挡，科学技术的日新月异拉近了国家与民族间的距离，所有国家都不得不接受全球化浪潮的冲击与洗礼。世界多极化和经济全球化的趋势深入发展,在各国综合国力激烈竞争的同时,意识形态领域也是风云激荡。在复杂多变的国际环境中,我们必须把握时代潮流,紧跟时代步伐,立足国情,坚持马克思主义在意识形态的指导地位,借鉴人类有益文明成果,坚定不移地走中国特色社会主义的发展之路,建设社会主义核心价值体系,发展中国特色社会主义先进文化,确保我国现代化建设沿着正确的方向前进。中国特色社会主义先进文化的不断发展,必须与世界潮流相结合,树立大时代观,时刻走在时代的前而,面向现代化,面向世界,面向未来,这样,中国特色社会主义先进文化才能实现大发展大繁荣。

社会主义先进文化坚持教育人民与服务人民的统一。坚持教育人民是中国社会主义先进文化发展的根本任务。建设有中国特色社会主义,既要着眼于人民现实的物质文化生活需要,同时又要着眼于促进人民素质的提高,也就是要努力促进人的全面发展。社会主义现代化建设的进程,既是经济社会不断发展的过程,也是人的全面发展程度逐步提高的过程。文化建设必须紧紧围绕经济建设这个中心,服从服务于党和国家工作大局,努力培养适应社会主义现代化建设需要的有理想、有道德、有文化、有纪律的新人,促进人的全面发展。正如《决定》强调:坚持社会主义先进文化前进方向,坚持为人民服务、为社会主义服务,坚持百花齐放、百家争鸣,坚持继承和创新相统一,弘扬主旋律、提倡多样化,以科学的理论武装人,以正确的舆论引导人,以高尚的精神塑造人,以优秀的作品鼓舞人,在全社会形成积极向上的精神追求和健康文明的生活方式。必须强化教育引导,增进社会共识,把社会主义核心价值体系融入国民教育、精神文明建设和党的建设全过程,贯穿改革开放和社会主义现代化建设各领域,体现到精神文化产品创作生产传播各方面,坚持用社会主义核心价值体系引领社会思潮,在全党全社会形成统一指导思想、共同理想信念、强大精神力量、基本道德规范;同时,坚持服务人民是社会主义先进文化的内在要求。《决定》指出,满足人民基本文化需求是社会主义文化建设的基本任务。必须全面贯彻为人民服务、为社会主义服务的方向和百花齐放、百家争鸣的方针,立足发展先进文化、建设和谐文化,激发文化创作生产活力,提高文化产品质量。创作生产更多无愧于历史、无愧于时代、无愧于人民的优秀作品。必须坚持政府主导,按照公益性、基本性、均等性、便利性的要求,加强文化基础设施建设,完善公共文化服务网络,让群众广泛享有免费或优惠的基本公共文化服务。《决定》还指出,发展文化产业是社会主义市场经济条件下满足人民多样化精神文化需求的重要途径。必须坚持社会主义先进文化前进方向，坚持把社会效益放在首位、社会效益和经济效益相统一，按照全面协调可持续的要求，推动文化产业跨越式发展。在繁荣发展社会主义文化中，使人人都有享受文化成果的充分权利，使人们的文化生活更加多姿多彩，努力提高全民族的思想道德素质和科学文化素质，不断丰富人们的精神世界，增强人们的精神力量，实现人们思想和精神生活的全面发展。

三、社会主义先进文化的引领功能

党的十七届六中全会《决定》指出：当今时代，文化越来越成为民族凝聚力和创造力的重要源泉、越来越成为综合国力竞争的重要因素、越来越成为经济社会发展的重要支撑，丰富精神文化生活越来越成为我国人民的热切愿望。文化在今天的影响，比以往任何时候都更加广泛而深刻，文化要素已经渗透到经济社会发展的方方面面，文化创新日益成为价值创造的关键所在，文化软实力越来越成为一个国家、一个地方最难以替代的竞争优势。要用新的视角、新的理念认识文化的地位和作用，把握方向、加强引导，创作生产高质量高水平高品位的文化精品，充分发挥文化引导社会、教育人民、推动发展的重要功能，更好地满足人民群众多样化多层次多方面的精神文化需求。这精辟地阐明了文化引领的功能和价值意义。先进文化既能够凭借经济、政治的实力对人们产生巨大的影响力、渗透力，又能够凭借文化自身的优越性、先进性以及在世界文化中占据的优势地位，融入经济力量、政治力量、社会力量之中，成为经济发展的引擎、政治进步的航灯和社会和谐的空气，通过对社会、经济、政治发展的巨大策动力和精神感召力，来推动社会经济的发展与进步。

中国社会主义先进文化引导风尚、教育人民、服务社会、推动发展的重要功能具体表现为：社会主义先进文化对社会发展的导进和对社会的规范、调控作用上，社会主义先进文化教育人民，提升民族的文化自觉与文化自信；社会主义先进文化凝聚社会力量，推动社会发展。文化的力量已深深熔铸在民族的生命力、创造力和凝聚力之中，对兴国安邦、全面建设小康社会起着不可替代的重要作用。

（一）社会主义先进文化对社会发展的导进功能

社会主义先进文化引领时代风气之先，对经济社会发展具有重要导进作用。在人类社会发展的历史长河中，文化对新思想、新理念、新机制的奠定和形成的先导作用十分显著。文化精神为新思想、新理念、新机制的建立，在理想信念、道德规范、精神追求等方面提供强大思想支撑。从属精神范畴层面的文化，借助于语言等载体，形成一种社会文化环境，对社会公众产生同化作用，对他们的价值观、审美观、是非观、善恶观产生基本相同的规范性作用，以此形成维系社会、民族发展的文化创新力量。这一创新力量，是中国文化和中华民族精神的内涵及特点之一。任何一个技术创新活跃、经济繁荣的时代，都需要重大的人文创新来导引，需要文化的繁荣。在中国历史上，先秦诸子百家争鸣产生的思想创新，是两汉农业文明的精神先导；魏晋思想解放与自由，是唐明经济繁荣的思想基础；宋明理学的思想力量，为康乾盛世的到来创造了条件。中华传统文化的经典《周易》中的“穷则变，变则通，通则久”，“改革日新，及时、通变”思想，为中国几千年来除旧维新的历史变革提供了理论依据。到近代，中国文化将“经世致用”、“实事求是”的思想精髓推向了极致，成了突破僵化体制的内在动力。十六大以来，党中央相继提出了坚持科学发展观，构建社会主义和谐社会，加强党的先进性建设和执政能力建设、和平发展，建设创新型国家和创新型社会等一系列创新理论，成为指引中国社会主义现代化建设的强大动力。今天，党的十七届六中全会又高屋建瓴地提出文化强国的重大战略，按照这一总体要求，我们必须高度重视文化建设，特别是文化创新，营造尊重人的自由探索，尊重人的首创精神，激励人通过创新努力实现个人价值的积极进取的文化氛围；提倡包容精神，海纳百川，和谐共赢的开放心态；鼓励团队合作，打造充分发挥每一社会主体的聪明才智和社会群体的智慧的团队精神，真正让文化的力量深深熔铸在民族的生命力、创造力和凝聚力之中，为经济社会发展提供精神动力和智力支持。

社会主义先进文化引领时代风气，对经济社会发展的导进作用，往往通过文化与经济和政治相互交融来实现。通过文化与经济和政治相互交融，对经济社会和人的全面发展起着文化支撑与道德教化作用，文化形态的先进与否往往决定了生产力发展与变化的方向。当今世界文化的力量，文化的经济意义和对社会发展的反作用越来越凸显，文化与经济的关系日益密切，文化与经济、政治的相互交融已经成为经济社会发展的必然趋势，文化已成为支持经济社会发展的最重要的“社会资本”。社会经济的发展必须有理性的精神支撑和价值导航，在当代中国，这种理性的精神支撑和价值导航来自于社会主义先进文化。广东的腾飞、上海的奇迹、江苏的繁荣，无一不打上文化的烙印。许多学者和经济学家在审视上海发展“奇迹”时认为，“海派文化”继承了位于长江三角洲地区历史悠久、特色鲜明的，富有开放性、先进性的重要地域文化——吴地文化，继承了吴地文化的优秀基因成为吴地文化母体，并在新的历史时期，以时代精神获得新的整合和拓展。借助改革开放的良好时机，构建地域内外的密切联系，弘扬博爱和谐的人文精神。在积极吸纳区域文化精华的同时，融合海洋文明和世界文化体系，孕育而成一颗集包容和谐、拼搏进取、开拓创新、高效务实和爱国敬业于一体的璀璨明珠。得益于这一海纳百川、中西合璧的社会主义先进文化体系，铸就了上海腾飞发展的雄姿，强有力地促进着整个长三角经济文化社会的全面腾飞。随着人类社会的不断发展与进步，特别是在经济一体化的历史潮流面前，文化的作用表现得越来越重要，越来越明显。

（二）社会主义先进文化对社会的规范、调控功能

社会主义先进文化在引领时代风气，对经济社会发展发生导进作用的同时，发挥着整合社会目标的规范、大众意志及社会思潮，引领社会共识的形成，实现对社会的规范、调控的重大作用。

社会整合是一个社会中不同的因素、部分在共同的制度规范、价值观、信仰、情感、道德基础上结合为一个统一、协调的整体的过程。社会整合的目标就是要提高整个社会的一体化程度，促使整个社会凝聚成为一个有机的整体。一般认为，文化的社会整合功能包括价值整合、规范整合和结构整合三个方面。价值整合在整合功能中占有最重要的地位，大众意志及社会思潮的整合就属于价值整合。具有价值追求的一致性，才有结构和行为的协调性。生活在同一个社会中的人们，由于生活环境的不同、其中最主要的是文化环境的不同，会产生价值观念的差异。但经过统一文化的熏陶和引导，能够在社会生活的基本方面达成大体一致的价值观念；规范整合是社会秩序的要求，文化的整合不仅使规范系统化和协调化，而且使规范内容化为个人的行为准则，进而把社会成员的行为纳入一定的轨道和模式，以维持一定的社会秩序；结构整合是社会团结的基础，社会是一个多元结构，社会的异质性越强，分化的程度越高，多元结构越复杂，从而功能整合的作用愈加重要。文化的整合功能是民族团结和社会秩序的基础。价值整合引领社会共识的形成，规范整合实现社会的有序运行，结构整合保证社会的团结。文化整合使一个民族、一个国家的人们，由于享受一份共有的文化，不论他们是否居住在一起，也不论他们是否生活在共同的制度下，都会有民族的认同感，都会在心理上和行为上联结在一起，不可分离。正是中华民族的文化，维系着中华民族浩浩五千年历史，维系着中华民族 56 个民族大家庭，维系着居住在世界各地的炎黄子孙。文化整合使我们的人民在共同的价值追求中凝聚共同的

理想信念；在共同的规范中，形成良好的社会氛围，使人们心情舒畅地生活、学习与工作；在合理的结构下，形成社会的合力，为实现同样一个奋斗目标而努力。

坚持文化的社会整合功能最重要的是坚持用社会主义先进文化整合社会目标规范，整合大众意志及社会思潮。要发挥社会主义先进文化对人们社会道德、社会核心价值观以及民族精神的教育、养成作用，发挥社会主义先进文化的精神感召力，强化对国民的道德感化力量，提高人们判别美与丑、善与恶、真与假、崇高与卑下、野蛮与文明、理想与欲望等的能力，产生崇尚真善美的思想的认知，从而获得情感生命的是非性、精神生命的审美性、人格情操的高尚性、心灵举止的文明性，体现为生命境界的升华和生命历程的净化，使文化真正成为人们获得理想信念、生存意义、人生方向的精神家园；要坚持马克思主义对意识形态的指导地位，建立对各种社会思潮的有效整合机制，通过既尊重多样、包容差异，正视社会思潮存在的客观性，又加强对社会思潮体系的解构、不良影响的控制和消解、有效成分的借鉴和吸纳，提高大众的鉴别力和判断力，实现社会的利益整合、思想整合、价值观整合和道德整合，最大限度地形成社会共识，实现社会整合。

（三）社会主义先进文化提升民族的文化自觉与文化自信功能

文化自觉与文化自信是文化自强的前提和基础。文化的发展不是自发的，文化引领也不是自然的。要充分发挥文化对社会经济发展的引领作用，前提是作为文化主体的人要树立起文化自觉与文化自信。这就必须坚持用社会主义先进文化、特别是社会主义核心价值体系教育人民。用马克思主义科学理论和中国特色社会主义共同理想提高全民族的文化自觉，用以爱国主义为核心的民族精神和以改革创新为核心的时代精神提升大众的文化自信，同时，用社会主义核心价值体系提升全民族的文化素质。文化自觉、文化自信的树立，依赖于文化工作者的努力。人民群众是推动文化改革发展的基本力量，文化人才是推动文化改革发展的中坚力量。推动社会主义文化大发展大繁荣，必须培养造就一大批掌握先进思想和知识的优秀文化人才，特别是文化领军人物。同时，社会主义文化工作者必须坚持以人民为中心的创作导向，坚持“三贴近”原则，深入群众，感受人民群众的生产生活实践，了解人民群众的期待和心声，真正创作出群众喜闻乐见，思想性、艺术性、观赏性相统一的优秀作品，实现以文化人的文化教育功能。

社会主义先进文化教育人民，提升民族的文化自觉与文化自信，要坚持文化的教化功能与满足群众精神文化需求的功能是辩证统一。文化的教化功能发挥的前提是，该文化能够满足人们的精神生活的需求，文化理念与文化思想能够为人们所接受。如果仅强调文化的教化功能，而忽视其满足群众精神生活需求的功能，将导致文化建设的目标与群众接受文化教育的需求相脱离。这样，既不能实现文化教育目标，也不能满足群众的精神文化需求。因此，在坚持社会主义先进文化教育人民的过程中，要坚持社会主义先进文化的前进方向，坚持马克思主义在文化领域的指导地位，加强宣传思想文化工作的同时，要改善宣传思想文化工作，注重宣传思想文化工作的特点，注重适应群众的实际需求，采用群众喜闻乐见的方式和适应群众偏好的接受方法开展宣传教育，特别注重通过发挥文化的审美功能，使人们在审美中获得区别真善美和假丑恶的价值判断，在愉悦身心、潜移默化、润物无声的陶冶中接受教育，有效实现文化的宣传教育功效；同样，也不能只讲满足群众文化需求，而忽视发挥文化引领社会、教育人民、推动发展的功能，忽视文化丰富人民的精神世界、增强人民的精神力量的功能。社会主义先进文化的意义和价值，鲜明体现执政文化与社会文化的一致性，体现教育人民与服务人民的一致性。可见，正确把握文化的教化功能和满足群众精神文化需求的关系，是以高度的文化自觉和文化自信建设有中国特色社会主义先进文化，推动社会主义文化大发展大繁荣的必然要求。

（四）社会主义先进文化凝聚力量推动社会发展功能

文化的大发展大繁荣往往能够带来社会发展的突飞猛进。文化对社会产生巨大的引领作用的逻辑关系可以简要表述为：人民群众是历史的创作者，是社会发展的直接推动者；而人的行为总是由思想支配的，文化是人们的思想集合，文化通过支配人的行为实现引领社会发展的作用。近一个世纪来，中华民族之所以能够从被压迫、被欺侮的半殖民地半封建社会发展成为自立、自强于世界民族之林，中国特色社会主义能够快速发展、并取得举世瞩目的成就，就在于有了社会主义先进文化的引领。从五四新文化运动到中国共产党领导的民族的、大众的、反帝反封建的新民主主义文化兴起，从 1978 年真理标准问题大讨论引发的新时期思想解放到中国特色社会主义文化建设，每一次文化的觉醒和繁荣总是引领社会向更高水平发展。如今，人们日益清晰地看到，文化引领发展、引领风尚、引领时代，文化越来越成为民族凝聚力和创造力的重要源泉，越来越成为综合国力竞争的重要因素，越来越成为经济社会发展的重要支撑。今天，文化“软实力”已被公认为经济社会发展的“硬道理”。国家经济社会发达程度越高，文化的支撑作用越显现，对经济发展的贡献越巨大。伴随科技进步和知识经济的快速发展,文化日益渗透到经济发展的各个环节和全部过程。历史传统等文化资源日益成为经济发展的基础资源,创意设计等文化创新日益成为价值创造的重要支撑,品牌形象等无形资产日益成为市场竞争的关键因素。文化与经济相融合产生的竞争力成为一个国家可持续发展的最根本的竞争优势。正如联合国教科文组织所提出的,发展最终应以文化概念来定义,文化的繁荣是发展的最高目标。

社会主义先进文化凝聚社会力量,推动社会发展的功能突出体现在,文化是综合国力的重要标志和重要组成部分,也是增强综合国力的重要力量。文化作为民族凝聚力的基本要素,对经济、政治和社会生活各方面都产生巨大的作用力、影响力和辐射力,它既显示综合国力、构成综合国力,也促进综合国力的增强。随着知识价值、文化因素在经济和社会发展中的意义日益凸现,文化作为增强综合国力的重要力量的作用将日益增强。

当代中国,社会主义先进文化凝聚社会力量、推动社会发展的功能直接表现为,在全面建设小康社会中社会主义先进文化具有重要的战略地位和先导作用,它既是全面建设小康社会的精神核心和引导,又是全面建设小康社会的重要内容和目标。建设旨在使中国的"经济更加发展、民主更加健全、科教更加进步、文化更加繁荣、社会更加和谐、人民生活更加殷实"的全面小康社会,是我们的目标,也是我们的理想;社会主义先进文化引领,既是这一理想目标的内在要求,也是社会主义先进文化的自身价值目标指向。弘扬和培育民族精神,大力提高文化的凝聚力和感召力,是社会主义文化建设极为重要的任务,使全体人民始终保持高昂向上的精神状态,发挥文化提升思想、升华精神、陶冶道德、净化灵魂的重要功能,使文化以其特有的功能和优势,为全面建设小康社会作出贡献是社会主义文化先进性的本质要求。

社会主义先进文化是经济和社会可持续发展的重要保证。文化是经济建设和社会发展的精神动力和智力支持。经济、政治、文化协调发展,社会才能可持续发展。不仅文化资源、人文环境、民族文化素质是社会可持续发展的重要因素,而且文化创新引领着经济、科技的发展与创新,成为经济、科技创新的原动力。

社会主义先进文化凝聚社会力量、推动社会发展的功能也要体现在满足人民群众多样化多层次多方面的精神文化需求,这是社会发展的内在要求。社会发展包括两个方面,一个是社会物质财富的不断增长,一个是民众精神文化需求的不断满足。只有物质生活的富足不是全面小康,全面建设小康社会很重要的内容是人民精神文化生活的小康。今天,深化文化体制改革、推动社会主义文化大发展大繁荣,就是要推动产生更多、更好、人民群众更为满意的文化精品,以此丰富人民的精神文化生活,满足人民的文化需求。与此同时,使文化的力量更加壮大,使先进文化的精髓更为人们掌握,使主流意识形态的声音更为人们所接受,使正义的道德力量更为人们所认可,从而又推动文化建设的进一步发展。

正如胡锦涛同志在庆祝中国共产党成立90周年大会上的重要讲话中指出,面对当今文化越来越成为综合国力竞争重要因素的新形势,我们必须以高度的文化自觉和文化自信,着眼于提高民族素质和塑造高尚人格,以更大力度推进文化改革发展,在中国特色社会主义伟大实践中进行文化创造,让人民共享文化发展成果。努力践行我们党"以人为本"、"执政为民"的宗旨,通过推出更好更多的文化产品、文化服务,来满足人民群众的文化需求、保障人民群众的文化权益,全面建成惠及十几亿人的更高水平的小康社会,就是既要让人民过上殷实富足的物质生活,又要让人民享有丰富健康的文化生活。

总之,引领文化与文化引领是互为促进的。文化引领四方面协同作用,将进一步提高社会主义核心价值体系的认知认同,丰富社会主义先进文化的内容,促进社会主义先进文化的建设。

第二章 引领文化与文化引领的时代方位

任何国家、任何民族的文化总是与其产生的时代紧密地联系在一起。不同的时代有不同的任务和要求,不同时代的人们为了完成自己时代的任务、回答自己时代的问题,便形成了自己时代的文化。当今时代,世情国情党情正在发生广泛而深刻的变化,文化领域正在发生广泛而深刻的变革,我国文化发展既具备许多有利条件,也面临一系列新情况新问题。要增强我国文化整体实力和国际竞争力,维护国家文化安全,就必须准确把握当今时代文化发展的新趋势,深入分析国际文化软实力竞争的态势以及我国文化建设的困境,以高度的文化自觉和文化自信,发挥社会主义核心价值体系对文化建设的引领作用,发挥先进文化对社会经济的价值导向功能,找准文化改革发展的正确方向,才能实现文化强国的历史使命。

第一节 国际文化软实力竞争的态势

《决定》指出:“当今世界正处在大发展大变革大调整时期,世界多极化、经济全球化深入发展,科学技术日新月异,各种思想文化交流交融交锋更加频繁,文化在综合国力竞争中的地位和作用更加凸显,维护国家文化安全任务更加艰巨,增强国家文化软实力、中华文化国际影响力要求更加紧迫。”①这一概括既充分肯定了文化的重要作用,指出了我国文化改革发展外围环境的复杂性,同时也道出了提升文化软实力任务的艰巨性。

---

① 《中共中央关于深化文化体制改革 推动社会主义文化大发展大繁荣若干重大问题的决定》,《人民日报》2011 年 10 月 26 日。

一、中国话语中的文化软实力

文化软实力的概念,源于软实力。“软实力”其产生有着特定的时代背景和政治意图,这一理念对于指导世界各国发展发挥着越来越重要的作用。我国文化软实力的思想及其战略起步较晚,分析我国文化软实力产生的语境以及内涵,对于提升文化软实力的竞争力具有重要意义。

(一)“软实力”与“文化软实力”的内涵解析

“软实力”(soft power)这一概念,最早是由美国哈佛大学教授肯尼迪政府学院院长、全球战略问题研究专家约瑟夫·奈(Joseph. S. Nye)提出的。1990年,约瑟夫·奈在《政治学刊》、《外交政策》等刊物上连续发表系列文章指出,一个国家的综合竞争力,既包括由资源实力、经济实力、军事实力和科技实力构成的“硬实力”,也包括以文化和价值观念、社会制度、发展模式、生活方式、意识形态等的吸引力所体现出来的“软实力”。他强调,“硬实力和软实力同样重要,但是在信息时代,软实力正变得比以往更为突出”。“软实力”概念提出后,约瑟夫·奈本人又做了进一步的思考和修正,到2004年,约瑟夫·奈对“软实力”再次予以简要定义:软实力是一种能力,它能通过吸引力而非威逼或利诱达到目的。这种吸引力来自一国的文化、政治价值观和外交政策。当在别人的眼里我们的政策合法、正当时,软实力就获得了提升。可见,约瑟夫·奈把国家的软实力归于三种主要资源:一是能对其他国家产生吸引力的文化;二是能真正实践的政治价值观;三是能被视为具有合法性和道德威信的外交政策。另外,奈还认为,软实力是一种同化性权力(co-optivepower),它与命令他者按照自己的意志行动的硬权力或指令性权力形成了鲜明的对照,它实际上是一种柔性的国际影响力。软性的同化权力与硬性的指挥权力同等重要,在捍卫和增进自身的国家利益方面,前者显然遇到的抵制更少,实现国家利益的代价更低。

“文化软实力”是软实力的子概念,是软实力的核心要素,是指一国的传统文化、价值观念、意识形态等文化因素对内产生的凝聚力、感召力、创造力和对外产生的吸引力、亲和力、说服力。与政治价值观和外交政策等其他构成要素相比,文化软实力在国家软实力中更具根本性。这是因为,文化是一种既有柔性又有刚性的力量,它内蕴于社会各个领域、各个方面,又实实在在地发挥着作用。文化沉淀了一国的传统习俗、核心价值、宗教信仰、伦理道德、哲学思想、民族精神等,国家的制度安排与创新、内外政策制定等也被烙上了文化印迹。可以说,软实力在很大程度上就表现为文化软实力。

在我国,有关文化软实力的思想资源和社会实践古已有之。中国共产党领导人民在长期的革命、建设和改革过程中,始终高度重视文化建设。早在新民主主义革命时期,毛泽东同志就把“新的文化力量”与“新的政治力量”、“新的经济力量”一起,作为取得革命胜利的“三大力量”。新中国成立以后,毛泽东同志多次强调,我国是一个经济文化落后的大国,不仅需要迅速摆脱经济上的“穷”,还需要迅速填补文化上的“白”。他制定了“百花齐放,百家争鸣”的指导方针,开辟了社会主义文化建设的新篇章。进入改革开放新时期以来,以邓小平为核心的党中央领导集体提出了社会主义物质文明和精神文明“两手抓、两手都要硬”的重要思想;以江泽民为核心的第三代领导集体在党的十五大、十六大报告中将中国特色社会主义文化作为“综合国力的重要标志”上升到了国家战略的高度。

“软实力”概念在国内的提出,最早是1993年王沪宁在他《作为国家实力的文化:软实力》一文中提出,把文化当做一种软实力,是当今国际政治中的崭新概念。这之后,软实力在我国逐渐受到人们的重视,“软实力”概念的使用频度越来越高。政治学、经济学、管理学等多个学科的学者都将软实力理论引入到各自的研究领域当中。但是,提升文化软实力,明确成为我们党和国家的一项重要发展战略,是近几年的事情。“软实力”最早出现在党和国家的政治话语中是在2006年。胡锦涛在全国文代会、作代会上发表讲话,称“如何找准我国文化发展的方位,创造民族文化的新辉煌,增强我国文化的国际竞争力,提升国家软实力,是摆在我们面前的一个重大现实课题”。2007年10月,“文化软实力”正式写入党的十七大报告,确定了“兴起社会主义文化建设新高潮,激发全民族文化创造活力,提高国家文化软实力”的战略任务,这标志着“软实力”正式成为国家发展战略新的着力点。2011年11月十七届六中全会通过的《中共中央关于深化文化体制改革 推动社会主义文化大发展大繁荣若干重大问题的决定》以及2012年通过的《国家“十二五”时期文化改革与规划纲要》,进一步强调要“增强国家文化软实力,努力建设文化强国”的奋斗目标。

文化软实力的核心是思想、观念、原则等价值理念,它的载体是文化产品、文化交流活动、文化教育和信息传播媒介。我国文化软实力主要由五个方面构成:即在政治文化领域体现国家根本利益的社会主义核心价值体系;在传统文化领域代表中国文化核心价值观的思想体系;在公共文化领域引领行业发展、体现国家指导方针的一系列政策、法规、质量体系与评价标准;在主流文化领域体现主流意识形态，表现国家、民族形象的艺术作品；在流行文化领域具有普遍社会反响和市场效应的娱乐性、大众性文化产品。文化软实力是一种关系性权力，一国在国际交往中因其所崇奉的思想、知识和价值得到普遍认同而获得了影响他国行为的能力。文化软实力的强弱直接关系到一国的国际竞争力，关系到一国维护自身国家利益、实现自己战略目标的能力，国际社会普遍重视提高本国的文化软实力，作为国际竞争的核心竞争力。

（二）中西方“文化软实力”概念的差异

中国话语中的文化软实力与西方话语中文化软实力的概念有较大的差异。文化软实力不是一个抽象概念，更不是一个放之四海而皆准的理论范式，它在不同国家有不同表现形态。我国所强调的国家文化软实力，与约瑟夫·奈的“软实力”理论提出的社会政治背景、战略目的、基本内涵、实现路径等方面均有不同。

提出的背景不同。约瑟夫·奈作为美国国家主流意识形态的学者，提出软实力的概念有其特殊的社会政治背景。约瑟夫·奈的软实力理论是冷战思维的产物，冷战在更多意义上，亦即意识形态与思想文化价值之战。强调意识形态与思想文化价值领域的对抗，并极力谋求这一领域的“制人”之道，企图通过这一领域的突破而瓦解对方，是冷战思维的重要体现。中国话语中的文化软实力，是在我国经济体制深刻变革、社会结构深刻变动、利益格局深刻调整以及思想观念深刻变化的条件下，社会发展对人的精神素养、思想观念和价值观提出的深层次诉求，是在建设中国特色社会主义、构建和谐社会的实践中提出来的。

战略目的不同。约瑟夫·奈认为：美国以硬力量制造军事遏制战略，用软力量瓦解社会主义制度和人的思想，借助软硬力量的结合，赢得冷战的胜利。可见，约瑟夫·奈提出文化软实力的目的主要是为了美国在世界确立霸权地位，是为美国在世界确立霸权地位辩护和服务的，是为了与其他国家争夺人心，最终用美国的价值观改造世界。但是，我们所强调的文化软实力是社会主义国家政体的文化显现，是我们国家利益的独特呈现方式，带有鲜明国家意识形态属性，是中国特色社会主义建设整体布局中文化建设将产生的现实结果，其目的是为了树立核心价值观、提升国民素质、增强综合国力并最终实现文化强国的奋斗目标。

基本内涵不同。约瑟夫·奈所谓的“软实力”是国际关系领域的文化影响力、吸引力、同化力，中国语境的“文化软实力”是指主导价值观和意识形态方面的指引力、凝聚力、推动力和规范力。与国际社会中的文化渗透不同,我们所强调的国家文化软实力,主要是指那些在社会文化领域中具有精神的感召力、社会的凝聚力、市场的吸引力、思想的影响力与心理驱动力的文化资源。我们的着眼点是落在文化的基本层面上,我们更加注重的是主流文化自身的积极建构,是文化产业与文化事业的繁荣与发展,而不是把文化仅仅作为一种实现经济与外交目的的次等手段来对待。中国语境的“文化软实力”的基本内涵往往是指“文化国力”,这一国力具体体现为人民的基本文化权益是否得到更好保障、社会的文化生活是否更加丰富多彩、人民的精神面貌是否更加昂扬向上,也体现为中国文化在世界范围内是否形成良好形象从而产生相应的吸引力。文化国力的提升与经济实力的提升、政治文明建设的推进等一起,构成为我们努力提升综合国力的基本战略举措。因此,我国文化软实力在内涵上具有鲜明的中国特色。

实现途径不同。从约瑟夫·奈所谓的软实力三要素来看,文化、政治价值观、外交政策,其核心都是核心价值观,在他的著作中也涉及软实力诉求的是人的观念和文化,或者说,它依靠的是有能力设定规程,从而确立起能够塑造他人的价值取向的准则和制度。与西方价值观不同的是,要提高我国文化软实力根本在于建设社会主义核心价值体系,巩固和扩大社会主义核心价值观的社会认同。社会主义核心价值体系是社会主义意识形态的本质体现,是社会主义社会的根本价值导向和精神指引,是民族文化、民族精神的核心,是民族向心力、凝聚力的支撑点,是民族生命力、创造力的源泉,是国家、民族竞争的重要因素。

因此,虽然约瑟夫·奈软实力理论中的积极因素我们可以大胆地吸收借鉴,但不能陷入简单地“跟着说”的迷局,否则容易掉入这一理论所具有的价值取向与思维框架之中。我们应立足中国实践来界定和丰富文化软实力的内涵和地位,坚持运用马克思主义的立场、观点、方法,对西方文化软实力理论进行扬弃,形成具有中国特色的文化软实力理论。

二、提升文化软实力的战略意义

在国际竞争中,一个国家的硬实力搞不好,可能一打就败;一个国家的软实力搞不好,可能不打自败。文化软实力是现代社会发展的精神动力、智力支持和思想保证,提升文化软实力对于国家发展、民族振兴和社会进步具有重要意义。提升文化软实力既是一项长期的重大战略任务,也是解决当前我国文化建设所面临突出问题的现实需要。

（一）增强国际竞争力、维护国家安全的紧迫要求

事实证明，当今时代，文化越来越成为综合国力竞争的重要因素，谁占据了文化发展的制高点，谁拥有了强大的文化软实力，谁就能够更好地在激烈的国际竞争中掌握主动权。由于文化软实力的重大作用，20 世纪 90 年代以来，许多国家特别是主要大国，都把提高文化软实力作为增强国家核心竞争力的重要战略，纷纷调整文化政策，制定国家文化发展战略，在“知识经济高地”进行战略竞争的同时，又在“文化经济高地”展开了新一轮竞争与博弈，力求在日益激烈的综合国力竞争中赢得主动权。如韩国提出了“文化立国”的国家发展方针，日本成立了由首相亲自担任部长的“知识财富战略本部”，英国成立了由国家各部门首长和政府高官参加的“创意产业行动小组”。向来十分重视硬实力的美国政府，对于文化软实力的建设也不甘落后，及时推出要在硬实力支持下，用软实力领导一个“法治条件下的自由世界”的“普林斯顿计划”。尽管中国的国家文化软实力建设取得了巨大成就，但总体而言中国文化整体实力和国际影响力与中国国际地位还不相符，与中国深厚的文化底蕴还不相称，“西强我弱”的国际文化和舆论格局仍未根本扭转，西方敌对势力对我国意识形态渗透和攻击的力度仍在加大，面对这种形势，我们必须以高度的文化自觉和文化自信，着力增强国家文化软实力，才能增强我国文化的国际竞争力，扩大中华文化国际影响力，维护国家文化安全。

英国《卫报》2007 年 2 月 28 日曾刊发一篇评论文章指出：三叉戟、军队和贸易可能是英国位列国际上宾的最终保证人。但当海伦·米伦在奥斯卡上挥舞英国国旗，她也是在为英国的全球影响力尽自己的一份力量。文章还强调：莎士比亚的软实力和导弹的硬实力一样是现代世界的一部分。不只是这篇评论文章，众多的事实也一再告知：文化软实力已经成为综合国力的重要组成部分；文化竞争已经成为当今世界综合国力竞争的重要内容；提升文化软实力，已经成为当今世界普遍关注的焦点。

文化越来越成为维护国家安全的可靠保障，文化软实力对于维护国家文化安全具有不可替代的特殊作用。在阿富汗博物馆大门上有一条著名的横幅：“只要一个国家的文化和历史活着，这个国家就会活着。”可见，一个国家或民族一旦失去文化发展的生命力，动摇了文化根基，就可能成为别国的附庸甚至走向灭亡。文化领域的扩张与反扩张、渗透与反渗透是国际政治斗争和意识形态较量的一项重要内容，一些西方国家把文化当成颠覆和控制别国、实现自身战略意

图的重要工具,文化安全已成为国家安全的重要组成部分。对我国来说,要保持本民族文化的独立和维护国家安全,最根本的就是要坚守自己民族独立的价值观念和意识形态。独立的价值观念和意识形态,是国家安全最重要的精神支柱。社会主义核心价值体系是社会主义制度在价值层面的本质规定,是社会主义文化独立与国家安全的根本保障。只有加强社会主义核心价值体系建设,才能不断提高国家文化软实力,建立有效的文化安全机制,保证我国文化主权不受侵犯,进而在各种思想文化的相互激荡中赢得主动。

(二)促进经济社会发展、增强综合国力的现实需要

随着世界多极化、经济全球化和国际社会信息化趋势的深入发展以及科学技术的突飞猛进,文化与经济、政治交融程度的不断加深,经济的文化含量越来越提高,文化的经济功能越来越增强。经济、政治和文化是人类社会生活的三个基本领域,它们三者的关系毛泽东曾经给予了概括:“一定的文化(当作观念形态的文化)是一定社会的政治和经济的反映,又给予伟大影响和作用于一定社会的政治和经济;而经济是基础,政治则是经济的集中的表现。”①这一经典论断是我们认识文化与经济、政治的关系及其性质、作用的指南。

综合国力的增强取决于发展,而只有物质文明和精神文明的全面发展,才能使综合国力中的硬实力和软实力都得以增强。因此,必须在坚持以经济建设为中心的同时,把文化繁荣发展作为坚持发展是硬道理、发展是党执政兴国第一要务的重要内容,作为深入贯彻落实科学发展观的一个基本要求。这既是推动科学发展的题中应有之义,也是增强我国综合国力的客观需要。

在如今市场竞争的时代,不论在国内国外,文化“软实力”的作用举足轻重。在我国,一出戏、一件艺术作品,激活一方水土、带动一方经济、成就一种文化的范例,近年来可以说不胜枚举。江苏昆山和上海交界处的江南水乡——周庄,旅游收入已连续多年超亿元大关。如今,游览江南古镇,周庄已经被作为首选。河南登封的少林寺同样因为文化作品而声名大振。少林寺虽是名寺古刹,但是20世纪70年代以前却访者寥寥,老墙枯树,斑驳残旧。但自从电影《少林寺》上映以后,当地政府花钱予以整修,少林寺已成为中原第一名胜,每年游客络绎不绝,连外国政要也登门拜访。如今,少林的“洋弟子”已遍及欧美,“少林旋风”更是吹遍世界,“少林寺”作为品牌已被评为国家驰名商标。

---

① 《毛泽东选集》第2卷,人民出版社1991年版,第663—664页。

当前,文化事业的快速发展,文化产业的迅速崛起,文化消费的丰富繁荣,使得文化生产力在现代经济的总体格局中的作用越来越突出。文化软实力通过提高国家凝聚力为经济硬实力的发展奠定稳定的政治基础,通过激励作用为经济硬实力的发展提供精神动力,通过促进文化产业的发展提高国家的经济实力,还通过对生活方式的界定作用引导市场,从而为经济发展拓展空间。文化建设不仅对经济增长的直接贡献越来越大,而且对提升经济发展质量的作用也日益突出。同时,文化建设也是推进政治建设、发挥政治制度优势的深厚土壤,既是推动社会发展的重要手段,也是社会文明进步的重要目标。因此,我们要在不断推进经济建设、政治建设、社会建设、生态文明建设的同时,进一步兴起社会主义文化建设新高潮,充分发挥文化在夺取全面建设小康社会新胜利、开创中国特色社会主义新局面、实现中华民族伟大复兴中不可替代的作用。

(三)提高全民族思想道德素质、增强民族凝聚力和创造力的可靠保障

一个民族的文化凝结着这个民族对世界与生命的历史认知和现实感受,积淀着这个民族最深层次的精神追求和行为准则。文化熔铸在民族血脉之中,始终是民族生存发展和国家繁荣富强取之不尽、用之不竭的力量源泉。提高文化软实力,可以凝聚人心、增进共识、鼓舞斗志、振奋精神。

当前,随着经济全球化和世界多极化的深入发展,不同文化之间的交流、交融、交锋日趋激烈;随着我国改革开放的不断推进和社会主义市场经济的不断发展,人们的思想意识和价值取向等也日趋多元、多样、多变,一些人甚至出现了信念缺失、道德失范、心理失衡等问题。有效解决这些问题,要求我们大力提高国家文化软实力,不断巩固全党全国各族人民共同团结奋斗的思想基础。

任何国家和民族若只有物质财富的丰富而无思想道德素质和科学文化素质的提高,就谈不上是强大的国家、强盛的民族;任何国家若只是经济强国、军事强国而非文化强国,也谈不上是真正的强国。提升文化软实力,建设社会主义文化强国,就是要着力增强文化的认同、促进主流价值观的确立,推动社会主义先进文化的深入人心,推动社会主义精神文明和物质文明全面发展,不断开创全民族文化创造活力持续迸发、社会文化生活更加丰富多彩、人民基本文化权益得到更好保障、人民思想道德素质和科学文化素质全面提高的新局面,建设中华民族共有精神家园,为人类文明进步作出更大贡献。

三、西方强势文化的渗透

当今时代，世界多极化、经济全球化的深入发展，引起世界各种思想文化的相互激荡。这些思想文化包括历史的和现实的、外来的和本土的、进步的和落后的、积极的和颓废的，它们之间有吸纳又有排斥，有融合又有斗争，有渗透又有抵御。这一历史进程也可称为文化全球化。文化竞争成为国际竞争的新趋势，文化贸易成为国际贸易的新特点。文化竞争打破了国家间贸易壁垒，形成了文化贸易的全球市场，加强了不同文化的交流和交往，但同时也必然导致西方强势文化的渗透和入侵，不可避免地带有“文化帝国主义”和“后殖民主义”的色彩。总体上处于弱势地位的包括我国在内的广大发展中国家，不仅在经济发展上面临严峻挑战，在文化发展上也面临严峻挑战。

（一）文化的竞争成为国际竞争的新趋势

当今世界，各国之间综合国力竞争日趋激烈，文化越来越成为综合国力竞争的重要因素。文化的竞争已成为当今国际竞争新的角力场，是国家软实力的根本体现。当文化作为一个产业的时候，文化既是软实力，同时也可以成为硬实力。第二次世界大战结束以来，国际竞争正在从军事—经济—科技—文化领域演进，现代化发达国家也从谋求军事霸权、经济霸权到谋求文化霸权。这种变化是世界经济从工业经济时代向知识经济时代转型的必然现象，体现了人类从经济人、社会人向文化人演进的历史进程。于是，以文化力为焦点的综合国力较量已成为继政治、经济、军事较量等之外的另外一种较量。这种软实力的较量说到底是一场世界性的文化博弈。以美国为首的西方发达国家凭借其政治、经济、军事和科技的强大优势，推行霸权主义、强权政治，极力想把西方的意识形态和政治制度强加给发展中国家。西方国家的这种战略遭到了广大发展中国家的抵制和抗争，由此引发了发达国家和发展中国家在软实力竞争中的突出矛盾。从发展趋势看，国际关系中软实力的竞争在未来将长期延续下去，这种竞争既互相借鉴又会不断产生摩擦、碰撞甚至冲突，但因时代条件的制约，这种冲突是有限和局部的，不会引起世界性的全面冲突。

（二）文化产品和服务的输出是国际贸易的新特点

随着国际间文化竞争日趋激烈，文化贸易逐渐成为国际贸易的重要组成部分，成为了国家间积极竞争的新领域。由此而来，文化产品和服务的输出成为国际贸易的新特点，但是呈现了不均衡性，单向性较明显。西方发达国家操纵大众传媒不遗余力地对发展中国家输出其文化产品和服务，以推行其文化霸权。主要包括以下形式：

利用大众传媒进行文化输出。大众传媒主要包括传统新闻媒体和互联网。第二次世界大战后，美国成为世界上传媒最发达的国家，美国媒体覆盖全球。美国两大通讯社——美联社和合众国际社使用100多种文字，向世界各地的用户昼夜发布新闻和大量的图片；美国的《华盛顿邮报》、《时代周刊》、《新闻周刊》等成为各国有关部门和学术界的必订报刊，它们事实上垄断了国际新闻的来源，决定着什么是“新闻”，报道什么和不报道什么，从而成为美国对外文化扩张的强力工具；CNN（美国有线电视新闻网）通过卫星电视向全世界137个国家和地区传送昼夜新闻节目，已经成为最普及的视觉媒体；美国政府的海外喉舌——“美国之音”电台，现在使用包括英语在内的52种语言播音，每周播放时间超过1200小时，以此宣传美国的对外政策和介绍美国的社会文化，“帮助”各国人民“正确理解”美国的价值观。美国政府增设的“自由亚洲电台”于1996年3月正式开播，主要针对中国大陆、越南、朝鲜等亚洲听众。这些新闻机构实际上是一个配合美国政府对外战略的国家机器。在互联网上，西方发达国家同样也控制着信息的生产和流向。在国际上，网络信息主要集中在北美、西欧、日本等信息基础设施比较发达的国家和地区，它们在网络信息的生产量、使用量以及信息密度、优势资源等许多方面都拥有绝对的垄断地位。虽然目前我国网民规模、宽带网民数、国家顶级域名注册量位居世界第一，但是互联网上占主导地位的文种是英文，占80%以上，中文只占3.7%。有资料表明，世界上每天传播的国际新闻约90%来自西方媒体，其中80%来自美联社、路透社、法新社三大通讯社。西方发达国家流向发展中国家的信息量，是发展中国家流向发达国家的100倍。[①]这种信息生产和流动的单向性致使不发达国家一直处于“信息贫困”状态，美国更是占据了互联网为主的国际舆论的制高点。据统计，互联网上网访问量最大的100个站点中，有94个设在美国境内，国际互联网的全部网页中，有80%使用英语，90%的信息是英语信息，中文信息不到总量的0.4%，而不受西方（主要是美国）控制的英文信息不到万分之一。[②]

---

① 卢新德：《文化软实力建设与维护我国意识形态安全》，《山东大学学报（哲学社会科学版）》2010年第3期。

② 刘源、孙宇鹏：《中国意识形态安全在文化全球化过程中所面临的问题》，《中国发展》2010年第3期。

利用文化产品进行文化输出。据有关部门的统计：全世界每100本图书，85本由发达国家流向不发达国家；全世界每100小时音像制品，74个小时由发达国家流向不发达国家。[1] 全世界56%的广播和有线电视收入、85%的收费电视收入、55%的电影票房收入来自美国。在全世界放映的影片中，好莱坞的电影占85%，即使在欧盟，好莱坞的大片也占高达80%以上的市场份额。[2] 美国文化"全球化"被形象地概括为"三片"：代表美国饮食文化的麦当劳"薯片"、代表美国电影文化的好莱坞"大片"、代表美国信息文化的硅谷"芯片"。以美国电影文化为例：美国国际数据集团（IDG）全球常务副总裁熊晓鸽认为，评判一个国家是否成为电影产业大国的重要指标，就是看它拥有多大规模的海外票房市场。美国的电影生产尽管只占全世界总量的5%至6%，但放映时间却占全世界观影总时间的80%。美国长期稳居世界电影产业霸主地位，依靠庞大的海外市场分销体系牢牢确立自己的优势。美国票房是中国的7倍左右，几乎是靠"美国制造"取得的，中国票房中只有一半为"中国制造"，另一半则靠进口大片取得。[3] 除了这"三片"之外，还有更多我们所熟知的文化：以摇滚乐、爵士乐、乡村歌曲为代表的流行音乐，以《读者文摘》、科幻小说为代表的通俗书刊，以NBA为代表的体育文化，以圣诞节、情人节为代表的节日文化，以迪斯尼为代表的娱乐文化等等。因此，全球化是什么？全球化成了全球的人们都来吃麦当劳，喝可口可乐，穿美国名牌，看美国大片，听美国音乐，照搬美国制度，按照美国的标准判断是非，这是目前全球化的发展趋势。美国最大的出口产品不是地里的农作物，也不是工厂制造的产品，而是批量生产的流行文化，如电影、电视、音乐、书籍和电脑软件，美国流行文化因此渗透到世界各地。

所有这些表明，美国等发达国家已经主导了文化贸易和世界网络信息传媒的话语权，这给我国社会主义意识形态带来了巨大的安全隐患，维护社会主义意识形态安全任重而道远。

（三）西方文化产品输出和价值观渗透对我国主流价值观的深刻影响

纵观目前各国文化竞争的态势和国际贸易的新趋势，不难发现，文化产品和服务输出的背后是文化价值观的渗透。西方国家在推销文化产品或者提供信息

---

① 杜飞进等：《文化复兴的历史方位——我国文化体制改革的实践与思考》，《人民日报》2011年10月14日。

② 田心铭：《文化软实力是向与量的统一》，《红旗文稿》2012年第2期。

③ 李舫：《电影国际传播谋略："文化折扣"阻碍中国电影远行》，《人民日报》2012年2月24日。

服务的时候,也就是在推销一定的文化价值观,在文化产业竞争的背后是文化价值的竞争,文化价值竞争是文化竞争的深层原因。因为文化产品蕴含着丰富的思想内涵和精神价值,文化产品的渗透与影响远比物质产品久远得多。发达国家凭借其科学技术和文化产业的优势,不遗余力在全球推销其文化产品和服务,在获得巨额经济利益的同时,也在输出其文化价值观。因此,许多大中城市到处可见法国的奢侈品、意大利时装、德美的汽车、美国的电脑软件。青少年消费的也是美日的卡通、日韩电子游戏和新鲜出炉的"哈里波特"。所以有学者评论:美国用三大片(薯片、芯片、影片)策略就征服了世界。同样,信息也在一定程度上负载着文化,美国在网络上的信息垄断实际上也就是美国文化的垄断。当人们进入 Internet,在某种意义上就是步入了美国文化的万花筒。"如果说西方在全球化早期是用枪炮加传教士把自己的价值观强加给殖民地国家,那么今天的西方是用大众化文化加互联网向后发展国家输入他们的文化价值观。"①

我国正在遭受西方强势文化的侵略和渗透。正如水总是从高处往低处流一样,人类文化的传播也是这种单向性的。落后民族在羡慕和学习先进民族的生活方式的过程中,随着各种承载着先进文化的商品、技术不断流入,观念在悄悄地改变、思想也在慢慢地趋同。这种潜移默化的侵略和渗透,发端者是时而自觉的时而不自觉的,而接受者却完全是自觉的。可口可乐、肯德基、麦当劳、奥斯卡和格莱美,然后是教育,随同捆绑着美国文化的产品一起涌来,也把美国的自由、民主等价值观弄成大杂烩,一块扔了过来,这些看起来雅俗共混的宣传品,你很难说清他们俘虏了哪个阶层的中国人。

我们可以看到,西方强势文化的渗透已经对我国本土文化造成了严重的影响。这种影响表现在我们的主流社会,某些人开始认同西方的价值观念和道德标准;逐渐崇尚西方的生活方式;日益接受西方的是非标准;逐步丧失对本土文化的信念,传统文化正在慢慢流失。近些年来西方的圣诞节、愚人节、情人节、狂欢节、万圣节等大举进入中国,相反,中国本身的一些节日如春节、清明、端午、中秋、七夕却被淡化。洋节的红火势必影响国人的心理、行为和价值认同,民族文化自然遭遇前所未有的挑战。比如原本是恋人、夫妻共度的温馨浪漫情人节,传入国内之后近几年有些变味。情人节期间成为婚外情的高发日,宾馆、酒店订购一空,调查公司业务激增,导致不少夫妻反目、家庭破裂,情人节因此被扣上"出

---

① 田丰、肖海鹏、夏辉:《文化竞争力研究》,中国社会科学出版社 2007 年版,第 5 页。

轨节”的帽子。情人节也被商家热炒成消费节，除了鲜花市场，情人节套餐、情人节蛋糕以及珠宝、化妆品等商品销售也十分火爆。各大餐厅忙不迭推出各式各样的情人节套餐，商场、礼品店也“赶趟”挂出情人节促销活动，购物网站则早已下决心在情人节再创一个购物高峰。

与发达国家逼人的文化扩张相比较，国内的历史传说影视作品，大多流于机械和呆板，在思想深度和创意力度方面明显有缺失。国内影视人还沉迷在“戏说”版的宫廷戏、模式化的“警匪剧”等的制作中，被票房和效益的重负挤压得喘不过气来，艺术想象力苍白无力，进取心和创造力也大大削弱。如《孙子兵法与三十六计》，孙膑与庞涓之间的斗智并没有很浓的“兵法”味，倒是在其中穿插了不少香艳的爱情故事，波澜壮阔、波谲云诡的智勇谋略淹没在浓厚现代味的情感纠葛中，令人失望。创作思维的落后和想象力的缺失以及对待历史题材的创作态度，这些应该是好莱坞抢拍中国题材影视剧带给国内同行们的一个重要警示和启迪。

（四）社会主义核心价值体系是抵御西方强势文化渗透的精神航标

面对西方强势文化的入侵和渗透，我们既要学习和借鉴西方的文明，更应该保持和坚守本土文化的主体性，提高本土文化的竞争力。那么如何加强国人对自身文化的认同感？如何在激烈的文化竞争中立于不败之地？这是开放过程中必须认真反思的严肃问题。虽然国家提出了文化强国的战略目标，而且文化产业和文化产品具有高科技含量、高附加值、环保、节能的特点，文化产品的出口不仅可以取得显著的经济效益，同时还可以扩大自己的文化影响力。但是，要使文化软实力真正成为国际竞争力，就必须进行正确的价值引导。社会主义核心价值体系是先进文化的灵魂，指引着中国特色社会主义的发展方向。所以，社会主义核心价值体系是抵御西方强势文化渗透的精神航标，我们必须坚持社会主义核心价值体系引领文化建设，建设社会主义先进文化；以社会主义先进文化引领社会经济健康发展，提高全民族的文化自觉性，以一种积极的、建设性的态度，提升文化软实力的竞争力，才能抵御西方意识形态的渗透，维护我国文化安全。

事实上，世界各种文化的融合并不意味着各种民族文化的泯灭，而形成某种一致的、共同的、普世的全球性文化。恰恰相反，世界文化融合的趋势愈加强，文化的民族性愈突现，正是文化的民族性差异和多元及其相互交融推动了全球化的进程。每一个民族的文化传统都是建立在既往的民族感情、民族意识基础上的对时代精神和价值取向的凝结。全球化不可能消融民族文化的个性和品质，而只是对民族文化的生存和发展提出了更新更高的要求。富有生命力和创造力的民族，都善于在与异质文化的交流中取长补短，不断地充实和发展自己，在文化自觉基础上铸造民族魂，加强具有民族精神的爱国主义教育，扩大中华文化的全球性张力，在中华文化中贯注一种全球生存意识，创造出一种全球性的文化生活模式。

四、我国文化贸易的逆差

中国是一个拥有五千多年文明史的古国，在历史上曾经有过强大的文化地位，至今在文化资源上仍然有着许多国家无法比拟的优势。但是必须承认，中国是一个发展中国家，中华文化虽然在对外交流中取得了可喜的成绩，但我国的文化贸易在国际激烈的文化软实力竞争中一直处于逆差状态。

（一）文化贸易是我国对外文化交流的三张牌之一

近年来，随着中国经济的快速发展，对外交往和开放程度的不断提高，对外文化交流有了较大的进展。我国开展对外文化交流有三张牌。

一是对外文化交流牌——扩大影响。这几年中法、中俄互办文化年，在美国举办中国文化节影响很大，对欧美主流社会产生了示范和连锁效应。许多国家纷纷要求效仿。我国已同世界上许多国家签订政府间文化合作协定和年度文化交流执行计划，与上千个文化组织保持密切的合作关系。从中央到地方、从政府至民间，文化交流的规模和范围空前扩大，内容和形式日益丰富，渠道和层次日趋多样。中国文化年、文化周、文化节等的举办，推动中华文化影响力不断扩大。

二是对外文化宣传牌——紧密配合。对外文化交流要讲政治，配合国家外交大局。在对外宣方面特别要注意不可生硬和强加于人。要调整以往重宣传轻沟通的做法，蕴宣传于文化之中，寻求共同点，增强亲和力。最近几年，中国政府及其媒介机构，通过在国外创办报纸、网站等媒体、合办广播电视节目、扩大（卫星电视）信号落地范围等方式，渐渐增大中国文化的投放能力，正引起越来越多国外受众的注意。特别是“孔子学院”的创办，扩大了中华文化的宣传。据统计，自 2004 年 11 月全球首家孔子学院在韩国成立以来，已经在 100 个左右的国家和地区中（美国及欧洲最多），兴建了几百所“孔子学院”，招收了 20 多万登记学员，扩大了中华文化的覆盖面。2010 年，世界上已经有 5000 万人开始学习中文。中国在海外设立的“孔子学院”和“孔子课堂”雨后春笋般地大批涌现，为发展中国与世界各国的友好关系，增进世界各国人民对中国语言文化的理解，传播中华文化及国学提供了全球品牌和平台。有些文化精品，特别是作为人类共同文化财富的世界经典等，是超时空的。我国古代的兵书圣典《孙子兵法》，在21世纪的今天，仍然是美国西点军校、海军指挥学院和英国皇家指挥学院的重要参考书。

三是对外文化交流的贸易牌——经营文化。前两张牌是传统的对外文化工作内容，我们已运用娴熟，打得也比较精彩，而贸易牌还是我们的弱项。对外文化交流需要向更宽的领域拓展。文化走出去的任务，是中国的文化企业和文化产品要走出去。要更多地采用对外文化贸易的方式，在赢得掌声与喝彩的同时，还能取得良好的经济效益。中国文化企业不能永远在内河航行，而必须驶向蔚蓝色的海洋。中国文化企业固然需要从世界各地满载艺术精品归航，但更需要满载中华艺术精品驶向海天万里的彼岸。

（二）我国文化贸易逆差较大的客观现实

近年来，虽然我国文化产品出口数量有所增长，但"文化赤字"现象仍未得到根本的改变，我国文化贸易逆差状况仍然没有改观，中国文化产品和服务"走出去"的步伐有待进一步加快。目前世界文化市场份额，美国占43%，欧盟占34%，亚太地区占19%；在亚太地区所占份额中，日本占10%，韩国占5%，中国和其他亚太国家仅占4%。从质的角度看，集中表现为我国文化对内凝聚力还不够强，对外影响力还不够强，各种文化相互对比中竞争力还不够强。① 具体表现在以下三个主要方面：一是核心文化产品贸易领域存在逆差较大。以2003年为例，当年我国图书、报刊、音像等领域的版权出口为1427种，而版权进口15555种，出口数量不及进口数量的1/10。近年来，这一比例虽有降低，但核心版权贸易逆差严重的格局并未改变。二是文化产品出口总量少，占全部出口额的比例低。2006年，我国实现文化产品和服务出口47.9亿美元，仅占当年全国出口总额9601亿美元的0.49%。② 三是文化产品和服务出口渠道还比较狭窄，我国输出的文化产品价格还远远低于引进的同类产品。以演艺产品为例，我国引进和派出的文艺演出每场收入比约为10:1，我国的节目在国外演出一场只有2000—5000美元，而美国国家的节目到我国演出一场动辄10万20万美元。我国具有国际水平的演出团体出国演出平均每场收入不到4000美元，即使是海外

① 蒋建国：《推进文化体制改革　提高国家文化软实力》，《人民日报》2010年11月22日。
② 武铁传：《我国文化"软实力"存在问题及提升路径探析》，《理论前沿》2009年第7期。

演出价最高的杂技芭蕾《天鹅湖》，每场也只有3万美元收入，而柏林爱乐乐团在上海的演出价达到每场33万欧元。我国全部海外商业演出的年收入不到1亿美元，不及加拿大太阳马戏团一年的海外演出收入。① 由此可见，我国文化产业从内容到形式，从市场到营销同西方发达国家还有很大的差距。

(三)我国文化产品竞争力较弱的原因之一是缺乏价值引领

文化企业的特殊性质就在于它们是内容提供商。文化产品的质量高低取决于其内容。文化产品能否赢得市场，最根本的问题在于其所内含的文化价值、生活方式、思想观念、情感因素，在于文化产品是否具有思想的感染力、情感的亲和力、精神的震撼力以及生活方式的凝聚力。只有赋予文化产品这几种力量，才会得到国内外消费者的认可，让他们心甘情愿地购买你的产品。我国的文化产品缺乏国际竞争力，最根本的原因在于内容。比如我国出口的图书，内容基本上是中医、食谱、气功、武术等，知识含量较高的自然和科学技术类图书数量非常少。再比如动漫，制作动画的仪器设备跟国际上相比我们并不落后，这些设备有钱就可以买到，技术要求我们也都能达到，最关键的是我们的动画制作艺术创意太弱。现在什么都可以用机器来做，唯有艺术创意必须要由人脑来完成。再看电影。2011年中国电影票房突破了100个亿，有多部电影还赢得了一些国际收入。我们的电影从技术、制作、画面等方面讲都不错，但最弱的是编剧。没有好的故事，阵容很强大，但灵魂很苍白。可见，我国文化产品缺乏国际竞争力，最根本的原因在于缺乏真正体现社会主义核心价值体系的内容，主要表现在于缺乏原创，在于缺乏真正体现中国文化的特色与底蕴。因为社会主义核心价值体系既饱含中华民族生生不息的文化底蕴，也体现当代中国先进文化之“魂”。文化产品因为缺乏社会主义核心价值体系这一精神灵魂，才苍白无竞争力。因此，如何以社会主义核心价值体系为导向，弘扬爱国主义为核心的民族精神和以改革创新为核心的时代精神，以新的文化创意与丰厚的民族文化资源相结合，打造出独具中国特色、具有人类审美价值认同的文化精品，提升文化产品的国际竞争力，提升文化软实力，最终提高国家综合竞争实力，已成为我们的必然选择。

① 李舫：《中国文化产业的发展与思考：与发达国家仍有差距》，《人民日报》2010年3月19日。

第二节　国内文化改革发展的困境

当前,我国文化改革发展有着难得的历史机遇,也面临一系列新情况新问题。正如《国家"十二五"时期文化改革发展规划纲要》指出:"我国综合国力日益增强、中国特色社会主义理论和实践的丰硕成果;全社会重视、参与文化建设的热情日益高涨;人民群众快速增长的精神文化需求等有利条件分别为文化建设提供了坚实的物质基础、宝贵的精神文化资源、良好的社会氛围以及巨大的发展空间;另外,我国的国际地位和影响力显著提高,为中华文化走出去提供了重要契机。但是,我国文化发展的质量和水平还不高;我国文化产品无论是数量还是质量,都还不能很好满足人民群众多方面、多层次、多样化的精神文化需求;推动全民族文明素质提高,发挥文化引领风尚、教育人民、服务社会、推动发展的任务更加紧迫;抵御国际敌对势力的文化渗透,维护国家文化安全的任务也十分繁重。"①可见,随着各种思想文化交流交融交锋愈发频繁,社会思想意识多元多样多变日趋明显,我国的文化改革发展面临许多困境,社会主义核心价值体系的认同存在着严峻挑战。

一、马克思主义主流意识形态有所淡化

任何一种文化都不能缺失其灵魂,否则就没有凝聚力。马克思主义是中国特色社会主义文化的灵魂和核心,是我国文化发展的根本,也是先进文化建设的方向标。在社会主义核心价值体系四部分内容的有机构成中,马克思主义居于统领和主导地位。我国当代的主流意识形态是以马克思主义为指导的中国特色社会主义理论体系。

(一)马克思主义成为我国主流意识形态具有必然性与合法性

任何社会都有它的主流意识形态。在我国封建社会,儒家文化就是它的主流意识形态。在西方资本主义社会,以个人主义为核心的人文主义思想就是它的主流意识形态。主流意识形态构成了一个社会精神文化的中枢与灵魂。在当代中国,有多种意识形态成分的存在。在这多种意识形态中,以马克思主义为指

① 《国家"十二五"时期文化改革发展规划纲要》,《人民日报》2012年2月16日。

导的社会主义意识形态无疑占有主导地位，是占统治地位的主流意识形态。在20世纪初的中国，从西方涌入的众多主义、思想和学说中，马克思主义之所以能够脱颖而出，成为中国共产党的指导思想，并逐步成为中国社会的主流意识形态，这绝非偶然，而是有着历史的必然性与合法性。首先，这与马克思主义的理论品格是分不开的。马克思主义在本质上是批判的、革命的，马克思主义的历史唯物论深刻揭示了人类历史发展的因果关系，对现实社会进行了迄今为止最具说服力的批判，深刻地阐明了人类苦难和不平等的社会根源。马克思主义在对现实社会进行批判、改造的基础上提出了共产主义社会的理想目标。这样一个“每个人的自由发展是一切人的自由发展的条件”的社会，对当时正经历着苦难的中国人来说其吸引力是不言而喻的事情，它使人们对美好社会的向往获得了理论上的支持，鼓舞着人们去改变不合理的现实。因此，马克思主义的这种理论品格适合中国社会剧烈变革的历史需求。其次，这与马克思主义成功地指导了中国革命和建设的实践也是分不开的。马克思主义自20世纪初传入中国以后，实现了与中国革命的具体实际和中国文化的有机结合，并指导中国革命取得了全国胜利，建立了新中国。社会主义制度建立之后，马克思主义理所当然地成为了社会的主流意识形态。在随后的社会主义建设尤其是改革开放的实践中，马克思主义继续与中国的实际相结合，发挥了巨大的作用，显示出旺盛的生命力。因此，马克思主义的科学性、先进性以及它在中国革命和建设中所发挥的无可比拟也不可替代的积极作用，使它作为中国的主流意识形态具有了充分的合法性。

正是因为有了马克思主义，中国人民获得了科学、锐利的思想武器，在思想上精神上得到极大的解放，中华文化注入了先进的思想内涵。我们党从一诞生就举起了马克思主义这面旗帜，并在同中国实际相结合的过程中不断推进马克思主义中国化，形成了毛泽东思想和包括邓小平理论、“三个代表”重要思想、科学发展观等重大战略思想在内的中国特色社会主义理论体系成果，成为指引中国文化前进的根本指针。我们现在讲“老祖宗”不能丢，这是历史的结论，也是现实的必然。马克思主义作为我们认识和改造世界的强大思想武器，理应成为指导中国革命、建设和改革的行动指南。不过需要指出的是，马克思主义不是教条，必须结合新的实践不断地加以创新，才能焕发强大的生命力。在新的形势下，我们只有坚持以马克思主义为指导，用发展着的马克思主义引领文化建设，才能在纷繁复杂的社会意识和社会文化生态中，辨析主流和支流、区分先进与落后、划清积极与消极，有效引领各种社会思潮、抵御腐朽文化影响，不断巩固全党全国人民团结奋斗的共同思想基础。

但是,20 世纪 90 年代以来,在经济全球化和新科技革命背景下,各国之间软实力较量加剧,对我国的主流意识形态提出全面挑战。我国在巩固马克思主义为核心的主流意识形态过程中,正遭遇西方敌对势力的文化渗透和侵袭,也受到我国社会主义市场经济多元化价值取向的影响,马克思主义主流意识形态有淡化的倾向。

(二)西方敌对势力的文化渗透对我国主流意识形态的威胁

“冷战”结束后,国际关系中意识形态斗争非但没有“终结”,反而进一步得到强化,民主、自由、人权等价值观成为西方的外交工具。凭借着强势地位的话语权,千方百计地对社会主义意识形态进行攻击、渗透和破坏,是以美国为首的西方国家对外渗透意识形态的重点,从来就没有停止过、放松过。

近年来,他们在国际社会争夺意识形态主导话语权的活动呈现出新的特点,主要表现在以下三个方面:一是在散布“意识形态终结”迷雾、“普世价值”神话的同时,把一般问题政治化、意识形态化。他们利用冷战后世界社会主义运动处于低潮这一事实,在鼓吹“马克思主义过时了”、“马克思主义无用了”、“社会主义失败了”、“社会主义的历史终结了”等,极力向我国传播所谓的“新马克思主义”、“后马克思主义”乃至反马克思主义的西方社会思潮,还炮制新自由主义理论、后现代主义理论、民主社会主义理论等迷惑我国群众,妄图否定马克思主义基本原理的科学性、客观性、实践性,否定马克思主义的指导作用,企图让我们淡化政治意识形态,淡化共产主义远大理想和中国特色社会主义共同理想,淡化马克思主义在意识形态领域的指导地位。二是掌握和利用大众传媒,对一些国家形成全方位、立体式包围网。广播、卫星电视等传统媒体仍然是他们进行意识形态干扰、渗透的重要途径。西方主要国家和敌对势力在我周边地区设有多家转播台,他们在我国上空还构建了密集的卫星电视网,不断加大对我边疆地区、少数民族地区和内地区域的宣传。近年来,随着网络技术的普及,互联网对人们特别是知识分子和青年学生的影响越来越大,西方敌对势力也加紧与我国争夺互联网等思想文化的新阵地。网络已成为敌对势力向中国进行思想渗透新的重要渠道,他们雇佣庞大的“写手队伍”,向我境内发送大量有害邮件,在境内外的中文网站和 BBS 上大量贴文,使之成为政治谣言的重要发源地;或者资助敌对势力建立网站,支持他们利用互联网联络指挥、组织策划、蛊惑人心、煽动闹事。三是利用国际经贸、文化交往不断扩大的机会,在向一些国家输入文化产品的同时，大力宣扬西方资产阶级的一套世界观、人生观、价值观，公开或隐蔽地推销西方的社会政治理论、意识形态和生活方式。西方敌对势力对我国进行意识形态渗透的新策略，要害是要动摇人们对马克思主义的信仰和共产主义的信念，破坏我们的共同理想和精神支柱，以达到人们对共产党信任的丧失和对社会主义信心的丧失。

（三）市场经济的多元化价值取向对我国主流意识形态的影响

随着社会主义市场经济的发展和对外开放的扩大，社会经济成分、组织形式、就业方式、利益关系和分配方式日益多样化，人们思想活动的独立性、选择性、多变性和差异性进一步增强，社会思想空前活跃，人们的价值观也呈现出多样化趋势。这种多元化价值取向夹杂着许多非社会主义的思想，已经对社会主义先进文化产生了冲击，削弱了马克思主义意识形态的指导地位，从而使某些社会成员出现了文化价值判断的困惑和迷失。

在改革开放和现代化建设伟大实践的推动下，经过全党全国人民的共同努力，马克思主义在创新中不断发展，与社会主义市场经济相适应的思想道德体系逐步形成。这种变化趋势虽然总体上是积极的，但与此同时，非马克思主义的意识形态也有所滋长，享乐主义、拜金主义、极端个人主义在一些地方还严重存在，部分社会成员思想道德失范，有些人世界观、人生观、价值观发生扭曲，是非混淆、善恶颠倒、荣辱不分的现象还时有发生。一些人极力散布“淡化意识形态”，鼓吹“意识形态多元化”和“指导思想多元化”等论调，出现了历史虚无主义思潮、“普世价值”论等等。有人认为在开放与全球化条件下，文化不再具有意识形态属性和社会功能，主张文化“非意识形态化”；有人热衷于宣扬封建帝王和宗法社会的“美妙”与“和谐”，粉饰落后的封建文化；有人崇尚西方资本主义文化，把美国的价值观念和文化模式奉为经典；有人散布迷信、愚昧、颓废、庸俗等落后文化、殖民文化、色情文化，污染社会环境，腐蚀人的灵魂，侵蚀民族精神。这些倾向，不仅背离了先进文化的前进方向，也使马克思主义的指导地位受到一些负面因素的挑战。这种情况必须引起我们的高度重视，否则会造成社会思想的混乱，影响民族团结和国家统一，从而影响到改革开放和现代化建设的大局。

二、中国特色社会主义的共同理想认同不足

理想是力量的源泉、智慧的摇篮、冲锋的战旗、斩棘的利剑。正如党的十七

届六中全会指出的:“要用中国特色社会主义共同理想凝聚力量。”①中国特色社会主义,鲜明地回答了当代中国走什么路、举什么旗的根本问题。中国特色社会主义共同理想,就是在中国共产党领导下,走中国特色社会主义道路,实现中华民族的伟大复兴。这个共同理想,把党在社会主义初级阶段的目标、国家的发展、民族的振兴与个人的幸福紧密联系在一起,把各个阶层、各个群体的共同愿望有机结合在一起,有着广泛的社会共识,是建设社会主义核心价值体系的主题,具有强大的感召力、亲和力和凝聚力。

(一)中国特色社会主义共同理想是历史的必然

走中国特色社会主义道路是近代以来中国历史发展必然趋势的反映。历史充分证明,坚持这条道路,就能实现中华民族的伟大复兴。首先,走社会主义道路是近代中国历史的发展趋势和新民主主义革命实践的必然要求。在中国共产党诞生之前,几代中国人都没有找到实现民族复兴的正确道路,中国要实现独立和富强,必须改变半殖民地半封建的社会性质,打倒帝国主义、封建主义和官僚资本主义三座大山在中国的统治。而要完成这个历史任务,中国只能在共产党领导下走新民主主义革命的道路。新民主主义革命胜利后,进行社会主义革命并继而走上社会主义道路,成为必然的趋势。其次,走中国特色社会主义道路是新中国成立以来社会主义建设曲折发展历程的经验总结。社会主义改造基本完成后,我国社会主义建设取得了巨大的成就,积累了成功的经验,也留下了惨痛的教训。由于我们对我国社会主义初级阶段的实际缺乏清醒的认识,对人类文明进步的客观规律没有科学的把握,犯了严重的“左”倾错误,尤其犯了像“文化大革命”那样严重的错误,影响了社会主义建设,也影响了人们对社会主义的信念。这些经验教训深刻地启示我们:建设社会主义必须从自身的国情出发,走自己的路。再次,改革开放以来我国经济社会发展的巨大成就,见证了走中国特色社会主义道路的必然性。党的十一届三中全会以来,党的三代中央领导集体,认真总结过去的经验教训,深入分析我国社会主义初级阶段的基本国情,把马克思主义基本原理同我国社会主义初级阶段实际相结合,创立了中国特色社会主义理论体系,开辟了中国特色社会主义道路。回顾过去,正是因为我们坚持了中国特色社会主义,才把亿万人民的创造活力极大地激发出来,才克服了来自各方面

① 《中共中央关于深化文化体制改革 推动社会主义文化大发展大繁荣若干重大问题的决定》,《人民日报》2011年10月26日。

的困难和压力，取得了社会主义建设的辉煌成就。

中国特色社会主义共同理想是时代的要求。当代中国正经历着空前广泛而深刻的社会变革。在前进道路上，我们还面临着前所未有的新情况新问题新挑战，执政考验、改革开放考验、市场经济考验、外部环境考验是长期的、复杂的、严峻的。经受住这些考验、战胜这些风险，团结带领全国各族人民实现宏伟目标，仍然要靠坚定的信念和共同的理想。因为共同理想可以引导人们树立正确的世界观、人生观、价值观，正确认识国家、民族的前途命运，不断增强对中国共产党领导、中国特色社会主义、改革开放事业、全面建设小康社会目标的信心。只有用中国特色社会主义共同理想凝聚人心、感召人民，才能形成全民族奋发向上的精神力量和团结和睦的精神纽带，巩固全国各族人民团结奋斗的共同思想基础，战胜前进道路上的一切困难，实现中华民族的伟大复兴。

中国特色社会主义共同理想是人民的选择。中国特色社会主义共同理想是最广大人民根本利益和共同愿望的集中体现。建设中国特色社会主义，之所以能够成为全体人民的共同理想，说到底，是因为它体现了人民的根本利益和共同愿望。新中国成立特别是改革开放以来，我国经济总量和综合国力大幅度跃升，人民生活总体上实现了从温饱到小康的历史性跨越，我国的国际地位也显著提高。仅以改革开放三十多年为例，从 1978 年到 2010 年，世界各国平均国内生产总值年均增长率为 3.4%，发达国家为 2.6%，发展中国家为 4.8%。同期我国国内生产总值年均增长率为 10%，从 3645 亿元增长到 40.1 万亿元，经济总量上升为世界第二位，发展速度远远高于世界平均增长率。① 事实表明，中国特色社会主义共同理想，是能够给人民群众带来实实在在利益的社会理想，坚持用这样的共同理想来凝聚人民群众的智慧和力量，必将更好地推动事业发展，实现人民群众的利益和愿望。国家发展取得的举世瞩目的伟大成就，极大地坚定了全国各族人民对实现共同理想的信念，激励着我们为了中国特色社会主义的光明前途和中华民族的伟大复兴而继续团结奋斗。

(二)中国特色社会主义认知认同出现偏差的客观原因

理想源于现实，又高于现实。现实不等于理想，现实与理想之间存在差异。应该看到，经过改革开放三十多年的发展，社会主义现代化建设取得举世瞩目的伟大成就充分彰显了社会主义的优越性，全国各族人民正在实现中国特色社会

① 赵胜轩：《坚定中国特色社会主义共同理想》，《求是》2011 年第 21 期。

主义共同理想的康庄大道上阔步迈进，再加上党和国家重视主流意识形态教育、国民素质不断提高、理论水平和鉴别能力增强，人们对于社会主义和共产主义信仰总体上比较坚定，对中国特色社会主义总体上有比较好的认知，总体上对中国特色社会主义和世界社会主义发展前景比较乐观。但我们也要看到，当前我国既处于发展的重要战略机遇期，也处于社会矛盾凸显期。由于复杂的国际形势和国内经济社会转型所带来的矛盾问题使一些人的理想信念开始弱化，对中国特色社会主义认知认同开始出现偏差。

首先，外部环境对中国特色社会主义认知认同的冲击。冷战结束后，西方敌对势力始终没有放弃对其和平演变的战略，仍在加紧对我国意识形态进行强势渗透，污蔑中国特色社会主义是“中国特色的资本主义”，把中国特色社会主义理论体系歪曲为“中国特色资本主义理论体系”，鼓吹“只有中国特色的资本主义才能救中国、富中国”，影响人们对社会主义和共产主义的信仰，动摇中国特色社会主义的必胜信念和共同理想。

其次，国内改革发展对中国特色社会主义认知认同的影响。我国正处于社会主义改革和发展的关键时期，经济体制深刻变革、社会结构深刻变动，利益格局深刻调整，生活方式深刻变化，思想文化激烈碰撞，这些都给人们的生活方式和思想价值观念产生了巨大的影响，人们的价值取向更加务实和功利化，理想信念开始淡化，一些人对中国特色社会主义共同理想产生疑惑、误解，甚至迷失方向。另外，虽然改革开放以来我国社会经济发展总体水平有极大的提高，但与人民群众的期望值之间还存在一定的差距。在认为利益需求未被满足的情况下，产生对中国特色社会主义的认同不足，对共产党的信任度也有所降低。

再次，宣传教育实效性不够弱化中国特色社会主义的认知认同。由于中国特色社会主义共同理想的教育效果不明显，使人们不太愿意公开地谈论理想，不敢旗帜鲜明地表明自己追求理想。有些人被金钱万能的观念和风气所侵蚀，曾经满怀崇高的理想被金钱拜物教所取代；有些人对西方价值观和政治模式充满了憧憬和期待，对中国特色社会主义的道路与前途，认识上产生了这样那样的动摇。特别是一些党员干部在新的历史条件下，党性意识削弱，理想信念开始淡化，宗旨意识不强，最后在利益或权力诱惑面前迷失了自我，出现贪污腐败。腐败者往往会在最后时刻承认自己放松了世界观、人生观和价值观的改造和教育，放弃了共产主义的远大理想和中国特色社会主义的共同理想。

复杂的国内外形势，众多的社会矛盾和问题，使一些人对马克思主义、中国特色社会主义的信念动摇，对中国共产党的领导表示怀疑，对中华民族的伟大复兴缺乏信心，增强中国特色社会主义共同理想认同任重而道远。

三、传统文化日趋淡薄

《决定》中指出，文化是民族的血脉，是人民的精神家园。异彩纷呈、独具特色的传统文化，是各民族在漫长的历史发展过程中创造、积淀而形成的，不同的传统文化自然都深深地刻上了本民族的烙印。因此，民族性是文化的一个基本特征。一个民族的文化，凝聚着这个民族对历史的认识和对现实的感受，积淀着这个民族的精神追求和行为准则。然而，由于经济全球化的影响以及改革开放和社会主义市场经济的深入发展，中国传统文化不可避免地受到来自各方面的冲击，呈现出日益淡薄的倾向。

（一）中国传统文化的历史意义和时代价值

中国各族人民在五千多年的文明发展历程中创造的灿烂文化，为人类文明进步作出了巨大贡献，是中华民族生生不息、国脉传承的精神纽带，是中华民族面临严峻挑战以及在各种复杂环境中屹立不倒、历经劫难而百折不挠的力量源泉。作为中华民族强大精神力量的传统文化是以儒家思想为内核，以“仁义礼智信，忠孝悌忍勇”为价值取向，以琴棋书画、诗词曲赋、民族音乐、民族戏剧、民间习俗、曲艺、国画、书法、对联、灯谜、酒令、歇后语等为表现形式。中国传统文化注重人的价值，强调以民为本；注重坚韧刚毅，强调自强不息；注重“和而不同”，强调社会和谐；注重“协和万邦”，强调亲仁善邻；注重团结统一，强调独立自主。总之，中国传统文化塑造了中华民族醇厚中和、刚健有为的人文品格和道德风范，不仅对中国的经济和社会发展发挥了巨大影响，为中国人的文化性格和行为方式的形成奠定了历史基础，而且对人类文明的发展已经产生并将继续产生重要影响。

中华优秀传统文化是我们文化发展的母体，不仅铸就了历史的辉煌，而且在今天仍然闪耀着时代的光芒。罗素曾经说过，“中国至高无上的伦理品质中的一些东西，现代世界极为需要”，“若能够被全世界采纳，地球上肯定比现在有更多的欢乐祥和”①。当前，国际上出现“中华文化热”、“孔子热”，很多人都在探讨中华传统文化中讲仁爱、重民本、守诚信、崇正义、尚和合、求大同等思想的时

---

① 云杉：《文化自觉 文化自信 文化自强》，《红旗文稿》2010 年第 16 期。

代价值，这也生动地表明了我们传统文化的重要现实意义。2006 年，中央电视台曾和八家连动的媒体在相关的网站上做了一个“谁最能够代表中国的形象”调查。从投票结果看，排名在前十位的分别是：孔子、中国京剧、故宫、长城、春节、书法、中国针灸、瓷器、中国菜、中国功夫。其中，孔子以 8395 票排在第一位，因为孔子是儒家思想的创始人，儒家思想是中华文化的主干，所以孔子在中国文化的形成、发展中间占据着非常重要的位置，而且影响非常深远。这些文化符反映了海内外华人心目中对中国传统文化的认知认同。

近几年来，“韩流”汹涌，把中国文化的内蕴精神表现到了极致。尽管韩剧中的故事情节和社会场景皆为韩国的和现代的，但融注于其中的思想观念、人情世理、生活习俗、道德准则、伦理矩制、思维范式等，则一应都是对中国民族传统文化的复制、延伸与创新，特别是通过对剧情的发展和人物形象的塑造，更是把儒家文化的精髓表现得出神入化、淋漓尽致。这就启示我们，中国的民族文化不但具有丰富的内蕴和极强的再生能力，而且具有与西方现代工业文明和当代信息社会的高度契合性与强大亲和力，具有时代价值和广泛意义。

（二）中国传统文化日趋淡薄的影响因素

近百年来，为人类文明进步作出了巨大贡献，在今天仍然闪耀着时代的光芒的中国传统文化，在全球化和市场经济大潮的洗礼下，却面临着传承的严峻挑战，中国传统文化面临日趋淡薄的现实危机。

在全球化和市场经济大潮的洗礼下，越来越多的国民不知道仁义礼智、孝悌友爱为何物，亲情伦理淡漠，社会道德滑坡，公平诚信缺失、传统节日流失……在我国内蒙古流行的马头琴，已被蒙古国申报为该国的非物质文化遗产；在中国家喻户晓的皮影戏，也被印度尼西亚申报为该国的文化遗产；韩国江陵端午祭“申遗”成功……西化的东西不断传入国内，而传统文化却在不断的遗失。这一切都值得国人去反思，民族文化急需受到保护。新加坡《联合早报》有学者评论：“中国没有文化上的崛起。经济的崛起还没有带来文化的复兴，也没有造就一种新的文化。相反，传统文化正在加速度地消失，被商业文化、快餐文化所取代。”①

中国传统文化日趋淡薄和流失的原因主要因为以下影响因素：

首先，西方强势文化的冲击和渗透日益加强。冷战结束后，西方国家尤其是

① ［新加坡］郑永年：《中国人应理性看待中国复兴》，《联合早报》2006 年 7 月 11 日。

美国并没有因为苏联的解体而放松其对外文化宣传，他们一直把文化、意识形态、社会制度等发展因素，放在与军事和经济等同样重要的地位。积极利用其大众传媒，向全世界宣传其文化价值观，试图使全球“美国化”。因为西方国家推行其文化霸权是以经济全球化框架中的经济上的优势为主要依托，附加西方文化价值观念的“促销”，从经济领域入手再向教育、文体等领域辐射，有一定程度的合法性和隐蔽性。再加上其利用高科技的手段以及赋予普世价值的表象，使其具有较强的吸引力和影响力。在西方强势文化的冲击和渗透，中国传统文化遭受冷遇。

在西方强势文化的冲击和渗透下，情人节、圣诞节、万圣节、母亲节等西方节日，越来越受到中国青少年的垂青，老祖宗留下来的端午节、中秋节、七夕等传统节日却离我们渐行渐远，洋节兴盛与传统节日衰弱之间形成了巨大反差。过年摸门钉放鞭炮，上元吃汤圆放花灯扭秧歌，端午插艾条挂香符赛龙舟，中元盂兰盆会驱傩等习俗逐渐销声匿迹；孩子们的非物质所获得的野趣，也越来越少。90后青少年开始钟爱圣诞老人，开始在麦当劳必胜客里过生日。他们不知道阿福，没放过风筝，没见过长命锁，没上过八仙桌，没爬过大门槛，传统的东西在他们看来，是没有质感的，是苍白的。即便有的人过端午节，可是也不知道是为了纪念我们的一位爱国诗人屈原。因而必须加大对传统节日的教育、宣传和保护力度，并使其发扬光大，使国人在浓浓的节日气氛中感受民族文化的博大精深。

其次，百年中国的历史性反思对传统文化传承的消极影响。中国20世纪的一百年，或者说自晚清到民国以来的百年中国，是中国固有的文化传统发生危机并逐渐解体的过程，也是现代文明体系建构的过程。这是一个混合着血和泪的极端痛苦的过程，中华民族为此付出极大。20世纪初的新文化运动，反对封建专制、愚昧、迷信和神权，企盼自由、理性、民主与科学的实现与发展，意义非常重大，但是也存在着全盘性反传统的局限性。20世纪70年代的“文化大革命”，“破四旧、立四新”，仍然有全盘西化的思想在蠢蠢欲动。直到现在，仍有不少人斥儒学为封建糟粕，以为只有“科学”才能强国、才能救国。百年中国的这些艰辛历程对传统文化的传承产生了深刻的影响。

再次，市场经济的负面效应对文化建设的消解。改革开放三十多年，中国社会转型正处于改革发展的关键时期。在深化改革、完善社会主义市场经济体制的艰难过程中，中国人传统的价值标准、道德观念受迅速变化的经济关系、社会生活的影响，发生嬗变、重组以至改头换面。社会阶层日渐明晰化趋势和文化品位类同化倾向，又使价值观念和道德标准出现多元化和多极化，导致社会转型时期原有的传统文化体系构架出现离散失衡的倾向。

最后，当前教育体制不完善导致对民族文化的教育不足。由于教育在传统文化传承方面存在明显的薄弱环节，公民的民族文化保护意识比较淡薄。在学校里，真正懂得传统文化并且能教的老师不多，课本上古文篇章偏少。社会上，有价值的辅导用书较少见，青年懂得传统文化的人越来越少，有的连起码的常识都缺乏，更谈不上积极地去开展文化的传承工作。中国教育中对外语的重视和投入远远超出国语教育，这在世界范围内都是少见的。

四、文化创新能力不强

文化创新是先进文化的内在要求，是文化向前发展的强大推动力。正如《决定》中指出的："文化引领时代风气之先，是最需要创新的领域。"要求"把创新精神贯穿文化创作生产的全过程"①。没有创新就没有文化的生存条件和发展空间；创新不到位，文化就会失去应有的活力与魅力。但真正意义上的文化创新，是继承与开新的统一，是内容与形式的统一，是时代性与规律性的统一，是艺术性与市场性的统一。而当前因为我国文化创新能力不强，离"把创新精神贯穿文化创作生产的全过程"目标还有很大差距，这也恰恰是我国文化改革与发展中要解决的重大课题。

（一）文化创新是文化繁荣的原动力

我国古代文艺光辉璀璨，为世人公认，其中很大的原因就在于持续不断的创新。诗、书、琴、画，百家争鸣，各具特色，风格多样。一大批文人墨客，坚持个性的创造，共同成就了文艺繁荣的景象。其中，中国古代文学是世界上历史最悠久的文学之一，经历了长达三千多年没有中断的发展历程，包括先秦、两汉、魏晋南北朝、隋唐五代、宋、元、明、清等众多的历史阶段，谱写了光彩照人的历史篇章。不仅时间悠久，中国古代文学种类之多，质量之高，也是足以称道的。正是由于锐意创新，才出现了不同的题材和脍炙人口的作品。如唐宋八大家之一的苏轼，其作品勇于打破常规，开豪放一派，至今受到许多人的喜爱。

纵观中国改革开放以来的文化生产，可以说在产品类型和数量上不断走向

---

①《中共中央关于深化文化体制改革 推动社会主义文化大发展大繁荣若干重大问题的决定》，《人民日报》2011年10月26日。

繁荣。但是，在当代国际文化范围内，中国文化却没有一流的影响力，处在“高产量而非高效应”的境地。究其原因，就是缺乏文化创新这一原动力。正是由于创新能力不强，才造成了一些作品思想力、艺术力的羸弱和感染力、影响力的式微，也为中国文化进一步走向世界造成了障碍。

（二）文化创新能力不强的现实困境

首先是文化创作的复制模仿。物质产品，可以批量生产，无限重复；精神产品，如果重复就失去了价值和意义。当前，国内文化艺术领域存在一些不良习气，很多人奉行“拿来主义”，创作者只想跟在成功者的后面进行简单的复制、盲目地跟风或者是无限的“山寨”。在“2011 中国版权年会”上，新闻出版总署署长、国家版权局局长表示，“目前中国文艺作品 90% 属于重复、复制和模仿，主要包括电影、电视、小说等领域”①。在扑面而来的文化热风里，人们闻到的是太多铜钱味。人家有了偶像剧，我们就要跟风偶像剧；人家有了会功夫的熊猫，我们就要推出会武术的小狗；人家有了真人秀，我们就要打造相亲秀……陈陈相因者众，特立独行者少；山寨模仿者多，自出机杼者少。缺少创意则乏味，缺少个性则平庸。而与之形成鲜明对比的是，一些来自国外的影视大片，制作精心、创意鲜明，似乎总能给观众带来意想不到的新鲜和惊喜，留下深刻印象。

其次是文化产品的翻拍风盛行。从目前中国文艺创作以及文化产品的现状来看，存在着明显的高科技智慧和想象力缺陷症，新的知识体系和观念还没有很好地融入我们的文化内容和文艺创作中，新的科学技术还没有激发出我们新的艺术想象力，还不能用我们的艺术想象为人类打开一扇未来世界和未知世界的新窗户。相反，我们更多地将艺术想象的兴趣集中在宫廷、侯门、大宅门里的恩怨纠缠上，集中在过去权力争夺的“权谋”手段上。我们拍摄的所谓“大片”以及大量的历史题材电视剧，大多没有离开“皇帝”，总是在“皇帝”身边兜圈子。用巨额投资堆积出古代宫廷的奢华奇观与视觉盛宴，强化着权力崇拜、皇恩浩荡的观念。特别是不少人创作态度不严谨，随意改编历史经典，对历史作现代化、娱乐化解读，从一个侧面也显示了一些创作者在文化原创力、思想驭握力、艺术概括力和美学鉴赏力方面的走形。如以清廷戏为主题的电视剧已达万集以上，而正在重新改编的《红楼梦》电视剧版本就有 6 部之多，由《三国演义》和《水浒传》改编的人物传记电视剧也将长达 900 集以上，而且，这其中有一些经过改编之后

① 杜丁：《新闻出版总署署长：国内九成文艺作品属“复制”》，《新京报》2011 年 11 月 13 日。

的经典作品不但变了形貌，而且失了魂魄，这显然与文化产品创作生产的宗旨是背道而驰的。

最后是文化精品不多。创新是文化的生命，但决不意味着创新可以随心所欲、恣意妄为。真正的创新，不仅从来与模仿和抄袭无涉，而且也注定与乖谬和低俗无缘。过分刻意地追求形式创新，或者过分刻意地放逐消解对思想内容和精神价值的创新，必然导致一些文化产品及文化活动的形式怪异和内容虚脱、方法畸变和精神猥琐、手段吊诡和思想紊乱。这种创新有可能带来一定的经济效益，但是更可能带来受众的精神伤害，这显然违背了文化创新的本质。

缺少真正的文化创新，使我们较少创作生产出器韵俱佳、形神兼备的文化精品。例如，由 2012 年春晚上语言类尤其是小品节目的减少为源头，引发了节后关于小品是“有无市场”还是“缺乏精品”的一场轰轰烈烈的讨论。1983 年的央视春节晚会上，王景愚表演了小品《吃鸡》开始让中国观众接触小品，从此之后，小品从表演系学生的练习作业发展成为一种独立的艺术形式。三十年来，许多经典小品应运而生，如《吃面条》、《相亲》、《超生游击队》、《妈妈的今天》、《打工奇遇》、《卖拐》、《火炬手》等小品仍时常被观众提起。这些小品精品以小见大，具有针砭时弊的胆识、匠心独运的构思及风趣幽默的语言，讽刺中有着深深的人文情怀，调侃中有着对社会变革的反映和思考。这些小品精品也捧红了众多笑星。回望小品繁荣期，赵丽蓉、陈佩斯、赵本山、宋丹丹、范伟、高秀敏、潘长江等十几位笑星欢聚舞台，每年都会有好作品让观众捧腹大笑。然而，随着赵丽蓉、高秀敏的离世，陈佩斯、宋丹丹等人的相继退出，而曾经活跃在小品界多年的范伟、潘长江等也纷纷向影视表演行业转型，演员的流失让小品行业颇为尴尬。特别是近年来随着创作力的日益衰退，小品在网络时代渐露颓势，甚至有人称小品“跌入低谷”。那么，小品当前到底有无市场？回答是肯定的，各类晚会节目中，小品依旧是最受观众期待的重头戏。小品之所以失去原有的光环，是因为器韵俱佳、形神兼备的小品精品不多，其缘由是小品创作者心态浮躁，创作肤浅、内容脱离民间，缺乏新意。小品作为一种快捷的语言和表演艺术，要想在短时间内征服观众，就应该在讽刺和批评方面，做好做足文章，只有有了充分的讽刺和批评，小品才能深入人心，完成艺术品应该完成和担当的“激浊扬清、升华精神，开启心智”的职能。但是，任何来源于生活的讽刺和艺术，都首先是一种“真”，一种大胆和实事求是，更是在“给社会看病”，成为群众的精神知音。因此，要创作出小品精品，首先要求小品创作者深入生活。创作内容说人话、接地气，不再让作品浮于生活表面，而是还原现实生活真实的幸福与酸楚。其次，台词要原创。不能单纯地走搞笑路线，它还需要有一定的文化内涵和思想深度，否则不能长久。当然挖掘表演人才也是重要条件。只有具备了这些条件，小品才能找回当初的锋芒，走出低谷。

五、文化建设中公益性与功利性的博弈

文化的发展与繁荣，不仅表现在产品数量的增加上，尤其要表现在以其思想的深刻、内容的丰富、技巧的新颖、形式的多样、形象的生动，以及对民族精神的传承和时代精神的弘扬等基本要素所形成的强大艺术魅力，才能赢得广大受众的自觉欣赏与高度认同。因此，文化建设更应该注重发挥文化的教育启迪、引导提升的“化人”功能，文化的“公益性”才是文化的灵魂。正如《决定》中强调：坚持把社会效益放在首位，坚持社会效益和经济效益有机统一。而如果以“化钱”为目的，片面地追求自身利益，攫取经济价值，必然造成市场的混乱，也会给消费者带来思想和精神上的伤害。因此，如何正确处理文化之“化人”和“化钱”的关系，是文化改革与发展中面临的一个严峻课题。

不可否认，近年来，我国公益性文化事业发展迅速。在中央的部署安排下，各地各有关部门按照公益性、基本性、均等性和便利性的原则要求，把发展公益性文化事业摆上重要位置，加大财政投入，完善相关政策，健全设施网络，拓宽服务渠道，加快构建覆盖城乡、面向广大群众的公共文化服务体系，在很大程度上满足了广大人民群众精神文化需求，保障基层群众文化权益。但是文化作为产业要做大做强，自然要最大程度上获取经济利益。尤其是文化企业，不赚钱就不能生存，这就出现了公益性和功利性的博弈。

（一）公益性和功利性博弈的两种倾向

国内文化建设中公益性和功利性的博弈在现实中出现两种倾向。一种倾向是放弃社会责任和文化责任，片面地追求经济效益；另一种倾向是放弃市场经营和产业发展，空谈方向导向，不谈提高传播能力。第一种倾向必然导致产业失去正确方向，出现一些有害的文化产品，有时会危及国家利益、社会稳定和人民幸福。在这种情况下，经济效益越大，社会危害越大。第二种倾向由于不能满足人民群众日益增长的精神文化需求，不能适应文化产业和文化市场发展的需要，不能适应国际文化激烈竞争的形势，致使我们的文化既传播不出去也守不住家园，同样也会危及国家利益、社会稳定和人民幸福。所以必须正确处理好我国文化

建设中社会效益与经济效益的关系，始终把社会效益放在首位，努力做到经济效益与社会效益有机统一。

（二）公益性和功利性博弈的三种表现

公益性和功利性的博弈首先表现在对传统文化资源的利用上。近年来，中国各地都在探索弘扬传统文化，如山东就推出了公交论语、论语墙等，力求让儒学走向草根。国学热、国学班也在各地受到追捧。然而在弘扬中华传统文化的过程中，也出现了很多不容忽视的问题。在一些地方，有的人学习《周易》是为了能掐会算，炒股投资发财，还有一些人研究《三国演义》求的是谋略与权术。因此，如果我们不把文化最核心的价值发掘出来教育人民，匆匆忙忙把它变成一个赚钱盈利的东西，几千年的中华文明就会被低俗化。要警惕对文化资源的滥用，坚持用宝贵的文化资源来移风易俗，形成个人与社会的德性，达到人们日用而不知、集体无意识的境界，这样，文化才能成为民族的血液，民族的根。

其次体现在文化产品的创作与生产上。当前虽然有不少优秀作品出现，但是原创性作品的相对不足，具有震撼力和轰动效应的史诗性的鸿篇佳作明显缺乏。文化单位或个人为追求经济利益的最大化，使文化产品的创作生产日益偏离大众文化，以至于一些格调低下、内容陈旧、思想空泛、艺术粗糙的文艺作品大量出现。在北京大学中文系和苏州大学文学院联合举办的“中国文学史百年研究 1904—2004 国际研讨会”上，不少学者谈到，我国已出版 1600 余部中国文学史，并且还在以每年十余部的速度产出，其中佳作寥寥，与会学者对此表示担忧。① 数量并不意味着质量。研究领域的大量重复成为文学史研究的瓶颈。想想当年郑振铎、唐弢先生编著的经典文学史，出版业和学界都该反复深思。显然，平庸化、低俗化、利欲化和无前提无条件无融会无选择地追慕西方后现代主义，已成为文化改革发展中不容忽视的障碍。

最后体现在文化服务上。广播电视具有公共文化服务功能，应该具有公益性和精神性。然而，当前一些广播电视节目也出现功利性倾向，越来越注重“眼球经济”，忘记其本质上是精神产品，忽视“化育”和引导的社会责任。只管跟风，不想原创，什么品种火爆就跟着上什么节目，在金钱物质的诱惑下，一些媒体的质正在蜕变。比如，这些年来，选秀活动越来越多，选秀节目充斥荧屏。伴随着央视的《星光大道》、上海卫视的《中国达人秀》、江苏卫视的《中国红歌会》、

① 朱自奋：《1600 余部中国文学史佳作寥寥》，《文汇读书周报》2004 年 11 月 17 日。

湖南卫视的《快乐女声》、浙江卫视的《我爱记歌词》等选秀节目的热播，对它们的质疑声也越来越多。主办方强烈的自我宣传意图和电视台的一味追求收视率，即只重视经济效益，忽视社会效益；参赛选手功利性太强，有些选手已成了“选秀专业户”，成天梦想着像李宇春、张靓颖那样一夜成名，而忘了参赛带给自己的最本质的东西。基于此，“选秀”也成为一夜走红和名利双收的代名词，越来越多做着明星梦的年轻人开始热衷于形形色色的选秀活动。然而，选秀节目并非绝对的造星场所，回头看看曾经红极一时，现在人气透支、缺乏代表作品、靠粉丝支援的选秀明星，不禁让人感慨选秀明星的命运的确难测。反过来再看江西卫视的“中国红歌会”节目，已经举办了5年，中国红歌会并没有选秀的外衣，并不是靠“出位博眼球”，而是弘扬积极向上、振奋自强的主旋律，这才是“中国红歌会”保持长久生命力的法宝，从而赢得了收视率与口碑的双重肯定。因此，作为媒体人既要有文化创新的精神，以大众喜闻乐见的形式制作、包装节目，更要有社会责任感，以时代精神与人性光辉赢取节目收视率。

（三）公益性和功利性博弈中的主流文化困境

所谓主流文化，一般是指一个社会、一个时代倡导的、起着主要影响的文化，是主流意识形态的重要组成部分。主流，一是“主”，一是“流”，只有被大众所接受，才成其为“主”，只有与时俱进，注重流变，才成其为“流”。主流从本质上讲，是大众认可、时代铸就的。同时，主流只有占领了道德和舆论的制高点，承载社会主流价值观，才能真正起到引领作用；只有让大众都消费得起，大俗大雅，雅俗共赏，才能更好地被大众所接受。随着当代中国的社会转型以及文化体制改革，催生了大众文化的蓬勃发展，如今大众文化已经成为百姓生活基本的文化消费形式。然而，过度的市场化导向以及利益驱动使得大众文化实践出现了诸多问题，文化的公益性发生偏离，主流文化被边缘化，主流价值观面临困境。

文化大致可以分成两大类：俗文化和雅文化。俗文化是大众的，雅文化是小众的。俗又可分为通俗和低俗，低俗与通俗不同，它违背人类理想追求，靠拢卑下的本能冲动，其没有艺术可言的表现和没有思想的内容，对于人的精神健康有危害作用。当代大众文化是一种在现代工业社会背景下所产生的与市场经济发展相适应的市民文化，具有市场化、世俗化、平面化、形象化、游戏化、批量复制等突出特征。改革开放三十多年以来，我国的大众文化在借鉴、吸收和实践中已获得了多层次、全方位的发展，就其表现形式说来，娱乐电影、家庭剧场、电视娱乐节目、现代广告、畅销读物、报纸杂志的消遣版面（副刊、周末版）、卡拉OK、MTV、摇滚乐、流行歌曲、居室装潢、时装表演、选美活动、明星崇拜等等，这些大众文化形式对于中国百姓来说，已不陌生。这些文化形式本是通俗高雅的风格，但是在实践过程中却被产业化、商业化、快餐化甚至妖魔化，以至于我们在享受这些大众文化带来快乐的同时，也目睹了大众文化所携裹而来的庸俗、低俗、媚俗之风，还有泛娱乐、煽情、色情、暴力等种种现象。在各种乱象中看到的是引人注目的道德滑坡、底线的一再后移、精神沙化、人格矮化，这与主流文化中缺失鲜明的价值诉求以及在多元文化思潮博弈中主流文化的自我调节、自我调适功能弱化，难以在舆论信息高地和道德价值高地产生强势的凝聚力和吸引力不无关联。

"三俗"文化流行泛滥，除了市场经济的发展导致人性的扭曲和商业利益的最大化追求外，与主流文化的吸引力和引导力不足关系密切。主流文化不吸引人，大众只能"被低俗"。这从一个侧面反映了主流文化的某种缺失。当下，主流文化往往采取固守阵地的做法，思想观念僵化、内容虚化、表现形式居高临下，发展方式上存在权力化、内卷化的自残现象。面对文化传播渠道多样化和个性化的文化消费趋势，主流文化显得力不从心，难以应对，有被逐渐边缘化的危机。

因此，在大众文化普及化、主流文化边缘化、主流价值观逐渐消解的当下，如何在我国的文化体制改革中，营造积极向上的环境以引领大众文化的健康发展，这是一个重大课题。事实上娱乐休闲和提倡高尚的文化生活并不对立。"增长知识、提高修养"和"消遣娱乐，放松心情"，是人们文化消费最主要的两个目的或者标准。所以要实现这两个目标，使民众身心受益，需要广大文化工作者自觉以社会主义核心价值体系来引领先进文化方向，始终坚持文化的公益性，有效抵制庸俗、低俗、媚俗之风。要把那些为民众所喜闻乐见的文艺作品与那些主张功利主义、宣扬性和金钱至上的错误价值观的文艺作品区别开来。要在大众文化中融入主流价值，在不失娱乐中彰显主流价值观，主流价值要清晰鲜明，要让大众在文化消费中有真切的感知，要让大众认识到娱乐不能偏离人的本性和基本的价值尺度。主流价值恰恰应在这种润物无声的娱乐中浸润人的心灵，走入大众的心底。

第三节　引领文化与文化引领的时代诉求

国际文化软实力竞争的劣势与国内文化改革发展的困境，产生的不仅仅是文化交流中的逆差,更重要的是文化产品主导价值观的缺失。它们影响的绝不只是市场份额的大小、产业较量的成败,更关乎意识形态主动权的得失、国家文化软实力的强弱。面对大发展大变革大调整的世界格局,面对各种思想文化更加频繁的交流交融交锋,如果我们不能形成自己的文化优势,就无法在激烈的国际竞争中高扬中国特色社会主义文化,捍卫国家文化主权。为此,必须坚持社会主义核心价值体系引领文化建设与用社会主义先进文化引领社会经济发展的统一,这是时代发展的必然要求,也是我国文化改革发展的迫切需要。

一、社会主义核心价值体系是提升我国文化软实力的根本

十七大报告指出:"文化软实力在很大程度上表现为民族凝聚力,而这种凝聚力主要来自于人们对社会核心价值的认同。"①文化软实力就是通过社会核心价值认同,形成统一意志、培育民族精神、增强民族凝聚力,从而激发创造活力,推动社会和谐发展的能力。在当代中国,社会主义核心价值体系是提升国家文化软实力的根本,在文化软实力建设中居于统摄和支配地位。国家文化软实力从根本上体现为全体社会成员基于核心价值体系认同而产生的强大民族凝聚力。

我国的文化软实力发展战略,是在利益格局深刻调整、思想观念深刻变化的条件下,社会发展对人的精神素养、思想观念和价值观提出的深层次诉求,其主要目的是满足人民群众的精神需要,促进人的全面发展,并为提升综合国力、全面建设小康社会提供文化动力和价值引导。当然,也体现为中国文化在世界范围内是否形成良好形象,从而产生相应的吸引力。因此,社会主义核心价值观构成内聚人心、外树形象最强大的力量。提高国家文化软实力,关键是把建设社会主义核心价值观作为根本。社会主义核心价值体系,是立足于社会主义经济基础之上的价值认同系统,集中体现了社会主义意识形态的本质属性,是社会主义思想道德建设的思想理论基础,是激励全民族奋发向上的精神力量和维系全民族团结奋斗的精神纽带。

(一)社会主义核心价值体系是提升文化软实力的价值导向

对于我国这样一个有着13多亿人口的多民族国家,没有一个科学的指导思

---

① 胡锦涛:《高举中国特色社会主义伟大旗帜,为夺取全面建设小康社会新胜利而奋斗》,《人民日报》2007年10月25日。

想、共同的理想信念、强大的精神支撑和基本的行为规范，必然导致思想混乱和社会动荡，国家就会变成一盘散沙，提升文化软实力就会失去根基。在社会主义核心价值体系这一有机整体中，马克思主义理论居于指导思想的战略统领地位，具有对全体人民统一思想、统一意志、统一行动的社会功能，指明了我国文化软实力建设的基本方向；中国特色的社会主义共同理想是我国社会主义核心价值体系的基本主题，为我国文化软实力建设提供精神支撑，具有团结民众、凝聚力量的重要作用；以爱国主义为核心的民族精神和以改革创新为核心的时代精神是我国社会主义核心价值体系的精髓，是中华民族生生不息、薪火相传的精神血脉，成为推动中华民族伟大复兴的精神动力；社会主义荣辱观在社会主义核心价值体系中居于基础性地位，它以人民对社会道德的普遍认同为基础，把"是非善恶"直接内化为人们的道德荣辱情感，对公民的思想道德选择与社会行为践履具有标准性的规范作用。社会主义核心价值体系是新时期全国各族人民共同的价值理念和价值追求，规定着社会主义的目标任务和发展模式，在所有社会主义价值目标中居于统摄和支配的地位。失去社会主义核心价值体系的主导，提升文化软实力就会迷失方向。

（二）使社会主义核心价值体系融入文化建设和文化生活的各个方面

要把社会主义核心价值体系纳入经济社会发展目标、发展规划和政策制定中，使之成为全体人民真心认同、自觉遵守的价值理念。因此，文化事业与文化产业都应当融入社会主义核心价值体系。文化事业应当在马克思主义大众化、中国特色社会主义共同理想群众化、民族精神和时代精神生活化、社会主义荣辱观全民化等方面多做工作，把社会主义核心价值体系融入公共文化服务体系建设之中。文化产业应当以充沛的激情、生动的笔触、优美的旋律、感人的形象，创作生产出思想性艺术性观赏性相统一、人民喜闻乐见的优秀文艺作品，不断唱响主旋律。

（三）把社会主义核心价值体系作为文化改革发展的灵魂

文化的精神价值是文化之"魂"，是文化引领风尚、教育人民、服务社会、推动发展的力量源泉，决定着文化的性质和方向；承载文化精神价值的物质基础和传播形态是文化之"体"，是文化实现教育功能、以文化人的基本依托，决定着文化精神价值的传播力和影响力。当代中国文化之"魂"，就是社会主义核心价值体系；文化之"体"则包括国民教育体系、公共文化服务体系、文化事业和产业体系、文化市场体系以及各种形式的文化产品和服务等。离开了"魂"，"体"就失去了精神价值的支撑，就会空洞无物，失去思想性和生命力，甚至偏离正确的方向；离开了“体”，“魂”就无所依附，难以传播，文化的精神价值就难以实现，难以发挥教育引领的作用。所以，文化改革发展一定要强“魂”健“体”、形神兼备。

（四）以社会主义核心价值体系为根本提升我国文化软实力的主要路径

以社会主义核心价值体系为根本提升我国文化软实力必须增进主流文化的精神感召力，引领不同文化群体的价值取向，建构文化的核心价值体系；增强流行文化的市场吸引力，满足不同接受群体的消费需求，建构民族文化的心理认同机制；加强大众文化的社会凝聚力，整合不同利益群体的价值观念，建构爱国主义与集体主义的精神信仰；扩展传统文化的思想影响力，缝合不同社会群体的文化取向，建构公众对于传统文化的普遍共识；汇聚无形文化的心理驱动力，弥合不同社会阶层的心理对立，建构具有普适价值的话语体系。

二、社会主义先进文化是我国文化软实力建设的前进方向

人类文明进步历程表明，没有先进文化的引领，就没有一个国家、一个民族屹立于世界先进民族之林的可能；没有先进文化的引领，就没有全民族创造精神的充分发挥；没有先进文化的引领，就没有人民的真正幸福、社会的长治久安。因此，《决定》指出：“我们党历来高度重视运用文化引领前进方向”，反复强调“必须坚持社会主义先进文化前进方向”①。一个国家的强盛离不开文化的支撑，一个民族的觉醒首先是文化的觉醒，一个政党的力量很大程度上取决于文化的自觉。所以我们要以高度的文化自觉和文化自信，用先进的思想文化统一意志、凝聚力量、激发活力、规范行为，为科学发展提供强大的精神动力。

先进文化是健康的科学的向上的，是代表未来发展方向、推动社会前进的文化，是人类文明进步的结晶，它影响人的精神和灵魂，渗透于社会生活各个方面。是否拥有先进文化，是否代表先进文化的前进方向，决定一个政党、国家和民族的素质、能力和兴衰。社会主义现代化应该有繁荣的经济，也应该有繁荣的文化。中国先进文化，是凝聚和激励全国各族人民的重要力量。

以社会主义先进文化引领我国文化软实力建设的前进方向，必须把握以下“三个坚持”：

---

① 《中共中央关于深化文化体制改革 推动社会主义文化大发展大繁荣若干重大问题的决定》，《人民日报》2011年10月26日。

（一）必须坚持马克思主义为指导

恩格斯说过，一个没有理论思维的民族，是不可能站在科学的最高峰的。哲学作为时代精神的精华和人类文明的活的灵魂，对于提升一个民族的理论思维能力至关重要。增强国家文化软实力，必须提高人们的理论思维能力和理论创新能力。我们党作出实施马克思主义理论研究和建设工程的重大决策，强调用马克思主义中国化的理论成果武装头脑，就是增强国家文化软实力的重大举措。在经济体制深刻变革，社会结构深刻变动，分配格局深刻调整，思想观念深刻变化的条件下，社会意识越是出现多样化倾向，就越要有统一的指导思想。要坚持马克思主义为指导，发展先进文化，支持有益文化，改造落后文化，抵御腐朽文化。文化的力量，精神的力量，从来都是推动社会进步的根本动力。先进高尚的文化能够陶冶情操，昂扬斗志，而腐朽庸俗的文化只能消磨意志，腐蚀心灵。每一个社会人，都存在于特定的文化氛围之中，潜移默化地接受着文化对人的思想、修养、气质、眼界、能力等各个方面产生的影响。我们必须有效地抵制和消除各种陈腐、庸俗、落后、文化思想的影响，最大限度地满足人民群众日益增长的精神文化生活需要。

（二）坚持"二为"方向、"双百"方针和"三贴近"原则

坚持为人民服务、为社会主义服务，指出了社会主义文化建设的前进方向：为人民服务是社会主义文化建设的根本宗旨；为社会主义服务则揭示了我们文化建设在意识形态上的根本属性。"百花齐放、百家争鸣"的基本精神，旨在强调文化领域只有通过各种思想、学说、流派、风格的相互争论，尊重差异、兼容并包，文化的发展繁荣才有可能，是推动社会主义文化建设的重要方法。"贴近实际、贴近生活、贴近群众"是指文化产品的创作生产坚持以人民为中心的创作导向，自觉做到源于人民、为了人民、属于人民。坚持继承和创新相统一，既要对中华优秀传统文化进行"纵"向的承传、对外来有益的文化加以"横"向吸收，同时还需在这个坚实的基础上，对原质性的文化积累和自然状的文化要素进行全面的升华、开拓与突破。弘扬主旋律，热情歌颂改革开放和社会主义现代化建设取得的伟大成就。提倡多样化，以科学的理论武装人，以正确的舆论引导人，以高尚的精神塑造人，以优秀的作品鼓舞人，在全社会形成积极向上的精神追求和健康文明的生活方式。

（三）必须坚持舆论宣传的正确导向

能不能把舆论宣传工作抓在手上，关系人心向背，关系事业兴衰，关系党的

执政地位。舆论宣传必须以社会主义核心价值体系为正确导向。一方面,要发挥传统媒体的优势,弘扬主流文化。以“走、转、改”活动为契机,把握时代脉搏、感知百姓冷暖,用贴近实际、贴近生活、贴近群众的平实语言、易产生共鸣的表现形式,营造良好外化氛围,从而影响受众群体的价值判断。另一方面,要高度重视互联网等新兴媒体对社会舆论的影响,主动占领这个意识形态工作的新阵地。网络媒体作为承载文化精神价值的物质基础和传播形态,必须保持崇高的精神价值和精神追求。在当代,使人类受益最大和受到挑战最大的都莫过于互联网,而中国在由传统社会向现代社会转型的过程中,则受到更大的挑战。如何在中国网络文化的繁荣发展中实现社会主义先进文化的引领,成为一个重大课题。网络世界是现实世界的映射,同时又与现实世界交互影响,而成为一种以虚拟形式表现的现实世界。所以要掌握主导权,用社会主义先进文化营造良好的氛围、凝聚人心、汇集人气。要始终坚持团结稳定鼓劲、正面宣传为主,始终坚持正确舆论导向,高扬主流舆论,唱响奋进凯歌,并使之成为网上时代最强音。要引导网民自觉做社会主义先进文化的倡导者、传播者、推动者、实践者,充分利用网络优势,运用各种传播手段,大力宣传科学理论、传播和谐理念、传递美好情感、守护道德良知,真正使社会主义先进文化广为传播、深入人心。要努力在网上不同思想文化的交流交融交锋中形成共同的思想道德基础,在网络舆论的多元多变多样中增进社会共识。

将社会主义核心价值体系融入各种舆论宣传之中,形成正确的社会导向。任何理想的树立、观念的更新、精神的弘扬和道德的实践,都需要相适应的环境氛围。各类新闻媒体应当对社会主义核心价值体系进行大张旗鼓的舆论宣传,要以形象化的语言、通俗易懂的形式对社会主义核心价值体系的科学内涵、理论渊源、提出背景、实践意义和实践途径进行准确解读,让人们知道做什么,怎么做。各类媒体还要通过正反面典型的褒贬确立正确的社会导向。这就是对马克思主义信仰坚定,具有中国特色社会主义远大理想,弘扬民族精神和时代精神及模范遵循社会主义荣辱观的正面典型大力表彰褒奖,使之成为干部群众学习实践的榜样和标杆;对那些反马克思主义、反社会主义的思潮,对于那些有悖于民族精神和时代精神及模范遵循社会主义荣辱观的歪风邪气予以曝光,并予以谴责鞭挞,对社会公众产生应有的警示作用,从而营造以弘扬为荣、违背为耻的浓厚社会氛围。

三、引领文化与文化引领是解决现实困境的必然选择

面对我国文化改革发展的诸多困境，着眼坚持引领文化和文化引领，要着眼于坚持社会主义核心价值体系引领社会主义文化建设，重塑国民基本价值取向；着眼于坚持社会主义先进文化引领风尚、教育人民，努力破解现实困境，实现文化强国的伟大战略。

（一）以社会主义核心价值体系重塑国民基本价值取向

社会主义核心价值体系在我国整体社会价值体系中居于核心地位，发挥着主导作用，决定着整个价值体系的基本特征和基本方向，是社会主义先进文化的精髓。社会主义核心价值体系作为提升我国文化软实力的根本，社会主义先进文化作为我国文化软实力建设的前进方向，理应成为解决我国现实困境，提升文化软实力，实现文化强国的精神导向。

社会主义核心价值体系作为社会主义意识形态的本质属性具有极强的整合能力和引领能力及理论指导功能、坚定理想信念的功能、与时俱进的创新功能、提供道德规范的功能。当前的中国正处于大发展大变革大调整时期，这些变革在使我们的经济生活发生翻天覆地变化的同时，也使社会生活和价值观念发生了重大变化。特别是由于西方强势文化的渗透，出现了诸如理想失落、规范失效、价值迷途、思想观念或僵化保守或痞气十足、审美情趣粗俗、艺术媚俗、迷信复返、人欲横流、感情匮乏、非规范文化盛行等严峻的价值观念多元化和无序化的现实问题。以社会主义核心价值体系引领社会主义文化建设，才能使全体国民形成高尚的道德品行和良好的社会风气，才能有利于统一思想、凝聚人心、巩固执政党的地位。

把社会主义核心价值体系融入国民教育全过程，这是事关国民教育培养什么人、怎样培养人的重大问题。国民教育是面向全体公民，以提高公民素质、服务社会发展为目标的普适性教育。任何时代、任何国家的国民教育都必然重视德育的功能和内涵，以实现立德树人的目的。社会主义核心价值体系是社会主义意识形态的本质体现，不仅鲜明地回答了新的历史条件下中华民族以什么样的精神状态屹立于世界民族之林的问题，而且明确回答了当代中国国民教育立什么样的“德”、树什么样的“人”的问题。它的“四位一体”的内容不仅确立了德育的价值根据和价值标准，而且涵盖了理论修养、思想教育、品德培养、心理培训各个方面的价值目标。坚持育人为本、德育为先的教育方针，坚持德育的正确

导向，就是要把社会主义核心价值体系融入国民教育全过程，引导青少年在立德树人过程中以社会主义核心价值体系为取向。把社会主义核心价值体系融入国民教育全过程，要大力建设先进的校园文化，形成优良的校风、教风和学风，为社会主义核心价值体系进校园、进学生头脑营造良好氛围和条件。

把社会主义核心价值体系融入精神文明建设全过程。社会主义精神文明和社会主义核心价值体系都属于社会主义意识形态领域范畴，它们从不同的角度反映社会精神文化生活，代表我国最广大人民的根本利益，表达人民群众价值追求方面的共同愿望，都是为了满足人民群众日益增长的文化需求，为了提高广大人民群众的思想道德素质和科学文化素质，为建设中国特色社会主义打牢共同思想基础。二者本质上的一致性，决定了把社会主义核心价值体系融入社会主义精神文明建设的必然性。要把社会主义核心价值体系融入社会主义精神文明建设中，必须把社会主义核心价值体系体现到媒体宣传之中。新闻媒体是思想文化传播的重要载体，是推广主流价值观念的主渠道，必须始终坚持正确舆论导向，大力唱响社会主义核心价值体系这一主旋律。要把社会主义核心价值体系的要求贯穿到日常宣传报道之中，大力宣传科学理论、传播先进文化、塑造美好心灵、弘扬社会正气，给人以积极向上的力量。还必须把社会主义核心价值体系贯穿到群众性精神文明创建活动之中。着眼于促进社会和谐，广泛开展各种形式的群众性创建活动，引导人们正确对待利益，妥善处理矛盾，培育和谐精神，融洽人际关系，形成良好风尚。志愿服务是现代社会文明程度的重要标志，是新形势下开展社会主义核心价值体系建设的有效载体。要深入开展志愿服务活动，大力弘扬以奉献、友爱、互助、进步为主要内容的志愿精神，进一步普及志愿服务理念，完善志愿服务机制，形成关心、支持和参与志愿服务的浓厚氛围，让一切爱心充分展示，让一切善举竞相涌现。

要把社会主义核心价值体系渗透到文化产品创作生产之中。文化产品潜移默化地影响着人们的思想观念、价值判断、道德行为，对于推进社会主义核心价值体系建设具有不可替代的独特作用。必须自觉地用社会主义核心价值体系引领文化产品的创作与生产，把社会主义核心价值体系鲜明地体现在文化产品的创作和文化活动的各个方面。着眼于满足人们的精神文化需求，运用各类文化形式和文艺作品生动具体地表现社会主义核心价值体系，把积极的人生追求、高尚的情感境界、健康的生活情趣传递给人民，让人们在美的享受中受到鼓舞、得到陶冶、获得启迪。

（二）以马克思主义大众化应对当前意识形态领域的新挑战

要积极应对目前马克思主义主流意识形态淡化的挑战，就必须要在意识形态领域牢固树立马克思主义的权威，推动马克思主义大众化。无数事实表明，意识形态作为国家文化软实力的重要组成部分，不是可有可无的，而是越来越重要了。因此，必须不断提高驾驭意识形态领域形势和局面的能力，巩固全党和全国人民团结奋斗的共同思想基础。实现马克思主义大众化是马克思主义战胜挑战并不断走向胜利的重要源泉和法宝。推进马克思主义大众化是我国社会主流意识形态发展创新的必然要求。马克思主义大众化，就是把马克思主义的基本原理由抽象性到具体化、由学理性到通俗化、由少数领袖人物的理念到成为广大人民群众的共识，成为认识世界和改造世界的思想武器的过程。马克思主义大众化包含着两个层面的含义，一是要使马克思主义理论和知识为群众所知晓；二是要使马克思主义理论及知识为广大群众所认同、理解并指导人民群众的实践。当前，要推动马克思主义大众化，必须坚持马克思主义指导地位不动摇，以促进主流意识形态发展的时代化为前提；发挥社会主义核心价值体系的引领功能，以促进主流意识形态传播的通俗化为基础；积极创新党的理论武装工作的方式方法，以加强马克思主义学习型政党建设为契机；不断完善高校思想政治理论课教学模式，以强化大学生主流意识形态教育为核心。通过推动马克思主大众化，有利于应对意识形态领域面临的新挑战，巩固马克思主义的主流意识形态地位，夯实全党全国人民团结奋斗的共同思想基础。

（三）以共同理想的宣传教育增强人们对中国特色社会主义的认知认同

理想的动摇是最危险的动摇，信念的滑坡是最致命的滑坡。无数事实已经证明了这一点。理想信念看似一种虚无缥缈的东西，但当信仰进入我们的灵魂世界，真正指导我们的行为之时，信仰就化为了实的。世间所有的物质存在总会走向腐朽，惟天下精神不朽。而不朽的精神只能建立在理想和信念之上。因此，面对当今世界各种思想文化相互交织、相互激荡的大潮，面对我国经济体制深刻变革、社会结构深刻变动、利益格局深刻调整、思想观念深刻变化的新形势，面对人们价值取向多样化的趋势，我们需要坚守中国特色社会主义共同理想不动摇，增强中国特色社会主义共同理想的认知认同度。“信”是以“知”为前提的，“信”的程度决定于“知”的程度。坚定的理想信念，来源于对党的创新理论的认真学习和深刻领会，来自于对人类社会发展客观规律的正确认识和深刻把握。只有真知了，才能树立正确的人生观和价值观，正确看待某些社会问题，经受住金钱、美色、名利等各种诱惑的考验。其次,及时解决现实困惑,增强人们对社会主义的认同感。紧密结合中国特色社会主义成功实践,联系干部群众思想实际,针对社会热点难点问题,从理论和实践结合上作出有说服力的回答,引导干部群众在重大思想理论问题上划清是非界限、澄清模糊认识,有力抵制各种错误和腐朽思想影响。深入开展形势政策教育、国情教育、革命传统教育、改革开放教育、国防教育,增强人们对社会主义的认同感。再次,加强传媒的舆论导向功能,增强中国特色社会主义的凝聚力和向心力。传播是媒体最基本、最原始的功能。舆论引导能力主要取决于传播内容的独特魅力。要扩大传播力,就要创新传播的内容,提高传播的强度与深度。内容是现代文化生产力产生与壮大的载体与基础,是媒介生产和传播的核心。凝结着民族历史发展的文化传统和心理积淀,反映出时代发展的脉络,从根本上决定传播力。因此,在传媒的舆论宣传中,要弘扬以爱国主义为核心的民族精神和以改革创新为核心的时代精神,讴歌中国革命、建设和改革进程中的辉煌成就,描绘中华民族辉煌灿烂的历史画卷,谱写各民族和睦共处、和衷共济、共同奋斗的生动篇章,刻画人民群众解放思想、实事求是、与时俱进、开拓创新的精神风貌,塑造具有时代特点、体现时代精神的主人公形象。为全面建设小康社会、和谐社会增添精神力量,是内容产品传播的永恒主题,这样才能增强中国特色社会主义的凝聚力和向心力。

(四)以社会主义先进文化提升文化主体文化鉴别力

文化既是一种社会生活方式,又是一种精神价值体系,有先进与落后之分。先进文化主要是指科学的、健康的,符合最广大人民根本利益、代表未来发展方向和有利于社会进步的文化。在当代中国,社会主义先进文化是以马克思列宁主义、毛泽东思想、中国特色社会主义理论体系为指导的文化;是服从和服务于党在社会主义初级阶段的基本路线、为改革开放和社会主义现代化建设提供精神动力的文化;是弘扬民族精神、凝聚各族人民的意志和力量,积极、健康、向上的文化;是继承和发扬中华民族一切优秀文化传统、具有中国风格和中国气派的文化;是博采各国文化之长、吸收国外一切优秀文化成果的文化;是面向大众、服务人民,为广大人民群众喜闻乐见的文化。

以社会主义先进文化引领风尚、教育人民,有利于在国际文化竞争中赢得主动。当今世界,国际上各种思想文化交流交融交锋更加频繁,社会主义与资本主义两大文化体系的竞争和较量与制度体系一样,从来没有“终结”。社会主义先进文化建设,是在西方文化处于强势地位的时代背景下开展的,发达国家凭借其雄厚的资本优势，控制着世界上主要的大众传播媒体，向世界各地源源不断地传送包含着舆论导向的新闻报道，推销包含着西方价值观的大众文化，由此决定了先进文化建设与西方文化侵蚀是一个长期较量的过程。我国要在文化上自立于世界民族之林，保持文化自主地位，必须着力推动社会主义先进文化更加深入人心。因为只有社会主义先进文化，才具有领先资本主义文化的时代优势、抗衡资本主义文化的内在力量、扬弃资本主义文化的消极能力。

社会主义先进文化作为社会主义社会居于主导地位的文化，决定着当代中国文化的性质，支配着当代中国文化建设的整个过程和各个领域。社会主义先进文化，努力宣传科学真理、塑造美好心灵、弘扬社会正气、倡导科学精神。大力发展先进文化，就能够有力支持健康有益文化，努力改造落后文化，坚决抵制腐朽文化。当代中国，只有社会主义先进文化，才能成为全社会的精神旗帜，把全国各族人民的意志和力量凝聚起来，为坚持和发展中国特色社会主义提供坚强思想保证、强大精神动力、有力舆论支持、良好文化条件。

（五）以优秀传统文化的弘扬增强文化自觉、自信与自强

弘扬中华民族优秀传统文化，必须从了解中国传统文化开始，读经典是最直接可行的途径。然而，当代已经没有多少人回答得出来什么是“四书五经”了。孩子对以《大学》、《中庸》、《论语》、《孟子》和《易经》、《尚书》、《诗经》、《礼记》、《左传》为代表的古代中国的支柱思想体系，一头雾水。读“经”，然后方知传统文化之博大精深。不读《楚辞》，不知其“铺陈抒情、浪漫想象”；不读《论语》、《孟子》，不知其“雍容和顺、灵活善譬”；不读《庄子》，不知其“想象丰富、奇气袭人”；不读《韩非子》，不知其“锋利峭刻、研箴析理”……当然，光读“四书五经”也是远远不够的。如果想要对传统文化进行更好的继承抑或是批判，那就更得研究“经”书了，没有透彻的了解或一知半解，妄谈批判或继承只能是一句自欺欺人的空话而已。

值得庆幸的是，在人们对中国传统文化日渐疏离的同时，近年来，一股传统文化的热潮正在中国涌流。从《百家讲坛》吸引数亿观众到《于丹〈论语〉心得》的狂销，从人大成立国学院到北大、清华等高校开设“国学班”，从各地恢复祭孔到海外孔子学院遍地开花，从私塾重现到儿童读经……这一切似乎都表明曾经渐行渐远的传统文化正在回归。这股文化热潮有其必然性。中国经济的发展和影响力的增强在要求一种文化上的自觉，也给了我们更多的文化的自信。同时在百年追求“现代化”的进程中，我们对传统的批判当然有积极意义，却也造成

了某种对传统文化的疏离,许多人深刻地感到对传统文化并不了解。对传统的认知变得非常重要。再者,当今中国正处于社会转型期,整个社会比较浮躁,一些人希望从传统文化中寻求价值标准和道德规范。于是,越来越多的专家学者走出书斋,借助电视等大众传媒对传统文化做通俗化的解读,各级政府已经意识到弘扬传统文化对于培育民族自信心、增强民族凝聚力以及构建社会共同价值体系所具有的重要作用。政府这只“有形之手”也对这股热潮起到了推波助澜的作用。

弘扬中国传统文化,必须坚持民族性与世界性的统一。社会主义先进文化是优秀传统与时代精神的结合。面对西方强势文化和市场经济的冲击给中国传统文化带来的深刻影响,要建设文化强国,就必须牢牢把握中国特色社会主义文化的前进方向,努力建设社会主义核心价值体系,弘扬中国传统文化,实现民族性与时代性的统一,做到既植根于浓厚的民族土壤上,又置身于宏大的世界背景;既富有鲜明的民族特色与时代特征,又具备气度恢弘、厚德载物的宽容精神。

首先必须立足于五千年的中国传统。以鲜明的时代责任感,以深厚真挚的民族情感和品质,为创造更合理的文化模型而对传统文化推陈出新,“古为今用”,这样才能获得洞悉现实和预见未来的透视力,否则,只能在“一无所有”之中“跟着感觉”做无根的、失去精神家园的漂泊者。传统是过去的现代,现代是将来的传统。传统,是现代人的双刃剑。一方面,它是人类文明的标志,是人类智慧的结晶,因而是滋养现代人精神的源头,是培育现代人格的养料,是走向未来的依托。另一方面,在传统的洪流中,总是不可避免地有泥沙和珠玉齐沉、糟粕和精华共存;它既包含着促进现代化的契机,又滋长着影响现代化建设的毒瘤。因此,对于中国传统文化,既不能产生厚古薄今的倾向,也不能有历史虚无主义的态度。必须取其精华、去其糟粕,古为今用、推陈出新。这样,中国传统文化才不会因时代的变迁而失去其意义,才能够“苟日新、日日新、又日新”,并在实现文化强国过程中发挥积极作用。

另外,应使这种深沉的民族历史感与开放的世界眼光相结合。在使中国走向世界,也使世界走向中国的交相辉映中,最大限度地吸收外来传统的营养成分以滋补自身。要最大限度地汲取各民族的优秀文化传统,汲取现代社会的一切科学文明,“洋为中用”,即采外来文化之长,固民族文化之根。在继承中吸收,在开放中筛选,在批判中提高,不断摒弃保守、封闭、落后,高擎起民族传统的旗帜,绽放出一簇簇古今贯通、中西合璧的绚丽火花。

比如,每四年一次的国际性体育运动盛会——奥林匹克运动会,如今已经是融体育、教育、文化为一体的综合性、持续性、世界性的活动,既是文化传播的平台,也成为和平与友谊的象征。在2008年北京奥运会中,北京呈现给世人的,是中国五千年的东方文化,是我们对奥运的百年期盼,是三十年改革开放以来中国人的愿望、情感和精神状态。所以,开幕式中运用现代科技手段展示出的恢弘气势,是中华文化在世界舞台上的一种展现。而2012年伦敦奥运会,我们也看到了典型的西方话语表达、英国的文化和奥林匹克精神的结合。可见,奥运会既是民族传统文化的时代体现,也对于维持世界文化的多样性发挥了积极作用。这正是我们在弘扬传统文化中所应该坚持的做法。

(六)以文化创新提升文化竞争力

解放思想、在继承传统的基础上实现内容和形式的创新,是提升文化竞争力的根本。首先,要解放思想,树立创新意识。禁锢的思想除了囿于教条外,不可能产生创造力。要进一步解放思想,树立新意识,制定新标准,特别是要树立市场经济意识,竞争意识、效率意识、创新意识等。要突出提倡敢闯、敢冒的精神,当然也不能放弃埋头苦干的精神,但更要倡导敢为"天下先"的创新精神。其次,要传承优秀传统文化,使之与世界先进文化融合。文化的延续性在于继承,文化的生命力在于创新。要在文化创新中完成对中华优秀传统文化和外来先进文化的科学认知、精准选择、有效接纳与天然融汇。即使是完全首创,那也是需要借鉴于文化传统的熏陶、培育、氤氲和启发的。离开优秀传统文化和经典特色文化的环境、氛围与土壤,任何文化创造都不会发生。但同时还应该有世界眼光,使文化创新具有时代价值。再次,必须立足于大众生活,赋予其深刻内涵和精神价值。文化创新不论用什么方法、走何种路径,都应当把思想引导和精神提升放在首位,都必须充分赋予作品以思想养分与精神内蕴。只有这样,创新才会有血色,有活力,有光彩,有意义。因此,文化创新必须立足改革开放和现代化建设的伟大实践,深入火热的现实生活。人民群众崭新的生活、新鲜的创造,以及与之相伴随的新的文化需求,是文化创新的根基、动力和源泉。文化之新,首先就新在对生活的原创性发现。正因为扎根于生活,从而也扎根于人心。最后,还必须掌握现代科技,实现文化与科技的融合。科学技术是重要的文化生产力,是促进文化创新的强有力手段。现代科技可以为文化创新提供灵动的工具和载体,释放人类文化创造无穷的想象力,应该以科技进步促进文化创新。

第三章　社会主义核心价值体系引领文化事业发展

大力推进文化事业发展，让全体人民共享文化繁荣发展的成果，是社会主义文化大发展大繁荣的本质要求。党的十七届六中全会从建设社会主义文化强国和构建社会主义和谐社会全局的高度，强调了加快发展文化事业的重要性，明确提出："满足人民基本文化需求是社会主义文化建设的基本任务。"文化事业是社会灵魂工程，关乎亿万人民的福祉，对于凝聚核心价值、增强文化认同、促进社会和谐、提升国家软实力具有重要意义。因此，必须在社会主义核心价值体系引领下，大力发展文化事业，让群众广泛享有高质量免费或优惠的基本公共文化服务，保障人民基本文化权益，实现文化强国。

第一节　社会主义核心价值体系引领文化事业发展的客观要求

发展文化事业是保障人民基本文化权益的主要途径，是全面建设小康社会的内在要求。文化事业作为社会灵魂工程，具有公益性、引导性、非营利性和教化娱乐性。只有大力发展文化事业，才能在文化发展的机遇期和社会矛盾的凸显期，充分发挥文化对统一思想、凝聚人心、塑造灵魂的社会教化功能，满足人民群众休闲、娱乐、求知、审美、健身、交际等方面需求的服务功能，使优质的公共文化产品成为温馨、亲和的力量，慰藉、鼓舞人的力量，使文化工作成为浸润和滋养美好心灵、熏陶和培养高尚情操的事业。因此，无论改革如何深入，文化事业都必须发挥着弘扬主旋律、凝聚核心价值、增进文化共识的特殊作用。因此，以社会主义核心价值体系为引领，是文化事业发展的客观要求。

一、文化事业与文化产业的同异辨析

《中共中央关于制定国民经济和社会发展第十二个五年规划的建议》明确

提出“繁荣发展文化事业和文化产业。坚持一手抓公益性文化事业、一手抓经营性文化产业，始终把社会效益放在首位，实现经济效益和社会效益有机统一”①。要实现文化大发展大繁荣，就必须在理清文化事业和文化产业之间关系的基础上，把握正确的发展方向。

文化事业是以社会公益为目的、由国家机关或其他组织利用国有资产举办的、在文化领域从事研究创作精神产品生产和公共文化服务的公益性组织机构。公益性文化事业以及经营性文化产业是随着我国文化体制改革的深入从传统文化事业中逐渐剥离出来的概念。新世纪初以来，我国才把文化事业单位分成公益性文化事业、经营性文化产业两类。文化产业是指从事文化产品生产和提供文化服务的经营性行业。公益性文化事业是指国家从社会公益目的出发，由国家机关或社会兴办的非营利性的文化事业组织及其所开展的各项活动。

（一）文化事业与文化产业的区别

目前，我们所说的文化事业概念跟传统的文化事业概念有所不同。文化事业与文化产业的分化是文化建设发展的必然趋势，也是文化体制改革的重大成果。新中国成立初期，在改造旧文化、建设新文化的过程中，我国文化事业取得了一定程度的发展。与此同时，伴随着计划经济体制的逐步确立，我国文化产品的生产、流通和消费逐渐地被纳入到由政府大包大揽的“文化事业”框架之中。政府部门既“管文化”也“办文化”，文化产品和服务全部或基本以“文化事业”的方式提供，文化服务职能主要由文化事业单位来实现，不区分公益性文化事业和文化产业，文化领域基本上由各级政府财政支持。改革开放以来，伴随着经济体制转换、文化市场的逐渐发育，原有“文化事业”体制的弊端逐渐暴露，尤其是受物品价格上涨、人员更新等因素影响，政府大包大揽的财政支出已经难以满足文化机构的正常运转。一些具有经营性质的国有文化机构开始突破原有不区分公益性文化事业和文化产业的“文化事业”体制的束缚，逐渐面向市场，发展文化产业。党的文献第一次提到“文化产业”是在2000年10月十五届五中全会审议通过《中共中央关于制定国民经济和社会发展第十个五年计划的建议》，该文涉及“文化产业”的提法多达6处。2002年党的十六大首次将文化分成文化事业和文化产业。十六大之后是我国文化改革发展实践探索与理论创新十分活

① 《中共中央关于制定国民经济和社会发展第十二个五年规划的建议》，《人民日报》2010年10月28日。

跃并取得重要成果的时期。党的十七大进一步提出:"坚持把发展公益性文化事业作为保障人民基本文化权益的主要途径",同时要求"大力发展文化产业","增强国际竞争力"。至此,文化事业和文化产业双轮驱动、比翼齐飞的发展思路和格局日益清晰。十七届六中全会强调要坚持一手抓公益性文化事业、一手抓经营性文化产业,始终把社会效益放在首位,实现经济效益和社会效益有机统一,这是促进文化大发展大繁荣的必然要求。从以上我党中央文献中对于文化事业和文化产业概念的演绎来看,随着文化体制改革的深入和文化发展观念的更新,目前我们所说的文化事业概念很大程度上是指公益性文化事业。

文化事业与文化产业如果作细致的区分,两者有以下几个方面的不同:一是性质不同。文化事业具有公益性、公共性;而文化产业则具有经营性、市场性。二是满足的对象及内容不同。文化事业是满足广大人民群众的基本文化需求;文化产业是满足广大人民群众的多样性文化需求。三是主体不同。文化事业主体是政府部门,是事业单位;文化产业主体是公司企业,是企业单位。四是运作方式不同。文化事业是政府部门的行政化运作,采取行政事业管理模式;文化产业是市场化运作,采取法人化的公司管理模式。五是资金来源不同。文化事业主要是国家财政拨款或社会捐赠等;文化产业是社会筹集、公司企业和个人投资。

(二)文化事业与文化产业的联系

文化事业与文化产业的定位和分析框架,虽然在理论上是明确和清楚的,但在现实生活中并不能截然分开。多年来文化体制改革的艰难和不到位,表明了这一问题的复杂性。文化事业和文化产业工作实践中难以区分主要表现在以下方面:一是主体上难以区分。有的行业本来就有事业和产业双重属性,如新闻出版、广播电视既要在实践中承担公益性文化的职能,又要扮演经营性文化的角色;它们既是党和政府的"喉舌",同时又是文化的核心层产业,是能够产生巨大经济效益的产业实体。虽然实际运作中可以实现一些剥离,但要严格区分、剥离开是困难的。二是工作要求上有时难以严格区分。虽然文化事业主要体现公益性,文化产业主要在于经营性,但二者都要奉行社会效益为最高准则。三是实际运作中难以区分。文化事业和文化产业运行模式常常相互交织。许多文化产业项目是政府投入,管办不分,采用行政手段来运营的,因这有利于文化产业成长的一面;而在公益性文化事业发展中,引进市场经营机制不仅可行,而且是鼓励的。市场的方式和行政的手段往往相互借鉴、相互交错,文化事业和文化产业不过是以其中一种手段或模式为主导罢了。

文化事业与文化产业的密切联系主要表现在：一是文化事业与文化产业都必须坚持把社会效益放在首位。文化事业把社会效益放在首位，这是其性质与任务决定的。同样，文化产业也必须坚持社会效益和经济效益有机统一，始终把社会效益置于优先位置。在坚持把社会效益放在首位这一原则上，文化事业与文化产业是一致的，担负着共同的责任。二是文化事业与文化产业都应当以社会主义核心价值体系为灵魂。无论是文化事业还是文化产业，虽然有着文化形式的差别、载体的不同，但承载的精神即文化的灵魂应是一致的，那就是社会主义核心价值体系。所以必须把握社会主义核心价值体系的导向，以传播社会主义先进文化为己任，这样才能使文化成为关系民生的幸福指标，使人民群众的文化权益得到保障，共同为提升人民群众素质、促进社会、经济发展质量发挥出重要作用。其中，文化事业应当在马克思主义大众化、中国特色社会主义共同理想群众化、民族精神和时代精神生活化、社会主义荣辱观全民化等方面多做工作，把社会主义核心价值体系融入公共文化服务体系建设之中。文化产业应当以充沛的激情、生动的笔触、优美的旋律、感人的形象，创作生产出思想性艺术性观赏性相统一、人民喜闻乐见的优秀文艺作品，不断唱响主旋律。三是文化事业与文化产业是可以相互促进的。文化事业的繁荣发展会为文化产业的发展培育出良好的文化土壤、消费人群，通过不断参与文化活动，广大群众就会感受到物质生活以外的精神愉悦，会自觉地去消费更多的文化产品；健康的文化产业也会带动文化事业的蓬勃发展，很多文化产业方面的产品不断成为文化事业的内容，其宣传的价值观会转变成为文化事业的价值追求。

二、我国文化事业发展现状

近年来，按照中央的统一部署和要求，在各级政府的强势推动和社会公众的积极配合下，我国文化体制改革不断深入，文化生产力进一步解放和发展，文化科学发展的体制机制初步形成，文化事业建设呈现出蓬勃发展的良好态势，呈现四大亮点：

（一）文化民生达成共识且成果显著

十七大以来，各地各级党委、政府和文化部门认真贯彻落实科学发展观，牢固树立责任意识、机遇意识、改革意识、发展意识，以高度的文化自觉承担起推动文化事业发展繁荣的责任，不断探索文化事业建设的新思路新举措，维护文化民生越来越成为各级政府的基本共识和自觉行动。各级文化部门按照“向基层倾斜、向农村倾斜”的思路,把文化惠民项目作为重要民生工程,不断优化城乡公共文化资源配置。全国文化信息资源共享工程是近年来文化部和财政部联合实施的一项重要的文化创新工程。到2010年年底,全国文化信息资源共享工程资源总量达到108TB,村级服务点基本实现“村村通”。国家数字图书馆经过近五年的建设,数字资源量达到327.8TB,服务范围覆盖互联网、电子政务外网、卫星、移动通信网、数字电视网等。送书下乡工程和流动舞台车工程的实施,使基层文化资源更加丰富。

(二)文化事业投入快速增长且多元化

2010年,全国文化事业费为323.06亿元,与2005年的133.82亿元相比,增幅达141.4%。“十一五”时期,全国文化事业费累计超过1200亿元,“十一五”期间年均增长率为19.3%。“十一五”以来,国家对城市和农村地区文化建设的投入5年间增幅分别达到110.6%和226.1%,均已实现“翻一番”。人均文化事业费从2005年的10.23元增加到2010年的24.11元,增幅为135.7%。[①] 近年来文化事业的蓬勃发展主要得益于财政的支持。各地公共文化服务投入方式日趋多样化。多样化的公共文化服务投入方式,成为公共文化服务体系建设的有力保证。

(三)文化设施逐渐完善且服务形式多样

除了国家博物馆、国家话剧院剧场、国家美术馆、中国工艺美术馆、中国非物质文化遗产展示馆、中央歌剧院剧场等重大文化设施建设稳步推进之外,乡镇综合文化站建设项目、县级图书馆文化馆修缮专项资金、城市社区文化中心(文化活动室)设备购置专项资金等一系列文化设施建设项目也顺利实施,显著改善了城乡文化设施的整体面貌。截至2010年年底,全国共有公共图书馆2884个,文化馆(含群众艺术馆)3264个,乡镇(街道)文化站40118个,村文化室20余万个,基本实现了公共文化服务体系全覆盖。[②] 为切实履行温家宝总理在《2010年政府工作报告》中提出的“推进美术馆、图书馆、文化馆、博物馆免费开放,丰富人民群众的精神文化生活”的庄严承诺,2011年年底之前国家级、省级美术馆

---

① 文化部、光明日报联合调研组:《关于公共文化服务体系建设的调研报告》,《光明日报》2011年10月16日。

② 李忠峰:《我国基本实现公共文化服务体系全覆盖》,《中国财经报》2011年9月17日。

全部向公众免费开放；全国所有公共图书馆、文化馆（站）实现无障碍、零门槛进入，公共空间设施场地全部免费开放，所提供的基本服务项目全部免费。2012年年底之前各级美术馆将全部向公众免费开放。公共文化设施免费开放成为新时期政府提供公共文化服务的新亮点，受到广大群众的热烈欢迎和好评。各地积极创新文化服务供给机制，通过政府采购、项目补贴、定向资助等形式，提高公共文化产品质量。

（四）群众文化活动品牌化与可持续性

近年来，文化部按照"宏观布局、统筹指导，抓住重点、整体推进"的工作思路，以导向性、示范性、带动性、可持续性为原则，坚持重大活动组织与长效机制建设并重，推动基层群众文化活动广泛开展。2010 年第九届中国艺术节期间，"群星奖"全国巡演 15 个省市，成为历届"群星奖"参赛和观众人数最多、媒体关注度最高的一次评奖活动。全国有 963 个县（市、区）及乡镇获得"中国民间文化艺术之乡"称号。城乡基层群众小戏小品展演活动充分展示了近年来群众文艺创作的丰硕成果，社会反响热烈。各地积极开展不同层次的文化活动，努力做到主题品牌文化活动突出"示范性"，常规群众文化活动突出"参与性"，地方节庆文化活动突出"独特性"。在生动、活泼、持久的公共文化活动中，文化爱好者们走进社团，走上舞台，尽情释放文化激情，展示文化才能，接受了优秀文化熏陶，提升了综合文化素养。

但同时要看到，与经济社会发展的进程和水平相比，与城乡群众日益旺盛的精神文化需求相比，文化事业建设整体滞后，也存在四方面的困难和问题：一些地方党委、政府追求文化产业的经济利益，对文化事业建设重视不够；一些地方存在着"等、靠、要"问题，对公共文化设施没有落实"建好、管好、用好"的责任，公共文化服务能力建设亟待加强；经费投入总量不足，结构不合理，资源缺乏有效整合，没有发挥出整体效益；公共文化产品的供给和服务的内容不够丰富，广大群众喜闻乐见、丰富多彩的文化产品比较少，质量不够高等等。只有以社会主义核心价值体系引领，这些问题才能在改革发展中解决。

三、社会主义核心价值体系引领文化事业发展的必然性

社会主义核心价值体系引领文化事业发展是文化事业的性质和特点所决定的。但是在日益商业化、市场化的社会环境中，如何保证其公益性的属性？如何引导公众从文化产品和服务中受益？如何高品质地保障公民基本文化权利的实

现？如何通过公共文化产品和服务的消费培育健康的消费市场和消费观？这是文化事业建设过程中需要深入思考并需要及时解答的问题。实践证明，以社会主义核心价值体系引领是解决以上问题的精神导向。

（一）社会主义核心价值体系引领是文化事业的性质和特点所决定的

文化事业具有公益性。文化事业往往是由国家或社会投资建立惠及全社会的公共文化服务系统，为民众提供大量免费或低价的基础性文化产品和服务。文化事业所提供的精神文化产品和服务是全社会共同受益、共同享有的，旨在保障民众基本文化权益，保护传统文化艺术形式，营造积极健康的文化氛围。文化事业不以营利为目的，主要以政府为主导，要求建设的主体内容具有公益性，体现高度的社会责任感和奉献精神。文化事业对于开发国民智力、促进文化创新、提升国民综合素质等都有着不可替代的作用。因此，必须以社会主义核心价值体系引领，才能使文化事业发挥公益性，真正做到为公众服务、使公众受益。

文化事业的引导性需要社会主义核心价值体系的引领。文化事业注重的是目标导向和长远利益，而不是短期效益和眼前利益。作为社会主义文化重要组成部分的文化事业单位，特别是公共图书馆、展览馆，可以充分利用其图书报刊、网络音像的借阅与开放，理论专题讲座、读书心得座谈、研讨会的组织，准确、深刻、生动地介绍与宣传毛泽东思想、邓小平理论和“三个代表”重要思想、科学发展观等一系列中国化的马克思主义理论成果。同时，文化事业单位还可以利用多种形式，组织开展丰富多彩的群众文化活动。展览馆藏文物，展览经济建设与社会发展成就，组织歌曲、舞蹈、朗诵诗、曲艺、小品、武术、魔术杂技等节目的创作与演出，组织灯展、花车巡游、晨练文艺表演、社区歌咏比赛等活动，歌颂社会主义制度的优越性，倡导社会主义文明风尚，批评社会不良行为与腐败现象。文化事业单位的各种宣传和活动，一方面可以凝聚核心价值、加强文化认同、促进社会和谐；另一方面可以塑造文化形象，提升国家软实力，推动民族文化复兴。要正确发挥文化事业弘扬主旋律的引导作用，必须以社会主义核心价值体系引领。

文化事业的教化娱乐性需要社会主义核心价值体系引领。以积极开展健康文明的文化活动为己任的文化事业，其基本职能是将文化传播内容的先进性、广泛性和有效性结合起来，通过传播先进文化，倡导科学理念，振奋民族精神，塑造民族品格，培育公民意识；通过开展社会主义核心价值体系建设以及和谐文化建设，树立全社会共同理想信念和良好社会风尚；通过开展群众性精神文明建设和丰富多彩的社会文化活动，引导广大人民群众以健康的心态、文明的行为，融入全面建设小康社会的奋斗过程中。对于公众来说，公益文化不仅是完成教化的载体，而且也是成就愉悦的本体。例如，丰富多彩的社区文化、企业文化、校园文化、节庆文化、休闲文化等可以活跃人们的精神生活；覆盖城乡的全国文化信息资源共享工程，人们可以从中获取快捷、实用的文化资源；品种多样、格调高雅、特色鲜明的文化产品以及近距离、经常性、便利性的文化服务，能够满足人们缓解压力、休闲享乐的文化要求。文化事业这种教化和娱乐双重并行的活动模式，具有寓教于乐的独特社会效应，需要社会主义核心价值体系的引领。

（二）社会主义核心价值体系的引领是满足人民基本文化需求的根本保证

从总体上看，人民群众的文化需求可以分为两部分，一部分是体现人民群众文化权益的基本文化需求，另一部分是多样化、多层次、多方面的文化需求。人民群众的基本文化需求，是社会主义制度下人民群众必须得到保障的基本文化权益。基本文化权益具有公益性、均等性、基本性、便民性等属性。要满足人民群众的基本文化需求，必须以政府为主导，以公共财政为支撑，以公益性文化事业单位为骨干，以全民为服务对象，以基层特别是农村为重点，构建覆盖城乡的公共文化服务体系。对于人民群众多样化、多层次、多方面的文化需求，主要靠市场来满足。在社会主义市场经济条件下，市场越来越成为人们进行个性化文化消费、满足多样化文化需求的主要途径。

发展公益性文化事业是保障人民基本文化需求的主要途径。现阶段，我们界定的基本文化需求主要包括看电视、听广播、读书看报、进行公共文化鉴赏、参加公共文化活动等。在农村，考虑到过去的传统，为农民免费放映电影也属于这个范畴。这些基本文化权益，需要政府免费或优惠提供，主要途径就是大力发展公益性文化事业。发展公益性文化事业必须坚持公益性、基本性、均等性、便利性的要求。公益性、基本性、均等性、便利性，是中央对公共文化服务体系建设基本特点的高度概括。公益性，就是政府提供的公共文化服务基本上是免费服务，或是低于成本、收费很少的服务；基本性，就是政府提供的是基本文化服务，而不是所有文化服务；均等性，就是不分男女老少，不分富人穷人，不分城市农村，不分东中西部，都平等地享受公共文化服务；便利性，就是要网点化，做到一定空间范围内必须有公共文化活动场所，方便群众就近参与。

发展公益性文化事业，满足人民基本文化需求必须以社会主义核心价值体系引领。满足人民群众精神文化需求，是文化发展的最终目的。发展经济，让人民的口袋里有钱,远不是幸福的全部,而仅仅是幸福的一个方面。人的全面发展包括高尚的道德和精神。在建设文化强国过程中,必须自觉坚持以满足人民群众精神文化需求为出发点和落脚点的价值取向,但也应看到,由于社会存在的多样化,不仅直接决定了群众需要的多样性与多层次性,也同时决定了观念形态上反映出的多元化与复杂性。如果只讲满足群众需求,忽视发挥文化引领社会、教育人民、推动发展的功能,忽视丰富人民精神世界与增强精神力量,就会落后于时代,在以"满足人民需求"之名中迎合庸俗、低俗、媚俗之风,不仅不能满足广大人民群众的文化需求,最终将会影响先进文化的发展,干扰文化强国战略。社会主义核心价值体系是先进文化之精髓,是强国之魂,理应成为文化事业发展的精神导向,才能弘扬主旋律,真正创作出思想性、艺术性、观赏性相结合的优秀作品,切实满足群众的基本文化需求。

以社会主义核心价值体系引领人们基本文化需求的实现要求大众的参与。当今社会,人民群众的文化需求是多方面的,不仅要求享受文化成果,还要求参与文化、创造文化。河南汝阳农民自拍自演电视剧便是一个很好的例子。汝阳农民用简陋的 DV 机拍摄,演员是当地的村民,反映的也是村庄里的新鲜事,虽然艺术和技术上都没有什么特别过人的地方,但他们的行为释放了一个信号:普通农民在富裕的同时,也在追求丰富的精神生活,创造自己的价值观。在北京朝阳区皮村的打工者创办的"打工者艺术节"模式同样也值得效仿。皮村的打工者自己创办了一个打工博物馆,建设了新工人剧场,并每年举办一次"打工者艺术节"。来自全国各地的打工者汇聚一堂,表演歌舞、演出小型戏剧、讨论关于打工群体的话题。他们的诉求不仅仅在物质层面,更多的是在精神和价值层面的自我肯定。

（三）社会主义核心价值体系的引领是纠正文化事业发展偏向的迫切需要

在文化事业发展中特别值得关注的一个问题是:伴随着改革的不断推进,商业化气息、低俗、粗俗、庸俗等倾向正悄然渗透到文化事业的各个环节中。这些问题如果不尽快加以解决,势必影响文化事业的改革发展进程,也势必降低其社会效益。具体表现在:

文化事业的公益性有所偏离,功利性倾向逐渐凸显。文化事业单位的定位不清,既负责公共产品生产,同时还承担着某些行政职能和市场职能,行政性、公益性和市场性错综复杂地交织在一起,已成为日益突出的问题。如作为公益性事业单位的博物馆和图书馆,本应该是一个不追求营利,为经济和社会发展服务的公开的永久性的机构。这些要求在《国际博物馆协会会章》早有明确规定。《联合国教科文组织公共图书馆宣言》也强调:公共图书馆完全依靠公共资金来维持活动,为此,为任何人的服务,都不应当直接收费。当然,世界许多国家的图书馆、博物馆、纪念馆一类公益性文化事业组织,也经常在其附属设施中开办餐饮店、书刊部乃至综合性服务场所。但这些通常并不影响其非营利性质,他们在上述经营活动中绝不占用展览、陈列、阅览、藏书或任何其他承担公益用途的场所;虽然上述活动经营以非营利为目的,但所得原则上都用于补充文化事业经费,支持公益事业的发展。相比而言,中国文化事业的改革在这方面存在的问题较多。一些公益性文化事业组织打着深化改革的旗号,悄悄改变着其原本有的公益性质,一些地方领导将本来应用于公益性文化事业的馆舍和场所或自用,或拨给商业部门用作经营性活动,使公益性文化事业组织变成了商业气息浓厚的营利性组织。这些行为,都是对公众拥有的公益性文化财产、享受公益性文化权利的一种剥夺。

文化事业的公益性定位决定了公益性文化事业的运营不能把追求利润最大化作为目标,因此,不能按市场化运作机制来组织生产和消费,而应该在社会主义核心价值体系引领下强化公益性,着力于创造社会效益。如果背离公益性文化事业组织的宗旨,大量占用公益性文化场所开展以营利为目的的经营活动,既偏离了文化事业的公益性轨道,也可能降低公共文化的吸引力、影响力,甚至可能带来非主流价值观的文化产品和服务。因此,在商品经济大潮的冲击下,公益性文化事业的管理者一定要保持清醒头脑,在推进公共文化事业单位转型的过程中,使其回归公益性,强化引导性,提高独立性。而澳大利亚在这方面做得非常成功,其公共文化事业建设中"公益性"与"独立经营"并行不悖,其中的有些做法值得我们学习和效仿。澳大利亚是一个制度健全、市场成熟的发达国家,它的社会公共文化建设也多姿多彩。澳大利亚博物馆等公共文化服务单位的门槛很低,不仅票价便宜,而且有鼓励全家或学校组织参观的种种优惠措施,甚至免票参观。澳大利亚联邦议会和州议会的一系列法律,明确了政府及社会对于发展文化艺术的责任和义务,并以法律形式确认公共文化艺术机构的法律地位和运作程序。虽然其公共文化服务单位主要依靠有力的财政支持,但政府管理不直接介入具体的文化单位,而是通过派人员参加理事会或董事会这样的机构来宏观指导,由理事会或董事会挑选专业的经营管理人员,以达到一定的经营服务目标作为考核标准,这是澳大利亚管理公益性文化单位的通常做法。在这样的运作方式下,公益性的社会服务功能与专业的运营管理相得益彰,文化事业发展的社会效益尤为突出。这一做法对于我国文化体制改革具有借鉴意义。

文化事业引导和教化功能有所削弱，娱乐、低俗化倾向日益增长。我国的公益性文化事业是对公民进行社会主义道德、信念教育的重要基地，它在全体人民中进行潜移默化的思想道德、理想信念教育，促进民众对社会主义、共产主义理想信念的认同，对消费者进行集体主义、爱国主义教育，引导人们树立科学的世界观、人生观、价值观，使人们明辨是非，克服享乐主义、拜金主义倾向，自觉地抵制与批判各种消极落后的文化消费观念。目前，中国已涌现出许多不乏追踪时代大潮、弘扬生活主旋律的文化作品，但其在数量、质量、思想性和艺术性的统一上，仍与公众的期望有一定差距。不少文化的创作者文化素养和生活积淀匮乏，与历史传统文化隔膜，对世界优秀文化陌生，同现实生活实践脱节。再加上心浮气躁，急功近利，哗众取宠，热衷于制造文化轰动效应，以至于许多文化作品暴露出诸如创作源泉枯竭、主题把握困惑、情节虚假空洞、精神庸俗贫乏等问题，而所有这些都远离了社会主义核心价值体系的正确导向。如每年春节将至，一系列“文化下乡”活动在各地渐次展开，不仅增添了喜庆热闹气氛，还丰富、改善了农村文化生活，提高了农民文化素质。然而，“文化下乡”中也出现了不和谐因素，一些“文化垃圾”出现在农村文化市场。主要包括三种类型。一种是演出垃圾。一些在城里无法“施展才华”的草台班子打着“文化下乡”的旗号，把一些格调低下、庸俗不堪的“文化垃圾”送到农村来“贺岁”：跳艳舞，唱煽情歌曲，极尽污秽表演之能事。二是书刊垃圾。一些不法书贩，抓住农民文化水平相对较低，鉴别能力较差的特点，把一些低级趣味的读物，甚至一些黄色书刊送到了农村销售，赚取钱财。三是音像垃圾。随着录音机、录像机、游戏机和影碟机走进寻常百姓家，一些非法录制的劣质、盗版音像和电子游戏制品也乘机潜入农村，对好奇的年轻人尤其是中小学生来说危害极大。再如作为经典民间艺术的“二人转”目前也正被一些文化事业单位娱乐化、低俗化。二人转“生”于东北，“长”于东北，是纯粹的东北民间曲艺形式。二人转受到广大东北老百姓的喜爱，是因为二人转的魅力全在“乡土”二字上，意思就是二人转的根扎在东北的山、东北的水、东北的民风民俗中，扎在本乡本土老百姓的心田里。但现在城市剧场看到的所谓“二人转”演出以及旅游大巴上看到的“二人转”光盘，有些已经背离东北二人转的美学本体和表演传统。这些二人转每一对演员总是“四段式”演出：一段说段子，二段“扯犊子”，三段逗乐子，四段唱歌子，加之一些小品式的表演，把模仿秀、耍嘴皮子、逗贫放在第一位。观众在表演中看不到东北的民俗文化，听不到传统的唱腔，这样的表演已经完全失掉了二人转中东北人的个性。虽然东北二人转表演具有强烈的喜剧风格，但是这种喜剧并不是城市剧场“二人转”中专供人傻笑的低俗玩意。作为民间艺术，二人转的整体风格，是具有令人开心的喜剧精神，就是笑了之后，消解疲劳，催人上进的一种精神。二人转的幽默，不仅仅是可笑，更重要的是它蕴含着一种机智、敏慧、幽默的力量，丑的东西被揭露和否定，美的东西被肯定和弘扬。面对二人转“失根”的危机，面对东北二人转被歪曲、被误解、被低俗化的情形，二人转研究专家田子馥认为当前必须思考二人转回归乡土的问题。乡土艺术是活力四射的艺术，发展的艺术。因为现在乡土民众的思想文化素质、审美情趣都在不断发生变化，所以东北二人转无论“转”到哪里，占领哪个大城市的市场，都不应失去东北民间“乡土文化”这条根。

造成以上文化事业的功利化、娱乐化、低俗化等问题，主要是因为受到市场经济的负面影响和西方文化大潮的冲击，而国内社会转型期人们的思想观念和价值取向也呈现了多样性、多变性和多层次性。面对国际国内的压力、观众的期望，许多文化事业单位改革艰难，许多文化工作者也感到迷茫和困惑，于是在经营管理和创作生产中偏离了社会主义核心价值体系的取向。文化有其特殊性，不能把文化事业等同于文化产业，文化产品等同于文化商品，文化成效等同于经济效益。我们有牺牲生态环境追求经济发展的教训，现在不能以牺牲文化价值来追求利润的最大化。因此，要纠正文化事业发展中的偏向，必须以社会主义核心价值体系引领，把社会效益放在首位，坚持社会效益与经济效益相统一，才能体现其公益性和引导性、教化娱乐性。

（四）社会主义核心价值体系引领是培育健康文化消费市场的精神航标

文化事业主要是传播和弘扬社会主义意识形态和价值观念的文化产品和服务，这些文化产品和服务的宗旨都是间接或直接地宣扬国家的主导意识形态，增进人们对主导意识形态的认同，使人们在内心深处对党和社会主义产生强烈的认同感，极大地促进全国人民思想上的团结统一。可见，只有以社会主义核心价值体系引领，文化事业才能保证文化消费市场正确的政治方向。

社会主义核心价值体系引领文化事业发展有利于弥补市场调节的不足，优化文化市场的资源配置。随着我国社会主义市场经济的发展，文化市场体系日益完善，市场机制对文化资源配置作用逐渐加强，但是，市场机制自身有其弊端。具有公益性质的文化产品，由于其公共物品属性，经营者往往不愿或无力投资，必然导致公共文化产品生产受到冷落。社会主义核心价值体系引领公益性文化事业的发展，由政府提供公益性文化产品和服务，有利于弥补市场配置文化资源的缺陷，有效地保护和利用那些难以通过市场机制运作而又为公众所需要的传统文化资源，促进传统文化资源的现代性开发，实现传统文化资源的优化配置。

（五）社会主义核心价值体系引领是科学文化消费观念的思想指南

社会主义核心价值体系引领文化事业发展能够培育科学的文化消费观念，使文化消费者形成积极健康的文化消费观念。目前，人们在文化消费中存在一些消极倾向，如对物质享受的片面追求，对感官刺激的沉迷，对低级甚至畸形文化消费的痴迷，对高层次文化消费的冷淡等。以上现象的存在有很多原因，但消费群体的消费价值观、消费心理的扭曲是重要原因。我国的文化事业是对公民进行社会主义道德、信念教育的重要基地，只有以社会主义核心价值体系引领文化事业发展，才能促进人们对社会主义、共产主义理想信念的认同，才能引导人们树立科学的世界观、人生观、价值观，使人们明辨是非，克服享乐主义、拜金主义倾向，自觉地抵制与批判各种消极落后的文化消费观念。

第二节　社会主义核心价值体系引领人民基本文化权益的实现

文化权益是人民群众的基本权益之一，是指人民群众期望国家和社会能够满足他们日益增长的精神文化需求，包括文化参与权和享受权，其主要内容包括：受教育权；参加文化、娱乐、体育等文化活动的自由权利；充分享受公共文化产品设施的权益。胡锦涛同志曾明确指出，要“着力解决人民群众最关心、最直接、最现实的基本文化权益问题”，“切实保障人民群众看电视、听广播、读书看报、进行公共文化鉴赏、参加大众文化活动”等基本文化需求，这是根据中国国情对基层文化权益和现阶段基本文化需求所作出的具体而准确的概括。十七届六中全会提出，“满足人民基本文化需求是社会主义文化建设的基本任务。必须坚持政府主导，加强文化基础设施建设，完善公共文化服务网络，让群众广泛享有免费或优惠的基本公共文化服务。要构建公共文化服务体系，发展现代传播体系，建设优秀传统文化传承体系，加快城乡文化一体化发展”①。这为文化

① 《中共中央关于深化文化体制改革 推动社会主义文化大发展大繁荣若干重大问题的决定》，《人民日报》2011年10月26日。

事业建设提出了明确的目标、任务和要求。要完成这些目标任务,就必须坚持社会主义核心价值的引领。

一、社会主义核心价值体系引领公共文化服务体系的构建

发展公益性文化事业,构建惠及全民的公共文化服务体系,是维护公民基本文化权益的重要保障,是推动文化大发展大繁荣的必然要求,也是政府义不容辞的责任。

(一)公共文化服务内涵

公共文化服务,是指政府公共服务的重要内容。公共文化服务体系是以保障人民群众基本文化权益、满足基本文化需求为目的,以政府为主导,以公共财政为支撑,以公益性文化单位为骨干,向全社会提供的公共文化设施、产品、服务以及制度体系的总称。加强公共文化服务体系建设,是满足人民群众基本文化需求的主要途径,也是维护文化的公平与正义、促进社会和谐稳定的重要保障。

公共文化服务体系展示了民族文化面貌与精神,关系城乡文化面貌。体现当代文化生活质量的大量设施设备都属公共文化服务范畴,如方便的社区、学校、公园、广场、体育馆、图书馆(室)等,它们以绚丽色彩和温馨氛围描绘宜居环境的文化形象;公共文化并不局限于文化娱乐活动,它还涉及城乡人文关怀的深层次内容。发达国家和先进地区那种自幼到老、终身伴随的专业“社工”服务,开始在我国部分城乡社区萌芽;基本体系化的公共文化服务,其完善的层级架构的形成,会让资源彼此支撑局面逐步成熟,人们在就近便利的条件下,可能拥有更多的文化教育娱乐健身等项目选择,针对目标人群的专业文化服务也会由少到多、由弱到强,逐渐向心灵抚慰、兴趣社团、技能交流、多重援助等方向发展,使“中华民族共有精神家园”因文化内容与组织工作而物化,使“全民族文明素质”因政府、社会、社区的联动互动而得到切实的提高。

因此,构建惠及全民的公共文化服务体系,就必须以社会主义核心价值体系引领,牢固树立文化民生的理念,以公共财政为支撑,以公益性文化单位为骨干,以全体人民为服务对象,以保障人民群众基本文化权益为主要内容,完善公共文化设施,提供丰富优质的公共文化产品和优化服务内容,创新服务形式,让公共文化真正惠及全民。

(二)着力于文化民生

构建公共文化服务体系,体现了社会主义社会以人为本的本质性、制度性要

求，反映出党和政府尊重、维护、保障和实现人民基本文化权益的核心价值追求。文化是民生的一项重要内容，更是民生的基本范畴，只有让文化更适合于民众，适合于民生，文化才会“百花齐放，百家争鸣”，更好地为人民大众服务。让人民群众享受到最好的文化，既是让人民群众生活更美好，也是让民众生活更幸福的基本需求。有研究表明，人均 GDP 超过 3000 美元后，文化进入快速发展期，因为“富而思文、富而思乐”，富裕起来的老百姓的文化需求快速增长，而且呈多元、多变、多样的趋势。我们现在正处于这样一个阶段，因此，解决文化民生，也就变得十分突出和迫切。

社会主义核心价值体系是文化民生的灵魂。文化民生所要解决的首要问题，是广大群众的精神生命的安顿问题，亦即安身立命之道的解决问题。社会主义核心价值体系是兴国之魂，是当今社会的精神支柱，也是文化民生的精神灵魂所在。需要注意的是，要对不同层级的人有所区分，既要坚持文化的先进性，也要重视文化的普及性。同时，在文化民生的解决和发展过程中，要注意采用更加生活化、更加人文化的方式，传播先进文化的安身立命之道。事实上，社会诸多问题的存在，很多不满情绪的蔓延和宣泄，除了体制机制不健全等原因之外，不同层级的人民的安身立命之道没有很好的解决，是重要原因之一。社会主义核心价值体系所呈现的基本内容，社会主义精神文明建设所倡导的思想道德，是保障和改善文化民生的精神旗帜。

以社会主义核心价值体系引领，改善文化民生，实现文化惠民，必须做好以下五个方面的工作：一是文艺作品贴近于人民群众。创作的文艺作品要能够反映人民群众的所思所想，反映人民群众的情感和诉求，就是说要符合“三贴近”的要求，真正地贴近老百姓。二是文化产品满足于人民群众。创作生产的文化产品必须以社会主义核心价值体系引领，弘扬主旋律，力求做到两个“满足”，即满足人民群众高品质的物质文化产品的需求和精神文化的需求。三是文化活动依靠于人民群众。政府部门组织了许多文化活动，包括开展“送书、送戏、送电影”下乡活动，这些工作一定要做，也非常有必要。在实施“三送”工程、开展文化活动的同时，应该思考怎么样来挖掘各地的文化资源，组织好人民群众开展好自我文化娱乐活动。四是文化设施就近于人民群众。扎实做好文化设施建设规划，在完善重大文化设施的同时，着力于基层文化设施建设，做到乡乡有文化站，村村有文化室。五是文化服务方便于人民群众。既要考虑为人民群众提供一系列优质的文化服务，又要考虑在开展文化服务时怎样才能更方便于老百姓。比如在各社区设市民文化中心，使市民不出1000米就可参加社区的公共文化活动。

以社会主义核心价值体系引领，不断丰富和提升文化惠民工程内涵，最大限度发挥人民群众主体性。满足广大农民群众精神文化需求，保障基层群众文化权益，包括广播电视村村通工程、农村电影放映工程、文化信息共享工程和农家书屋等重点文化惠民工程发挥了不可替代的作用。就广播电视来说，应加快完成20户以下已通电自然村的村村通，进而提出户户通的目标，与此同时明确广播电视节目对农村服务的目标和要求。目前，“通”已不是最主要任务，最主要任务是如何以社会主义核心价值体系引领，有效满足各地农村群众的需求，提供针对他们生产生活需求的节目服务。因此，在强调广播电视城乡同覆盖的同时，务必强调广播电视机构提供宣传主流意识形态的受广大农村群众欢迎的节目，各地方台提供满足当地农村群众特色化需求的节目。农村电影放映、文化信息共享工程和农家书屋都应就内容提供提出明确的具体的要求，并财政上予以引导和支持。社区文化服务是改善城市基层民众文化生活主要渠道，应总结各地经验，设计全国性的社区文化服务建设项目一揽子工程，比如在各社区设市民文化中心，使市民不出1000米就可参加社区的公共文化活动。此外，要考虑到残疾人、妇女儿童等群体的特殊需要，提供相应的公共文化服务。

（三）加强公共文化设施阵地建设

要实现文化民生，必须做到文化惠民，同时也要文化便民；既要送文化，更要种文化，让文化真正起到“化”人的作用。要实现文化惠民便民，要种文化，必须有可依托的载体和阵地。因此，必须以社会主义核心价值体系引领，建立健全城乡一体的公共文化服务设施和网络，才能使文化惠民工程填空补点，实现全覆盖，逐步均等化；才能推进各类公共文化设施科学化、制度化、规范化管理，不断提高公共文化服务效能。

以社会主义核心价值体系引领实现公共文化服务均等化。要以促进社会公平为关键，加大投入，完善公共文化服务设施，实现基层公共文化设施全覆盖、无“盲点”，努力实现公共文化服务均等化。如全国各地推进“农家、社区书屋”和“绿色网园”等重点惠民工程。在此在基础上，逐步把工作重心从“拾遗补漏”转移到“升级改造”上来，着力解决一些文化站、文化室标准偏低、面积偏小、功能不完善的问题。另外，充分发挥公共文化设施作用，要努力做到低门槛，公益性。推动美术馆、公共图书馆、文化馆（站）免费开放是党的十七大关于社会主义文化大发展大繁荣的具体实践，是加强社会主义核心价值体系建设和公民思想道德建设的有效手段，是进一步提高政府为全社会提供公共文化服务水平的重要举措，是实现和保障人民群众基本文化权益的积极行动。2011 年年底之前国家级、省级美术馆全部向公众免费开放；全国所有公共图书馆、文化馆（站）实现无障碍、零门槛进入，公共空间设施场地全部免费开放，所提供的基本服务项目全部免费。免费开放作为政府的重要文化民生项目获一片叫好声，被社会普遍认为是提高公民素质和幸福指数的重要途径，为人们走进文化艺术殿堂汲取知识、提高修养、均等地享受文化权益创造了条件。

以社会主义核心价值体系引领推进公共文化设施科学化、制度化、规范化管理，努力实现公共文化服务优质化。公共文化设施要充分发挥作用，必须以社会主义核心价值体系引领加强管理，把提倡公益性、创造社会效益放在第一位，努力实现公共文化服务优质化。以社会主义核心价值体系引领，公共文化设施才能成为精神文明建设的窗口，使群众的精神需求得到满足；成为科学文化普及的阵地，满足群众的求知欲；成为文化传承的驿站，做好文艺人才培养工作，使所在地区的文脉薪火相传；成为艺术成果展示的殿堂，使艺术殿堂佳作不断，艺术之花长盛不衰；它应成为群众文艺活动的乐园，面向基层，面向社区，面向农村，培训业余文艺骨干，为活跃城乡人民的精神文化生活发挥作用。

（四）提供丰富优质的公共文化产品和服务内容

最大限度地满足人民群众的精神文化需求是文化建设的根本任务，也是科学发展观以人为本的内在要求。不从群众需要出发，文化产品就会出现“政府是投资主体，领导是基本观众，评奖是主要目的，仓库是最终归宿”的荒谬现象。如果对人民文化需求没有真实的、正确的理解，不知“日益增长需求”的种类、结构、规律，仅凭决策者个人兴趣爱好与经验积累而盲动，就会从根本上违背以人为本的原则，创造、生产、消费文化的主体便如同无源之水。所以，公共文化产品和服务内容必须以满足人民的需求为出发点和归宿点。

供需背离是当前公共文化服务中存在的突出问题。近年来，我国城乡的公共文化服务体系建设有了很大发展，取得了长足的进步。但我们也应看到，随着科技的进步和物质生活水平的不断提高，人民精神文化需求呈现出多层次、多样化、多方面的特征。人民群众需要多样化的文化产品、文化活动和文化形式；人民群众对文化产品、活动形式和表现方式的爱好、兴趣和欣赏态度的变化频率不断加快；人民群众需要更多思想性艺术性观赏性相统一的优秀文艺作品。更重要的是,伴随物质生活水平的提高,人民群众的精神文化需求日益呈现“井喷”之势,消费能力不断增强,鉴赏水平不断提高,丰富多彩的精神文化生活越来越成为人民群众的热切愿望。但是,在当前公共文化产品的供给和服务中,由于政府部门主观倾向主导,尚未建立有效的群众需求反馈机制;再加上许多文化设施建好后闲置或利用率低,管理水平不高,活力不强,所以提供的公共文化产品供给和服务不能适应人民群众的真正文化需求,存在着供给与需求不相对称的问题:内容不够丰富,广大群众喜闻乐见、丰富多彩的文化产品比较少,质量不够好;有些“文化下乡”也是资料稀少、内容陈旧、实用性差,农民并不感兴趣;人民群众主体性发挥不够,有些地方,农民不爱上农家书屋,不爱看放映的电影,原因是没有提供他们爱看的图书和电影。投资巨大、制作精美的电影大片在农村不一定受欢迎,而本地制作的戏曲片和农业纪录片却让农民屡看不厌,究其原因,还是因为提供的文化产品和服务没有满足民众的需求。所以,公共文化的建设不能搞形式主义,搞面子工程。而是要从实际出发,要从老百姓的需求出发,要从地区的特点出发,提供真正适应人民群众文化需求的文化产品。

以社会主义核心价值体系引领,解决供需矛盾,提供丰富优质的公共文化产品和服务内容。文化产品和服务的内容决定文化的本质。内容新了,文化发展才有活力、有动力,文化才有魅力、有生命力。文化产品和服务的内容反映了一个民族文化特色、风格和基本价值取向,也反映了他们精神生活的多样性,所以要解决供需矛盾,满足人民群众的精神文化需求,首先必须坚持社会主义核心价值体系的引领,丰富文化产品和服务的内容,靠优等优质解决好内容供给。要顺应人民对文化发展的新要求、新期待,要变“单一”为“多样”,努力生产出符合人民需要的精神文化产品。但满足需求不是一味迎合,要坚持正确的文化立场和文化追求,弘扬社会主义核心价值体系,靠思想的力量、艺术的魅力打动人心,靠喜闻乐见、雅俗共赏赢得受众,抵制庸俗、低俗。要加强对文化产品创作生产的引导,使文化产品真正成为丰富人民生活、提高人民境界的精神食粮。同时,需求是可以创造的。要针对不同人群的潜在文化需求进行分析研究,定向制造出相应的文化产品和创造新的文化服务,驱动人民群众隐性、潜在的文化需求。其次,要变“盲”为“明”,解决好文化需求和文化服务的信息对称的问题。通过网络等各种渠道,使老百姓的文化诉求有一个常态的表达途径,了解基层需要什么样的活动、文化产品和服务。同时,还要把我们有什么样的文化资源,可以给群众提供什么样的文化服务和产品的信息及时提供给广大群众选择。再次,要变

“送”为“选”，在坚持“送文化”服务方式的同时，积极探索和实践“超市式”供应、“菜单化”服务的模式，整合各种文化资源，提供个性化的文化服务。最后，要变“锦上添花”为“雪中送炭”，保障弱势群体的文化权益，使文化资源向特殊群体倾斜，把文化服务送到最需要的人群中间去。

（五）加强公共文化服务方式创新

创新是一个民族发展进步的灵魂，是社会主义先进文化发展的不竭动力。以社会主义核心价值体系引领，大力加强公共文化服务方式创新，是构建公共文化服务体系的必然要求。要积极探索适应社会主义市场经济要求、保障社会公平正义、弘扬社会主义先进文化和核心价值体系的公共文化服务方式。

目前，我国一些公共文化服务过程中出现以下尴尬境地：公共文化设施越建越豪华，门票也免了，但是进来的人还是很少；服务内容丰富多彩，却始终是“墙里开花墙内香”，参与的人并不多；一年到头活动不少，但是老百姓的积极性仍然不高。出现这些情况跟文化服务方式方法不到位有着极大的关系，亟须创新。

以社会主义核心价值体系引领，创新公共文化服务方式。一切文化服务只有内容活，形式新，才能充分调动民众参与的积极性，才能真正使民众从中受益。为此，必须以社会主义核心价值体系引领，创新公共文化服务方式。首先创新公共文化服务扶持方式。运用市场理念、产业办法，实行政府采购、项目补贴、定向资助、贷款贴息等方式，支持公益性文化产品、项目和活动扩大范围、提高质量，不断向基层、社区和农村延伸，增强服务的社会效益。其次创新公共文化服务参与方式。公共文化场馆免费低价开放，简化民众参与文化的方式，提供高水平的服务。让公益性文化单位在民众心目中树立起新形象，也让更多人开始参与到文化服务中来，最大限度地开发出公益性文化场馆中人才和资源的全部潜力。随着文化体制改革的逐步推进，许多地方以社会主义核心价值体系引领，创新公共文化服务方式，涌现出许多好做法、新形式。如北京文化惠民工程从社区的文化活动到大剧院上演的芭蕾舞，从锣鼓巷的民俗文化到相声俱乐部，从旅游文化节到群众周末大舞台，既传承了民族文化、给市民实实在在的精神享受，又增强了群众的互动参与，带来了实际的经济效益和社会效益。另外，杭州图书馆新馆在服务创新上所做出的努力也给我们提供了经验和思路。杭图新馆从 2008 年 10 月 1 日开放以来，短短一年多的时间，办证读者达到近 20 万。探究杭图新馆会受欢迎的原因，归根到底是“平民图书馆、市民大书房”的办馆理念，成功地解决服务与需求相背离的问题，主要是要解决好群众就近、方便、有选择地参与和享受文化的问题。2010年以来，杭州图书馆开始把单一的图书服务拓展到综合性的文化服务，把音乐欣赏、展览展示、沙龙演讲、娱乐演出、报告讲座、培训辅导都作为一种"阅读活动"，在社会主义核心价值体系引领下，内容涵盖科学知识、文化艺术、政策法规等，对于提升居民综合素质发挥了重要作用。

二、社会主义核心价值体系引领现代传播体系的构建

十七届六中全会通过的《决定》指出，提高社会主义先进文化辐射力和影响力，必须加快构建技术先进、传输快捷、覆盖广泛的现代传播体系。这是党中央根据世情国情党情深刻变化，对宣传文化工作作出的重要战略部署。现代传播体系既是文化理念和价值观念广泛流传、影响世界的基础条件，也是发展公益性文化事业、保障人民基本文化权益的重要载体。一个国家文化的影响力不仅取决于其传播能力，更取决于其思想内容。因此，构建现代传播体系，必须以社会主义核心价值体系引领。

社会主义核心价值体系与现代传播体系互为条件，互相促进。一方面传播力决定影响力。文化不是化石，化石可以凭借其古老而价值不衰。文化是活的生命，只有发展才有影响力，只有传播才有影响力。在信息技术高度发达的当今时代，谁的传播手段先进、传播能力强大，谁的思想文化和价值观念就能更广泛地流传，谁就能更有力地影响世界。所以构建现代传播体系有利于提升我国文化软实力，增强中华文化辐射力和影响力。另一方面，影响力促进传播力。社会主义核心价值体系是社会主义先进文化的精髓，融合了中华文化的精华，只有以社会主义核心价值体系引领，才能提升有效传播能力，才能展示一个文化底蕴深厚、经济繁荣发展、社会文明开放的真实的中国形象。

（一）现代传播手段对于文化传播和文化消费者的影响巨大

文化传播的目的主要是让更多的人体验文化、接受文化、享受文化，进而改变人们的思想和心理，提升人们的涵养和素质。因此，传播手段与传播方式的改变，会极大地影响到传播的效果与传播的范围，影响到文化产品接受者的心理结构和思想导向，甚至由此可以引发文化上的革命。20世纪的"五四"新文化运动之所以成为近代中国的思想革命，其重要原因就在于利用了先进传媒和现代语言符号。可以说，没有《新青年》《新潮》这一大批体现新文化精神的报刊，没有将文言文变成通俗的白话文，思想革命的任务与近代中国的转型是不可能完成的。

在当代，文化传播方式更加多样化。从报纸、广播、电视到互联网、手机等新媒体，文化传播方式的变革对人们接受心理的影响是巨大的，由此引发的产业革命在更深层次和更大范围改变着人们对于文化的体认与期待。在目前的传播媒体中，影响力最大的依然是电视，随着电视的普及，原来不太景气的电影也因之走红。目前，许多电视台都开通了电影频道，新的传播渠道的开辟使中国电影的传播有了进入百姓和市场的通道。近年来，电视对出版业的拉动也非常明显，随着《百家讲坛》和各种传统文化类栏目的走红，与此相关的图书也日益畅销和热销。与此同时，电视播出的动画片，也拉动了少儿图书的出版。

随着科学技术的快速发展，网络作为最有影响力的新兴媒体，带来了文化方式的深刻变革，它在传播信息方面具有传统媒体不可比拟的优势。2008 年，中国网民规模就已跃居世界第一位。2012 年 7 月 19 日，中国互联网络信息中心(CNNIC)在京发布《第 30 次中国互联网络发展状况统计报告》，《报告》显示，截至 2012 年 6 月底，中国网民数量达到 5.38 亿。近年来，网络对于各类突发事件和重大事件的报道反应速度很快，走在传统媒体的前边，已经成为人们普遍关注的第四媒体。人们利用网络一方面获取信息知识、休闲娱乐、商务办公，另一方面进行文化创作、发表意见、沟通交流。网络已经成为获取信息的主渠道，成为各种思想文化碰撞的平台。同时，随着手机的普及，手机电视成为传播的新热点。比起传统电视，它的无线可移动性和即时性的优点是显而易见的。虽然手机电视目前还不是非常普及，但无疑有着良好的发展前景。2008 年奥运期间手机媒体发挥了很重要的作用。北京奥运会开幕式当天，有近 20 万人进入中国移动手机奥运专区，这是奥运史上第一次出现手机电视服务。2009 年，3G 手机已经上市并使用，传输速度大大加快，越来越多的人利用手机看报纸、看电视、看电影、听广播、听音乐，围绕手机开发的内容产业也越来越多。至 2012 年 6 月，手机网民规模达到 3.88 亿，手机首次超越台式电脑成为第一大上网终端。

因此，在新形势下，我们一方面要发挥报纸、广播、电视这些传统媒体的优势，充分体现其权威性、公正性、导向性，同时又要善于利用网络等新兴媒体快捷性、多媒体、互动性的特点，以社会主义核心价值体系引领，做好传统媒体与新兴媒体的融合，使各种媒体成为传播社会主义先进文化的新阵地、提供公共文化服务的新平台、人们健康精神文化生活的新空间。

(二)把握重要媒体正确的舆论导向

《决定》强调，要加强党报党刊、通讯社、电台电视台和重要出版社建设。党报党刊、通讯社、电台电视台，是党的新闻宣传事业的主阵地、主力军，必须作为构建现代传播体系的战略重点。新闻媒体是党和人民的喉舌，新闻事业关系党和国家工作大局，关系国家长治久安。当前，我国正处在改革发展的关键时期，社会思想观念深刻变化，人们思想活动的独立性、选择性、多变性、差异性明显增强；同时，高新技术特别是信息网络技术迅猛发展，媒体传播理念、传播渠道、传播方式正在发生深刻的变化和调整。面对新形势，必须始终以社会主义核心价值体系引领正确舆论导向。

必须以社会主义核心价值体系引领正确的新闻导向。新闻的正确导向直接关系党和人民的福祉，直接关系政治稳定、社会安定和人心安稳，也关乎文化发展方向。新闻媒体要始终坚持"高举旗帜，围绕大局，服务人民，改革创新"总要求，坚持团结稳定鼓劲、正面宣传为主，唱响主旋律，把握主动权，不断增强舆论引导的及时性、权威性和公信力、影响力，突出"发展"和"民生"主题，坚定共同理想、传播先进文化、弘扬社会正气、维护和谐稳定、鼓舞凝聚人心、营造振兴发展的浓厚氛围。

坚持和把握正确导向，必须充分发挥主动性、积极性、创造性。要紧紧围绕深入贯彻"三贴近"原则，大力推进宣传创新，切实增强新闻宣传的亲和力、吸引力、感染力。要建立常态化的深入基层、深入群众新闻工作机制，正确引导社会舆论，有效回应社会关切，更好地服务百姓生活。要善于回应群众生活中的焦点、热点、敏感问题，引导广大干部群众正确理解党和国家的方针政策，做到积极引导、正面引导、深度引导，切实提高舆论引导的实效。要健全新闻报道快速反应机制，第一时间发出权威声音。要积极探索把握新形势下舆论引导机制，提高新闻信息量，提高现场直播能力，增强引导和回应群众参与互动的能力。

(三)增强中华文化和信息的国际传播能力

中华文化是社会主义核心价值体系的重要组成部分。胡锦涛总书记在"七一"重要讲话中指出："要着眼于推动中华文化走向世界，形成与我国国际地位相对称的文化软实力，提高中华文化国际影响力。"①提高国际传播能力，是顺应世界传媒发展趋势，实现我国媒体跨越式发展的需要；是更好地让国际社会了解中国、认识中国，向世界说明中国的需要；是积极参与国际文化竞争，增强我国文化软实力的需要；是打破西方舆论垄断，促进世界信息传播秩序更加公正合理的

---

① 胡锦涛：《在庆祝中国共产党成立90周年大会上的讲话》，《人民日报》2011年7月2日。

需要。

然而,我国目前的国际传播能力与国家经济社会发展依然不相适应。我国拥有的全球传媒资源和国际话语权依旧十分有限,传播能力还有待提高,西方媒体误读甚至歪曲、丑化中国形象的事情仍然时有发生。我国媒体与世界一流媒体的差距还很大,在国际舆论竞争中我们的声音还比较弱,世界新闻信息百分之八十以上出自西方各大媒体的局面仍然没有发生根本改变。我国媒体的报道在西方主流社会影响力不够,我国在国际舆论中的被动局面还没有得到根本改变。这与中华文化本身的内涵、蕴力相比显然不相称。面对这种状况,我们必须以社会主义核心价值体系引领,增强中华文化和信息的国际传播能力。

要以社会主义核心价值体系引领互联网建设。在当前信息社会时代,互联网已成为思想文化信息的集散地和社会舆论的放大器。要充分认识以互联网为代表的新兴媒体的社会影响力,高度重视互联网的建设、运用、管理,以社会主义核心价值体系引领,努力使互联网成为传播社会主义先进文化的前沿阵地、提供公共文化服务的有效平台、促进人们精神生活健康发展的广阔空间。一方面,要加强网络文化建设管理和网上舆论引导,唱响网上思想文化主旋律。做大做强新闻网站,用好全国重点网站,提高网络文化产品供给能力。发展网络新技术新业态,占领网络信息传播制高点。规范网上信息传播秩序,培育文明理性的网络环境。另一方面,要发挥互联网的优势,向境外读者更好地宣传中国,提升国家形象,已成为中国网络媒体积极思考和应对的课题。目前,以人民网、新华网、央视网为代表的我国新闻网站已经具有强大的影响力。人民网先后开通了英文、日文、法文、西班牙文、俄文和阿拉伯文 6 个外语网站群,每天有来自 200 多个国家和地区的网民登录人民网,浏览人民网英文新闻的网民达 70 多万人,境外访问量占总访问量的 30% 左右。① 因此,要高度重视互联网建设,努力促进不同国家不同民族文化间的平等交流、理解和沟通;同时进一步加强中国新闻报道的数量和力度,使我国在国际上赢得更大的影响力和更多的话语权。

要以社会主义核心价值体系引领"学术"走出去。总体上看,大部分西方人对中国文化的了解还仅仅停留在饮食、中医、武术、京剧、山水风光等层面。将当代中国文化的优秀成果,特别是具有中国特色的核心价值体系的文化成果推向全世界,已迫在眉睫。其中,思考人文社会科学如何"走出去",是构建国际传播

① 吕莎、金辉:《中国现代传播体系的全球建构》,《中国社会科学报》2010 年 2 月 8 日。

体系的重中之重。哲学社会科学学术成果在掌握话语权、赢得主导权、增强国际传播能力的进程中将大有可为；在及时有力地向世界传播中国声音的过程中，哲学社会科学将发挥无可替代的作用。一个繁荣发展、文明开放的真实的中国形象，理应展现在世界面前。虽然中国哲学社会科学界每年都有一大批优秀的学术成果产生，然而，由于国际学术信息渠道的不畅、话语权的边缘化等原因，这笔宝贵的精神财富很少引起国际社会科学界的关注，不能不说是文化传播中的一块洼地。社会科学"走出去"首先要树立政治自信心和民族自信力；要善于表达、改变我们的文风和话语体系；要积极撰稿，发挥高层"智库"作用；设置国际性的论坛，提出国际话题，设置全球性议程；设立多种国际性学术交流基金，搭建"走出去、请进来"的桥梁；培养人才，特别是优秀的各语种翻译队伍等等。

要以社会主义核心价值体系引领增强中华文化的国际传播能力。世界文化是丰富多样的，文化表现形式的多样性是当今世界的一个基本特征。文化，正是由于差异而精彩纷呈，每种文化都是世界文化大观园中的奇葩。不同文化间的相互交流、学习和借鉴，是让彼此相互理解、共同繁荣的重要过程。中华文化需要在对外传播中增强生命力。文化不是化石，化石可以仅凭借其古老而价值不衰。文化也不是文物，可以只强调其考古价值。文化需要在发展和传播中获得持续的生命力。在对外文化交流中，要尊重其他国家的文化，特别是尊重其中的精华，进而形成不同文化间的互补。大力开发中国的跨文化"产品"。要加快实施出版物"走出去"战略。对外出版物既要重视"量"，更要注重"质"，要多出精品。在力求说明中国真实情况的前提下，要特别注意外国受众的需求和思维习惯。举办富有吸引力的丰富多彩的各类文化交流活动，增进国际理解和沟通。如我国每年都要在一些国家举行"中国文化周"或"文化年"，起到了很好的促进交流和增进友谊的作用。今后要继续做好这方面的工作。孔子学院的蓬勃发展在外国建立了让中华文化发展的苗圃，是一个成功的案例。孔子学院为推动中外教育、文化交流，增进中国与各国人民之间的理解和友谊，开辟中国公共外交新渠道，提升国家软实力作出了重要贡献。

（四）全面拓展文化传播渠道

当前，信息传播技术的突飞猛进和广泛应用，直接催生了移动互联网、手机媒体、网络电视、电子报刊等一批新的媒体形态、媒介终端和信息传播平台，使得主体更加多元、渠道更加多样、速度更加快捷、范围更加广泛。单一传播媒介已经不能完全满足受众需求，仅仅依靠报纸、广播、电视等传统媒体也难以实现对社会舆论的有效引导,各种传播媒介“各自为战”的传播方式已经滞后于时代发展。因此,我们要统筹各类传播资源,加快各种媒体形态融合,形成传播合力,力求取得最大传播效果。

以社会主义核心价值体系引领,推进三网融合的内容和服务创新。推进三网融合,是拓展文化传播渠道的重要手段。但是,手段的影响力必须依赖于内容的吸引力,必须以社会主义核心价值体系引领,才能提升有效传播能力。三网融合是指电信网、广电网、互联网在向宽带通信网、数字电视网、下一代互联网演进过程中,其技术功能趋于一致,业务范围趋于相同,网络互联互通、资源共享,能为用户提供话音、数据和广播电视等多种服务。在推进三网融合过程中,必须以社会主义核心价值体系引领,加强和丰富节目内容,增强针对性和吸引力;加强网络建设,从地市延伸到区县,扩大深度覆盖,更好地满足人民群众随时随地收听收看的需求,真正让人民群众感受到精神文化生活的新变化和新实惠。

三、社会主义核心价值体系引领优秀传统文化传承体系的建设

十七届六中全会通过的《决定》中指出,优秀传统文化凝聚着中华民族自强不息的精神追求和历久弥新的精神财富,是发展社会主义先进文化的深厚基础,是建设中华民族共有精神家园的重要支撑。建设优秀传统文化传承体系,是增强文化自信、提高民族素质的迫切需要,也是推进公益性文化事业发展,让人民共享文化发展成果的一项重要举措。

文化是民族的灵魂和血脉,是民族的集体记忆和精神家园,体现了民族的认同感、归属感,反映了民族的生命力、凝聚力。文化认同与文化传承是民族赖以生存的基础和继续发展的前提,其重要性是不言而喻的。中国特色社会主义文化发展道路,就是民族优秀传统文化与社会主义先进文化相结合的发展道路,在这里,悠悠古韵与勃勃生机是有机结合的。以爱国主义为核心的民族精神是社会主义核心价值体系的重要内容。因此,必须把社会主义核心价值体系与中国优秀传统文化结合起来。事实上,优秀的中国传统文化,在很多方面和社会主义核心价值体系是相契合的,是一脉相承的,中国优秀传统文化是构建社会主义核心价值体系的丰厚土壤和思想源泉。优秀的中国传统文化包含的以人为本、重义轻利、诚实守信、自强不息、强调和谐、重视教育、倡导德治等等传统美德,在当今中国的改革开放和文化建设中,仍然是社会主义核心价值观的重要资源。所以必须以社会主义核心价值体系引领,建设优秀传统文化传承体系。

（一）挖掘优秀传统文化的时代价值

在源远流长的中华历史长河中，中国传统文化储蕴了丰富的内涵，对社会发展的进程产生了深远影响。具有浓厚的思想积淀与数千年发展历程的中国文化，在其长期的发展过程中逐步形成了自身稳定而成熟的精神特质，形成了富有特色的思想主题、思维方式乃至价值系统，从而得以屹立于世界民族文化之林。要全面认识优秀传统文化的历史意义和现实价值，取其精华、去其糟粕，古为今用、推陈出新，在历史的高起点上创造出符合当代精神和时代潮流的新文化。

以社会主义核心价值体系引领，建构传统文化资源进行转化、传播的有效途径。让传统文化具有恒久价值的经典内容进行复制与“拷贝”，使其家喻户晓，其中既包括《红楼梦》、《三国演义》、《水浒传》、《西游记》等具有文学价值的经典巨作，同时也应当包括像“精卫填海”、“愚公移山”、“夸父追日”等具有励志作用的民间传说，把它们转化成不同类型、不同样式的文化作品，通过电影、电视、漫画、网络游戏等形式进行广泛传播，用中华民族同根同源的文化谱系将不同社会群体的思想聚合在一起，以提升不同社会群体的文化认同。使那些在艺术的审美与文化的消费领域相对自由的个性取向在对文化身份的认同中得到整合，进而建构公众对于中国传统文化的普遍共识。

现在很多地方开办国学课堂，掀起“国学热”，就是对传统文化资源进行转化、传播的有效形式。因为国学当中所包含的中国优秀传统文化精神，所包含的中国优秀传统文化先贤们高尚的思想品德，所包含的传统文化先贤们为人处世的方式方法以及所渗透出来的道德修养，在国学当中都有所体现。国学蕴含爱国主义思想，这种爱国主义思想渗透在经典的篇章里面，我们读古代的诗歌，读古代优秀的散文，能够领略到其中崇高的人文理想和文人士大夫忧国忧民的一种情怀。比如说“先天下之忧而忧，后天下之乐而乐”等等。国学中还渗透着人与自然和谐的思想；不畏强暴、自强不息的精神；勇于与困难作斗争的精神等，这些思想仍然是当今时代的人生观和价值观。当代的国学热反映了广大人民群众在建设精神家园方面对本土的传统文化资源的热切渴求，体现了民族自尊与自信的高扬，开启了民族文化的自觉。但是，需要警惕的是，在当今市场经济的大潮中，要避免“国学热”过度娱乐化、商业化、肤浅化的倾向，提防“国学”被庸俗化的危险。

以社会主义核心价值体系引领，在继承优秀传统文化的基础上进行新的创造。弘扬优秀传统文化决不是回到过去、守旧复古，而是要立足新的实践、顺应时代潮流，不断进行新的文化创造。对待传统文化，我们应该大力弘扬和倡导民族精神中优秀的、积极向上的优良传统，摒弃那些带有封建迷信色彩、趣味低级、违反社会发展和科学规律的不良成分，深入挖掘和提炼有益的思想价值，使之不断发扬光大，成为涵养民族精神的不竭源泉。传统文化需要保护，更需要在继承中鼓励创新，使之适应现代社会和现代人精神生活的需要，使其与当代社会相适应、与现代文明相协调，使传统文化焕发出时代的光芒。

相声小品这一传统艺术深受广大人们的喜爱。如今中央电视台对传统相声与现代科技结合起来，把传统相声动漫化，取得了很好的效果。如《轻松十分》《快乐驿站》动漫专题。《轻松十分》将相声和小品动漫化，声音仍是经典作品的那个声音，人物却不是原来的那个人物，而是创作者笔下的动漫人物，画得很逼真，甚至有点夸张，并把演员充满幽默感的语言动作化、画面化。在原创作品并不丰富的前提下，通过开拓艺术表现的空间，用动漫艺术来包装经典相声和小品，不仅有利于动漫创作的民族化、本土化，而且对青少年来说，通过喜闻乐见的动漫这种艺术形式，从而亲近我们的民族艺术，这样的艺术创新是值得肯定的。

（二）加强文化遗产保护

中华民族五千年文明史传承和积累了极为丰富的文化遗产，既有文物、典籍等物质形态的文化遗产，也有口头文学、传统艺术、节庆礼仪、民俗活动、民间工艺等以非物质形态存在的非物质文化遗产。这些文化遗产刻录着中华民族在长期历史进程中形成的价值观念和审美理念，体现着中华民族的生命力和创造力，是文化延续和传承的重要载体。以社会主义核心价值体系引领，加快文化遗产保护，是传承民族优秀传统文化，建设社会主义先进文化的必然要求，是增进民族团结，维护社会稳定的重要条件，也是维护世界文化多样性和创造性，促进人类共同发展的前提。加强文化遗产保护是贯彻落实科学发展观，建设社会主义先进文化的具体要求。

文化遗产的保护迫在眉睫。随着经济社会的发展，文化遗产的保护面临着许多新的问题。首先，文化遗产保护意识不足。当前，一些干部群众在实际工作中，只注重经济“硬指标”，而忽略文化“软实力”，导致一些文化遗产慢慢流失；有些只顾眼前利益，以经济价值来衡量文化遗产保护的重要性，以简单的态度对待文化遗产保护工作，结果未能使文化遗产发挥其现代价值。其次，一些文化遗产遭到破坏。随着经济建设和基建用地的需求不断扩大，一些地方在制订基本建设规划时随意搭建，甚至在文化遗产保护区域内审批建设项目，致使一些古遗址、古建筑等惨遭不同程度的破坏，一些历史文化遗产丧失传统风貌和特色。再次，文化遗产保护经费投入不足。虽然我国对文化遗产保护和管理的投入逐年增加，但与发掘保护和开发利用的实际需求相比还远远不够，除基本工作经费以外，专项保护经费安排甚少。由于投入不足，许多具有较高保护利用价值的文化遗产面临人为破坏、自然侵蚀等；有些具有旅游价值的民族民间文化仍然是“养在深闺人未识”，没有得到充分开发和利用。

以社会主义核心价值体系引领，加大文化遗产保护的宣传力度。坚持贴近生活、贴近实际、贴近群众的原则，采取讲知识、举实例、说道理、科普和艺术相结合的“寓教于乐”的方法进行宣传。认真举办“文化遗产日”系列活动，充分利用各种新闻媒体宣传文化遗产保护知识，提高广大干部群众对文化遗产保护重要性和必要性的认识。通过各种有效途径积极参与社区文明建设，如举办讲座、培训班、知识竞赛、巡回展览、文艺演出等形式，普及文化遗产知识及有关法律知识。教育部门要将优秀文化遗产内容和文化遗产保护知识纳入教学计划，编入教材，组织参观学习活动，激发青少年热爱祖国优秀传统文化的热情。

以社会主义核心价值体系引领，拓展文化遗产传承利用途径。首先，以社会主义核心价值体系引领，深入挖掘文化遗产的历史文化价值和科学研究价值，大力推进古籍资源数字化，切实保护好中华民族文化瑰宝，使之代代相传、荫泽后人。其次，加强文化遗产的保护。以社会主义核心价值体系引领文化遗产的保护，维护民族文化基本元素，使优秀传统文化成为新时代鼓舞人民前进的精神力量。为此，必须加强国家重大文化和自然遗产地、重点文物保护单位、历史文化名城名镇名村保护建设，抓好非物质文化遗产保护传承；实行城乡统筹，利用国家政策、公共财政对各类文化遗产实行保护，对文化遗产保护工作落实“五个纳入”，即纳入国民经济和社会发展计划，纳入城乡建设规划，纳入财政预算，纳入体制改革，纳入各级领导责任制；特别是在广大农村，不仅有丰富的物质文化遗产，也有大量的非物质文化遗产。要加强制订各级“非物质文化遗产保护名录”，并开展“民间艺术之乡”、“特色艺术之乡”命名活动，授予秉承传统、技艺精湛的民间艺人“民间艺术大师”、“民间工艺大师”等称号，并对农村传统文化生态保护较完整并具有特殊价值的村落或特定区域进行动态整体性保护，逐步建立科学有效的民族民间文化遗产传承机制。最后，正确处理保护与利用、传承与发展的关系，促进文化遗产资源在与产业和市场的结合中实现传承和可持续发展。鼓励各地从实际出发，积极发展依托文化遗产的旅游及相关产业，发展特色文化服务,打造特色民族文化活动品牌。

秦腔艺术是2006年第一批被批准为国家级非物质文化遗产的。但是在这之前的5年,西安秦腔院团的景况却不容乐观,创作演出萎缩,生存发展困难。为扭转这种局面,2007年6月,按照保护与开发并重的思路,西安秦腔剧院整建制移交西安曲江新区管理运营。通过体制、机制改革创新,秦腔剧院进入一个新的快速发展期。西安秦腔剧院作为西安曲江文化投资有限公司的全资子公司,参与市场化运营,曲江新区以西安秦腔剧院为阵地,设立了曲江新区秦腔艺术发展基金1亿元,支持秦腔艺术事业发展。西安秦腔剧院坚持面向市场、面向群众,不断探索秦腔艺术表现的新形式,将秦腔演出与大众消费、旅游开发相结合,创新舞台表现形式,先后推出《梦回长安》《秦腔》《大明宫》等一批精品大戏。如今,西安秦腔剧院不仅创作了好的作品,塑造了好的品牌,而且获得丰厚的回报,在社会效益和经济效益方面取得双丰收。作为世界上非物质文化遗产最丰富的国家之一,首先要解决非物质文化遗产保护和传承的问题,而传统文化要想形成产业,就必须要走规模化、市场化的路子。秦腔艺术市场化的成功经验值得借鉴。

(三)构建传统节日文化体系

中国的传统节日,是我们中华民族悠久的历史文化的一个组成部分。它的形成,是一个民族或国家的历史文化长期积淀凝聚的过程。作为民族文化中的精华,中国传统节日蕴含着丰富、深邃的人文内涵,体现着中华文化的丰富性和多样性,蕴含着中华传统美德,是炎黄子孙共有的精神财富,是活的传统文化,是民族精神的黏合剂。然而,随着社会经济的高速发展,人们对传统文化的认同感不再强烈,曾历经千年而不衰的文化积淀逐步流失,仪式感日渐淡化,有一些节日已经慢慢被人们淡忘,七夕节、重阳节就在情人节和圣诞节等西方节日的流行下渐渐被人们遗忘。甚至有一些节日,如寒食节、下元节,有些人可能从未听说过,更别提这些节日的来源与内涵。节日正演变为简单的假日,或是商家吸金的噱头。而传统节日渐行渐远,节日文化内涵大打折扣,这主要因为受西方文化的冲击和市场经济的影响,人们的生活方式和价值观发生了改变,所以以社会主义核心价值体系引领,构建传统节日文化体系任务非常紧迫。

以社会主义核心价值体系引领,深入挖掘、准确阐释传统节日文化内涵。传统节日蕴含的基本价值观念,千百年来一脉相承,构成了中华民族精神的内涵。所以,传统节日的文化内涵与整个中华民族的文化精神息息相关,是民族文化精神在日常生活与民俗层面的凸显。中国传统节日习俗多种多样，蕴含丰富的内涵和价值观。如春节的祭灶、扫尘、放鞭炮、贴春联、挂年画，端午的祭祀、划龙舟、悬艾叶菖蒲，清明节的踏青、插柳等，人们通过这些行为表达愿望、敬畏自然、亲近血缘、怀念祖先、体现价值观，这些内涵和价值观也是节日文化的重要支撑。弘扬传统节日，关键是要坚持以社会主义核心价值体系引领，深入挖掘、准确阐释传统节日的文化内涵，使广大民众了解传统节日的源流及所蕴含的民族精神，唤起国人参与节庆活动的热情，并形成守护共同精神家园的文化自觉，使中国传统节日成为展示和传播优秀民族文化的重要平台，成为弘扬和培育伟大民族精神的重要载体，成为满足人民群众精神文化生活需要的重要渠道。

要把社会主义核心价值体系融入国民教育中，发挥国民教育在文化传承创新中的基础性作用。一是传统文化要进课堂。长期以来，民族传统文化尤其是民间体育、传统节日和艺术文化得不到有效保护的重要原因，就是我们自己祖辈留下的东西往往被当成“下里巴”文化而被排斥在中小学体育课堂、美术课堂和音乐课堂之外。二是消除人为因素导致文化延续的断裂。这不能不说是一种悲哀。保护民族优秀传统文化，继承和弘扬传统节日文化，各级各类学校教育者责无旁贷。民族地区中小学也应改变因循守旧的教学思想，将本民族优秀传统文化引入课堂，让学生了解和认识本民族的文化和传统节日，积极主动地促进民族优秀传统文化的传承。

以社会主义核心价值体系引领传统节日文化体系的建立。建立传统节日文化体系是建设优秀传统文化传承体系的重要内容。所以要以社会主义核心价值体系引领传统节日文化体系的建立，唤起对亲人、家庭、故乡、祖国的感情；唤起对民族文化的记忆和对民族精神的认同；通过传统节日培育民族精神，并把延安精神、长征精神、雷锋精神、大庆精神、青藏铁路精神、抗洪抢险精神、抗震救灾精神、航空航天精神等同传统民族精神结合起来，融合民族文化的传统和革命文化的传统，塑造新时代的中华民族精神。在人们生活水平普遍提高、追求更高生活品位和多样化的精神愉悦方式的今天，传统节日也可以随时代不断发展，吐故纳新，赋予传统节日更多的现代意义和时代气息。目前，对现行法定节假日安排进行调整，增加传统节日为法定节假日是解决公众对传统节日淡漠的重要举措之一；而围绕传统节日的各类庆祝活动和商业活动形形色色，热闹非凡，这是一种良好的发展趋势。

四、社会主义核心价值体系引领农村特色文化发展

一方水土养一方文化。农村原生态式的传统特色文化历久而弥新,孕育着无穷的活力。以社会主义核心价值体系引领,加快农村特色文化发展,使农村文化发展既满足广大农民对实用性强、品质高的文化需求,又能体现鲜明的地方文化特色,这是当前农村文化建设的紧迫要求,也是农村公益性文化事业的重要内容。

(一)农村文化事业建设十分紧迫

近年来,随着新农村建设的快速推进,我国农村文化建设力度不断加大,文化设施逐步健全,农民自办文化发展迅速,农村文化建设呈现出良好的发展势头,农村文化服务体系建设也取得了明显成效。但从总体上看,农村文化建设与农民群众的精神需求仍不相适应,还存在诸多现实问题。一是重视不够。许多基层干部把主要精力用于征地拆迁、处理矛盾纠纷、发展经济等工作上;部分乡村干部认为文化建设没有经济效益,是软任务,不出政绩,无关大局,没有充分认识文化建设对和谐农村的促进作用。二是文化精品少。反映农村现实生活的文化作品不多,精品更是凤毛麟角;民间文艺团体稀少;文化“三下乡”的内容与农民贴得不紧,文化服务供给与农民对精神文化产品的需求不相称。三是阵地渐萎缩。乡镇文化站“一块牌子、一张桌子、一个章子”的现象较普遍,而农家书屋更是缺乏管理,形同虚设,难以真正惠及农民。四是引导待加强。农民群众文化生活方式单调,一些文化负面现象得以滋生,如陈规陋习、封建迷信、非法宗教活动等,影响社会和谐与稳定。另外,伴随着深刻的社会转型,市场经济发展、新旧伦理冲突、文化思潮激荡,社会发展节奏加快以及东西方文明碰撞交融,对广大农村带来强烈冲击,农民价值观正处在新旧交替、多元并存的状态,思想道德状况不同程度地出现了一些负面、消极的倾向:拜金主义、享乐主义和利己主义有所滋长;见利忘义、损公肥私和个人主义显现;传统伦理观念蜕变、是非标准混乱、社会道德失范现象增多等。这些都严重毒害着农村社会风气,影响农民群众理想信念的坚定和道德观念的坚守,影响乡村社会的发展与和谐。新形势、新情况、新问题迫切要求我们以社会主义核心价值体系引领农村文化建设,发展特色文化,使广大农民群众坚定理想信念,保持良好精神状态,形成共同推动科学发展、社会和谐的强大合力。

(二)用先进性引领农村文化

先进文化集中反映了一个国家、社会的核心价值观念。当今中国的先进文化就是中国特色的社会主义文化,是体现社会主义核心价值观念和时代精神的积极、健康、向上的文化。因此,面向农村的文化服务和文化设施必须注重特定的服务群体——农民实际,真正做到以“民”为本,思想上、感情上、内容上、形式上都要充分考虑农民的需求、各地的文化差异和农民的可接受程度。注意发挥先进文化的正面影响力量,消减农村消极文化的负面影响,支持健康文化,改造落后文化,抵制腐朽文化,为农村、农民营造健康文明的文化氛围。要通过各种渠道唱响社会主义文化主旋律,宣传爱国主义思想、弘扬民族精神、传播科学文化知识、普及优秀的文化艺术成果,达到开启蒙昧、增进知识、提高修养、陶冶情操、娱乐身心、促进生产、丰富生活的目的;做到润物细无声,让文化的精髓和力量悄然溶解到农民生活中去,使农民在潜移默化中熏染心灵,提高素质。

(三)用特色打造农村特色文化品牌

特色文化是农村大地的精神营养。农村公益性文化事业建设应该以社会主义核心价值体系引领,在挖掘农村传统文化特色和打造特色文化品牌上做文章,将乡土民间特有的传统文化元素加以开发和利用,培育和形成与现代时尚相互补的特色文化品牌。如挖掘、整理传统表演艺术、民俗活动、礼仪节庆、传统手工艺技能等,使这些“特”色珍品焕发新彩;发展以历史文化遗产、人文自然资源为基础的文化事业,因地制宜地培育一批文化名镇、名村、名园、名品,实施特色文化品牌战略。这样,既可以保证传统特色文化自身的生命力,又激发了地方经济的内在活力。因地制宜发展农村特色文化,注重挖掘当地资源,使广大农民天天与文化相约,满足他们“求富、求知、求乐、求美”的时代需求。变“送文化”为“种文化”,并发挥农民主体作用,变“等文化”为自己动手“办文化”,致力于塑造地域特色鲜明、文化底蕴浓厚的地域特色文化,潜移默化地改变农民传统的生产生活方式,引领文明乡风。

(四)用农家书屋提升农村居民思想文化素质

以抓农家书屋建设为契机,推动农村文化建设,提高农民文化素质。让农村居民从麻将桌上来到农家书屋看书读报甚至学电脑,使农家书屋成为农村居民的“文化粮仓”。农家书屋内容以农村实用技术为主,涵盖政治、经济、法律、农业、科技、历史、文化、教育、医学、音乐、文艺、生活百科等方面的知识和技术。各级部门应针对不同年龄段的人群提供不同的书籍。比如:针对具有手工技艺的农村妇女,应提供本地文化特色的书籍如鞋垫图案类书、香包刺绣类书籍;针对青少年儿童,应提供有利于青少年成长的各种学习书籍及影像资料;对农业种植、科技推广感兴趣的农民,应提供农村实用技术相关类书籍等。地方广播电视和新闻出版局等还可以组织开展“农民读书节”活动,通过向农民朋友推荐好书等形式,有针对性地引导农民读书。充分发挥书屋的社会效益,使农家书屋成为普及法律、播撒文明、传播科技、帮民致富的好帮手。

(五)用特色文化活动丰富农民的精神文化生活

人的思想文化素质是城市与农村最主要的差别,构建和谐社会,必须大力加强农村文化建设,全面提高农村居民的思想文化素质。因此,农村文化建设要以社会主义核心价值体系引领,突出“文化塑人”的理念。要坚持既“授人以鱼”,更“授人以渔”,围绕农民群众文化生活多样化、多层次的需求,将文化下乡与农村特色文化结合起来,让下乡的文化真正融入农村生活。围绕农村集市、广场、庙会等农民文化活动的地方,开展有助于提高农民身心健康的各项活动以及针对不同人群的各类健身活动;围绕节庆日大力开展农村文化活动,如春节、元宵、端午等节庆日组织农民群众喜好的各类公益性文化活动;围绕地方特色开展民间民俗活动,充分调动农民自办文化的积极性,鼓励农村的文化能人、艺人、热心人等各种文化活动主体积极投身于农村文化事业,多创建唢呐队、秧歌队、社火队等自发性文化团队,同时多组织一些富有乡土味的节目如地方戏、秧歌、民歌等演出以及手工技艺大赛,让农民演戏,演农民戏,为农民演戏,使农民群众真正成为文化活动的参与主体;建设和管理好文化场所,不断开发文化娱乐服务项目,使娱乐场所成为低消费、高品位、群众参与性强、自娱自乐的文化场所。

第三节 推进文化体制改革 增强文化事业发展活力

改革创新的时代精神,是社会主义核心价值体系的重要内容。文化引领时代风气之先,是最需要创新的领域。改革创新是增强文化事业活力的不竭动力。必须坚持社会主义核心价值体系引领,以改革创新的精神,加快推进文化体制改革,建立健全党委领导、政府管理、行业自律、社会监督、企事业单位依法运营的文化管理体制和富有活力的文化市场主体,发挥市场在文化资源配置中的积极作用，为文化事业繁荣发展提供强大动力。

一、改革创新是文化事业发展的动力

党的十七届六中全会对新形势下推进文化改革发展作出全面部署，提出一系列新任务新举措新要求。全会明确提出“以科学发展为主题、以建设社会主义核心价值体系为根本任务、以满足人民精神文化需求为出发点和落脚点、以改革创新为动力”。改革创新是社会主义核心价值体系的重要内容，文化体制改革也是文化体制的创新，它是指人们在文化行业和文化领域按照某种价值观有计划地改变与原有技术环境相配备的旧的制度安排，建立与现有技术环境相配备的新的制度体系，通过建立新的行为规则确立起新的利益关系、新的激励方式和新的组合方式。通过推进文化体制改革创新，为文化事业发展提供动力。

（一）文化体制改革创新是解放和发展文化生产力的根本途径

文化生产力是社会生产力的重要组成部分。“文化生产力”是马克思主义理论体系中的一个重要概念。马克思曾经在《资本论》手稿中指出，人类生产劳动的社会分工首先是人的体力劳动和脑力劳动的分工。这种分工造就了物质生产领域和精神生产领域的分离，于是社会生产分化为物质生产和精神生产。在物质生产中创造物质产品的能力，形成了物质生产力；在精神生产中创造精神产品的能力，形成了精神生产力，也就是文化生产力。文化生产力是生产文化产品和提供文化服务的能力。在现代社会化大生产中，文化生产力以各种方式充分体现在生产过程中，成为直接的生产力。文化生产力是综合国力的重要组成部分，因此，在大力发展物质生产力的同时，必须解放和发展文化生产力。

解放和发展文化生产力必须通过文化体制改革。文化生产力与文化体制之间存在一个适应与制约的问题。文化体制适应文化生产力的水平，便会促进其发展。反之，则会形成不应有的束缚，使其停滞以至于倒退。进行文化体制改革的目的，是改变文化生产领域的生产关系不适应文化生产力发展的方面，进一步革除制约文化生产力发展的体制性障碍，满足人民群众的精神文化需求。深化文化体制改革，既可以极大地解放和发展文化生产力，也可以更好地推动社会主义文化大发展大繁荣。就我国目前的社会发展现状而言，解放和发展文化生产力显得尤为突出和迫切。通过文化体制改革解放和发展文化生产力是建设社会主义先进文化，满足人民群众日益增长的精神文化需求的必然要求，也是解决当前我国文化建设困境的迫切需要。

（二）文化体制改革创新是解决文化事业建设存在问题的根本举措

我国在计划经济时期形成的文化体制，在一个时期内对于确立马克思主义在文化领域的指导地位、消除封建思想残余的影响起到了重要作用，推动了我国社会主义文化建设，创造出一大批群众喜闻乐见的高水平文化产品，丰富了人们的精神文化生活。然而，我国传统的文化体制是在新中国成立初期形成的，受计划经济体制的束缚。随着全球化的不断深入和市场经济的不断发展，文化建设所依赖的时代背景、物质基础、社会环境、传播条件等都发生了深刻变化，这种文化体制在运行过程中出现了许多新情况新问题。主要表现在：首先，国有资本单一投资主体、政企不分、政事不分、条块分割、城乡二元结构等弊端，导致文化资源配置效率低、文化产品和服务供给不足。其次，管理职能交叉，文化资源分散，且绝大多数集中在现有文化事业单位，公共服务效能难以集中显现。再次，公共文化服务机构的成分过于单一，公有文化事业单位占绝大多数，社会性的公共文化服务组织发育严重不足。与此同时，公共文化服务领域的社会经济政策不完备，难以吸引社会力量，进而难以形成现代公共文化服务的多元主体。此外，缺少有效的激励机制，广大公共文化服务者的积极性还没有完全被调动起来，公共文化领域的制度建设也相对落后。可见，原有的文化体制与文化生产力发展的状况不相适应，与我国经济社会的高速发展不相适应，与广大人民群众日益增长的多样化文化需求不相适应。要改变这种状况，出路只有改革创新。

（三）以改革创新精神不断推进文化体制改革

人类文化演进发展的历史，就是一部在继承基础上不断改革创新的历史。我国文化体制改革的过程实际上是一个制度变迁的过程，也是改革创新的过程。中国共产党自成立之日起，就不断以思想文化新觉醒、理论创造新成果、文化建设新成就来推进中国先进文化的发展。改革开放以来特别是党的十六大以来，我们党坚持改革创新，在科学发展观指引下形成了新的文化发展理念，走出了中国特色社会主义文化发展道路。

十一届三中全会到十六大的文化体制变革尚处在初级阶段。改革开放以后，随着中国的经济发展逐步走上了市场化轨道，文化体制也逐步展开，文化管理模式也体现为由计划向市场经济过渡的管理模式。但总体而言，一直到十六大之前，我国文化体制改革的动力主要来自外部的压力而非主动的推进，改革举措往往肇始于基层而后为决策层认可，全行业的改革规划、综合配套的改革举措和深层次矛盾的解决，尚未破题。此外，改革发展中也出现诸多新问题，如“事业单位,企业经营”中的事企职能边界不清、事业企业好处两头占问题,集团化建设中的行政捏合问题,传媒竞争中的过度市场化问题,公共产品短缺问题等等,迫切需要以新思路、新举措开创新局面、实现新突破。

2002年十六大以来我国文化体制改革创新的步伐明显加快。2002年11月,党的十六大作出深化文化体制改革,发展文化事业文化产业的战略部署,我国新一轮的文化体制改革正式启动。中央先后出台了《关于深化文化体制改革的若干意见》、《文化体制改革中经营性文化事业单位转制为企业的规定》、《文化产业振兴规划》、《国家十二五文化改革与发展规划纲要》等一系列重要的政策法规文件,提出具体的指导意见和办法措施。文化体制改革的目的、意义、主要任务和实施重点更加明确。文化体制改革的理论创新取得重大成果,文化事业改革实践取得重大突破。

实践证明,哪里有改革创新,哪里就有繁荣发展的局面。改革创新是动力,改革创新出活力,改革开放特别是党的十六大以来,我们党坚持推进文化体制改革,创新文化发展理念,解放和发展文化生产力,发扬广大人民群众和文化工作者的创造精神,兴起了社会主义文化建设的热潮,覆盖城乡的基本公共文化服务体系基本建成,文化产业多年来的年均增速都大大超过同期GDP的增幅,开创了中国特色社会主义文化建设新局面。具体来说,主要取得以下成效。一是国有文艺院团体制改革取得新的突破。到2010年年底,全国有461家国有院团已完成或正在进行转企改制,并组建了46家演艺集团公司。二是公益性文化事业单位内部机制改革不断深化。全国各地的公共博物馆、图书馆、文化馆等事业单位,都先后实行了人事、分配、社保等方面的改革,不同程度地建立了绩效考核评价机制,使工作效率不断提高、服务水平不断改善、运营成本逐步下降。三是文化部机关和直属单位改革不断推进。政府职能进一步转换,政策调节、市场监管、社会管理和公共服务的能力显著增强。四是文化市场综合执法改革成果不断扩大。十来个省市全面完成文化市场综合执法改革任务,84%的副省级城市和地级市组建了综合执法机构。五是国有文化资产管理体制进一步完善,设立国有文化企业资产管理机构,管人、管事、管资产有机统一,确保国有文化资产保值增值。

进一步深化文化体制改革,仍然需要以改革创新为动力。当前,文化体制改革已进入攻坚克难的关键阶段,许多深层次的矛盾和问题需要着力破解。主要问题表现在:文化事业单位改革受制于事业单位改革;文化事业单位改革内在动力不足；文化事业单位改革的整体思路尚有待完善。“改到深处是产权，改到难处是人员。”改革之后文化事业单位的定位、性质、功能、内涵、管理体制、运行机制、效率与公平的评价体系以及人员的身份、待遇等一系列问题，是目前文化事业单位改革中遭遇重重障碍的主要原因。随着改革的不断深入，改革的艰巨性和复杂性也越来越突显。因此，必须按照全会确定的目标任务，加大力度、突出重点、全面推进，建立健全充满活力、富有效率、更加开放、有利于文化科学发展的体制机制。必须在把握时代脉搏、反映时代精神、贴近现实生活、引领人民思想中推进文化创新，使我们的文化始终赢得人民，始终成为社会进步的先导。

以改革创新为动力进一步深化文化体制改革，解放思想、转变观念是前提。必须坚持解放思想、实事求是、与时俱进，自觉地把思想认识从不符合文化科学发展的思想观念和思维定式的桎梏中解放出来，从不符合文化科学发展的做法和规定的限制中解放出来，从不符合文化科学发展的传统体制的束缚中解放出来，把改革创新贯穿于文化建设的各个方面。改革开放以来，我国的经济体制改革之所以不断深入、不断取得伟大成就，就是解放思想、转变观念、不断创新的结果。文化体制改革也同样要走创新之路。当前，我国人民群众的精神文化需求日益增长和多样化，中外文化交流与碰撞越来越频繁，社会主义市场经济体制向纵深发展，高新技术在文化领域迅猛发展和广泛应用……新的形势迫切要求我们转变旧的体制机制，进一步推动文化发展焕发青春活力与勃勃生机。江苏凤凰出版集团、北京儿童艺术剧院股份有限公司、遵义川剧团等等，都是近年来文化体制改革的先行者和受益者。这些在文化、出版、广电等领域涌现出来的体制活、竞争力强的文化单位，走出了一条改革创新的成功之路。实践告诉我们，只要遵循新形势下的文化发展规律，在总结经验中改革创新管理体制和运营机制，一定能推进文化事业、文化产业快速发展。

以改革创新为动力进一步深化文化体制改革，推进文化创新是重点和难点。文化创新包括文化的体制创新、机制创新、内容创新、形式创新、传播方式创新、科技创新，切实增强文化发展的生机和活力。深化文化体制改革，解决制约文化发展的深层次矛盾和问题，体制、机制创新是关键。内容、形式是基础，必须准确把握社会文化生活的新特点和人民群众的新期待，内容上和形式上进行积极探索和大胆创造，努力增强文化产品的表现力，不断创造新的文化样式，催生新的文化业态。传播方式、科技是手段，文化的影响力不仅取决于文化内涵魅力的大小，而且取决于其传播手段的强弱，我们要着眼提高文化传播能力，大力推进传播方式创新。科学技术对于提高文化生产和传播效率具有决定性意义，推动科技创新，也是推动文化发展繁荣，增强文化影响力、提高文化软实力的必要条件和必然要求。

以改革创新为动力进一步深化文化体制改革，增强改革的针对性有效性是手段。深化文化体制改革，必须以体制机制创新为重点，紧紧围绕重塑市场主体、完善市场体系、改善宏观管理、转变政府职能等关键环节，解决主要矛盾，破解改革难题，努力形成科学有效的宏观管理体制和富有效率的微观运行机制，实现加强宏观管理与增强微观活力的有机结合，增强改革的针对性有效性。首先，要深化国有文化单位改革，对公益性文化事业和经营性文化产业采取不同的改革路径。对国有经营性文化单位，要“创新体制、转换机制、面向市场、壮大实力”，核心是紧紧抓住转企改制这个中心环节，重塑文化市场主体，推动国有经营性文化单位从行政附属物转变为自主经营、自我发展、自我创新、依法运营的文化产品生产经营者。其次，盘活国有文化资产，打造有实力、有竞争力和影响力的国有或国有控股的文化企业和企业集团，使之成为文化市场的主导力量和文化产业的战略投资者。对公益性文化单位，要“增加投入、转换机制、增强活力、改善服务”，足额保证经费，单位自己不搞创收，同时要转换内部机制，深化劳动人事制度等改革，不断增强活力，提高服务群众的能力和水平，最大限度地发挥社会效益。再次，要深化文化行政体制改革，加快政府职能转变，理顺政府和文化企事业单位的关系，不断提高文化建设法制化、规范化、制度化水平。

二、社会主义核心价值体系引领文化体制改革的正确方向

坚持什么样的文化方向，是深化文化体制改革、推动文化大发展大繁荣的关键。文化体制改革的正确方向，关系到党和国家工作大局，关系到国家文化安全和社会政治稳定，关系到中国特色社会主义的前途和命运。深化文化体制改革，最根本的一条，就是改革的方向不能变，正确的导向不能变。要始终坚持社会主义核心价值体系引领，充分发挥文化引领风尚、教育人民、服务社会、推动发展的功能，为中国特色社会主义事业和实现中华民族的伟大复兴提供可靠的思想保证、精神动力和舆论支持。在文化体制改革中始终做到前进方向不迷失，领导权力不丢失，价值观念不丧失，文化阵地不消失，国有资产不流失，职工利益不损失。

（一）文化体制改革的正确方向关系社会主义文化事业发展的战略全局

文化的繁荣和发展，始终需要与之相适应的文化体制作保障。由于社会主义文化建设是一个与时俱进的过程，因而决定了文化体制必须不断地进行改革。要改革，就有一个朝什么方向改的问题。在当代中国，发展社会主义先进文化，就是要在坚持为人民服务、为社会主义服务"二为"方向的基本前提下，大力发展面向现代化、面向世界、面向未来的，民族的科学的大众的先进文化。社会主义核心价值体系作为社会主义先进文化的灵魂，既是我国社会主义文化不可动摇的前进方向，也是文化体制改革必须始终坚持的正确方向。能否坚持这个正确方向，不仅关系到文化体制改革本身的成败，而且关系到社会主义文化事业的发展前途。

在新的历史条件下，坚持文化体制改革的正确方向，显得尤为紧迫。一方面，这是由复杂的国际背景和国内环境决定的。国际上，世界范围内各种思想文化相互激荡的趋势迅猛发展，这既有利于我国对外进行思想文化交流，同时也增加了西方敌对势力对我国进行思想文化渗透的现实危险性；从国内来看，随着社会主义市场经济的发展，社会经济成分、组织形式、就业方式、利益关系和分配方式日益多样化，人们思想文化活动的独立性、选择性、多变性和差异性进一步增强，这既给文化建设注入了生机和活力，同时也使种种不健康的思想文化的滋生成为可能。在这种情况下，文化体制改革只有坚持社会主义核心价值体系的正确方向，才能既保证我国社会主义文化的根本性质，又保证社会主义文化不断强化先进性和优越性；既保证广泛吸纳当今世界一切优秀文化成果，又保证有效抵御西方文化霸权主义和文化殖民主义的影响侵蚀。另一方面，这也是由我国文化体制的现实状况决定的。要看到，在我国现有的文化体制内部，既有推动文化发展、促进文化繁荣的积极因素，也有阻滞文化进步、窒息文化活力的消极因素。在积极因素和消极因素并存的情况下，坚持文化体制改革的正确方向具有特殊的重要意义。只有坚持文化体制改革的正确方向，才能从根本上抑制和剔除消极因素，发展和壮大积极因素，不断扩展文化体制的"闪光点"，增创文化体制的新优势，从而也才能为社会主义文化的繁荣发展提供愈加优越的制度保障。

（二）坚持党对文化的领导权是坚持文化体制改革正确方向的政治保证

中国共产党的执政能力包括发展社会主义先进文化的能力。敌对势力对我国实施西化、分化的战略图谋没有改变，我国的政治体制、经济体制、文化体制等还不健全，绝不能放松党对文化发展的领导权，这是坚持文化体制改革正确方向的政治保证。各级党委和政府要进一步加大对改革发展工作的组织领导力度，把文化体制改革和文化建设摆在全局工作的重要位置，纳入经济社会发展总体规划，纳入科学发展考核评价体系，坚持一手抓繁荣、一手抓管理，牢牢把握文化发展主动权。要不断健全文化建设和文化体制改革的领导体制和工作机制，不断深入研究文化发展的特点和规律，不断完善和落实改革与发展的配套政策，不断加强文化领导班子建设和人才队伍建设，不断增强求真务实的工作作风，大力推进文化体制改革组织领导工作的法制化、规范化、制度化、科学化，不断提高推动文化科学发展的能力。

（三）不断满足最广大人民群众的精神文化需求是坚持文化体制改革正确方向的价值归宿

文化体制改革的根本目的是多出精品、多出人才、多出效益，改革成果最终要体现到优秀精神文化产品的不断涌现上，体现到人民群众精神文化需求的不断满足上，体现到社会主义先进文化的不断壮大上。社会主义先进文化，是以人民为主体的文化，是直接服务人民大众的文化。从价值观的角度来讲，坚持文化体制改革的正确方向，就是要以满足人民群众的精神文化需求为基本归宿。因此，文化体制改革中，要全面贯彻“二为”方向和“双百”方针，坚持以人民为中心的创作导向，紧紧抓住社会主义核心价值体系这个先进文化的灵魂，坚持内容为王、创意优先，赋予文化作品更加丰富、更加深刻的思想内涵，唱响在中国共产党领导下、走中国特色社会主义道路、实现中华民族伟大复兴的时代最强音，最大限度地发挥文化引导社会、教育人民、推动发展的重要功能，最大限度地满足人民群众多样化多层次多方面的精神文化需求。

（四）着眼实现社会效益和经济效益的统一是坚持文化体制改革正确方向的内在要求

我国社会主义文化所追求的效益，包括社会效益和经济效益两个方面。追求社会效益，是社会主义文化坚持根本性质、发挥社会价值功能的内在要求；讲求经济效益，是社会主义文化更好地走向市场、不断壮大自身实力的内在要求。文化的社会效益和经济效益是相辅相成的：社会效益是经济效益的重要前提。正确把握二者关系，处理好社会效益与经济效益的关系，是文化建设沿着正确方向前进的关键。在文化建设中，任何时候社会效益都是第一位的。深化文化体制改革，也必须始终把社会效益摆在首位，努力实现社会效益和经济效益的有机统一，努力宣传科学真理、传播先进文化、塑造美好心灵、弘扬社会正气、倡导科学精神。

（五）积极推进文化发展方式转变是坚持文化体制改革正确方向的时代要求

转变发展方式，不仅是经济领域的问题，文化领域同样也需要通过转变发展方式获得新的发展动力和增长空间。推进文化发展方式转变，是坚持文化体制改革正确方向的时代要求。必须坚持公益性、基本性、均等性、便利性，进一步推动公共文化服务向广覆盖、高效能转变。要坚持以政府为主导，以公共财政为支撑，以基层特别是农村为重点，加大投入力度，创新运行机制，加快公共文化基础设施建设，不断提高公共文化服务的质量和水平。推进文化发展方式转变，必须坚持结构好、布局好、效益好、可持续，进一步推动文化产业向规模化、集约化、专业化转变。推进文化发展方式转变，必须坚持发挥市场机制的积极作用，进一步推动文化市场体系向统一开放竞争有序转变。必须充分发挥市场在国家宏观调控下对文化资源配置的基础性作用，打破条块分割、地区封锁、城乡分离的市场格局，努力构建统一开放竞争有序的现代文化市场体系，为加快文化发展提供良好的市场环境。推进文化发展方式转变，必须坚持文化与科技相融合，增强自主创新能力，进一步推动文化发展向更多依靠科技进步转变。

三、社会主义核心价值体系引领合格市场主体的培育

培育合格的文化市场主体是文化体制改革的中心环节，也是衡量改革是否取得实质性进展的重要标志。因此，《决定》中提出：要以建立现代企业制度为重点，加快推进经营性文化单位改革，培育合格市场主体。要繁荣文化事业，壮大文化产业，必须先培育文化市场主体。努力培育合格的文化市场主体也是当前文化体制改革的重要内容。文化市场主体既具有市场属性，更具有意识形态属性，要培育合格的文化市场主体，必须坚持社会主义核心价值体系引领，在深化文化体制改革中提高文化市场主体的社会责任意识和法制意识，提高文化企业的竞争力。

（一）市场主体与文化市场主体

市场主体是指在市场上从事生产和交换活动，享有权利和承担义务的组织和个人，包括自然人和法人。但是，在所有参与经济活动的主体中，企业是最重要的市场主体，是市场中最活跃的因素。所谓合格市场主体，是指与市场经济的运行和发展相适应的市场活动的发起者、参与者。就企业而言，要成为合格的市场主体至少应具备如下条件：拥有与市场运行紧密相关的自身利益，有效发挥市

场在社会资源配置中的基础性作用；拥有生产经营自主权，能够根据市场信号的变化来调整自身行为；熟悉市场规律，树立为消费者服务、为社会服务的现代市场观念；具有不断创新能力，在满足消费者迅速变化的需求中不断提高自身竞争力；具有自我约束能力，保证决策高效、合理、科学。

文化市场主体是指从事文化商品生产、经营，面向市场、自主经营、自负盈亏、独立承担民事责任和民事义务的组织和个人。目前主要包括三大文化市场主体：公益性文化单位，其主要是公共文化服务主体；经营性文化单位，其主要是文化市场主体；人民群众，是文化建设的改革主体、发展主体、创造主体、表现主体。其中，文化单位或文化企业是文化繁荣发展的主体，是文化体制机制改革创新的主体。

（二）文化市场主体的两重性决定了其必须坚守主流价值阵地

文化市场主体既具有一般市场主体的特征，同时也具有其自己的特殊性，即具有“经济人”和“社会人”的双重人格。从一般意义上说，文化企业和其他企业并没有本质上的区别，应当拥有明晰和独立的产权、受到法律的有效保护，能够根据市场信息的变化自主决策，对自己的决策和行为负民事责任，并按照现代企业制度和现代产权制度的要求，做到“产权清晰、权责明确”。因此，我国要培育的文化市场主体从本质上也是市场主体，具有市场属性，即具有和一般市场主体相同的基本性质和主要条件。但是，文化市场主体更具有不同于一般市场主体的本质规定性。首先，文化产品具有鲜明的意识形态属性。一台机器、一包面粉并不反映生产者的价值观，而一部电影、一本书籍则深刻地反映了创作者对生活的价值取向；其次，生产文化产品的企业不以追求利润最大化为目的，而是坚持社会效益与经济效益的有机结合，而且社会效益比经济效益更加重要；再次，文化企业具有鲜明的制度特征，具有强烈的意识形态导向。因此，作为文化市场主体，就必须坚守主流价值阵地，始终牢牢把握社会主义先进文化的前进方向，始终把社会效益放在首位，创作、生产和经营的产品必须具有符合时代要求的思想性、高超的艺术性和为人民群众喜闻乐见的观赏性，注重文化产品品位的提高和大众鉴赏趋向的引导。

（三）培育合格文化市场主体具有迫切性

十七大以来，我国按照中央关于文化体制改革的要求和部署，大力推进国有文艺院团体制改革，推进文化系统经营性文化事业单位转企改制工作，培育了许多合格的文化市场主体，取得了良好的社会效益和经济效益。但是，在培育文化市场主体过程中也存在以下困难和问题，迫切需要在深化文化体制改革中解决。首先，文化市场主体的竞争力不强。当前仍有一部分国有、集体经营类文化单位没有完成现代企业制度的创建，难以真正转型为市场竞争主体。部门垄断和趋于封锁现象比较严重，统一开放、竞争有序、覆盖全国的市场体系还不完善。市场机制对文化资源的基础性配置作用未得到充分发挥，产业化程度还很低。尚未形成辐射力广、带动力强的“旗舰”企业和影响力大、吸引力强的知名文化品牌。其次，文化产业与文化事业的主体责任不清。目前，我国的许多文化企业大多是政府的下属机构，少有或没有自主权，是政府意图的忠实履行者，政府政策的严格执行者，名为文化企业而实质是政府的办事机构。例如许多文化厅、文化局、宣传部下属的网络公司、传媒公司、报业集团等，都不是真正意义上的产业主体。再次，文化市场主体效益低下。国有文化单位普遍效益低下、投资回报率普遍较低，其根本原因是没有按照市场化规律来运作企业。我国目前投资的许多政府文化产业项目也大多收益低下。另外，文化企业管理水平有待进一步提高。

(四)培育合格文化市场主体的重要途径

公益性文化单位内部改革、经营性文化单位转企改制是培育合格市场主体的重要途径。文化市场主体是文化产业的承载者。与其他产业相比，文化产业有特殊的责任。这责任不仅包括一般企业需要遵循的劳动者权益、环境保护等，更包括推进整个社会精神文明建设、传承优秀文化的责任，直接关系到公民素质的全面提高，关系到整个社会价值观、道德观的建设培养。因此，要打造合格的市场主体，首先要坚持文化产业以公有制为主体并使其在多元化的所有制结构中占据主体地位，要重点培育和发展一批实力雄厚的国有或国有控股大型文化企业和企业集团，使之成为文化市场的主导力量和文化产业的战略投资者，充分发挥国有文化资本的控制力、影响力和带动力，从而保证文化产品的思想性。同时，对公益性文化单位，按照“责任明确，行为规范，富有效率，服务优良”原则进行改革，重点是改革人事、劳动、分配制度，健全考核、激励、约束机制，增强服务能力，使之成为公共文化服务主体。另外，要加快打造合格的市场主体，还必须着力推动现有经营性文化单位转企改制，这是文化体制改革的重要环节。要以发展为主题，以改革创新为动力，在体制上大胆突破，在机制上放开搞活，建立起适应社会主义市场经济发展要求、符合社会主义精神文明建设特点和规律的文化管理体制和运行机制；要坚持政企分开、管办分离，推动传统的经营性文化事业单位走向市场，自主经营、自负盈亏、自我发展、自我约束。要在政府的引导下，按市场化运作的规律推动优化整合，通过改革和优化整合重塑市场主体，完善法人治理结构，让企业真正成为市场主体和独立法人，从而调动文化单位及其从业人员的积极性，激发发展活力和创造力，出成果、出品牌、出人才，推动文化大发展。

（五）培育文化市场主体的社会责任意识和法律意识

市场主体的社会责任意识和法律意识是提高企业竞争力的构成要素，也是维护文化市场正常运行的重要条件，更是创作和生产高质量文化产品的有力支撑。但是，文化事业单位转制后，有些因追求市场利益而忽视文化产业的社会效益，有些把文化生产简单地当作赢利的工具。因此，在文化体制改革中，文化企业要自觉地树立起责任意识和法制意识，确保文化产品创作和生产的正确方向。

树立责任意识，担负社会使命。文化企业生产的是文化产品，文化产品具有物的属性，它既有商品的使用价值，也有精神产品的属性。报纸、杂志和图书，包括动漫产品，它们可以交换、买卖，在市场上获得利润，同时它们也是精神文化产品，在传承中华文明方面具有不可忽视的作用。目前，就图书出版而言，粗制滥造的现象依然存在，一些出版商热衷于炒作一些低俗搞笑的娱乐文化、传播一些野史和名人隐私，迎合低级趣味，特别是少数少儿书商还在出版一些带有暴力和色情的文化垃圾，这就是以利益取代一切，把文化传播看成简单的市场利益获得。文化产品传播不是单一的信息传播，不是一般商品的流动，而是价值的传播、思想的传播，因此，文化企业只有树立起责任意识，有社会担当的使命感，才能以优秀的文化产品塑造人、启迪人、熏陶人、鼓舞人。

增强法制意识，坚守道德底线。当前文化体制改革力度大，影响深远，对文化企业内部的盘活可以说是空前的，在转型时期必然出现一些问题，尤其是相关法律法规还需要配套完善，特别是文化产品生产的监管制度还需要健全。但文化事业单位转企后，法制意识不可淡薄，文化产品的生产不可出粗品、次品，更不能出“毒品”。比如，出版社不要钻法律空子，变相买卖书号；期刊不要变相卖刊，把精神文化产品传播的阵地丢失。此外，出版社和网络媒体等文化企业还要尊重知识产权，尊重文化产品创造者和消费者的合法权益。因此，文化企业只有增强法制意识，坚守道德底线，加强自律，实行自我监督，合法经营，才能够保证文化市场运行的规范、公平，才能够生产出有益于消费者身心健康的文化产品。

四、改革创新增强文化事业发展活力的实证分析

改革创新推进文化体制改革，极大地增强了文化事业发展活力。近年来，山西省在这方面作出了卓有成效的探索，积累了丰富的经验，使文化事业的发展呈现出勃勃生机。

（一）山西文化体制改革的进程和成效

山西，被誉为华夏文明"主题公园"、文化资源大省，但多年以来，始终身陷"文化大省"却非"文化强省"的尴尬境地。要扭转这种局面，文化体制改革势在必行！2009年以来，山西省省委、省政府对文化体制改革高度重视、统筹兼顾、分类指导、四轮驱动、整体推进、攻坚克难，按照中央确定的时间表、路线图和任务书，把改革向纵深整体推进，三年任务两年完成，工作进度走在全国前列，跻身于全国文化体制改革第一方阵。2009年，山西省省委、省政府借全国文化体制改革之机，制定了大制作表现、大集团运作、大景点支撑、大会展集聚、大服务引领的文化产业改革与发展"五大战略"，将文化产业列入山西的十大支柱产业之一。通过密集调研走访，广泛学习借鉴，并结合山西省实际推出领导决策、政策保障、舆论造势、督导检查"四轮驱动"办法，使改革在全省快速、稳步地向纵深推进。太原、晋城两市是全省文化体制改革的排头兵。两市率先制定出台了一系列改革配套政策文件，在国有文艺院团改革方面，坚持"划转一个、合并一个、保留一个、核销一个""四管齐下"的办法，使国有文艺院团逐渐成为合格的市场主体。2009年一年间，山西省连续出台了《关于深化文化体制改革的实施意见》等6个政策性文件。这些配套文件既体现中央要求，又切合山西省实际，确保文化体制改革沿着正确的方向稳步推进。这些文件对转制前已离休人员、退休人员，对转制前工作年限满30年的也都做了详细的规定，尽可能保护职工切身利益，极大地调动了广大职工参与改革的积极性。在改革实践中，山西省探索并实施了"以一带三"战略，以组建文广新局为龙头，使电影、电视合二为一，电台、电视台合二为一，大大加快了改革步伐。2010年，新一轮"冲锋号"吹响，山西省文化体制改革继续向纵深挺进。2011年4月25日，省属五大文化企业集团正式挂牌成立，标志着山西省文化产业驶入集约化、规模化、专业化发展的快车道。

通过文化体制改革，山西的文化生产力得到空前释放，呈现出一派喜人景象：文化产业迅速成长，文化企业不断壮大，产业园区蓬勃发展，文化产品层出不穷，艺术精品异彩纷呈。精品创作，实现了山西的文化资源与文化市场的有效对

接。在推动自身转型发展的同时，主动打造文艺精品，唱响文化建设主旋律，已成为山西文艺院团的自觉选择。例如，舞剧《一把酸枣》“洒遍”世界舞台，话剧《立秋》被誉为“新世纪中国话剧的里程碑”，中国首部说唱剧《解放》全新讴歌民族解放，《粉墨春秋》戏舞融合、粉墨登场。晋剧《大红灯笼》、上党梆子《西沟女儿》、北路梆子《黄河管子声》台台叫好又叫座。舞台剧盛演不衰，荧屏银幕更不甘落后。热播剧《乔家大院》《走西口》让世人了解了曾经辉煌灿烂的晋商文化，电影《赵氏孤儿》、《关云长》、《浴血雁门关》等均有不俗票房。

（二）话剧《立秋》增强文化事业发展活力的启示

山西省话剧院创作演出的话剧《立秋》自从2004年4月27日首演以来，足迹踏遍了祖国的大江南北，跨越了海峡两岸。到2011年10月20日，《立秋》在北京长安大戏院已经上演了600场；再截止到2012年4月25日，在长安大学渭水校区朝晖大学生活动中心大礼堂，《立秋》进行了第610场演出。在8年时间里，《立秋》走进了全国包括台北在内的100多个城市，观众达到70万人次，演出收入突破千万元。其展演行程之长，连续演出场次之多，受众面之大，覆盖地域之广，创造了近年来中国话剧界演出的奇迹。《立秋》深深打动和感染着各个年龄层次的观众，创下了近年来中国话剧界演出的奇迹，获得了全国所有重大奖项“大满贯”，被誉为“新世纪中国话剧的里程碑”。这出戏也使濒临倒闭的山西省话剧团绝处逢生，迎来了勃勃生机。

话剧《立秋》讲述的是20世纪初以山西丰德票号为代表的晋商，讲述了曾经辉煌一时的丰德票号，在民国初年时面临生死存亡的考验，如何在内外交困（当时对外面临国破的危险，对内面临“外资企业”对民族企业经营的威胁与民族企业自身经营困难重重的威胁）之际，维护家族祖上几百年来以诚信为本的珍贵商誉；如何在国运衰微、自身经营困难重重的形势下，面临生死存亡考验仍坚持中国商人的祖训的传统故事。那么，《立秋》何以能感动当代观众，从而创造出多年来少有的剧场效应？这给话剧事业，也给其他文化事业的改革与发展带来许多深刻的启示。

主题厚重，寓意深远。《立秋》是我国新时期集思想性、艺术性、观赏性为一体的一部具有里程碑意义的现实主义题材话剧，是一部集文化价值、艺术价值和商业价值于一体的反映主旋律的力作。《立秋》打破了以往影视戏剧作品仅以歌颂晋商创业的辉煌为创作主旨，而是具有了明显的反思性、批判性，较为客观公正地对晋商兴衰的历史原因进行清醒的反思，同时又对其传统精神加以肯定。

另外，这一话剧以“立秋”而命名，有其丰富的内涵和寓意。“立秋”首先是一个时间概念，是自然气候由热转凉的一个转折点。在这里，它关联着历史兴衰，寓意着晋商由繁盛转向没落的深层含义。“立秋”在山西人的风俗中，是个祭祖的日子，这又涉及祖宗与后代、传统与现代的历史对话，而剧情的发展与此息息相关。

体现浓郁的地方文化特色，又关注当代社会现实。《立秋》反映的是晋商故事，那么山西的大院文化就是这部戏叙事的大环境。整个话剧在舞台、灯光、音乐以及台词上都表现了浓郁的山西风味，为观众展开了一幅山西民俗风情的画卷。《立秋》没有局限于历史的视角，而是运用当代人的审美眼光去翻新历史，在传统重现的同时，又加入现代话语阐释，具有了更深层次的意义。《立秋》切合时代，贴近实际，而且更主要的是它找到了几种精神的契合点，即将地方文化精神、时代精神、民族精神相融合，通过反映时代风云变幻下晋商的辉煌与衰败，既反思历史、批判保守，又把握现实、坚信未来；既表现三晋儿女的激越情怀，又体现“勤奋、敬业、谨慎、诚信”的思想精髓和价值理念，这也正是我们当今提倡和弘扬的时代精神。贯穿全剧的“天地生人，有一人应有一人之业；人生在世，生一日当尽一日之勤”的精神主旋律，这也正是我们中华民族自强不息的可贵精神和永不低头的悲壮品格。

严谨的创作态度，精益求精的精神。话剧的创作，对编导、演员的要求都比较高，因为它受舞台的限制，也受表现技法的限制。话剧剧本的创作比写小说、写散文要难得多。因此，非有严谨、认真和精益求精的态度不可。《立秋》的成功就是严谨、认真和精益求精的结果，仅剧本打磨就历时一年半，九易其稿，精心修改，两代导演精心设计，珠联璧合。这种细致打磨、“十年磨一剑”的精神是产生艺术精品的基本前提。尤其在艺术泛娱乐化的当今，更需要这种精神。严谨的创作态度和精益求精的精神源于对艺术的忠诚、景仰乃至献身精神。《立秋》全体演职员的通力合作，无不体现了对艺术的忠诚，导演陈颙倒在了工作一线，付出了生命的代价。继任导演查明哲临危受命，接过重担，同样源于对艺术的忠诚、挚爱。回望中国话剧的百年历程，其精品力作要比小说、散文、诗歌少，这是毋庸讳言的，它提醒着当今的话剧艺术工作者要有对艺术坚忍不拔和执著追求的精神，以及对艺术精益求精的精神。

改革用人制度，创新运作和营销模式。改革用人制度，是《立秋》迈向市场的第一步。该剧创排之初，剧院即出台了《山西省话剧院改革试行办法》，改革内部机制，打破平均主义，优化组合，努力培育并实践适用于话剧艺术产品创作生产的制作人制度，充分调动了全团的工作效率，做到创作生产过程“高效化”。《立秋》的演出营销环节，则紧紧抓住市场营销这一秘诀，采用多种手段，通过多种途径推介《立秋》。针对不同的文化消费群体，《立秋》还制订了较为灵活的演出模式而广受欢迎。

由此可见，正是因为文化体制机制改革，极大地调动了文化工作者的积极性，大批闪烁着时代精神的文艺精品不断涌现。而话剧《立秋》是在国家、省剧院文化体制改革的大背景下应运而生的。它是在困境中求生存，依靠改革终于闯出了一条竞争、分流、优化、重组的改革之路，使剧院精神大振，也给沉闷的话剧界赢得了人气。《立秋》是改革的硕果，它的意义已远远超出了这部戏本身。《立秋》启示我们：作为文艺院团，作为高雅的话剧，固然需要国家的扶持，需要社会的支持，但更主要的还是自救，这种自救的唯一出路就是走改革之路。《立秋》的成功带给我们的思考已不单纯局限于话剧艺术本身，而更多的是让人们思考如何在社会主义市场经济语境下，如何通过改革创新，将民族文化精神与艺术形态、文化市场、文化产品与文化消费等元素更加有效地结合于一体，创作出符合当下社会需求和文化发展规律的艺术产品。

第四章　社会主义核心价值体系引领文化产业发展

社会主义核心价值体系是意识形态的本质体现,是社会主义先进文化的精髓,是文化产业的精神内核。当今时代,文化产业已成为世界经济的主流产业之一,是区域经济发展的新增长点,也是综合竞争力和软实力的重要体现。面对国际文化产业竞争日趋激烈的态势和我国文化产业发展中核心价值认同不足的困境,只有以社会主义核心价值体系为价值坐标引导文化产业的发展,才能创造出更多更好的文化产品,提供更加充足的精神食粮,在满足人民群众日益增长的精神文化需求的同时,进一步增强国家的文化软实力。

第一节　社会主义核心价值体系引领文化产业发展的理论诉求

文化产业区别于其他产业所独具的文化特征与文化产品所蕴含的价值观念,以及核心价值在文化产业发展的竞争力意义,揭示了社会主义核心价值体系引领文化产业发展的理论诉求。特别在当今世界,文化产业作为一种新兴的产业登上世界历史的舞台,并成为21世纪的朝阳产业,成为推动我国经济发展方式转变的引擎,坚持以社会主义核心价值体系引领文化产业发展,着力提升我国文化产业发展的竞争力,意义更为重大。

一、社会主义核心价值体系引领是文化产业发展的内在要求

文化产业术语产生于20世纪初西方马克思主义法兰克福学派代表人物霍克海默和阿多诺合著的《启蒙辩证法》一书之中,英语为Culture Industry,汉语可以译为文化工业、文化产业。联合国教科文组织把文化产业定义为:是指那些综合了创作、生产、销售“内容”的产业,是按照工业标准,生产、再生产、储存以及分配文化产品和服务的一系列活动。文化产业作为一种特殊的文化形态和特殊

的经济形态，影响了人民对文化产业的本质把握，不同国家从不同角度看文化产业有不同的理解。美国没有文化产业的提法，他们主要是从文化产品具有知识产权的角度进行界定的，所谓文化产业就是版权产业；英国着眼于这一产业的"创意"特点，把文化产业称之为"创意产业"；法国的文化产业一般是指传统文化事业中可大量复制的产业，其中最重要的是艺术文化产业；德国将文化产业的重心放在出版、影视、表演艺术和会展等行业上；日本则认为，凡是与文化相关联的产业都属于文化产业。2004 年，国家统计局在与中宣部及国务院有关部门共同研究的基础上，制定了《文化及相关产业分类》，从国家有关政策方针出发，结合我国实际情况，将文化及文化产业概念界定为："为社会公众提供文化、娱乐产品和服务的活动，以及与这些活动有关联的活动的集合。"①并在此基础上对文化产业的外延进行了梳理，指出文化产业及相关产业的范围包括：提供文化产品（如图书、音像制品等）、文化传播服务（如广播电视、文艺表演、博物馆等）和文化休闲娱乐（如游览景区服务、室内娱乐活动、休闲健身娱乐活动等）的活动，它构成文化产业的主体；同时，还包括与文化产品、文化传播服务、文化休闲娱乐活动有直接关联的用品、设备的生产和销售活动以及相关文化产品（如工艺品等）的生产和销售活动，它构成文化产业的补充。

现今，人们认同的文化产业，通常是以"文化创意"为核心，以知识表现为源地，辅助和运用一切技术手段，以产业化方式创造、生产和营销不同形态的文化类产品的行业。文化产业不同于一般产业的内在特点，提出了以社会主义核心价值体系的引领文化产业发展的内在要求。

（一）文化产业的两重性

马克思、恩格斯认为：一切生产力即物质生产力和精神生产力。文化产业产业性和文化性的两重性，使其同时具有这两种生产力。文化产业的产业性使其拥有物质生产力；文化产业的文化性使其拥有精神生产力。随着当今世界的经济全球化、信息一体化，文化作为精神方面的生产力，其力量已经成为直接反映一国综合国力的重要标志。文化产业的文化性的本质是意识形态性，这种意识形态性与产业属性在当今文化发展中已日益从二元对立走向二者的统一。

文化产业具有明显的物质性，它是一种社会生产形态，是一种经济现象。文

① 欧阳坚：《文化产业政策与文化产业发展研究》，中国经济出版社 2011 年版，第 44—45 页。

化生产作为一种大规模的社会生产，它天然具有社会生产的一切基本特征，具有生产、流通、交换、消费等基本环节，具有市场条件下经济运作的全部过程。文化作为一种商品，与生产经营物质产品的商品，其商品性是相同的。

文化产业又具有文化性，伴随人类文明的不断推进，社会生产力水平的不断提高，人类理性和智慧的进一步发展，文化逐渐形成了一支独立的力量，成为文化生产力。在文化产业中，文化是作为一种产品或服务形式而存在的，文化是文化产业的内容与载体，文化产业的产业性就是通过文化来实现的。文化工作中所创造出来的文化，将它作为一种商品，与消费者之间达成一种交易，便实现了其产业性，作为领导这场交易的厂商，他们便是通过这样实现经济利润；社会通过这一过程，完成了文化传播，造就了民族的精神力量。按照马克思关于文化生产力的观点，这种精神方面的文化生产力，是社会意识形态、社会关系等精神方面的文明发展成果，是包括艺术、法律、道德等在内的人的精神活动和运行方式，具有突出的意识形态特征，这是与物质生产力相区别的重要方面，这也是文化产业区别于物质产业的一个方面。在全球化的今天，这种意识形态性的存在，使得全球的文化产业都发展到了一个新的高度。

（二）社会主义核心价值体系引领是文化产业发展的价值诉求

文化产业的意识形态属性，使其具有鲜明的价值诉求意义。马克思指出："'价值'这个普遍的概念是从人们对待满足他们需要的外界物的关系中产生的。"①人们在认识和改造世界、创造和实现价值的过程中，必然会形成一定的价值观。在价值体系中居核心地位、起主导和统领作用的就是核心价值体系。任何社会都有自己的核心价值体系，这是社会系统正常运转和社会秩序得以维持的基本精神依托。我国要屹立于世界民族之林，就必须建设自己的核心价值体系。社会主义核心价值体系是社会主义文化的内在精神和生命之魂，代表的是中国特色社会主义的文化认同和价值追求，具有其他任何价值体系不可替代的高度的凝聚力和感召力。马克思主义指导思想，中国特色社会主义共同理想，以爱国主义为核心的民族精神和以改革创新为核心的时代精神，社会主义荣辱观，构成社会主义核心价值体系的基本内容。这四个方面的基本内容，是从我们党领导人民在长期实践中形成的丰富思想文化成果中提炼和概括出来的精华。

社会主义核心价值体系的引领是文化产业发展的内在要求。文化的生存和

---

① 《马克思恩格斯全集》第19卷，人民出版社1995年版，第406页。

发展是一个国家和民族生存和发展的前提，只有保持文化的先进性才能使一个国家和民族掌握文化竞争的主导权。价值观是文化的核心，一个社会的主导价值观构成它所特有的文化、文明的精神实质。没有文化作支撑，一个国家、一个民族就立不起来、强不起来。同样，没有核心价值体系的文化也立不起来、强不起来。文化产业是生产满足社会精神文化需要的文化产品或提供文化服务的产业。文化产业既具有意识形态属性，又具有商品经济属性。但文化产业首先是文化，是文化形态，体现意识形态属性，其次才是现代经济形态的存在方式之一。因此，虽然文化产业的发展跟其他产业一样需要经历资源的开发利用，企业的投资生产，产品的服务和消费等环节，但不同的是，它必须在每一个环节上都设定一个具有常效功能的思想"过滤器"和精神"导航仪"，这就是社会主义核心价值体系。社会主义核心价值体系是社会主义意识形态的本质体现，是社会主义先进文化的精髓。没有社会主义核心价值体系的引领，文化产业发展就会迷失方向，丧失根本。所以我们应当以高度的时代使命感和文化责任感来维护和确保文化产业发展的正确方向，自觉地把社会主义核心价值体系建设融入文化产业发展的全过程，为人民群众提供积极向上、健康有益的精神文化产品和文化服务。

二、社会主义核心价值体系引领是提升文化产业竞争力的精神动力

随着文化时代的来临，文化的重要性愈发为各国政府、专家、学者所倚重。文化和经济融合产生的竞争力，正成为一个国家最根本、最持久、最难以替代的竞争优势。文化领域的扩张和反扩张、渗透和反渗透逐渐作为国际政治经济竞争的内容之一，是经由文化产业来实现的。国家文化竞争力和安全保障能力，说到底取决于国家文化产业的国际竞争力。文化产业已被世界公认为是21世纪的"朝阳产业"，成为社会进步和经济增长的重要引擎。而发展文化产业的核心问题是提高文化产业竞争力。文化产业竞争力的强弱既关乎市场和经济利益，更关乎国家意识形态和价值观的辐射力、影响力和感召力，因此，必须厘清社会主义核心价值体系与文化产业竞争力之间的内在关联。

文化产业竞争力是指一国或某一区域文化企业形成产业形态，通过生产和销售文化产品、提供各种文化服务，占有国内外文化市场，为国民经济产生价值并获取企业集合利润的能力。文化产业竞争力是动态的，既反映文化产业现实发展能力，也体现文化产业的可持续发展能力。文化产业竞争力是以产业化形态而体现的各种要素综合力量，是生产要素状况、需求状况、企业战略和治理结

构、相关产业、政府行为等多种因素综合动态作用的结果，是一个能力多边形。但文化产业竞争力主要是基于文化产业需求与供给活动的内在发展能力，包括文化内容的竞争力和文化产业活动的竞争力。文化产业是最重视内容和最具有原创力的产业，具体表现在每一件文化产品或服务都是建立在本民族的文化立场、文化传统和文化资源之上，并具有自身的文化内涵和创意，无法进行简单的模仿。文化创造力是文化产业最重要的发展要素。据此，致力于大力发展文化产业的英国政府把文化产业称作创意产业。之所以用“创意”这个词代替“文化”，是为了强调人的修养、技能、才华和创造力，强调文化艺术因素对经济的渗透和贡献的强大能力。

（一）文化价值观是文化产业竞争力的力量之源

文化产业竞争力蕴藏于消费者的需求中，消费者对文化产品的消费一定意义上是对蕴含其中的文化价值的消费，文化产业竞争力就是发现消费者的现实需求和潜在需求，并以其认同的方式满足或引导这种需求的能力，是以文化的鲜明特色赋予产品文化意义和文化价值的能力。离开对消费者心理需求的了解和把握，离开独特的文化意义和价值的提炼，增强文化产业竞争力就是一句空话。文化产业竞争的核心当之无愧地应属于文化价值的竞争，由一系列文化价值整合而成的文化价值观是构成文化产业的竞争优势所在，它是民族文化、民族精神的核心，是文化产业核心竞争力的力量之源。

（二）社会主义核心价值体系是文化产业主体的精神支撑

社会主义核心价值体系是我国社会意识的主流和人们共同的价值观念，支撑起人们的精神世界，是维系社会团结和睦的精神纽带、推动社会全面发展的精神动力、指引社会前进方向的精神旗帜。作为当代中国的思想之本、文化之魂、精神之核，社会主义核心价值体系既是持续推进社会物质文明建设的巨大动力，同时也有利于开发人们的智慧，增强认知事物的能力，为推动社会和谐发展提供强大的智力支持。

发展文化产业是繁荣社会主义文化、满足人民群众精神文化需求的重要途径。作为文化产业主体的文化企业和文化企业员工的价值观对文化产业发展起着至关重要的影响。因此，在推进中国特色社会主义建设过程中，必须以社会主义核心价值体系作为提升文化产业竞争力的精神动力，努力把社会主义核心价值体系融入国民教育、精神文明建设和党的建设全过程，体现到精神文化产品创作、生产、传播各方面，始终不渝地坚持用社会主义核心价值体系引领社会思潮，才能在全党全社会形成统一的指导思想、共同的理想信念、强大的精神力量和基本的道德规范。

（三）社会主义核心价值体系引领是解决文化产业发展问题的精神武器

当前，制约我国文化产业竞争力提升的因素可能有多种，但最根本的深层次制约因素则是价值观的摇摆、游移和价值诉求的模糊，对社会主义核心价值体系与文化产业竞争力深层次的内在关联，人们往往缺乏足够的重视，以为文化产业竞争力就是技术上的提升和产业层面上的转型升级。文化产业承载着一个民族的文化理念、文化价值和文化追求，显现出一个国家的文化竞争力。当前文化产业发展中出现的诸多乱象，很大程度上在于弱化甚至忽视对社会主义核心价值观的诉求，甚至消解、颠覆主流价值观。社会核心价值观的摇摆——缺乏稳定性与一贯性，以及普遍性的说法与做法的脱节，导致对文化生产价值引导的不力，文化产品中价值诉求模糊、表达不清晰，使消费者不知所云，甚至还滋生一些伪文化、反文化的现象。因为没有稳定清晰的价值诉求，就难以获得消费者的文化认同，文化产业很难有市场或可持续的发展，文化产品、文化产业就没什么竞争力，失去市场支撑的文化产业就会萎缩。文化产品竞争力不强、文化市场的无序，都与缺失对社会主义核心价值体系的弘扬不无关联。一定意义上，社会主义核心价值体系的融入与引导的有力与否，决定着文化产品和服务的市场竞争力，文化产业核心竞争力的培育离不开社会主义核心价值体系的精神依托。

（四）文化价值观认同和传播是文化产业竞争力提升的价值诉求

国际文化产业发展经验表明，文化产业竞争力的提升是文化价值观的普遍被认同和有效传播。当前文化产业的发展已成为世界发展的潮流，是国家软实力的重要体现。综观全球，许多发达国家均拥有特色鲜明的民族文化和强大的文化软实力，越来越多的国家把加快文化产业发展、增强文化产业竞争力上升到国家战略层面。特别是随着世界多极化、经济全球化的深入发展，西方发达国家凭借其科学技术和文化产业的优势，不遗余力在全球推销其文化产品和文化价值观。比如，在美国，每年对外发行的电视节目总量达 3 万小时，“好莱坞”影片占据了世界三分之二的电影市场总票房，这些具有鲜明美国文化色彩的影视文化不仅成为美国经济的重要组成部分，而且向全世界输出了美国的价值观念和生活方式，其影响是不言而喻的。[①] 再如迪斯尼的《米老鼠和唐老鸭》、《狮子

① 赵涛：《解读十七届六中全会：文化产业将成新增长点》，《瞭望》2011 第 43 期。

王》、《风中奇缘》以及《玩具总动员》等卡通片，不仅在电影史上创下一个又一个票房奇迹，同时把道德感、美丽的梦幻也嵌入到儿童的脑海中，使其对美国的价值观留下深刻的印象。据调查，当前中国青少年最喜爱的 20 个动漫形象中，19 个来自日本和美国，中国动漫形象只有孙悟空孤独地名列其中。发达国家通过文化产业，依托强势的流行大众文化，输出其价值观念和生活方式，必然对我国青少年的价值观产生很大的侵蚀。

以内容为核心的文化产业使意识形态的传播愈发具有了隐蔽性，已成为影响国家文化安全的重要因素。面对发达国家文化输入的严峻挑战，虽然我国文化产品和服务“走出去”步伐不断加快，中华文化国际影响力也日渐提升，但是我国文化的对外贸易长期处于逆差状态并没有改变，存在相当程度的“文化赤字”现象；有些人被西方文化价值观侵蚀而逐渐丧失了对本土文化的信念。因为文化产品的意识形态功能往往潜伏在娱乐的表象下，它潜移默化地发挥作用。国内广大的文化产品消费者，在吸收西方先进思想理念的同时，也在接受着西方文化价值观。如果一个国家或一个民族只剩下对他人文化的认知、认同、认购，那么她将失去原有的身份认同，失去自立于世界之林的能力。因此十七大报告强调指出：“文化软实力在很大程度上表现为民族凝聚力，而这种凝聚力主要来自于人们对社会核心价值的认同。”①面对强势文化咄咄逼人的态势，我们一定要清醒地认识到，文化产业的国际竞争，一定意义上是文化价值之争，是文化价值认同之间的博弈，所以文化产业的发展重心要落到文化和文化价值上。作为文化产业竞争力精神动力的社会主义核心价值体系，一定要有效地融入文化产品和文化服务中，以文化价值的普适性诉求和国际表达形式，在全球拓展中华文化的影响力。只有以社会主义核心价值体系为神韵和底色的中华文化全球传播和弘扬，中国特色社会主义的话语权才能在全球彰显。

要在激烈的文化竞争中抵御西方敌对势力的思想文化渗透、维护国家文化安全，就必须以社会主义核心价值体系引领，才能具有高度的自觉自信。作为经济实力排名世界第二的大国，也需用文化撑起一份自信，展示自身文明的价值，不能妄自菲薄、随波逐流。2010 年上海世博会中国国家馆，以城市发展中的中华智慧为主题，表现出了“东方之冠，鼎盛中华，天下粮仓，富庶百姓”的中国文

---

① 胡锦涛：《高举中国特色社会主义伟大旗帜 为夺取全面建设小康社会新胜利而奋斗——在中国共产党第十七次全国代表大会上的报告》，《人民日报》2007 年 10 月 25 日。

化精神与气质。中国馆融合了中国古代营造法则和现代设计理念，诠释了东方“天人合一，和谐共生”的哲学思想，展现了艺术之美、力度之美、传统之美和现代之美，是对中国文化的最好表达。另外，展馆从当代切入，回顾中国三十多年来城市化的进程，凸显三十多年来中国城市化的规模和成就，回溯、探寻中国城市的底蕴和传统。随后，一条绵延的“智慧之旅”引导参观者走向未来，感悟立足于中华价值观和发展观的未来城市发展之路。这座雄伟高耸的世博会中国馆，既继承和转译传统文化，又体现与表达中国特色，同时还彰显弘扬了时代精神，充分体现了我国的文化自觉和自信。因此，中国作为世界第二大经济体，有着丰富的文化资源积累、深厚的内容基础和技术的后发优势，后来居上的产业跨越式发展思路，我们也必须有高度的文化自觉和文化自信。社会主义核心价值体系是先进文化的精髓，是文化之“魂”，只有以社会主义核心价值体系为精神动力，才能以高度的历史责任感和鲜明的文化底蕴展示我们无可替代的文化魅力，努力争取文化交流的话语权，用特色的文化产品和服务，去赢得世界的尊重和认可，提升我国文化产业竞争力。

第二节　社会主义核心价值体系引领文化产业发展的现实选择

新世纪以来，中央和各地方政府高度重视文化产业的发展，文化产业作为社会主义文化建设的重要组成部分，已经从探索、起步、培育的初级阶段，进入快速发展的新时期。当前我国文化产业发展面临着良好的历史机遇，呈现出朝气蓬勃的发展态势。但总体上看，我国文化产业发展的落后状况没有从根本上改变，我国文化产业的竞争力与我国的经济实力和国际地位还很不相称，我国的文化产品和文化服务无论是数量还是质量，都还不能很好满足人民群众多方面、多层次、多样化的精神文化需求。究其原因，社会主义核心价值体系的认同不足是制约我国文化产业竞争力提升的瓶颈。

一、我国文化产业发展的良好机遇

当前，我国文化产业的发展机遇与挑战并存，但机遇大于挑战，宏观和微观层面都有利于文化产业发展。我国文化产业必须紧紧抓住并充分利用这些有利因素，迎难而上，实现文化产业的跨越式发展。

（一）党和政府的高度重视为文化产业发展提供了根本保证

近年来，从中央到地方都对文化产业给予了高度重视，先后出台了许多扶持的政策法规文件，提出了一系列具有指导性、针对性、实践性的论述判断和方法举措，使文化产业发展环境得到了进一步优化，为产业的加快发展提供了切实保证。近五年来出台的相关政策文件主要包括《国务院关于非公有资本进入文化产业的若干决定》、《关于深化文化体制改革的若干意见》、《文化产业振兴规划》、《支持文化产业发展战略合作协议》等。2011 年 3 月召开的全国人民代表大会第四次会议通过《关于国民经济和社会发展第十二个五年规划纲要》，将文化产业的发展纳入国民经济发展规划；十七届六中全会通过的《中共中央关于深化文化体制改革 推动社会主义文化大发展大繁荣若干重大问题的决定》和《国家"十二五"时期文化改革发展规划纲要》进一步强调要"增强国家文化软实力，建设文化强国的奋斗目标"以及"推动文化产业成为国民经济支柱产业"的具体举措。全国各省区市也都出台了扶持文化产业发展的相关政策措施，制定的"十二五规划"也对文化产业的发展进行具体规划，一些地区还成立了文化产业协会或促进会。可见，我国文化产业发展面临重大的政策机遇，在相关政策、法规的推动下，文化产业的活力进一步激发和释放。

文化产业的快速发展和转型升级，离不开资金的大力支持。近年来，中央财政以前所未有的力度加大了对文化产业的支持，许多省市也逐步提高文化支出占财政支出中的比例，保证公共财政对文化建设投入的增长幅度高于财政经常性收入增长幅度，加强资金管理，提高投资效益。由中央财政部注资，吸纳社会资本加入的中国文化产业投资基金是迄今为止规模最大的文化产业基金，近年来募集资金空前盛大，促进了文化与资本的有机融合，主要投资新闻出版发行、广播电影电视、文化艺术、网络文化、文化休闲及其细分文化及相关行业等领域。其他金融机构也为文化产业提供专业化产品和服务的支持。与此同时，社会各界对文化产业也给予了极大的关注，社会投资进一步活跃。各级财政、基金、银行以及社会资本等源源不断地"输血"，成为文化企业成长的助推器。

（二）产业结构调整和升级为文化产业开辟了新的战略方向

文化产业是典型的低碳产业和环保产业，加快发展文化产业，既有利于加快推进经济结构战略性调整，又对弘扬社会主义核心价值体系有不可替代的作用。经过三十多年的发展，我国制造业大国地位已初步确立，但要促进制造业转型升级，实现从制造业大国向制造业强国转变，需要科技创新和文化创意的双提升。

植入文化“基因”，将会提高物质产品的文化含量和附加值，为调整产业结构、加快转变经济发展方式开辟新途径和新方向。

文化产业是推动经济结构调整、转变经济发展方式的重要着力点。实践表明，发展文化产业不仅服务于传统产业，而且是促进产业结构优化升级的动力。文化产业的发展促进文化理念渗透到传统产业的设计、生产、营销、品牌和经营管理等环节，从而改变传统产业的价值创造链条，使传统产业提供的产品更加富有文化含量、文化品位。另外，随着文化产业的发展，资源逐步从传统产业流入文化产业，并由此加剧传统产业之间的竞争，使传统产业融入更多的文化元素，从而促进传统产业的结构调整。最后，文化产业通过提升工业、服务业的文化含量与经济价值，创造新的增值空间，形成新的价值分配链条，提升整个社会经济的质量，进而促进经济发展方式的转变。

（三）高新技术的出现与运用为文化产业创新提供了技术支持

科技与文化历来如影随形，科学技术的每一次重大进步，都会给文化的传播方式、表现形式、发展样式以及内容创意带来革命性变化。古代中国，造纸术和印刷术的发明，使人类思想文化的传播摆脱了时空的局限，成为文化发展史上的重要里程碑。近代以来，无线电技术、摄影摄像技术、广播电视技术的发明，使人类文化进入了一个视听传播的新时代。近年来，信息技术、数字技术、网络技术等迅猛发展，为文化产业发展提供了技术支持和平台支撑。

高新技术推动了文化产业创新形式，增强了文化的表现力、吸引力和感染力。比如，在舞台表现上，借助现代声光电技术和影视特技，可以呈现出气势磅礴、美轮美奂、精彩纷呈的舞美效果。数码电影技术极大地丰富了电影的表现力，环幕4D电影、球幕电影、交互电影等，给人们带来前所未有的审美体验。高新技术为文化产业的发展提供了技术支持，催生了新业态。高新技术不仅为传统文化产业提供了先进手段和多样形式，还催生了电子票务、手机文化、网络游戏、三维动画、数字文化节目制作等文化业态。比如美国的电影产业和数字出版业、日本的动漫和数字艺术设计产业、韩国的游戏产业都依靠先进的电脑技术和数字信息技术。高新技术的推广应用，极大地拓展了文化节目传播的出口和通道，使传播渠道拓宽、传播速率加快，对文化内容的需求更为迫切。随着我国信息化水平的快速提高以及三网融合的业务不断创新与发展，高新技术不断向文化产业领域扩散与融合，文化产业将在内容和形式上得到不断创新与发展。

(四)文化消费水平提升为文化产业发展提供了广阔的市场

文化消费是文化产业发展的内生动力,文化产业的发展,必须靠文化消费拉动。而文化消费的增长以及文化产业的发展必须依赖于经济的快速发展和人们收入水平的提高。国际经验表明,当人均GDP超过3000美元时,文化消费将会出现快速增长,一个国家或地区人均GDP超过5000美元,居民的消费结构转向以文化消费为主的时期。据统计,2008年我国人均GDP已经超过3000美元,2011年我国有25个省份的人均GDP超过4000美元,天津、上海、北京的人均GDP超过8万元人民币,折合1.2万美元,接近富裕国家水平。① 可见,随着GDP的增长和人们收入水平的提高,我国居民的文化消费时代正在到来。

目前,我国居民的文化消费环境大大改善,文化消费观念不断更新,文化消费支出比重日益增加,文化消费内容越来越丰富,文化消费需求开始升级,特别是公共文化服务体系的建立健全,为广大群众享受到更多更好优惠或免费的文化产品和服务创造了条件。另据有关方面预测,从现在开始到2020年,我国文化产业将进入高速度增长期,人均文化消费需求年均增长6.7%,文化产业就业年均增长9.7%,文化产业增加值的年均增长将保持在14%左右。② 文化消费快速发展的趋势为文化产业快速发展带来了难得的机遇。

二、我国文化产业发展的巨大成绩

我国的文化产业起步较晚,虽然在20世纪80年代开始探索,但真正受到重视、快速发展是在21世纪。这十多年来,在国家文化产业政策的积极引导和文化体制改革的大力推动下,我国文化产业发展取得了巨大成绩,文化产业的投入从总量到结构持续增加和改善;公共文化设施从国家到地方逐步免费开放;文化产品创作大量问世;公民基本文化权利得到更多的保障;人民群众的精神家园变得更加丰富多彩。具体表现在:

(一)文化产业成为国民经济发展的新增长点

文化产业既凝聚人心,又关切民生,还可以直接作用于经济增长。文化表面

---

① 张少雷:《25省人均GDP超4000美元 京津沪接近富国水平》,《北京晨报》2012年2月8日。

② 苗凡卒:《判断发展势头 抓住历史机遇 文化产业有待逆市成长》,《深圳商报》2011年4月6日。

看是软实力，实际却是硬实力。国际经验表明，越是发达国家，文化消费比重越高，文化产业对GDP的贡献越大。国家统计局发布的报告显示，近年来我国文化产业增加值占GDP比重稳步提高。2004年至2010年，全国文化产业增加值年平均增长速度超过23%，2010年全国文化产业的增加值突破了1.1万亿元，占国内生产总值的比重为2.78%。① 2008年至2009年期间，面对金融危机的冲击，文化产业逆势上扬，其消耗少、污染低、附加值高等优势进一步凸显，成为经济寒冬中的一股暖流。文化产业的发展壮大成为提供就业机会的重要行业、产业结构优化的朝阳行业和经济发展的新增长点。

（二）文化产业正在成为地方经济发展的支柱

随着各地文化强省战略的逐步提出和稳步实施，文化产业已成为许多地区最活跃、最具竞争力的产业之一，成为地方经济的驱动力、支撑力。目前，全国已有2/3的省、自治区、直辖市提出"文化大省"、"文化强省"的口号，加快文化体制改革与发展文化产业成为各省的工作重点，这意味着"文化搭台经济唱戏"成为了过去式，现在是大家为文化搭台，让文化来唱大戏。动漫产业园区、影视制作基地、数字出版基地等各类文化产业园区遍及全国。各种文化产业博览会每年准时召开，文化产业论坛、书籍也层出不穷。2010年，北京、上海、广东、湖南、云南等省市文化产业增加值占国内生产总值的比重超过5%，广东已经提出到"十二五"末实现8000亿的产值，占GDP的比重达到8%。② 数据表明，文化产业对各地经济发展的贡献率逐步提高，文化产业正在成为转变经济发展方式的重要引擎。

（三）文化产业骨干企业不断发展壮大

在中央及各级地方政府出台的一系列扶持政策的推动下，近五年来，中国文化产业骨干企业不断壮大，产业规模化、集聚化水平大大提升。从2004年至2011年，文化部先后命名了四批200家国家文化产业示范基地、三批6家国家级文化产业示范园区和首批4家国家级文化产业试验园区。③ 通过制定相应的管理办法，强化管理，引导地方政府完善政策服务，催生出了一批有较强实力、竞争力、影响力和自主创新能力的大型文化企业和企业集团。2011年，文化部遴

① 白瀛：《推动中华文化走向世界》，《大连晚报》2011年10月28日。

② 杨雪梅：《千帆竞发百舸争流——我国文化产业发展综述》，《人民日报》2011年10月7日。

③ 杨浩鹏：《十七大以来中国文化产业发展成就综述——中国文化产业从繁荣走向跨越》，《中国文化报》2012年5月31日。

选出“2011 年度十大最具影响力国家文化产业示范基地”,以保利文化集团股份有限公司、中国对外文化集团公司、华强文化科技集团以及杭州宋城旅游发展股份有限公司等为代表的 10 家龙头企业已经成为我国文化产业的领航者、先行者和探索者,为全国文化产业的发展发挥了引领和示范作用,进一步提高了我国文化产业的整体发展水平。

(四)文化产业成为满足人民群众多样化精神文化需求的重要途径

当前,丰富精神文化生活越来越成为我国人民的热切愿望;全面建成惠及十几亿人口的更高水平的小康社会,既要让人民过上殷实富足的物质生活,也要让人民享受健康丰富的文化生活。发展文化产业是社会主义市场经济条件下满足人民多样化精神文化需求的重要途径。因此,发展文化产业必须以满足人民精神文化需求为出发点和落脚点。新世纪新阶段人民群众精神文化需求呈现出多层次、多样化、多方面的特征。人民群众需要多样化的文化产品、文化活动和文化形式;人民群众对文化产品、活动形式和表现方式的爱好、兴趣和欣赏态度的变化频率不断加快;人民群众需要更多思想性艺术性观赏性相统一的优秀文艺作品。发展文化产业,必须坚持把社会效益放在首位、社会效益和经济效益相统一,满足人民群众个性化、分众化,特别是高品质、深内涵的精神文化需求。

(五)文化价值观得到进一步推广

文化价值观是一个国家文化的公共价值观,是国民对国家文化产生的价值认同和心理归属,任何国家和国民都不能离开本国的文化价值观而独立存在,它是国家凝聚力、吸引力和扩展力的核心。中国的文化价值观源于中国的传统文化,仁爱、诚信、善行这些都是其主要内容,并深植于国家文化所外现的各种事物之中。近年来,随着我国文化产品和服务“走出去”步伐不断加快,中华文化国际影响力也日益提升,文化价值观也得到进一步的推广和认同。统计数字显示,我国“十一五”期间国际文化贸易逆差局面明显改观。2010 年整个核心文化产业进出口总额 143.9 亿美元,出口电影票房收入 35 亿元人民币。图书版权输出引进比从 2005 年 1∶7.2 缩小至 2010 年的 1∶3,出现明显改善。2010 年的深圳文博会交易额突破千亿元,是 5 年前第一届的 3 倍。① 其中,2008 年北京奥运会和 2010 年上海世博会的成功举行,更是提供了一个让中国了解世界、也让世界了解中国的最佳平台。来自全世界不同地区、不同国家的文化汇同于此,充分融

① 白瀛:《推动中华文化走向世界》,《大连晚报》2011 年 10 月 28 日。

合、协调。在国际舞台上,西方世界所倡导的民主、法制价值观长期处于主导地位,中国提出的“和谐世界”理念成为了中国文化价值观中普世性的最佳体现,它让人们了解到中国的和谐理念,并在世界范围内产生了强烈的价值认同。

三、我国文化产业发展中核心价值认同不足的困境

认同是信息化时代的核心问题,接受一种文化或拒绝一种文化,都与是否认同其价值有内在联系。麦当劳文化和迪士尼文化都是典型的美国文化,体现的是美国精神,在形式的接受背后,是价值认同上的接受。要提升民众对文化的认同,关键是“创造出一种建立在自己文化的价值基础上,又密切回应时代和中国发展中出现的重大问题,能够成为中国人所愿意接受、有感召力和凝聚力,同时又反映和吸收整个人类共同利益新的价值体系”①。社会主义核心价值体系是社会主义文化的精髓,代表的是中国特色社会主义的文化认同和价值追求,具有其他任何价值体系不可替代的高度的凝聚力和感召力。

经过多年的发展,我国文化产业取得了长足的进步,但是也应当看到我国的文化体制改革仍不到位,文化产业政策法律法规还不完善,规模仍较小,整体实力差,竞争力弱。目前,我国文化产业发展在国际竞争中明显处于劣势。据统计,文化产业总值占GDP总量的比重,美国是25%左右,日本是20%左右,欧洲平均在10%—15%之间,韩国起码高于15%,而我国仅仅在3%上下。② 对于一个文化传承深厚的国度,这一比值显然失衡,也与我国的经济实力和国际地位很不相称。究其原因,核心价值认同不足是制约文化产业竞争力提升的瓶颈,主要表现在:

(一)文化资源价值的忽略

文化资源是文化产业发展的“原材料”。如果没有文化资源,那么文化产业就会成为无米之炊。我国是一个有着悠久历史传统和深厚文化积淀的文明古国,许多地方都是文化资源的富矿、金矿,这是发展文化产业的优势之一。近年来,全国各地在传承、整合与创新传统优势文化资源方面的力度逐步加大,尤其是在把文化资源与旅游等产业结合起来,培育和壮大文化旅游产业成绩显著,创

---

① 赵剑英、干春松:《现代性与近代以来中国人的文化认同危机及重构》,《学术月刊》2005年第1期。

② 符绍强:《论我国文化创意产业发展的现状与问题》,《新闻战线》2008年第3期。

造了大量的经济效益和社会效益。

但总体上看我国文化资源的利用还停留在粗放型的开发阶段，人们对文化“软实力”的地位认识还不足，其蕴含的价值在人们的头脑中日渐淡化，认同力也逐渐减低。因此，许多优秀的文化资源没有被重视或者被我们主观所忽略，我国文化资源被其他的国家利用变成知名文化品牌获得可观经济效益的事例屡见不鲜。如美国电影公司利用中华文化元素制作的影片《功夫熊猫》，日本企业使用《三国志》开发的电子游戏都是例证。由此可见，对于中国来说，要发展文化产业，仅有丰富的文化资源是不够的，更要增强将其转化为文化产品的积极意识，将文化资源优势变成文化产业优势，这是当前提升文化产业竞争力所面临的重要任务。

美国电影公司根据我国民间故事《花木兰》拍摄的同名电影，仅票房收入就达20亿美元。花木兰代父从军的故事，早已是我们文化身份与归属的一部分。但是，突然有一天，花木兰却打上了米老鼠的标签，在全球范围内演绎她巾帼不让须眉的壮举，让美国人赚了个盆满钵盈。此后，迪士尼“挖墙脚”的动作仍在继续。在此情况下，我们不得不深刻反思：中国的民间故事怎么就让迪士尼拿去在全球攻城掠地了？迪士尼又是如何既保留产品的异域风味，又注入美国文化元素，努力将外国文化改编成美国的和全球的文化产品？事实上，美国改编的动画片《花木兰》并不是一个充分尊重中国人印象中那个传统“替父从军”的民间传说的模式和版本，而是进行了大胆的符合西方人接受心理和习惯的艺术夸张和改编。如片中花木兰成了一个典型言谈举止大胆率直、情感表露直白主动的西方女子，而全然没有中国传统封建社会里女子的矜持和谨慎。再譬如我们的花木兰，《木兰辞》“同行十二载，不知木兰是女郎”，说的是她隐藏女子之身，但美国拍摄的《花木兰》让她在军中恋爱。这样的花木兰是典型西化的花木兰，而非传说中的花木兰。美国是用自己的文化想象和演绎装进了这个名叫“花木兰”的瓶子里，然后大声吆喝着，出口到中国来大赚其钱。美国在利用我国文化资源的同时，也拿走了中华民族文化的解释权。这将对中国人、尤其是中国孩子们对这一中国历史上经典的女性形象的认同和接受起到什么样的作用？试想一下，如果好莱坞陆续对《杨家将》、《西游记》、《孙子兵法》等一系列中国经典进一步“西化”时，中国的孩子心目中的文化版图将会是怎样的图景？

由于对我国文化资源的价值认同不足，许多年轻人对我国传统节日逐渐淡化；一些历史文化名城名镇名村日益湮没；一些非物质文化遗产也慢慢流亡到海外;一些地方对传统文化资源的开发过于商业化、概念化。因此,如何全面认识文化资源的历史意义和现实价值,深入挖掘、认真整理并有效利用这些资源,立足新的实践、顺应时代潮流,进行新的文化创造,成为提升文化产业竞争力的当务之急。

(二)文化产品生产的功利化

文化产品是文化的物质载体,也是精神载体。与一般产品不同,它是一种精神凝结物,创作生产者投入的是智力劳动,产出的是精神产品。其最大特点是,并不以满足人的需要为终结,还要能够潜移默化地影响人们的精神情感,润物无声地引领社会的风尚。这是文化的基本特征,也是文化的核心价值所在。所以,在当代中国,为人民服务、为社会主义服务是文化工作者的神圣职责。但是,为人民服务并不等于一味迎合大众口味,文化创作者应该把高超艺术造诣和高尚价值追求作为人生理想;创作的文化产品也应该以美的力量和形式揭示和传播引领社会进步的思想观念。所以,引领人、提升人,使人民群众在文化的熏陶中得到精神的解放和升华,积蓄前进的力量,是文化工作者和文化产品为人民服务的应有之义。

但是,当前文化产业化的过程中,一些文化创造和文艺创作的主体精神导向与价值追求正在发生变化,文化产品的精神含量和美学意蕴越来越稀薄,追慕时尚标签和感官刺激的产品和作品越来越多,商业气息日甚一日地浸渍着文化的崇高与纯正,利欲追求也蠹蚀着文化的时代使命感和社会责任心。在这种情况下,种种不良倾向频出。如在创作和提供文化产品时,缺乏精品意识,一些文化产品低俗化、媚俗化、庸俗化严重,迎合受众低级趣味,以"票房价值"、"收视率"等为标准。有的文化产品题材单一、创新力不足,反复炒历史题材和经典作品的"冷饭"。如对四大名著的翻拍前赴后继,《西游记》被翻拍了8次之多,《红楼梦》也多达四五次。有的对传统文化随意进行商业包装,对地方文化随意打造商品。近几年,先后出现了三省四地争夺"貂蝉"、三省三地争夺"诸葛亮"、两省抢"夜郎古国"的风波。这些闹剧看似重视历史文化,其实既没有强调重温历史、面向未来,也缺乏继承传统、开拓创新,其背后更多的是地方和行业利益驱动、政绩冲动下的资源经济博弈。因此,如何以人民为创作生产的中心,增强文化产品生产的社会效益是亟待解决的重大课题。

(三)文化服务与需求的脱节

推动文化大发展、大繁荣,从根本上离不开国民文化素质的整体提高,而这不可能单纯靠市场化的方式来完成,政府有责任向社会成员提供基本的、均等化的公共文化服务。近年来,城乡基本公共文化服务均等化的进程明显加快,公共文化服务形式不断创新,公共文化服务的内容逐渐增多,基层群众文化活动日益丰富。各地充分挖掘特色文化资源,组织开展丰富多彩的群众文化活动,并逐步丰富公共文化服务的内涵。

但是我们也应该看到,近年来政府公共文化服务投入明显增大,体制转型相对滞后;基础设施建设加快,使用效益较低;转企改制普遍推行,公益性下降的问题逐步突出;政府不断创新送文化的内容和形式,老百姓则悄无声息地进行着自己喜欢的文化活动或根本不参与政府组织的活动。可见,公共文化服务的吸引力、影响力不强,群众参与率不高。究其原因,主要是因为所提供的产品和服务脱离群众的实际需求。因此,如何以群众的需求为导向,创新文化服务方式和内容,在"送文化"的同时也"种文化",使公共文化服务既能统一思想、凝聚人心,又能发挥以文娱人、以文化人的作用,这是一项紧迫的历史任务。

(四)文化市场运行的不规范

所谓文化市场,是指按价值规律进行文化艺术产品交换和提供有偿文化服务活动的场所,是文化艺术产品生产和消费的中介。文化影响力较强的国家,大多是文化市场化程度较高的国家;有文化竞争力的实体,大多是在市场中发展壮大的主体。文化产业要加快发展,必须尊重市场规律。

改革开放以来,我国文化市场蓬勃发展,经营项目也日臻多样化、现代化。到目前为止,已基本形成包括歌舞娱乐市场、演出市场、网络文化市场、音像市场以及新兴文化娱乐项目在内的综合性文化市场体系。这些文化经营项目如雨后春笋般出现,一方面极大地丰富了人民群众的精神文化生活,另一方面,文化产品盗版严重,低俗不健康的产品充斥市场。尤其是在网络文化阵地,虽然成为继承弘扬优秀传统文化、推广创新文化的重要渠道,但因为其无限包容性、虚拟性,易于促成网络文化信息的海量和随意,为庸俗、低俗、媚俗文化产品或文化现象的传播提供了广阔的平台,这不仅腐蚀着广大群众的思想,对创作生产主体意识形态也往往造成很坏的影响。面对这些新情况、新问题,如何抓好文化市场管理工作,努力打造出繁荣、健康、有序的文化市场成为亟待解决的难题。

(五)文化消费中核心价值观的偏离

文化消费是指用文化产品或服务来满足人们精神需求的一种消费,主要包括教育、文化娱乐、体育健身、旅游观光等内容。随着文化消费时代的到来,文化消费已成为价值认同的重要手段。“文化产品可以通过蕴含其中的生产者的价值观念、兴趣偏好、信息解读等影响人们对事物的认识和对所发生的事件的理解和判断,从而潜移默化地影响人们的价值取向和行为方式。”①虽然目前我国居民的文化消费支出比重逐渐增加,文化消费内容日益丰富,但是我国文化产业和文化消费状况与发达国家相比,总量偏少,水平较低,市场潜力远未得到释放,发展空间很大,亟须加快发展。另外,从当前我国居民文化消费的发展趋势来看,呈现网络化、分层化、盲从化和娱乐化等倾向,这在一定程度上促进了文化消费,但也容易导致文化消费者核心价值观的偏离,迫切需要加以正确的引导。

文化消费网络化。当前文化与科技相互交融,网络化、数字化、信息化等现代技术正在改造提升传统文化产业,催生文化的新业态、新载体,带来文化生产方式的深刻变革和文化生产力的空前发展,对文化消费产生较大的刺激作用。一方面网上售票的功能,提供演出信息和票务管理,客观促进了人们外出观看演出、展览等方面的文化消费。另一方面,通过网络人们足不出户就可获取文化信息或者完成文化消费行为。消费主体可以在第一时间里了解国内外发生的重大事件和各种信息;可以欣赏好莱坞大片;可以选择网上书店购书;可以欣赏网络动漫音乐;玩网络游戏;还可以逛数字图书馆、博物馆等网络满足了许多人的文化消费愿望,创新了文化消费形式,提供了便捷的消费渠道,有时还能使消费主体收获意想不到的市场回馈。但是,网络媒体作为承载文化精神价值的物质基础和传播形态,必须保持崇高的精神价值和精神追求。网络文化消费具有虚拟性和“真实”性、互动性和即时性、丰富性和感观性、开放性和多元性的特征,各种不同的价值取向、思想观念、宗教信仰、风俗习惯和生活方式等的冲撞与融合。那么,如何在网络文化的繁荣发展中牢牢掌握意识形态的主动权、趋利避害,通过弘扬主旋律引导舆论走向和健康消费是当前亟待解决的重大课题。

文化消费分层化。文化消费是分层次的,由于文化消费主体的价值观、审美观、兴趣爱好以及收入水平等不同,文化需求亦有所差异,文化消费层次必然呈现不平衡性。从纵向上看,文化消费内部结构分层化。文化消费主要分为三类类型,即基本型文化消费、发展型文化消费和享受型文化消费。当前人们的享受文化消费超前发展,其他两种文化消费呈滞后状态。有些享受型文化消费水平超过社会实际消费水平,如攀比消费、炫耀性消费等,这些文化消费中的过分虚

① 宋振文:《文化消费与核心价值认同》,《中国市场》2011 年第 14 期。

荣和浮华躁动倾向，如果不加以正确引导而任其蔓延，将对社会风气产生负面影响。从横向上看，不同民族不同地区不同阶层文化消费存在分层化。不仅经济发达与不发达地区大众文化消费存在着数量、内容和需求上的较大差异，城乡之间居民文化消费差距也在拉大。据调查，城镇居民利用节假日、黄金周以及周末外出旅游的人数越来越多了、用于子女教育的投入愈发增长了；用于购买文化用品的支出逐渐扩大了；参与文体活动、健身美容的人群也日渐增多了。可见，城镇居民的消费观念正在发生转变，文化消费方式已多元化，知识型、发展型、智能型消费趋势明显。相比较而言，目前农村文化气息相对较弱，农村群众的文化消费观念相对滞后，文化消费需求还很小，农民将较多的消费用于交通、通讯和吃住等方面，日常文化消费主要是看电视、听广播、玩扑克、打麻将、读书报等，外出参观旅游的人很少。由于与先进文化接触不多，特别是缺乏正确思想的引导，很多农村成了迷信等不良传统的温床。近年来，全国各地组织开展的“文化下乡”活动受到了农民群众的欢迎和喜爱。可见，农民群众对精神文化的需求还是比较强烈的，只是其文化消费观念还处于被动状态，再加上有效供给不足，迫切需要正确的引导和推动。另外，许多农村有着极富特色的文化资源，如何将乡土民间特有的传统文化元素加以开发和利用，为农民提供“买得起看得懂用得上”的精神文化消费产品，已成为开拓农村文化市场的当务之急。

文化消费盲从化。实践证明，大众文化消费具有自发性、随意性、从众性、时尚性等特征，受周围文化环境和消费氛围的影响很大。人们内心的文化需求和实际的文化消费有时是矛盾的、错位的。面对纷繁多样的文化产品和服务，人们有时不免眼花缭乱，难于取舍。由于缺乏社会和舆论的必要引导，再加上人们的消费心理不成熟、自身文化品位和审美需求也没有及时调整，在媒体的各种宣传以及他人的消费导向影响下，人们会在不自觉中被牵引，盲目地消费自己并不满意的文化产品或服务。人们这种缺乏自主选择和个性意识的盲从消费，使其成为生产者、经销商进行商业包装和炒作的对象，于是此类文化产品和服务以批量生产和复制形式出现，精神的涵养以及艺术的独创性已不再是主要因素。如近些年来随着一些选秀节目收视率的猛增，其他广播电视也盲目跟风上此类节目，结果只看重“眼球经济”，忘记其本质上是精神产品，忽视“以文化人”和引导社会的责任。因此，如何树立科学的消费观，引导人们个性化、健康的文化消费，正确认识和处理雅俗与低俗、应时与流俗、务实与追风的关系是迫切需要解决的问题。

文化消费娱乐化。文化消费是人们根据自身的主观意愿,选择文化产品和服务以满足精神需要的消费活动。但是一些人陷入文化消费就是“消遣娱乐”,就是“打发时间”的误区,不自觉地消费不健康的文化产品和服务,直接影响文化消费质量的提高。于是,不少消费者热衷于休闲性消费、娱乐性消费,甚至盗版、黄色、暴力消费,而忽视智力型、发展型消费;有的消费者网吧、迪厅或夜总会一掷千金,而购买书籍报刊则很少;有的习惯于炫耀摆阔性的消费,而不愿或没有能力欣赏高雅艺术作品;在农村,封建迷信活动沉渣泛起,求神问卜、修庙造坟,“白色消费”大行其道;年轻一代的消费者热衷于海外品牌,如美国电影、法国香水、日本动画片、韩国电视剧、香港流行音乐等。以上消费现象的出现有很多原因,但消费主体的消费价值观、消费心理的扭曲是重要因素。在经济利益的驱使下,一些生产者和经营者为迎合大众口味,不断推出娱乐性的文化产品和服务,除了满足消费者的感观刺激以及肤浅的愉悦之外,文化的意识形态功能被不露痕迹地消解了,社会意义、文化涵养和艺术价值被刻意地减少了。有的作品甚至庸俗、粗俗、媚俗化,给消费者带来严重的不良影响。

要纠正以上几种不良倾向,在发展文化产业中,必须坚持社会主义核心价值体系正确的导向,用理性的态度,尊重文化的规律,尊重市场的规律,坚持把社会效益放在第一位,社会效益与经济效益相结合,才能促进文化产业健康和谐发展,提升文化产业竞争力。

第三节 以社会主义核心价值体系提升文化产业竞争力的战略举措

“一个只能出口电视机而不是思想观念的国家,成不了世界大国。”英国前首相撒切尔夫人对社会主义中国的断言发人深省。面对西方国家文化的强势渗透,面对不断累积商品顺差的同时“文化赤字”上的沉重压力,面对我国文化产业发展中核心价值观认同的不足,作为创造了五千年文明史的中国不得不增强文化自觉和自信。尤其在经历三十多年的经济高速发展期后,中国人越来越强烈地感觉到:全球化时代,强大的文化等同于强大的国际影响力,提升文化产业的竞争力,建设文化强国已成为中华民族追求自强的必然选择。

按照十七届六中全会的要求,根据文化产业的内在发展规律和现实发展情况，以社会主义核心价值体系引领文化产业发展采取以下发展战略：

一、“三个统一”的原则主导战略

任何事物的发展变化都有其内在规律。社会主义核心价值体系作为社会主义先进文化的精髓，本身也是一种文化，因此，社会主义核心价值体系的导向与文化产业的发展是内在统一的。社会主义核心价值体系引领文化产业发展应该遵循“三个统一”的原则：

（一）地方特色与时代方位的统一

任何一个国家和民族文化的发展，都是在既有文化传统基础上结合时代特点进行的文化传承、变革与创新。因此，社会主义核心价值体系引领文化产业发展应坚持地方特色与时代方位两者的统一。地方特色文化具有地域性、特殊性和文化属性。文化的地域性往往体现了民族特点和历史传统，凝聚着中华民族自强不息的精神追求和历久弥新的精神财富，是发展社会主义先进文化的深厚基础。文化的特殊性体现了当地的语言风格、工艺美术、传统节庆、宗教礼仪或者饮食服饰等方面的特色。文化产业发展如果撇开传统、脱离实际，就等于割断血脉，丧失根本；但如果不融入时代元素，又难于为现代人所认同。因此，文化产业的发展必须将地方特色文化植根于时代先进文化的土壤中，将地方特色与时代元素、历史传统与现代文明、民族精神与世界潮流等有机结合，这样才能既传承民族优良传统，又能体现地域特色，还能够为现代人所接受。

（二）主旋律与多样化的统一

华东师范大学朱贻庭教授提出，“文化也是一种生命体，具有‘形神统一’的生命结构。‘神’指文化的精神实质——价值观，是文化之魂；‘形’指文化其神的载体，各种文化样态”①。社会主义核心价值体系引领文化产业发展必须坚持弘扬主旋律与倡导多样化的统一。社会主义核心价值体系，是社会主义制度的内在精神之魂，是社会主义意识形态大厦的基石，是社会主义文化建设的根本。因此，首先必须坚持社会主义核心价值体系的主导性，但社会主义核心价值体系又具有包容性。党的十七大报告在强调坚持以社会主义核心价值体系引领社会思潮这个重大原则时，明确提出要“尊重差异，包容多样”。“社会主义核心价值引领”本身就蕴含着尊重差异性，包容多样性。随着我国改革开放的不断深入，

---

① 朱贻庭：《论文化的“形神”结构与弘扬优秀文化传统》，《探索与争鸣》2007 年第 4 期。

人们的思想观念和价值取向的多样化在所难免。“现代文化学研究也表明，文化演进与生物进化极其相似，也要求多样化的基因作为物质基础。一个民族如果离开多样化的文化基因，必然出现文化上的近亲繁殖，导致文化矮弱化和畸形化，甚至导致文化传统的丧失与荒芜，沦落为文化沙漠。”①因此，必须正确处理意识形态领域“一元主导”与“多元并存”的关系，坚持两者的辩证统一。只有努力构建具有广泛感召力的社会主义核心价值体系，才能在充满差异性和多样性的社会思潮中保持全社会共同的理想信念和道德规范，形成全民族奋发向上的精神力量和团结和睦的精神纽带，打牢全党全国各族人民团结奋斗的思想基础。

（三）社会效益与经济效益的统一

文化产业发展的过程中，最难处理但又必须正确处理的一个重大问题，是社会效益与经济效益的关系问题。文化产业具有双重属性，其商品经济的属性决定了文化产品的生产者和经营者需要拓展市场化路径，尽可能多地获取经济效益；而意识形态的属性决定了它必须发挥文化的教育、引领和服务等功能，产生社会效益。但是必须摆正这两者关系，坚定不移地使经济效益服从社会效益。正如十七届六中全会强调，坚持把社会效益放在首位、社会效益和经济效益相统一。然而在商业化气息日渐浓厚的今天，许多文化产品的生产者和经营者盲目追求产业化，文化产品和服务的精神内涵、思想价值以及服务效能等被淡化，只剩下单纯的商业利润，这势必造成对社会精神领域的污染和对人们心灵的伤害。事实上，经济效益和社会效益并不相矛盾，应该寻找两者的最佳结合点。“在本质意义上和正常情况下，只有内涵丰富、导向正确、形式新颖、品质纯正、时代精神强烈、民族特点鲜明、艺术风格质朴、生活气息浓郁的文化产品和文化服务，才会是最有思想意义和社会效益，同时也才会是最具商业价值与市场潜力的。”②因此，在文化产品和服务的运营过程中，必须进行严格、有效的管理与监督，应当大力扶持和发展健康有益的文化产品和服务，坚决取缔和查禁有害的文化产品和服务。

二、文化资源优势凸显战略

文化资源是文化产业发展的“原材料”。如果没有文化资源，文化产业将会

---

① 刘晨晔：《以社会主义核心价值体系引领多元先进文化的前进方向》，《辽宁师范大学学报（社会科学版）》2009年第2期。

② 艾斐：《文化产业的精神规范与价值取向》，《红旗文稿》2011年第22期。

成为无米之炊。五千年文明的薪火相传,铸就了源远流长的文化传统,留下了饱蕴思想精髓和价值追求的文化遗产,这是我国发展文化产业的极大优势。开发利用文化资源发展文化产业既是一种商业行为,会带来可观的经济利益,更是一种文化行为,能创造巨大的社会效益。文化资源蕴含深厚的文化价值、历史价值以及独特的艺术价值,它既是人类传统文明的活化石,同时又是建设现代精神文明和物质文明的重要资源。由于本地区、本民族的民众对自己的民间文化有着深厚的情感,文化资源的传承、开发和利用对于丰富人们的精神文化生活,提高文化素养有着潜移默化的作用;对于维护社会稳定、加强民族团结方面也发挥着重要作用。因此,在文化产业发展过程中,必须以社会主义核心价值观进行引导,挖掘文化资源的思想内涵和精神价值,凸显我国的文化资源优势。

(一)制定和完善政策法规保护文化资源

中华民族之所以历经磨难而绵延至今,源远流长,是因为优秀传统文化已经深入中华民族的骨髓,成为民族的一种黏合剂、凝聚力;一个文化精品它给人以永恒的美感,其神韵让人玩味不尽,也是因为其传承了民族的精神,有深厚的历史积淀。文化资源饱含着丰富的精神价值,蕴藏着深刻的思想内涵,因此,政府必须制定相应的政策法规,在保护的基础上促使文化资源转化为产业资源。一方面必须用法制化手段来约束和规范文化资源开发行为,保护中华民族文化的优良传统,承继老祖宗留给我们的这份珍贵遗产,同时要完善相关政策,深入挖掘本地文化资源的文化内涵,寻找探索最适合本地特点的文化资源开发模式,因地制宜选准突破口,找准切入点,善于把深厚的文化资源做成具体的产业项目,实施重大文化产业项目带动战略。

(二)挖掘地方民俗文化资源打造特色文化产品

我国悠久的文明孕育了深厚的文化底蕴,许多地方都是文化资源的富矿。近年来,我国一些地方大力挖掘地方民俗文化资源,努力把当地文化资源转化为文化产品,促进当地文化产业特性化发展。曲阜的"国际孔子文化节"、五台山的"佛教文化节"、洛阳的"牡丹文化节"、苏州的"昆剧节"等都已经成为当地的文化名片,创造了可观的社会效益和经济效益。所以,要深入挖掘地方民俗文化资源,打造地方特色文化品牌,尽情地向世人展现独特的魅力,实现文化资源优势向现实生产力的转化。

(三)运用现代科技手段优化整合文化资源

要把我国文化资源转换成为具有中华民族特色的文化产品,要把我国在文化资源上的优势转换为文化产业上的优势,必须高度重视科学技术在文化产业中的应用,促进文化资源与科学技术紧密结合。在一定程度上讲,文化产业的出现是现代科技成果不断融入文化生产生活所带来的生产力和生产关系变革的必然结果,从文化产业的发展进程中可以明显地看到科技力量推动的痕迹。科学技术的高速发展解放并发展了文化生产力,极大地激发了文化资源中所蕴含的商业价值。谁占有了先进的科学技术,并将其有效地应用到文化资源的开发以及文化产品的生产和传播上,那么在文化产业发展上也就占据了先机和优势。《泰坦尼克》、《哈利波特》、《指环王》和《阿凡达》等影片之所以风靡全球,高新技术手段功不可没。近期我国一些地方积极利用高新技术,使传统文化资源赋予了创意,探索出了新的文化表现形式,取得了良好效果。如《印象刘三姐》、《印象丽江》、《印象西湖》、《禅宗少林·音乐大典》、《印象大红袍》等一系列山水实景演出,这些演出运用现代技术手段,巧借大自然的景观,既阐释了中国传统文化艺术,又成功地实现了人与自然的和谐统一,让人进入一种诗意的境界,体验美的感受,在国内外产生了强烈的反响。所以在加快振兴文化产业的过程中,我们一定要更加重视运用现代科技手段开发利用民族文化资源,大力开展文化科技创新,提高文化产品的科技含量,使中华文化在科技动力的驱动下绽放出更多的活力。

(四)实现文化资源与其他相关产业和市场的有效融合

党的十七届六中全会提出:"推动文化产业与旅游、体育、信息、物流、建筑等产业融合发展,增加相关产业文化含量,延伸文化产业链,提高附加值。"①要深入贯彻落实这一要求,就必须促进文化资源与相关产业的有效融合,这既是加快发展文化产业、推动文化产业成为国民经济支柱性产业的必然要求,也是转变经济发展方式、实现相关产业升级的迫切需要。因为旅游、体育、信息、物流、建筑等相关产业不仅为文化的交流和传播提供平台,而且为文化资源的开发提供载体,而目前我国文化资源的产业要素发掘不够,资源占有意识和创新开发意识相对薄弱,所以必须实现文化资源的产业化开发和市场化运作,才能创造出更多具有中华文化内涵的文化产品,否则文化资源只能是"水中月、镜中花"。尤其要促进文化资源和旅游产业有机地融合起来。实践证明,文化提升旅游,旅游传

① 《中共中央关于深化文化体制改革 推动社会主义文化大发展大繁荣若干重大问题的决定》,《人民日报》2011年10月26日。

播文化。文化资源与旅游产业融合发展，相得益彰，产生巨大的社会效益和经济效益。因此，要培育和壮大文化旅游产业，做好地方文化品牌，以文化激活旅游，以旅游促进文化。

三、企业核心价值观塑造战略

企业文化是企业的灵魂，集中体现企业的主体价值和精神风貌，是企业凝聚力和创造力的重要源泉，也是增强企业核心竞争力的重要因素，对企业发展的影响是根本的、长期的、广泛的。企业文化的出发点和落脚点是企业价值取向的塑造，因为价值观是企业文化的核心，不管社会如何变化，产品会过时，技术会更新，但是企业的核心价值观不会改变，这是企业安身立命的根本。所以，企业核心价值观是企业文化的"核动力"源，决定着企业文化的构型，统领着企业文化的方向，是形成奋发向上的精神力量和团结和睦的文化纽带。企业核心价值观对内可以产生凝聚力，对外可以成为竞争力。企业核心价值观，是根植企业文化土壤、体现企业领导集体意志、员工普遍认同的基本价值观念体系。要塑造企业核心价值观，必须做好以下几方面的工作。

（一）以社会主义核心价值体系为企业的核心价值

社会的核心价值体系是确保社会系统得以运转、社会秩序得以维持的基本精神依托。社会主义核心价值体系是先进文化的精髓，是全社会的共同价值追求，也是我国所有企业的共同价值遵循。要打造企业核心价值观，必须以社会主义核心价值体系统领企业文化建设，把企业文化培育成企业的核心竞争力，为增强企业的自主创新能力、竞争能力、综合实力提供坚实的文化支撑。

企业核心价值观以社会主义核心价值体系为精神依托，就是要以马克思主义指导思想为灵魂，以中国特色社会主义共同理想为主题，以民族精神和时代精神为精髓，以社会主义荣辱观为基础，从根本上重建现代价值秩序，形成奋发向上的精神力量和团结和睦的文化纽带，巩固团结奋斗的共同思想基础。首先，用马克思主义中国化的最新成果教育干部职工，为企业又好又快发展指引前进方向。企业必须坚持用发展着的马克思主义指导企业文化建设，用马克思主义中国化的最新成果教育全体企业员工，使其学会运用马克思主义的立场、观点、方法分析和解答现实问题，科学把握人类社会发展的基本规律，提高理论指导实践的能力。其次，用中国特色社会主义共同理想凝聚力量，引导广大员工为建设一流企业而奋斗。有了共同理想，才能有效汇聚各方面的智慧和力量，才能有共同步调,形成合力。塑造企业核心价值观必须坚定中国特色社会主义共同理想。一方面,引导员工把个人的理想追求同中国特色社会主义的共同理想结合起来,同国家民族命运和企业发展紧密结合起来,在国家和企业和谐、稳定、发展的基础上实现个人的人生价值。另一方面,要教育企业员工善于把远大理想与日常工作结合起来,从小事做起,从一点一滴做起,为企业发展贡献智慧和力量。再次,弘扬以爱国主义为核心的民族精神和以改革创新为核心的时代精神,培育具有本企业特色的企业精神。企业精神是企业文化的一项重要内容。以爱国主义为核心的民族精神和以改革创新为核心的时代精神为企业精神培育提供了丰富的营养。建设企业核心价值观、培育企业精神,必须引导企业员工始终高举爱国主义的旗帜,发扬改革创新精神,不断增强对国家、对企业的认同感、归属感,增强团结意识和发展意识,为企业长久发展提供内在动力。最后,践行社会主义荣辱观,在企业内部营造良好的道德氛围。企业文化建设的重点应该是职工队伍的思想道德教育。不管是企业家还是企业,其血管里必须流淌着道德的血液。失去了道德约束,一个企业就不会有健康向上的企业文化,也不会具备持久的市场竞争力。以"八荣八耻"为主要内容的社会主义荣辱观,为全社会成员判断得失、作出道德选择、确立价值取向,提出了基本的价值准则和行为规范。企业核心价值观必须以社会主义荣辱观为指导,努力在企业内部形成知荣辱、讲正气、树新风的文明道德风尚。

(二)企业核心价值观必须体现社会责任感

文化是民族的血脉,是人民的精神家园。文化产业的发展必须把塑造人的灵魂、提升人的品质放在第一位,这也是社会主义先进文化应该起到的作用。如果迎合某些人的低俗心理,只宣传人的天性,道德将越来越沉沦,社会将会越来越退化。所以,企业的核心价值观塑造中要注重美化人的心灵,体现社会责任感。一方面要吸引和鼓励企业投资公益性文化项目,建设公共文化设施,提供公共文化服务。正如《国家"十二五"时期文化改革发展规划纲要》中指出的:引导文化企业投资兴建更多适合群众需求的文化消费场所。同时要注意加强和改进对文化企业的服务和管理,引导其自觉履行社会责任,提升社会效益。

在社会主义市场经济条件下,文化作为产业要做大做强,自然要去"化钱"。尤其是文化企业,不赚钱就不能生存。这就是说,精神文化产品的生产一方面要尽可能地走向市场,讲求经济效益;另一方面,精神文化产品的生产不能完全商业化,精神文化产品不能完全商品化,文化工作者不能完全商人化。精神文化产品的生产不能以赚钱为唯一目的，放弃和冷落对情愫的陶冶、对道德的提升、对思想的引导和对精神的构建，更不能在产业化的过程中为了追求利润而不惜使精神受伤。因此，如何摆正"化人"和"化钱"的关系就成了文化领域面临的一个严峻课题。要正确处理"化人"和"化钱"的关系，文化事业和企业就必须正确处理经济效益和社会效益的关系，坚持把社会效益放在第一位。电影院不仅要追求票房价值，更要注重选择放映能鼓舞、激励人们工作热情的好电影。出版社不仅要多出书、多赚钱，更要出好书、出精品。新时期许多电视剧如《亮剑》、《士兵突击》、《媳妇的美好时代》等就继承了过去的优良传统，这些作品既"化钱"更"化人"，做到了社会效益与经济效益的统一。

由于我国人民受两千多年来的封建思想影响较深，庸俗的、愚昧落后的思想还广泛存在，同时受西方价值观的影响，我国社会的精神状况也出现了某种程度的滑坡，甚至存在一定的精神危机。这主要表现在一部分党员干部、群众的理想、信念淡薄，对马克思主义、社会主义产生怀疑乃至否定，一些人的金钱观念、享乐意识、自我意识和官本位意识过度膨胀。就道德观、价值观而言，中国确实存在一定的所谓"道德危机"、"信仰危机"，这些都是与社会主义精神文明建设格格不入的。因此，发展文化产业必须把社会效益放在首位，必须实施好精品工程。努力创造更多思想深刻、艺术精湛、制作精良，具有强烈吸引力、感染力、渗透力的作品，宣传科学真理，传播先进文化，塑造美好心灵，弘扬社会正气，倡导科学精神，用科学的、健康的、高尚的、文明的思想文化提升人民群众素质，丰富其精神文化生活。

（三）企业核心价值观必须体现人本理念

坚持社会主义核心价值体系引领企业核心价值观建设，引导员工主动成为社会主义核心价值体系建设的参与者和实践者。实践证明，无论是社会发展还是现代企业管理，人的因素是最重要的，人的价值理念和整体素质直接影响着企业的发展和社会进步。企业的"以人为本"就是要把企业和员工的利益作为一切工作的出发点和落脚点，坚持一切为了员工、相信员工、依靠员工，实现好、维护好、发展好员工的根本利益，充分尊重人的价值和愿望，不断满足人的物质文化需要，创造和增强人的发展动力，为人的发展创造良好环境，提高人的生存和发展能力，把企业的发展建立在人的全面发展的基础之上，让最广大的企业员工成为企业发展成果的受益者、享用者。企业的核心价值观坚持以人为本理念，注意引导企业员工正确处理企业的发展与社会发展的和谐关系，和谐地处理与自然、人、利益相关者的关系，为企业可持续发展提供重要条件。

（四）企业的核心价值观要强化诚信意识

企业发展的深层基础在于企业人之间拥有一种普遍的认同，人与人之间有一种相互信任的纽带。在现代社会，诚信不仅是企业重要的无形资产，同时也是企业提升核心竞争力的重要支撑。自古以来无论是民族、国家、宗教还是文化，无不把诚信当作核心价值和基本规范。在市场经济条件下，诚信是做人的基本准则，也是企业的"生命线"。如果没有诚信，就没有相互的合作，就没有企业的团结，就不能形成普遍的企业认同，企业也就不可能有持续的发展。面对当前我国普遍存在的价值观扭曲、道德失范、诚信缺失等社会现象，企业在推进文化建设的进程中，就一定要牢牢把握创作生产出更好更多的精神文化产品这一中心。既不能使文化建设沦为"文化搭台、经济唱戏"，以文化建设之名，行经济发展之实，也不能将文化建设简单地理解为财力的堆砌和投入，将文化硬件设施的建设当成文化建设的全部。企业作为社会主义市场经济的重要组成部分，理应强化诚信意识，承担社会道义和社会责任。

四、文化精品打造战略

文化精品生产是民族文化复兴、经典应运而生的重要契机与标志。所谓精品，就是思想性、艺术性、观赏性相统一并获得市场认可、读者赞赏、历史检验的作品。文化产品的创作生产是精神生产，投入的是智力劳动，产出的是精神产品，关乎人的心灵世界、民族精神面貌、社会文明进步。任何文化精品在本质上都是教人向善、向美、崇德、崇智，其中饱含思想内涵与精神蕴藉，具有启发意义、激励作用、引导价值和审美功能的思想本质与精神光彩。创作生产更多无愧于历史、无愧于时代、无愧于人民的优秀作品，是社会主义文化建设的根本和关键所在，是实现文化大发展大繁荣的重要基础，也是当前文化产业发展中迫切需要解决的问题。

近年来，我国的文化成果丰硕，涌现出许多文化精品并深受人们欢迎，如《亮剑》、《任长霞》、《恰同学少年》、《士兵突击》、《闯关东》等一大批优秀电视剧收视率节节攀升，《辛亥革命》、《建国大业》、《唐山大地震》、《建党伟业》等优秀电影一再刷新国内票房纪录，但总体上看，我国文化产品创作生产相对落后，从人民的需求、时代的要求和对发展社会主义先进文化的追求来看，叫得响、传得开、留得住的优秀作品还不多；反映民族精神与文明价值的文化品牌仍十分稀缺;代表文化生产力较高素质、具有文化传播力和市场竞争力较高水平的产品服务项目尚系列不整;从国家到地方,尚存在相当规模的无效供应,甚至屡屡暴露出主观盲动、资源浪费、失当失败的案例。要在保证创作繁荣的基础上,充分调动广大文化工作者的积极性、主动性、创造性,努力推出更多体现民族精神和时代精神,反映人民意愿,广大人民群众喜闻乐见的精品力作,就必须以社会主义核心价值体系为引领。因为社会主义核心价值体系是当代中国文化之“魂”,“在当代中国,一切文化产品只有生动地体现了社会主义核心价值体系这个‘魂’,才有主心骨,才有精气神”①。

(一)坚持社会主义先进文化的前进方向和人民大众文化需求导向的统一

坚持社会主义先进文化的前进方向是打造文化精品的前提。文化产业的发展是先进文化建设的载体,发展文化产业的根本目的在于发展先进文化,先进文化的建设和发展为文化产业的发展指出了方向。先进文化是人类文明进步和人类智慧的结晶。在当代中国,先进文化是指科学的、健康的、文明的,符合生产力发展要求的,符合最广大人民群众根本利益的,代表文化未来发展方向和有利于社会文明进步的文化,是以马克思列宁主义、毛泽东思想、中国特色社会主义理论体系为指导,面向现代化、面向世界、面向未来的和民族的、科学的、大众的文化。

当前随着我国经济体制深刻变革、社会结构深刻变动、利益关系深刻调整,人们的思想活动日趋活跃,新的观念、新的意识不断生成,这为社会发展进步注入了活力。同时,一元与多样、传统与现代、先进与落后、本土与外来相互交织、相互影响,社会思想意识更加多元多样多变,社会思潮也更加纷繁复杂。在这种情况下,能不能把握先进文化前进方向、促进主流文化发展壮大,是对我们党领导水平和执政能力的一大考验。必须更加自觉地立于文化的潮头、担当文化的先锋,用先进文化引领社会思潮,构筑精神文化高地,促进和推动社会发展进步。坚持社会主义先进文化前进方向,就要高举中国特色社会主义伟大旗帜,遵循社会主义核心价值体系的要求,用正确的价值观展现思想力量,用多彩乐章奏响主旋律,用优秀作品礼赞伟大时代,才能努力创作出经得起历史和人民检验的优秀精神文化产品。

人民大众的文化需求是打造文化精品导向。文化属于人民,人民群众是文

① 永春:《文化“魂”与“体”辩证关系刍议》,《人民日报》2011年10月26日。

化的创造者和主体，人民群众的文化需求又是文化产业发展的根本动力。从根本上说，文化是人们生产和生活的反映，人民群众的需求推动了文化的产生和发展。人民群众是文化产品和文化服务的消费者，只有创作出优秀的文化产品，提供优质的文化服务，满足了人民群众日益增长的精神文化需求，培养和陶冶了人民群众美好的精神境界和高尚的道德情操，才能被人民所接受，文化产业才有其发展的源泉，否则，文化产业将无法生存和发展。因此，文化产品的创作生产必须以满足人们的精神文化需求为出发点和落脚点。

文化需求是指人们在这一时期内为了满足自身的各种精神需要而形成的文化产品和服务的需求量。文化需求是人的一种生存需求，是人的生活质量达到一定高度并追求更高幸福指数的需求。实质上，满足人民群众日益增长的文化需求，对于文化产品的生产而言，不是"量"的增容而是"质"的提升。不同文化群体因认知、素养或阅历等因素的影响，有着不同的精神文化需求。总体上看，目前随着人们生活水平的不断提高，人们的文化需求空前旺盛，呈现出以现代流行文化为中心的多样性、商业化和感官化趋向，这是文化市场化大众化内在逻辑的必然结果。现代流行文化在给人民群众带来丰富多彩的文化享受的同时，也容易导致低俗文化的泛滥，淡化人民群众对高雅文化的兴趣和正确价值观的追求。因此，要加强对文化产品创作生产的引导，一方面要顺应人们对文化发展的新要求、新期待，努力生产出符合人们需要的精神文化产品，但满足需求不是一味迎合，要坚持正确的文化立场和文化追求，弘扬社会主义核心价值体系，靠思想的力量、艺术的魅力打动人心，靠喜闻乐见、雅俗共赏赢得受众，抵制庸俗、低俗和媚俗，使文化产品真正成为丰富人民生活、提高人民境界的精神食粮。另外，需求是可以创造的。要针对不同人群的潜在文化需求进行分析研究，定向制造出相应的文化产品和创造新的文化服务，驱动人民群众隐性、潜在的文化需求，推动新兴文化产业发展。

（二）坚持"二为"方向、"双百"方针和"三贴近"原则

文化产业承载的是思想观念、审美情趣、价值选择，文化生产、传播和消费的本质是内容，因此，内容永远是根本，是核心竞争力，是决定其生存与发展的关键所在。要牢固树立内容为王的观念，始终坚持正确导向，把内容建设摆在十分突出的位置，着力提升文化产品的内涵和质量，以内容优势赢得产业发展优势。文化精品，作为一个时代文化发展水平的重要标志，是社会承认、群众喜欢、经得起历史检验的优秀作品，承载着弘扬主旋律的使命，往往能给人以思想的启迪、心

灵的震撼或者感官的触动,具有强烈吸引力、感染力、渗透力。因此,文化产品承载的故事内容、元素符号和文化象征等大大提升商品价值,内容的健康性、原创性和不可替代性是文化产业的核心价值,打造文化精品,内容的建设是关键。

为此,文化企业和文化工作者必须坚持"二为"方向、"双百"方针和"三贴近"原则,坚持思想性、知识性、艺术性、观赏性相统一,提升文化产品的内涵和质量。

坚持"为人民服务""为社会主义服务"的"二为"方向,这是社会主义文化建设的前进方向。为人民服务是社会主义文化建设的根本宗旨;为社会主义服务则揭示了我们文化建设在意识形态上的根本属性。因为社会主义的一切建设都以服务于人民为归宿,同时中国人民的利益与社会主义的命运息息相关,为人民服务必须坚持社会主义道路。可见,两者在价值观上是一致的。

贯彻落实"二为"方向,必须坚持以人民为中心的创作导向。老子说上善若水,泽被万物而不争名利。我们的文化产品能否也像水一样融入人民群众的生活中,给人们带来好处,就必须坚持以人民为中心的创作导向。一切进步的文艺创作都源于人民、为了人民、属于人民。人民是文化建设的服务对象和依靠主体,也是文艺作品的最终评判者,这是唯物史观在文艺创作生产中的根本体现。优秀的文化作品,不是书斋中造出来的,也不是连古缀今"穿越"出来的,而是从生活的深处开掘出来的。坚持以人民为中心的创作导向,首先需要文化工作者重心下移,扎根沃土,在人民群众的伟大实践中挖掘创作素材,提炼诗情画意。只有让创作深深植根于人民创造历史的浓厚沃土,才能反映人民精神世界又引领人民精神生活。文化产品创作生产者,要顺应这种历史大势,尊重群众的热情和期待,在创作中提高作品可融度,扩大开放性,以更大的智慧激发和呼应人民群众的文化主动性,让更多的人民群众加入到文化共建的洪流中。如柴可夫斯基创作的世界名曲《如歌的行板》,打动了无数人的心。著名作家托尔斯泰第一次听到这首乐曲时,情不自禁地流着眼泪说:"我接触到了苦难人民的心灵深处。"《如歌的行板》之所以具有如此感人的魅力,成为世界音乐文化史上的不朽名作,最根本的是因为它扎根人民深厚的土壤,饱含对人民真挚的情感,传达人民真实的心声。坚持以人民为中心的创作导向,还必须使文化产品和服务真正为人民造福。既要保障人民群众的基本文化权益,又能满足人民群众日益增长的多方面多层次的文化需求,同时还有利于提高人民群众的思想道德素质和科学文化素质。

坚持“百花齐放、百家争鸣”方针的基本精神，旨在强调文化领域只有通过各种思想、学说、流派、风格的相互争论，尊重差异、兼容并包，文化的发展繁荣才有可能。如果说“二为”指出了社会主义文化建设的前进方向，那么“双百”则是推动社会主义文化建设的重要方法。因此“二为”和“双百”是紧密相关的，两者互为前提和条件。十七届六中全会把贯彻“二为”和“双百”并列相提，表明推动文化的发展繁荣必须坚持“二为”方向、贯彻“双百”方针。

贯彻落实“双百”方针，必须尊重差异、包容多样。充分发扬学术民主和艺术民主，在文化创作上提倡不同形式和风格的自由发展，在哲学社会科学理论上提倡不同观点和学派的充分讨论，在文化产业发展上提倡不同门类和业态的积极创新。没有百花齐放、百家争鸣的创作氛围，就难以形成生动活泼、春色满园的景象；没有解放思想、民主和谐的创作环境，就难以形成繁荣兴盛、名家辈出的学术土壤。鼓励探索，扶持原创，宽容失败，着力营造积极健康、宽松和谐的良好氛围，使一切创新潜力得到挖掘、一切创新才能得到发挥，使创新成为文艺创作领域的强劲旋律。

贯彻落实“双百”方针，必须正确处理坚持以马克思主义核心价值体系为导向和“百花齐放、百家争鸣”的关系。没有“百花齐放、百家争鸣”，就没有文化的繁荣。只讲“百花齐放、百家争鸣”，不讲核心价值体系就会形成百花乱放，把人心搞散，把社会搞乱。百花齐放要以核心价值体系为导向。讲核心价值体系也不能不许争论，不许批评，不许百家争鸣，形成一家之言。这样才能使我们文艺形成一个百花争奇斗艳、色彩缤纷、姹紫嫣红的社会主义大花园。

坚持贴近实际、贴近生活、贴近群众的“三贴近”原则，体现了马克思主义的世界观和方法论，是新形势下推进文化改革发展的重要突破口，也是文化工作增强针对性、实效性和吸引力、感染力的根本途径。贴近实际，就是坚持立足于社会主义初级阶段这个最大的实际，把回答和解决实践提出的重大课题作为中心任务，使宣传思想工作更好地体现时代性、把握规律性、富于创造性。贴近生活，就是深入到火热的现实生活中去，关注生活中的重大问题，使宣传思想工作充满生活色彩，富于生活气息，反映生活本质。贴近群众，就是深深扎根于群众之中，把握群众脉搏，了解群众愿望，说群众想说的话、想听的话，使宣传思想工作可亲可信、深入人心。“三贴近”是一个相互联系的有机整体。实际，是社会生活的实际，人民群众的生活实际；生活，是丰富多彩的实际生活，人民群众的实际生活；群众，是社会实践中的群众，实际生活中的群众。实际是根基，生活是源泉，群众是出发点和落脚点。社会主义文化建设的实践证明,什么时候坚持了“三贴近”,就能创作出思想性艺术性观赏性完美统一的优秀作品,社会主义文化就会焕发出蓬勃的生机和活力;什么时候偏离或忽略了“三贴近”,文化作品就苍白无力、枯燥无味,社会主义文化的生机就会窒息和枯萎。古往今来,无数优秀作家艺术家的创作实践同样也表明,能否创作生产出厚重隽永的文化精品,关键是看他们是否始终关注现实生活、聚焦普通群众,是否拥有丰富的生活积累、深刻的生活感悟,作品是否能够经受群众和实践的检验、给人以美的享受和深刻启迪。

贯彻落实“三贴近”原则,必须牢固树立马克思主义实践观点和群众观点。广大文化工作者要深入实际、深入生活、深入群众,向实践学习,拜人民为师,始终与人民群众同呼吸、共命运、心连心。社会生活的广阔天地,人民群众的伟大实践,始终是文化创作取之不尽、用之不竭的源泉,是产生精品力作的土壤和根基。要自觉把人民群众作为文艺创作表现的主体和服务的对象,把全面建设小康社会、实现中华民族伟大复兴的生动实践作为文艺创作的丰富题材,深入生产生活第一线,建立文艺与人民群众的紧密联系,从人民群众的火热生活中挖掘素材,从人民群众的实践创造中提炼主题,从人民群众的审美需要中汲取灵感,说群众想说的话、讲群众能懂的话,创作更多反映现实生活和时代要求、深受人民群众喜爱的精品力作。

贯彻落实“三贴近”原则,“走基层、转作风、改文风”活动是有效方式之一。广大文化工作者要坚持面向基层、重心下移,增强国情了解,增加基层体验,增进群众感情,多创作生产传播适合基层群众需要的文艺作品,多深入基层和农村演出,多开展方便基层群众欣赏和参与的文化活动,进一步丰富基层文化生活。要适应群众文化需求的新特点新变化,积极发展新的艺术样式,努力创作生产一切有利于陶冶情操、愉悦身心、寓教于乐的文艺作品,更好地满足人民群众多层次、多样化、多方面的精神文化需求。

(三)坚持思想性、知识性、艺术性、观赏性的统一

坚持思想性、知识性、艺术性、观赏性的有机统一。文化产品是体现文化产业发展价值的物质载体,作为精神产品,文化产品的创作生产必须坚持思想性、知识性、艺术性、观赏性的有机统一。思想性是指文化产品引导社会、教育人民、推动发展的作用,知识性是指文化产品传承文明、传播知识的作用,艺术性是指文化产品审美育人、提升情趣、陶冶情操的作用,观赏性是指文化产品赏心悦目、

娱乐放松、愉悦身心的作用。文化产品的创作生产与意识形态领域其他工作相比，都有引导社会、教育人民、推动发展的普遍性，但同时也有自身的特殊性。其特殊性就在于，思想性、知识性寓于艺术性、观赏性之中，并通过艺术性、观赏性得以实现。缺乏艺术性、观赏性，文艺产品就失去了吸引力，就难以为群众所接受，思想性、知识性也就无从谈起；缺乏思想性、知识性，文艺产品的艺术性、观赏性也就丧失了灵魂，失去内涵，变得浅薄乏味，因而就失去了生命力。这就要求在文艺产品的创作生产中，要善于把深刻的思想内涵、丰富的知识信息与完美的艺术形式有机结合起来，在注重提升作品思想内涵的同时，不断提高作品的艺术魅力，增强对人民群众的吸引力和感染力。

要做到思想性知识性艺术性观赏性的统一，就必须在文化产品的创作生产中把深刻的思想内涵、丰富的知识信息与完美的艺术形式有机结合起来。要用正确的价值观展现思想力量，文化产品只有贯注了思想、蕴含了精神，才具有真正的价值和意义；还必须用多彩的乐章奏响时代主旋律，以丰富多样的题材、鲜明生动的形象、个性化的艺术创新，充分展示代表社会主流的思想和精神。只有实现四者有机统一，才能不断提高作品的艺术魅力，增强吸引力和感染力，努力创作出更多经得起历史和人民检验的精品力作、传世佳作。

（四）坚持技术创新和文化创新

没有先进的科学技术，就没有现代文化产品和当代文化产业。优质的文化资源和优秀的文化创意，要变成一个高质量的文化产品，必须借助于相应的高新技术手段。实现文化自强，必须增强科技意识。要适应当代科技发展的新趋势，加快高新技术在文化领域的运用，推动文化与科技的融合，加快构建覆盖广泛、技术先进的文化传播体系，不断为文化注入新的内容、构建新的平台、创造新的形式，努力用先进技术建设和传播先进文化。

美国是一个移民国家，既没有统一的民族文化，更谈不上悠久的文化传统和丰富的文化积累与文化遗存，之所以能够在文化创造和文化产业上占据优势，就是凭借创新，在文化上尤其是在技术上和观念上进行创新。以电影制作为例，就有 1977 年乔治·卢卡斯导演的《星球大战》和 2010 年詹姆斯·卡梅隆导演的《阿凡达》。前者以率先使用计算机技术创造特效景观，从而开创了科幻电影的新时代；后者将 3D 技术与环保理念相结合，进一步为科幻电影的发展营造了新景观和开辟了新途径。这两部电影都获得了数十亿乃至上百亿美元的票房收入。更重要的是，它以文化产品吸引全世界观众，在不知不觉中也输出了美国的价值观，从某种程度上说美国的强大要归功于通过电影和电视塑造和掌控全球形象。

我国的广东、上海、浙江、江苏、河南、湖南、云南、广东以及深圳等地，其文化软实力取得极大提升都离不开持久的文化创新，包括观念创新、体制机制创新、技术创新和业态创新等，如湖南文化产业发展目标是力求使其在整个文化领域中成为新思想、新科技、新知识成果、新文化产品发源地和产品出产地之一，甚至在某些方面成为权威的认证地之一，体现了敢于创新、勇于创新、依靠创新发展的精神。让文化与科技相结合，才能做出更多、更好看、更炫的，能赢得市场的文化产品。如2008年北京奥运会开幕式上美轮美奂的光影画卷，2010年上海世博会上栩栩如生的“清明上河图”，让北京中关村的一家数字视觉创意企业——水晶石数字科技股份有限公司蜚声国际，成为当代科技和传统文化结合的典范，为“双轮驱动”提供了现实依据和成功示范。

当然，技术是打造文化精品的手段或途径，其最终是为内容服务的。文化产品的最大特点，就在于它要以情愫感染人、以思想引导人、以道德提升人、以精神鼓舞人，并由此而决定了文化创新必须始终把着力点放在追求内容、思想和精神的充实、丰富与崇高上。形式的创新，包括对高新科技手段的运用，都只能是和必须是以内容之需为需，以思想之用为用，以精神之宜为宜。电影《泰坦尼克号》与《冰海沉船》的内容题材一致，但为什么《泰坦尼克号》比《冰海沉船》更感人？更受观众欢迎？主要是前者注入了更多更大更高更强的思想力量与精神元素。《泰坦尼克号》中的一些故事情节：船员、船长与船共存亡，把生留给了妇女儿童；乐手为乘客奏乐到生命的最后一刻；杰克把生的机会留给了罗斯等，这里弘扬的是利他主义的精神，而且这种思想力量和精神元素通过科技的手段在文化作品中是自然流露，而不是口号式的大声疾呼，是润物细无声，而不是填鸭，是寓教于乐，而不是政治课，更容易被观众所接受。几年前21位聋哑演员的舞蹈《千手观音》之所以能获得成功，不仅是因为在舞蹈的编排上突破了残疾人不能集体共舞的传统认识，把古典形式与现代手段有机结合起来，产生了惟妙惟肖、美轮美奂的强劲美感冲击，同时还因为该舞蹈通过流光溢彩的神话形象透射出无声世界的生命活力，给观众心灵带来震撼性效应，使人的体验和领悟都得以提升，从而赢得全国观众“激动、流泪”的评价。因此，必须把形式与内容、技术与艺术有机融合起来，使之相辅相成、相得益彰。

五、文化消费品位提升战略

文化消费是文化产业链上的终端环节，文化消费既是文化产业发展的现实基础和动力，也是文化事业、文化产业发展的目的。文化产品和文化服务只有通过文化消费，才能成为现实的商品。党的十七届六中全会明确提出，“发展文化产业是社会主义市场经济条件下满足人民多样化精神文化需求的重要途径”，“增加文化消费总量，提高文化消费水平，是文化产业发展的内生动力”。提高文化消费能力，提升文化消费品位对于扩大内需、优化产业结构、提高国民素质、构建和谐社会都具有重要意义。

随着人们生活水平的不断提高，人们的消费结构发生了很大的变化。居民消费正由生存型、温饱型向小康型、享受型转变，文化消费有所上升，但城乡差距巨大。据《中国统计年鉴》有关数据估算，城镇居民家庭文化消费呈现上升趋势，2003 年至 2009 年，城镇居民家庭的人均文化消费占总消费支出的比重由 6.46% 增至 7.65%。但是，农村居民家庭文化消费明显下降，人均文化消费占总消费支出的比重由 6.06% 降至 4.20%。按照国际经验，当一个国家人均国内生产总值达到 3000 美元时，居民消费进入物质消费和精神文化消费并重时期；接近或超过 5000 美元时，居民消费将进入精神文化需求的旺盛时期。① 但是，2010 年我国人均国内生产总值超过 4500 美元，按照国际标准我国文化消费应该达到 4 万亿元，但实际消费不到 1 万亿元。可见，我国居民文化消费明显不足，文化消费的巨大潜力还有待充分挖掘和释放。另外，在人们的文化消费结构中，仍然普遍存在着重模仿轻创造、重流行轻个性、重享乐轻发展、重普及轻提高、重形式轻内容等一些不合理现象。

文化属于意识形态的范畴，文化产品和服务的消费属于意识形态内的精神消费。为纠正当前文化消费上的偏差，增加居民收入、调节收入分配和完善社会保障体系等是必须采取的经济举措，但是从意识形态角度引导才是治本之举。社会主义核心价值体系是意识形态的本质体现，只有以社会主义核心价值体系引领人们的文化消费，才能实现健康、高品位的消费，为文化产业提供持续动力。

（一）优化文化供给结构

需求决定供给。社会是一个复杂的系统，社会生活的复杂性和人的社会属

① 范军：《GDP 增长为何文化消费没有跟进》，《资治文摘》2011 年第 7 期。

性的多样化，决定了人们文化消费需求的多层次性。要满足不同民族、不同地域、不同层次、不同年龄群体日益增长的文化需求，增加文化消费总量，提高文化消费水平，就必须在社会主义核心价值体系引导下，以消费需求为导向，优化文化供给结构，这是人们实现健康文化消费的前提。

首先，加强文化产品和服务的有效供给。文化产品的创作和生产是文化消费的前提，必须考虑消费需求，否则盲目扩大文化投资，不仅会造成资源浪费，而且影响文化产业发展的质量。因此，党的十七届六中全会明确提出“正确创作方向是文化创作生产的根本性问题”。文化产品的创作生产必须坚持“二为”方向、“双百”方针和“三贴近”原则，坚持以人民为中心的创作导向，弘扬主旋律，创作生产出社会承认、群众喜欢、经得起历史检验的优秀作品，为人们提供思想性艺术性观赏性相统一的精品力作和优质的文化服务。其次，促进多元化高品质的文化消费。加大文化产业与电子商务、金融保险、物流配送、科技服务等其他产业的融合，促进文化与旅游观光、体育健身、技术培训、艺术鉴赏等产业的互动，培育和发展健康的网络文化、数字文化等新兴文化业态，促进多元化的知识智力发展型消费。

（二）培养科学的文化消费观

健康的文化消费需要消费者具备相应的文化消费能力，特别是需要具有正确的消费价值观、一定的文化修养和鉴赏水平。而这不是自然而然形成的，需要政府部门以及各级媒体强化舆论导向功能，通过各种形式的宣传引导，弘扬社会主义核心价值观，努力营造氛围，促进科学文化消费观的养成，这是人们实现健康文化消费的关键。

首先，引导人们树立积极健康科学的文化消费理念。通过宣传引导，帮助人们树立有利于提高综合素质、培养高雅情趣、促进社会文明进步的文化消费理念。如“开卷有益”、“终身学习”、“读书益智”、“知识就是力量”等理念。克服、摈弃不健康、不文明的消费心理，坚决抵制“三俗”消费行为。其次，引导人们认识真正优秀的文化产品和优质的文化服务，提高人们对各类文化产品和服务的辨别力、理解力、领悟力和接受力，避免盲从现象。引导人们认识到文化消费不仅是赏心悦目的过程，更重要的是使其文化意义和价值得以实现的过程。引导人们接受并消费那些具有正确的精神导向、先进的价值追求、科学的认知效能和积极的美学思维的文化精品，使之成为文化消费的内在动力和最终目的。再次，引导人们正确消费优秀的文化产品。每个人都有自身的兴趣爱好，在文化消费时不免存在偏爱。引导人们正确地消费文化产品时，既要尊重个人偏爱，更要引导人们在科学鉴别文化产品优劣的基础上进行健康消费，达到“以文化人”的效果。

（三）提高农村文化消费水平

特色文化是农村大地的精神营养。我国地域性文化丰富多彩，差异很大。要实现我国居民健康文化消费，不应该把农村区域遗忘。要在社会主义核心价值体系引导下，在传承民族优秀文化的基础上，凸显地域文化特色，做好载体创新，提高农村文化消费水平，这是人们实现健康文化消费的重要条件。

首先，挖掘传统文化资源，促进特色文化消费。文化资源蕴含着深厚的文化价值、历史价值以及独特的艺术价值。文化资源的传承、开发和利用对于丰富人们的精神文化生活，提高文化素养有着潜移默化的作用。要努力挖掘地方民俗文化资源，打造地方特色文化品牌，运用群众喜闻乐见的、乡土气息浓郁的载体，宣传积极、健康、向上、和谐的内容；倡导健康文明的生活方式和社会风尚，促进特色文化消费。其次，扩大农村文化服务消费，培育文化消费的新增长点。《国家“十二五”时期文化改革发展规划纲要》指出：促进非物质文化遗产保护传承与旅游相结合，提升旅游的文化内涵，发挥旅游对文化消费的促进作用。所以，要以文化激活旅游，把文化和旅游有机地融合起来，做好地方文化旅游品牌，促进农村旅游文化消费。再次，推进文化惠民工程，促进农村实用性科技知识的消费。加大农村广播电视村村通、农村电影放映、乡镇综合文化站、农家书屋等公共文化服务工程的建设力度，进一步激发农村居民精神文化消费需求。举办文化科技培训班、养殖种植培训班，或者借助通讯和网络等平台，将种植、养殖、气象、流通等实用性生产服务知识寓于丰富的文化形式之中，创造更多的文化服务与消费新载体，满足农民的需求。

（四）营造良好文化消费环境

文化市场是一把双刃剑。健康的文化市场是人类精神文明的载体，是构建和谐文化、倡导高尚道德、寓教于乐的精神家园，对于增强社会主义意识形态的吸引力和凝聚力具有重要作用。因此，必须在社会主义核心价值体系引导下，加强对文化市场的监管力度，构建健康和谐的文化消费环境，这是人们实现健康文化消费的重要保障。

首先，健全文化市场法规，加强法制化管理。依法保护文化知识产权，对文化产品的生产和流通把好关，从源头上控制文化产品的生产质量，形成以预防为主的管理机制。其次,净化文化消费市场,规范文化消费市场主体行为。在文化传播中限制不合理性成分,坚决清除淫秽色情和低俗内容;加大对进口演出、音像、网络游戏等节目的监管力度,严格审批程序,加强内容审查,防止非法文化内容和不良文化思潮通过文化市场传播,自觉维护国家文化安全;最后,加强网络文化建设与管理,掌握网上思想文化主阵地。要认真贯彻积极利用、科学发展、依法管理、确保安全的方针,加强网上舆论引导,唱响网上思想文化主旋律。实施网络内容建设工程,推动优秀传统文化瑰宝和当代文化精品的网络传播,创作和生产适合互联网和手机等新兴媒体传播的精品佳作,鼓励网民消费格调高尚、积极健康的网络文化作品。

六、中华文化"走出去"战略

我国是一个发展中的社会主义国家,同时也是一个开放的国家。这种开放不仅表现在经济上,而且也表现在精神文化上。开放的经济和封闭的文化不可能并存,这就决定了我国在文化上同样不能闭关自守。但是,科学的开放,无论在经济上还是在文化上,都应该是"引进来"与"走出去"相结合,没有"走出去"的开放是不完整的开放。因此,党的十七届六中全会在提出建设社会主义文化强国宏伟目标的同时,强调要"实施文化走出去工程","开展多渠道多形式多层次对外文化交流,广泛参与世界文明对话,促进文化相互借鉴,增强中华文化在世界上的感召力和影响力"。文化"走出去",对于我国在经济全球化的背景下,解放和发展文化生产力,提高中华文化的竞争力具有重要的意义。

(一)中华文化"走出去"的历史机遇和现实挑战

中华文化"走出去"既有着深厚的文化基础,也面临着良好的历史机遇。中国是一个历史悠久的文明古国,拥有在人类历史上不可替代的光辉灿烂的民族文化。中华文化在世界文明史上的重要地位,为"走出去"奠定了深厚的文化基础。另外,自古以来中国在文化外交方面积累了丰富的经验。古有张骞出使西域、郑和七下西洋、鉴真东渡日本,今有"乒乓外交"、中外文化交流年,这些都为传播我国文化起到了积极的作用,扩大了中国文化对世界的影响力。此外,文化外交为我国文化与世界各国文化进行交流构建了平台。近年来,我国与世界各国进行了大量友好的文化交流合作。我国与世界上 100 多个国家保持着不同形式的文化交往,与数千个国外和国际的文化组织有着各种形式的联系,在 50 多个国家举办了不同规模200多个中国文化节、艺术节。① 通过形式多样、内容丰富的文化交流活动和优秀文化作品，展现传统与现代融合、充满丰富内涵和艺术创造力的中华文化图景，展示了我国文明、民主、开放、进步的良好形象。随着对外文化交流渠道的不断拓宽，我国对外文化贸易几乎涵盖了所有的艺术门类，取得了长足进步，一批具有国际竞争力的外向型文化企业脱颖而出。在海外设立中国文化中心是推动中华文化走向世界的战略选择，目前也进入快速发展的新时期，已与148个国家签订政府间文化合作协定和年度文化交流执行计划，建成海外中国文化中心9个。这些为中华文化"走出去"创造了有利条件。

当前，中华文化"走出去"也面临严峻挑战。当前我国文化产品和服务出口总体上还处在探索起步阶段，规模总量偏小、结构不尽合理、营销手段落后，特别是缺乏在国际上有较大影响力的文化企业和文化品牌。2009年，美国、日本、英国、德国和法国5个主要发达国家的文化市场规模，占据了全球2/3的份额。虽然2010年我国的经济总量已经名列全球第二，但是文化产业总量却仅排在全球第六位，文化出口额更是排在全球第七位。② 由此看来，我国文化产品出口额与我国经济大国地位极不相符。因此，胡锦涛总书记在庆祝中国共产党成立90周年大会上的讲话中强调，要着眼于推动中华文化走向世界，形成与我国国际地位相对称的文化软实力，提高中华文化国际影响力。

（二）必须借鉴其他发达国家的成功经验

文化既是国家的软实力，又是重要的生产力。美国、法国、英国、德国以及韩国等国家的文化产业较发达，对于本国经济的发展起到了巨大的促进作用。美国并不是文化产业大国，但却是文化产业强国。据美国商务部的统计，早在1996年，美国文化产业的出口首次超过汽车、农业、航空和军火这些传统行业，位居所有出口产品之首。美国控制了世界75%的电视节目和60%的广播节目的生产与制作，每年向国外发行的电视节目总量多达30万小时。而美国自己的电视节目中，外国节目仅占1%—2%。美国电影对全球的影响更是独一无二的。虽然美国的电影产量只占世界电影总量的6%—7%，但好莱坞电影却占据了世界电影市场份额的92.3%。好莱坞现有一半的收入来自海外市场。有统

---

① 黄珂：《中国文化"软实力"的发展现状及对策分析》，《中国市场》2011年第9期。

② 李敏：《文化产业已成国际竞争新热点》，《中国信息报》2011年11月17日。

计显示,美国文化产业的产值已占美国 GDP 总量的 18%—25%。① 在欧洲,法国、英国、德国等国家,同样非常重视文化产业资源的开发、保护和利用。以法国为例,其图书出版业和电影业在欧洲文化市场上具有重要地位。法国是图书生产、销售和出口大国,图书出版业成为了法国的一种重要文化产业。亚洲的韩国是新兴的文化产业大国,这些年韩国文化产品成功地冲出亚洲,走向世界。韩国在推广自身文化形象的一个重要手段就是影视剧。《大长今》的热播,绝非一个电视剧而已,而是事关韩国的文化输出、文化战略。韩国菜、韩国料理、韩国医药等等都成为大家非常关注的内容,甚至还有人特别想到韩国去旅游。这种形象化、娱乐化的做法成为韩国人传播自己文化的一个重要渠道,也大大提高了国家文化形象的传播效果。而且,他们要把"韩流"变成"亚流",甚至"世流"。韩国只有 4900 万人口,却在海外有 12 个韩国文化院。2004 年韩国文化产品已占世界市场份额的 3. 5%,成为世界第五大文化产业强国。② 这些发达国家文化产业成功"走出去"的有些做法虽然我们不敢苟同,但是在壮大本国文化产业竞争力,提升文化产品的国际影响力等方面的经验却值得我们学习。

(三)必须坚持传统与现代并重、个性与共性相统一

中华文化产品进入国际文化市场,选择什么样的共同特色主题,是一个值得思考的国际战略问题。这关系到中华文化产品在国际文化市场向各国文化消费者传播什么样的中华人文精神,也关系到中国人在世界文化和国际社会中树立什么样的民族人格、国家形象。中华文化产品进入国际文化市场要凸显两个主题,既要体现中华民族的正义、善良、和睦的人文精神,以丰富人类社会的和谐文化内容,同时还要与当今世界人类社会的共同主题保持一致,使得不同文化背景下的人们首先能接受中国的文化产品。这两个主题其一展现的是中华文化的传统,中华民族的个性;另一个则是符合当代国际社会的主流,他国民众的共同价值追求。

中华文化"走出去"首先要体现中华文化的精髓。创造了五千多年文明史的中华民族有着源远流长、博大精深的中华文化。我国悠久的文明和开放、包容、融合的多民族传统文化在世界文明史中占有重要地位,具有独特魅力和旺盛活力,与当今时代主题、发展潮流有许多根本的契合,这是我们实施文化"走出

① 李希凤:《国外文化产业发展的基本状况》,《消费导刊》2009 年第 24 期。
② 王岳川:《中国文化软实力与文化安全》,《光明日报》2010 年 7 月 29 日。

去”战略最坚实的基础和深厚的底蕴。在中国传统文化中，儒学中的“中和”、“诚信”、“爱仁”、“民本”、“忠孝节义”、“礼义廉耻”、“养性、修身、齐家、治国、平天下”、“公生廉、廉生威”、法家主张的“明赏罚”、《孙子兵法》，以及传统文化中的爱国主义、英雄主义等思想、信念、品格、情操、智慧、精神，从哲学、伦理学、政治学、军事学等多个方面给现代中国和国际社会发展以宝贵的启迪。其中“仁、和”是中华文化的精髓所在。“仁”体现仁慈、仁爱、仁义的中华人文精神，“和”的概念包含了“以和为贵”、“和谐共生”以及“和而不同”的内容。以“仁、和”为主要价值目标的中国传统文化，主张平等相待、诚信合作、互利互惠的理念，在新的国际形势下，能够发挥独特的协调、平衡、包容作用，为解决人与自然、人与人、国与国、家与家之间的矛盾和冲突提出了新的思路和方法，实现不同文明之间的和谐发展。因此，我们应该以更加自信和开放的心态，把以孔子“仁、和”为精髓的中华文化理念和价值观传递到世界，发掘其中的普世价值观，不断提升中国的软实力，增强中国的国际影响力和竞争力。

中国文化产品进入国际文化市场应该以高度的自信自觉体现中华文化的价值观和人文精神。在这方面，中国已经进行了积极的探索和有益的尝试，也取得了可喜的成绩。例如，由北京电影学院动画学院和天津北方电影集团联合投资1.2亿，历时三年拍摄的国产3D动画电影《兔侠传奇》，自2011年7月在国内公映以来已与70个国家签订了海外发行协议。这部影片不仅展示了我国武术、杂技等传统文化元素，而且讲述了一个有关“诚信”的故事，再加上精良的制作，一经推出，就受到海外广泛关注。这是中华文化精品走出国门的成功案例之一。再如国产动画巨制《梦回金沙城》，2010年7月10日上映以来，受到了众多海外电影发行机构的青睐，受邀参展2010年的戛纳电影节，还入围美国第83届奥斯卡金像奖最佳动画长片，成为首次出征好莱坞的中国动画电影。该影片讲述了一个当代少年梦想和成长的故事，演绎出追寻人与自然、动物和谐共生、共存、共荣的中国文化价值理念，展现了中华文化的温和、柔美与仁爱。《梦回金沙城》由市场自主运作取得成功，在无意间回答了中华文化“走出去”究竟要干什么的问题。

中华文化“走出去”应该展示当代中国新形象。中华文化“走出去”既包括弘扬中华文化的优秀传统，让世界领略到源远流长的中国传统文化的恒久魅力，同时也要重视介绍日新月异的中国新文化，树立改革开放、和平发展的当代中国的形象，使世界人民更加全面了解中华文化的历史和现实，进而了解当代中国的真实面貌。历史的中国辉煌灿烂，已得到世界许多国家的认同，孔子学院已经遍布五大洲的105个国家就足以证明其影响力。客观地说，当前我国“走出去”的更多是传统文化。2006年5月，美国《新闻周刊》评选出进入21世纪以来世界最具文化影响力的一些国家文化及其形象符号，其中中国的文化形象符号主要有：汉语、北京故宫、长城、苏州园林、孔子、道教、孙子兵法、兵马俑、丝绸、瓷器、京剧、少林寺、功夫、西游记、针灸、中国烹饪等。可见，外国人对中国文化形象的感知更多的是源于并且止于中国传统文化，这使得现代中国文化主体形象日益模糊不清。为中国文化形象注入更多现代性的、积极性的元素是当务之急。因此，我国文化“走出去”，要借助现代文化艺术形式和现代文化传播手段，创造出更多富于时代气息、体现中国特色的文化标志、文化符号、文化品牌，在不断地创新和超越中实现中国文化形象的现代性重构，使世界各国人民普遍产生“中国是传统意义上的文明古国，更是现代意义上的文化大国”这样一种认知，为中国文化赢得应有的尊重和喝彩。当前，电影、图书以及其他各种文化交流活动通过不同渠道、载体走出国门，向世界展示中国多姿多彩、充满活力的国家新形象，帮助人们了解一个不断发展和变化的中国。2011年1月，美国纽约时报广场的电子显示屏上开始出现众多中国面孔。来自中国各地的59个人物在《中国国家形象片——人物篇》中一一亮相。虽然每人在片中平均只出现一秒，但却生动传达着中国的形象。在不断加快的“走出去”进程中，中国文化正越来越多地被世界所了解和接受，中国已经进入“国家形象”的觉醒期，而要实现国家形象更大程度的提升，还需要中国付出更多的努力。因此，中华文化“走出去”应在传统文化的基础上，让世界认识一个真实的中国，一个当代的中国，一个发展中的中国。

中华文化“走出去”还应该反映不同文化背景下人类的共同主题。中国输出的文化产品在内容上应该多选择既能够体现中华人文精神，又能够反映不同文化背景下人类的共同主题。如善良、正气、奋进或友情、亲情、爱情等，使得不同文化背景下的人们首先能接受中国的文化产品。在亚洲非常流行的韩剧就是如此。在韩国影视剧中，人性的温暖、优雅、纯真的情怀是亚洲文化圈集体认同的价值观、道德观和审美观。在中国文化产品进入国际文化市场的过程中，应该求大同存小异，从而使中国文化产品能够迅速进入世界主流文化市场。中国文化产品要想进入国际文化市场，并对现代世界文化产生较大的影响力，就必须创造出能够跨越时代、国界、人种，既体现中华文化的人文精神，又具有艺术个性、时代特色、国际价值的文化作品。

自实施国家“文化走出去”战略以来，在中央的政策支持和地方政府的大力推动下，我国文化产品和服务“走出去”步伐不断加快，呈现出品牌化、精品化、规模化发展，社会效益与经济效益兼收的大好局面。但在实践中，有些进入国际文化市场的中国文化产品并没有很好、准确地体现中华人文精神，比如在海外文化市场发行的有一定影响的电影大多是武侠、动作类影片，《英雄》、《十面埋伏》、《满城尽是黄金甲》、《无极》、《神话》、《夜宴》等等，几乎全都走武侠、动作的主题路线，尽管场面宏大、有气势，但争吵打斗、血肉横飞的镜头颇多。中国出口的电视剧主题也是如此。这难免给各国观众留下中国人只会钩心斗角、打打杀杀的影响，既不能完全反映“仁、善、和”的中华人文精神，也与当今人类社会倡导的共同主题——人文主义相违背。

(四)必须创新“走出去”模式

《国家“十二五”规划纲要》提出，要积极开拓国际文化市场，创新文化“走出去”模式，增强中华文化国际竞争力和影响力，提升国家软实力。虽然近年来我国的文化产业发展取得了令人瞩目的成就，但我国的文化产业发展现状与中国在全球的地位和影响力、与国内的经济社会发展还不相称。在国外随处可见“中国制造”的产品，但是少见到文化产品，更少见到中国文化精品。文化要想“走出去”，必须创新“走出去”模式。

创新中华文化“走出去”模式，重在创新。首先是要把转变观念作为总开关，把锐意创新作为不懈追求。其次，在机制创新方面，要破除制约文化发展的体制机制障碍，着力构建充满活力、富有效率、更加开放、有利于文化科学发展的体制机制。无论“走出去”还是出精品，都需要体制的土壤来培植。例如，我国启动了由国务院领导的“对外文化工作部际联席会议”机制，以文化部为牵头单位，整合了文化、教育、商务、广电、新闻、出版、体育、旅游等诸多领域的资源和力量，共同推动中华文化“走出去”。再次，在方式和内容创新方面，要不断提升文化的原创能力，推进文化内容形式和方法手段的创新，增强文化的时代感和吸引力。文化产品首先是艺术品，要在可读性和可视性上下工夫，增加美感，全世界的共同价值观都是崇尚真善美的；其次要在艺术表现手段上下工夫，不断吸收借鉴国作品的魅力，增强吸引力；另外，要把历史文化和现实生活中最美的、最好的、最有活力和价值的东西展示给世界，在文化内涵上体现出鲜明的中华民族精神和鲜明的时代精神；还要悉心研究国外观众的文化需求和接受方式，善于吸收外国文化积极先进的养分，有针对性地探索文化走出去的模式，探索和发展文化传播与交流的新形式、新方法、新品种、新区域，加快文化事业向文化产业的转变，力求社会效益和经济效益的双丰收。

中华文化"走出去"采取的是和平方式。与西方国家文化产品和价值观的输出与渗透不同，我国文化"走出去"是采取和平方式，旨在为世界文明与文化的多样性作出贡献。是在新的历史条件下、在不断创新的基础上，把中华文化全面推向世界，用实际行动促进不同文明之间的对话，共同推动世界文化多样化的发展。虽然文化走出去是国家行为，应该由统一的国家宏观战略来指导，但是不应该把国内政治运作模式搬到国外。政治和文化存在区别，文化和意识形态也不能完全等同，因而不能将所有中华文化走出去的活动都用政治的方式、意识形态的方式去运作。目前，很多西方文化传播机构，比如歌德学院就有政府在背后支撑，但它们的政府在开展文化传播活动的时候，特别低调，尽量采用民间基金的形式。所以，我们必须注意遵循文化传播的自身规律与特点，避免将国内的政治运作模式挪用到国外。

文化交流和文化贸易是实现中华文化"走出去"理性而现实的选择。全球化背景下，文化交流在国际事务中的地位和作用日益突显，世界各国普遍重视利用文化交流来展示本国文化，提升和扩大国家的影响力。长期以来，我国以推动国际文化交流、增进各国人民友谊、维护世界和平稳定、促进共同繁荣发展为宗旨，组织了许多具有影响力的大型文化交流活动，为促进国家经济发展、文化繁荣、社会和谐作出了积极贡献。然而，文化交流更多的带有政府官方色彩，不以营利为目的，而以推广本民族文化、对外宣传为宗旨，其交流的主体为政府和各种非营利机构，交流对象的选择往往受国与国之间的政治因素制约。所以，文化贸易是中华文化"走出去"理性而现实的选择。文化产品与服务输出的同时，必然促进中华文化"走出去"。通过文化贸易路径走出去的文化产品和服务，是在国际贸易规则下平等交易的结果，而具有市场广泛性的商品交换价值的文化产品，往往也是最具有群众性的文化产品。文化产品和服务的输出，不仅可以获得经济利益，还可以增强进口国对中华文化的亲近感和认同感，吸引更多的贸易伙伴和国际朋友，进而提升中国的文化形象。

（五）必须坚持"走出去"与"引进来"相结合

中华文化与世界其他国家或民族的文化是相通的，只有"走出去"，才能向世界全面展示中华民族优秀文化，才能在中外文化之间的碰撞和融合中使中华文化根深叶茂，永葆青春。中华文化是传承与发展的文化，是开放与包容的文化，所以在开展对外文化交流的过程中，并不盲目排斥其他民族文化的优秀成果，在中国经济加快融入全球经济的同时，我们应该在保持民族文化独立性的基础上，以开放的胸襟、兼容的态度和科学的精神对待外国文化，对一切有利于加强我国社会主义文化建设的有益经验，一切有利于提高我国人民精神境界的文化成果，一切有利于发展我国社会主义文化事业和文化产业的管理方式，都应积极汲取，既博采众长，又创民族特色，提升我国文化产业的竞争力。

通过“引进来”提升“走出去”。改革开放三十多年，我国基本建立了社会主义市场经济体制，市场在资源配置中发挥着基础性作用。坚持“走出去”与“引进来”相结合，促使竞争，竞争产生高效，不仅有利于资源的优化配置，还能促进弱势企业在压力下加强管理，改善经营，从而提高产品质量，利于企业长远发展。国内的一些新兴文化产业，如影视制作、动漫产业、广告传媒等，无论是创意还是技术上都大大落后于国外，大力引进国外相关的先进技术与人才，是新兴文化产业成长的必要条件。我们在积极引进国外的技术和人才的同时，实现要素互补，优势融合，把外国技术与本国优秀文化相结合，创造出人民群众所喜闻乐见的文化作品。当然，在引进文化产品和服务的同时，政府要履行宏观调控的职能，看其是否符合社会主义主流价值观，是否有利于青少年健康成长，否则应该加以坚决的抵制。引进技术和理念，有助于学习借鉴，打造具有本国特色的文化产品和服务，使之走出国门，走向世界市场，努力实现“引进来”提升“走出去”。

第五章　先进文化引领社会风尚

社会风尚是社会文明程度的重要标志，树立良好的社会风尚是人民群众的强烈愿望，也是经济社会顺利发展的必然要求。十七届六中全会通过的《决定》指出，要深入开展社会主义荣辱观宣传教育，弘扬中华传统美德，推进公民道德建设工程，加强社会公德、职业道德、家庭美德、个人品德教育，引导人民增强道德判断力和道德荣誉感，自觉履行法定义务、社会责任、家庭责任，在全社会形成知荣辱、讲正气、作奉献、促和谐的良好风尚。以先进文化引领社会风尚，可以形成诚信友爱的道德规范，开放和谐的人际关系和公平正义的社会环境，是建设和谐社会不可或缺的社会环境。

第一节　先进文化与社会风尚的内在关联

风俗者，天下之大事。中国人很早就对社会风尚有了描述与认识，在两千多年的社会发展中，社会风尚具有了丰富的内涵与鲜明的特征，它是社会物质生活的综合反映，更是社会价值与社会文化的集中体现，社会风尚也必将随着社会文化的发展而不断发展演进。

一、社会风尚反映社会文化的内涵

社会风尚是在一定时期中普遍流行的风气和习惯，且表现出的一种社会性的总体趋向，是社会心理和道德观念的总体表现；反映人们的物质追求和价值取向，体现时代的精神风貌，是社会政治、经济、文化、道德等状况的综合反映。

（一）社会风尚是社会心理和道德观念的总体表现

作为一种重要的社会文化现象，社会风尚在古代原指风土气候影响下人们所形成的习俗。社会风尚是道德产生的土壤，它反映了人们的生存状态及在当时生存状态下的文化要求与道德水平。如在原始社会，食物匮乏，群体的生存遇到挑战，在这种状态下，部落中的老年人是氏族团结的纽带，是经验的积聚者和智慧的体现者，无论对于生产和生活，都具有重要的意义和价值。因此，原始社会出现了尊老敬长、团结互助的相对公平正义的社会风尚。而随着私有制的产生与父系社会的建立，成者为王败者寇、弱肉强食、重男轻女等逐渐成为风尚。鸦片战争之后，随着国门的打开及一系列不平等条约的签订，中国人深切地感受到，国家贫弱的根源之一是民智不开、思想闭塞。而反对女子裹足和男子留辫子，成为向陈规旧习开战的重要内容。早在百日维新期间，康有为上书《请禁妇女裹足折》和《请断发易服改元折》，认为女子裹足，不能劳动；辫发长垂，不利于机器生产；宽衣博带，长裾雅步，不便于万国竞争的时代，请求放足、断发、易服以便于"与欧美同俗"，这就把改变裹足和留辫等社会风俗作为学习西方文明的一项重要内容，具有开启民智的意义。

（二）社会风尚是社会意识形态的组成部分

可以说，每个时代的社会风尚，都是社会意识形态的一个组成部分，是一种社会文化现象。一个社会、一个国家、一个民族的精神面貌怎样，总是从社会风尚表现出来。当一个社会处在向上发展的阶段时，风尚一般比较健康、积极；当一个社会处于停滞、没落阶段时，风尚也相应地呈现奢侈糜烂的倾向。作为社会文化的反映，社会风尚具有相对的稳定性和巨大的能动性。它以强大的舆论和社会习惯的形式制约着人们的思想、影响着人们的言行，成为推动或阻碍社会前进的巨大力量。社会风尚好，则广大社会成员精神振奋，乐观进取，勤劳朴实，社会安定；社会风尚不好，则人们斗志涣散，悲观消极，盗贼猖獗，社会动荡不安。因此，社会风尚的好坏关系到一个国家和民族的盛衰兴亡。

二、社会风尚体现社会文化的特征

社会风尚是社会文化的外在表现，反映社会文化的内涵，同时也体现文化的特征。它反映了时代的趋势和人们的愿望，沟通和整合人们的道德认知和道德实践。归结起来，社会风尚从三个方面体现了文化的特征：

（一）社会风尚具有历史继承性

同文化一样，社会风尚的形成离不开植根其中本民族的历史文化传统。从秦汉到清末，中国文化对于生活的阐释，一直深刻地影响着中国人的政治活动和社会治理，也形成了各个时代独具特色而又一脉相承的社会风尚。如，在上古时期,有“礼不下庶人”之说,那时的“礼的秩序”被看成是社会中的上层享受的文明程度。随着历史的发展,一代代知识分子对“礼”的这种社会局限性进行反思,到宋、明时期已将它改造成为一种可以“化人文于天下”的文明秩序了。两千年来,中国儒家思想的“礼”、“仁”等核心概念代表的那种文化观,作为一种深潜在中国人日常生活中的文化,早已积淀成人们司空见惯的生活方式了。

(二)社会风尚具有群体性

社会风尚是一系列共有的概念、价值观和行为准则的集合,是促使个人行为为集体所接受的共同标准。社会风尚不是由个体形成的,而是一个社会中大多数人在某种观念引导下表现出来的普遍的价值与行为。正如恩格斯所说:“最终的结果总是从许多单个的意志的相互冲突中产生出来的,而其中每一个意志,又是由许多特殊的生活条件,才成为它所成为的那样。这样就有无数互相交错的力量,有无数个力的平等四边形,而由此就产生出一个总的结果,即历史事实,这个结果又可以看作一个作为整体的、不自觉地和不自主地起着作用的力量的产物。”①也就是说,社会风尚代表共同的价值观念,是表达社会心理的特定文化现象。在社会风尚的形成过程中,个人既借助于集体力量,又能表现为集体力量,社会风尚是社会成员互动的合力的结果。

(三)社会风尚具有能动性

社会风尚也可以称为是道德文化风尚,是社会上大多数人所认同、遵守、推崇的某些道德规范的行为。处于社会主导地位的文化价值观念,经过各种表现形式和传播渠道外化为社会风尚,形成强大的社会文化效应场和精神力量,人们在其作用下,思想和行为会在潜移默化中受它所倡导的思想观念和行为规范的支配。由于大多数人都在自觉或不自觉地遵守着社会公认的价值体系,所以社会风尚也具有明显的趋同性。那些与主导文化相吻合的社会风尚,受到社会的鼓励、提倡而流行,反之受到压抑,从而使社会风尚具有影响和规范个人或群体行为、态度的主观能动性。

可见,社会风尚反映着文化的内涵,表现着文化的特征。人们对健康良好社会风尚的追求,表达了人类对美好生活的追求以及对社会进步的需求。

---

① 《马克思恩格斯选集》第4卷,人民出版社1995年版,第478页。

三、先进文化引领社会风尚的内在必然

每个时代的社会风尚，都是社会意识形态的一个组成部分，是一种社会文化现象，有什么样的文化就有什么样的社会风尚。先进文化引领良好的社会风尚的形成，是构建和谐社会风尚自身的需求。

（一）和谐社会风尚的构建需要先进文化引领

社会风尚是社会经济的反映，不同经济基础形成不同的社会风尚。不同时代的社会发展需要不同的社会风尚与之相适应。我们知道，社会风尚在形成和演变过程中，感性成分和社会心理趋向中非理性因素往往占据主导地位。构建与和谐社会相适应的和谐社会风尚，需要成熟的和理性化的社会心理。而社会的主流意识形态、主流文化观念在建设和谐社会风尚中起着重大的引领作用。当前，社会主义和谐社会是我们孜孜以求的一种美好社会，党的十六大报告第一次将“社会更加和谐”作为重要目标提出。十六届四中全会进一步提出构建社会主义和谐社会的任务。我们所要建设的社会主义和谐社会，应该是民主法治、公平正义、诚信友爱、充满活力、安定有序、人与自然和谐相处的社会。构建社会主义和谐社会，离不开物质财富的创造和积累，离不开各种体制和机制的建设。然而，社会发展和社会过程在本质上是文化现象和文化发展过程。社会主义和谐社会必须以先进文化为根基，以先进文化引领社会风尚。与先进文化相适应的和谐社会风尚应该是：社会成员在共同的价值观念和社会心理的作用下，所崇尚和追求的生活目标和行为方式健康高雅；对美丑、荣辱、真伪、善恶、是非的分辨和判断有基本明确的价值标准；对自身行为和形象有基本的自知、自觉、自律和自省；人际关系诚信友爱，融洽和睦。可以说，和谐社会风尚的内涵就是先进文化，先进文化的外在表现就是和谐的社会风尚。必须加强先进文化的传播，弘扬社会正气，倡导良好风尚，为和谐社会的构建提供良好的社会氛围与心理基础。

（二）先进文化引领和谐社会风尚构建的三个层面

一是从个体层面倡导公民遵守社会公德与社会价值，也就是在全社会形成互帮互助、诚实守信，全体人民平等友爱、融洽相处的和谐人际关系，形成爱好和平、自强不息的伟大民族精神，形成与时俱进、开拓进取的时代精神。

二是从社会层面树立社会主义的共同理想。中国特色社会主义反映了我国最广大人民的共同愿望、利益和要求，是实现中华民族伟大复兴的必由之路。在

当代中国,只有走中国特色社会主义道路,才能实现国家的富强和人民的幸福,也才能把各党派、各团体、各阶层、各民族团结和凝聚起来。

三是从政治层面提升党的执政理念与执政能力。执政文化是先进文化的重要组成部分,先进文化渗透到执政文化建设中,表现在社会主义民主得到充分发扬,依法治国基本方略得到切实落实,各方面积极因素得到广泛调动,社会各方面的利益关系得到妥善协调,人民内部矛盾和其他社会矛盾得到正确处理,社会公平和正义得到切实维护和实现。

第二节　先进文化引领社会风尚的时代诉求

随着改革开放的深入和社会主义市场经济的发展,我国社会道德风尚发生了可喜变化,呈现出积极健康向上的良好态势。而对于在一些领域和一些地方还存在着是非善恶界限混淆、美丑荣辱不分等不和谐的社会风气,必须充分发挥先进文化的教化功能和道德激励约束机制,引领核心价值观的形成、引领社会合力形成、引领健康心态形成,从而促进和谐社会风尚的形成,是当今时代的要求。

一、促进良好社会道德形成的需要

改革开放以来,在物质文明建设不断取得巨大成就的同时,也产生了一些值得关注和忧虑的问题,社会上的思想观念、价值取向日趋多元化,许多优秀的传统价值被模糊或消解;一些人在基本的道德价值判断上出现了错乱,甚至在部分党员干部中出现了腐败现象;拜金主义、享乐主义和极端个人主义及封建迷信等腐朽思想和丑恶现象也不同程度地存在。这些与社会主义道德要求格格不入,与现代文明风尚极不协调。人民群众对这些突出问题反映强烈,对加强公民道德建设、提高公民思想道德素质的要求十分迫切。近段时间来,人们对当下中国的道德滑坡现象感到了忧虑和担心。从举国关注的"小悦悦事件",一系列的食品安全问题,再到不断发生的路人扶老被讹事件,似乎都在提醒着人们,诚信、助人的传统美德正在渐行渐远。然而,另一方面,"最美妈妈"徒手接住坠楼女童,"最美导游"把鞋让给游客,"最美司机"生命最后 76 秒拯救 24 名乘客,又无不让整个社会为之动容。我们知道,全球化竞争是全方位的竞争,它体现在经济、政治、科技、军事、文化等各个领域以及每一个领域的各个环节,但归根到底,起决定作用的还是人的竞争，即人的素质、民族素质的竞争。只有热爱祖国、服务人民、崇尚科学、团结互助，国家和民族才会拥有光明的未来，而丧失国家意识、缺少民族特性以及民族精神的民族，必然会在全球竞争中处于劣势。针对当前多元的价值观交织碰撞、痛心与感动并存的复杂形势，社会主义荣辱观不仅成为社会主义基本道德规范核心内容，而且拓展和丰富了新时期开展公民道德教育的实践渠道。以热爱祖国为荣、以危害祖国为耻；以服务人民为荣、以背离人民为耻；以崇尚科学为荣、以愚昧无知为耻；以辛勤劳动为荣、以好逸恶劳为耻；以团结互助为荣、以损人利己为耻；以诚实守信为荣、以见利忘义为耻；以遵纪守法为荣、以违法乱纪为耻；以艰苦奋斗为荣、以骄奢淫逸为耻。社会主义荣辱观涵盖了爱国主义、集体主义、社会主义思想，体现了社会主义基本道德规范的本质要求，继承了中华民族的传统美德和我们党的优良传统，同时注入了时代的特点和实践的要求，实现了社会主义道德规范的与时俱进，体现了以先进文化引领社会风尚、构建诚信友爱的道德规范的必然。

二、构建开放文明的人际关系的需要

马克思说过，“人的本质并不是单个人所固有的抽象物。在其现实性上，它是一切社会关系的总和”①。也就是说，社会不是由个人构成的，而是表示这些个人彼此发生的那些联系和关系的总和。由此可以看出，人的本质与社会直接关涉，并不存在绝对独立的单个人的抽象本质，也并不存在一个完全独立存在的社会。群体的人在实践活动中发生着的有机联系就构成了社会关系，人与社会构成一个辩证统一的整体，人与社会的发展也彼此促进或者相互制约。

正常、文明、积极向上的人际关系，是一个社会能够保持和谐发展的不可或缺的重要因素。和谐社会是一个各种关系相互协调的复杂的大系统，是一个多元关系的系统组合。随着经济的发展，人们收入在不断提高，人际关系越来越物质化。例如，传统良好社会风尚的“礼尚往来”，在人情消费快速增长的今天，已严重扭曲了正常人际关系，有的人为了面子怕得罪亲朋好友，有的人盲目攀比，影响了人们正常的生产生活。又如，有些人打着人之常情、人际交往的旗号，大肆送礼，而收礼者也收的心安理得。投之以桃，报之以李，这种权钱交易不仅损害了社会上一般的伦理道德，还直接导致社会风气的败坏、堕落，影响政府的公

① 《马克思恩格斯选集》第1卷，人民出版社1995年版，第60页。

共服务能力与社会公信力，这种错位的人际关系无论对当事人还是对于社会，都是灾难。建设和谐社会风尚，需要构建开放文明的人际关系，以社会主义核心价值体系引导人们在社会大系统中的实践活动和对各种关系的处理，使作为人的本质力量的主体意识、自我意识、积极性和创造性以及社会性特征得到不断增强。构建和谐社会的过程也是人不断参与到各种关系、不断拓展社会关系的过程。和谐文明的社会风尚，有利于弘扬正气、化解矛盾、凝聚人心、沟通感情、增进融合，形成求同存异、团结友爱、和睦相处的社会氛围，为和谐社会建设提供有力的道德支撑。

三、构建公平正义的社会环境的需要

公平正义是人类社会文明进步的重要标志，是社会主义的本质要求。2005年，胡锦涛总书记在省部级主要领导干部提高构建社会主义和谐社会能力专题研讨班讲话中指出："公平正义，就是社会各方面的利益关系得到妥善协调，人民内部矛盾和其他社会矛盾得到正确处理，社会公平和正义得到切实维护和实现。"而建设这个协调有序公平正义的社会，必然需要与之相适应的思想观念、价值体系和社会心理作为其强大的精神支撑，进而发展和谐文化来不断巩固精神支撑。长期以来，我们党一直关注并积极解决社会公平正义问题。由于我国的改革和发展进入了关键时期，在经济社会转型的过程中，随着市场经济的发展，社会结构的变动，利益关系的多元化，在社会生活的各个领域都还存在着不同程度的社会不公现象，贫富差距、城乡差距、区域差距拉大，经济社会发展不协调，这些现象的背后都有社会不公的影子。社会不公在一定程度上已经影响到了社会不同阶层的和谐相处。构建公平正义的社会环境，不仅仅需要通过行政的、法律的、经济的等各种手段，建立一个系统的公平竞争规则，更需要通过构建和谐友好的社会风尚，增强马克思主义意识形态的主导力和凝聚力，提高党的文化执政能力，从而引导公平正义的社会环境的形成。

以社会主义核心价值体系为本质体现的社会主义先进文化，具有鲜明的现实针对性和时代特色，是伟大中华民族传统美德的高度升华和提炼，是引领社会主义精神文明的一面旗帜，更是良好社会风气形成的引擎。在建立和完善社会主义市场经济过程中，要防止市场经济负面效应对社会风尚的腐蚀，在构建诚信友爱的道德规范、构建开放文明的人际关系、构建公平正义的社会环境中，都需要以先进文化引领社会风尚。

第三节　先进文化引领良好社会风尚的形成

先进文化以其文化思想的科学性获得社会公众的认同，以其文化产品的覆盖性实现对大众的教化和熏陶，以其文化内容的大众性、时代性、开放性赢得受众。先进文化通过掌握群众，推动良好的社会心理和道德观念的形成，从而实现对社会风尚的引领。

一、先进文化引领社会价值观的形成

先进文化引领社会价值观的形成，要特别注重社会主流价值观的打造、党和国家干部廉洁从政价值观的树立以及社会公平正义价值观的建立。

（一）先进文化打造社会主流价值观

社会主流价值观的形成不是自然而然的，而必须积极用先进文化加以引导，它表现在以下三个方面：

首先，先进文化引导社会理想价值观的形成。用先进理论和思想武装党员干部、教育人民群众，弘扬民族精神，树立共同理想。理想，是人们对美好未来的向往和追求，是人们奋斗的目标和精神支柱，也是激励人们发奋向上、不断进取的强大动力。每个人都有自己的理想，一个群体会有一个群体的理想，一个国家也一定有一个共同理想。中国特色社会主义共同理想是社会主义先进文化的主题内容。在中国共产党领导下走中国特色社会主义道路，建设富强、民主、文明、和谐的现代化国家，实现中华民族的伟大复兴，这是现阶段中国各族人民的共同理想，也是中国人民利益和愿望的根本体现。这个共同理想，与每个人的生活、工作和理想息息相关，体现在每个人的自觉奋斗和努力实践中。尽快使自己的国家强大起来，是神舟号飞船首任总设计师戚发轫的理想；依靠科技进步和国人的努力使中国人自己养活自己，是“世界杂交水稻之父”袁隆平的理想；让群众生活得有尊严，是普通党员杨善洲的理想；独行于大山深谷中为当地各族群众递送邮件，是四川省木里县邮递员王顺友的理想。还有带动共同富裕的代表吴仁宝，精神文明建设的“南通现象”等等。这些之所以成为时代先锋、社会脊梁和群众榜样，就在于他们始终怀着让国家更好的愿望在做事，在平凡的岗位上践行共同理想，做出了不平凡的业绩。共同理想是就是我们的共识，有了这样的共

识，就有了坚忍不拔的精神状态，有了脚踏实地的目标。共同理想越能转化为共同利益，就越能为广大人民群众所认同，也就越能激发人民群众积极参与、为之奋斗。

其次，先进文化引导社会道德价值观的形成。社会主义先进文化在对与错、善与恶、真与假、是与非等一系列问题上，提供了正确的判断标准，指导人们形成与和谐社会相适应的正确的道德价值观。它使人们明确自己享有的权利和应尽的义务，使个人利益与社会整体和国家的利益相结合，自我价值的实现与社会和国家利益的发展相协调，从而形成强大的凝聚力和向心力。用先进文化引导社会道德价值观的形成，一是要加大宣传力度。坚持贴近实际、贴近生活，把树立社会主义荣辱观与加强爱国主义教育结合起来，与贯彻公民道德建设实施纲要结合起来。比如，树立先进典型是宣传社会主义荣辱观、建立良好文明风尚的有效宣传手段。古往今来无数义举美德的广为传扬，感动和影响了一代代中国人，不断推动着良好社会风尚的形成。先进人物的先进事迹，会给人们的思想言行带来潜移默化的影响，发挥其润物细无声的作用，也在社会上产生广泛影响，起到模范示范作用。二是要加强教育力度。我们在继承传统美德的基础上，树立一些现代道德理念，如诚信理念、合作理念、竞争理念、科学理念、公正理念、法制理念，等等。在现实中，有些人是非美丑界限模糊，价值取向扭曲，荣耻不分，甚至以耻为荣。当一个人对真善美与假恶丑丧失辨别力，头脑中没有基本的荣辱观念时，什么假冒伪劣、背信弃义、坑蒙拐骗、见利忘义、违法乱纪，甚至出卖国家和人民利益的事情，都可能做得出来。所以，引导广大干部群众特别是青少年树立社会主义荣辱观是非常必要的，在构建和谐社会的实践中，我们必须紧紧抓住社会主义核心价值体系建设这个根本，加强社会公德、职业道德和家庭美德教育，在全社会形成良好的社会风尚和公共秩序。在市场经济条件下，要特别强化诚信、公平、竞争、效率、法治等现代价值观念教育，提高政府、企业及个人的诚信意识。社会道德价值观形成必须大处着眼，小处着手，重在实践，贵在积累。勿以善小而不为，勿以恶小而为之，去小恶而从善，积小善而成大德。如，针对目前社会经济生活恶意逃债、合同违约、债务拖欠、偷逃税费、走私逃税、商业欺诈、假冒债务等失信现象严重和财务失真、违反财经纪律的行为仍然突出的问题，切实提高全社会的诚信意识，增强公民的遵纪守法观念，是先进文化引导社会道德价值观形成的重要内容。世界各民族都把诚实守信作为道德教化的重要内容，同时也作为经济活动和社会交往必须恪守的行为准则。社会信用体系覆盖经济和社会的各个领域,涉及法律、制度、道德、管理、服务、信息等许多方面,是一个综合的体系。社会信用缺失,严重损害中华民族明礼诚信的道德传统,是对社会主义精神文明的亵渎。因此,建设社会信用体系,必须以道德为支撑,在全社会广泛开展关于诚信的宣传教育,普及信用知识,使社会成员树立诚信方面的道德意识,重视他人和社会对自身信誉的评价。要站在事关国家安危、民族兴衰和现代化事业成败的高度,在全社会深入开展诚信宣传教育活动。三是要建立健全长效机制。注重发挥规章制度对人们道德行为的激励约束作用,发动群众修订完善市民公约、乡规民约、职业规范、学生守则等行为准则,完善文明城市、文明村镇、文明单位的评选标准,使"八荣八耻"的基本要求更好地渗透到社会管理之中。要大兴求真务实之风,把工作的着力点放在解决群众反映强烈的社会风气中存在的突出问题上。要在文明礼仪、公共秩序、社会服务、城乡环境、旅游出行、文化市场、互联网管理等重要领域取得成效,让人民群众切身感受到开展社会主义荣辱观学习实践活动的实际成果,使人这一生产力中最活跃因素的能动性得到最大限度的发挥,推动良好社会风气的形成和发展。倘若一个社会只是一部分人讲道德,这个社会就不是一个健康、有序的社会,生活在这个社会中的人就会受到干扰和伤害。要在全社会形成:开拓创新光荣,因循守旧可耻;诚实正直守法光荣,欺诈盗窃贿赂可耻;务实奉献光荣,慕虚荣贪小利可耻;和睦团结友爱互助光荣,损人利己背离人民可耻。

最后,先进文化引导青年人生价值观的形成。坚持以学校为主阵地,把社会主义核心价值体系教育纳入学校德育工作的全过程,渗透到学校教育的各个方面、各个环节。尤其是高校,承担了传承人类精神文明成果、传播先进思想理念与创新文化观念的重要使命。社会与公众对大学所承载的道德文化一直具有极高的认可与期望,先进的大学道德文化对整个社会文明风尚的形成具有引领与鼓舞作用。清华建校之初,梁启超先生就援引《周易》对清华学生提出了"自强不息、厚德载物"的期望,这也由此成为了百年清华的校训。青年是祖国的未来、民族的希望,大学文化的熏陶对青年学生的成长成才具有至关重要的影响,加强青年学生的人生价值观教育,对青年的未来成长和社会的长远发展都有着举足轻重的影响。用先进文化引导青年人生价值观形成,一要注重同构思维,即教育者从受教育者的角度去思考问题,根据受教育者思维方式的特点来调整自己的思维方式与教育方式,以达到教育者与受教育者思维方式的共鸣,从而提高教育的实效性。大学生是一群正在成长的青年,随着文化层次的提高和生活空间的扩大,他们的思维空间急剧延伸,但大学生普遍心理成熟落后于生理成熟,价值观念又具有极大的可塑性。因此,高校德育工作者必须熟悉大学生的思维方式,了解他们的思维习惯,注重换位思考,根据他们的现有思维方式来调整自己,采取相应的教育教学方式,达到在思维同构中使教师传授的信息方式与学生接受方式和接受水平相一致,这样才能满足青年学生对理论的需求,理解我们正在进行的中国特色社会主义建设,从而有效达到教育教学目的。二要注重开放性思维,即把哲学、社会学、经济学、心理学、美学等学科知识有机融入教学,在更为广博的知识体系与理论平台基础之上阐述中国化的马克思主义的科学性,增强课程体系的深度与广度。同时也不回避现实问题,社会主义意识形态涵盖的范围和领域越广,它的影响力和认同度就越大。除教师主讲的传统模式外,教育者还要善于利用现代多媒体教学、讨论辩论式教学、情境体验式教学等多种方式,形成信息多维立体传递,学生既是观点的接受者,同时也是观点的提供者和传递者,从而使青年学生的接受偏好得到满足,教学的实效性得到增强。三要注重把握辩证思维,注重引领力度与学生认知程度的统一。青年学生的思维方式往往与自身的经历经验、文化背景和知识结构密切相关,他们的思维方式又与其对思想政治教育的接受水平密切相关。用先进文化引导青年学生人生价值观形成,就需要坚持用社会主义核心价值体系教育和武装青年学生,要考虑到不同学生认知水平和思想素质的差异,用青年学生熟悉的语境,以感性的方式表达理性的观念,使学生在情理沟通中与社会主义主流价值观产生共鸣,在坚持辩证统一中实现社会主义核心价值体系武装青年学生的目标。

(二)先进文化引导廉洁从政价值观的形成

官气正则民风清。领导干部的言行举止及其体现出来的思想境界、道德情操,直接影响着一个地方、一个单位风气的形成,是社会行为规范的风向标,对社会道德起着重要的示范和导向作用。

一方面,要加强廉政制度建设。以先进文化引导廉政制度建设,就是要以科学的发展观为指导,以为人民服务为原则,既要把维护群众根本利益作为己任,又要把维护干部合法权益作为职责;既要坚决惩治腐败,又要善于有效预防腐败;既要通过教育实现自律能力,又要通过监督加强他律机制。加强廉政制度建设,必须切实做到有法必依、执法必严、违法必究。对发现干部中有滥用权力、谋取私利的违法乱纪案件,在工作中玩忽职守、失职渎职的案件,在办事中损害国家利益和群众利益的案件,知法犯法违规审判的案件,要组织力量,严肃查处,决不姑息迁就。认真执行和不断完善各项监督制度，健全权力运行监控机制，拓宽监督渠道。加强预防制度建设，推进廉政风险防控机制建设，建立健全预防腐败信息系统，形成有效预防腐败的长效机制。加强惩治制度建设，建立健全腐败案件及时揭露、发现、查处机制，健全党风廉政建设责任制及其配套制度。随着经济社会的发展，新情况、新问题不断出现，制度反腐工作会不断面临新的挑战。因此，必须把先进文化建设与廉政制度建设结合起来，坚持解放思想、实事求是、与时俱进的思想路线，把制度建设与促进发展完善社会主义市场经济体制的要求相协调，用科学的制度规范领导干部的言行举止，引导社会道德风尚的形成。

另一方面，要加强廉政文化建设。在不断完善制度建设基础上，进一步加强廉政文化建设，加强干部思想教育和道德教育，提高干部的思想境界和道德水平，引导廉洁从政价值观的形成。廉政文化是中国先进文化的重要组成部分，也是反腐倡廉建设的重要内容，承担着树立廉洁理念、营造廉洁环境的重要任务。以先进文化推进廉政文化建设，就是要把廉政教育与理想信念教育、党的优良传统和作风教育、法律法规教育结合起来，进一步拓宽反腐倡廉教育的覆盖面，积极倡导与中华民族优秀文化相承接、与时代精神相统一的廉洁文化。引导广大党员领导干部树立正确的世界观、人生观、价值观，充分运用影视、电教、戏曲、文学等党员干部和人民群众喜闻乐见的文化载体，努力提高党风廉政教育的感染力和影响力；加强党的优良传统和作风教育，着力解决领导干部在保持谦虚谨慎、不骄不躁和艰苦奋斗作风方面存在的问题；加强党纪政纪和法律法规教育，引导广大党员干部自觉做到廉洁自律，遵纪守法；加强对领导干部身边工作人员、家属子女等特殊群体的廉政教育，完善示范教育、警示教育、提醒教育；加强党的基本理论、路线、纲领、经验和廉政理论教育，推进当代马克思主义的大众化，使广大党员干部能够自觉以廉政理论武装头脑；开展腐败风险意识的宣传教育，使广大党员干部自觉筑牢拒腐防变的思想道德防线。近年来，一些优秀廉政电影如《生死牛玉儒》、《任长霞》、《郑培民》等荣获“五个一工程奖”、百花奖、华表奖等多项大奖，在社会上引起广泛反响；开展的“扬正气，促和谐”全国廉政公益广告创作评选展播活动，产生了一批主题鲜明、创意新颖、制作精美、具有较强艺术感染力的优秀廉政公益广告；此外，还开展了以“预防职务犯罪，共建和谐社会”为主题的全国廉政短信征集大赛。这些探索不断丰富和发展了廉政文化建设的内容和形式。

在用先进文化引导廉洁从政价值观的形成过程中，廉政制度建设与廉政文化建设相辅相成，各有侧重。廉政文化建设是基础，侧重于教化，同时为制度的制定、执行奠定思想基础；制度是保证，侧重于权力行使的规范，同时为文化建设的规范有效提供保障；廉政制度侧重反腐倡廉的"反"，就是抑制人们贪婪、欺骗、虚妄等恶的特性；廉政文化更多地强调的是"倡"，即培养和倡导人们先进的廉政价值观，最大限度地提高人的道德素质，使廉洁从政成为人们自觉的意识，引导人们的行为。

（三）先进文化引导社会公平正义价值观的实现

公平正义是人类社会文明进步的重要标志，是社会主义的本质要求。所谓公平正义，就是社会各方面的利益关系得到妥善协调，人民内部矛盾和其他社会矛盾得到正确处理，社会公平和正义得到切实维护和实现。

一方面，注重从理论层面上回答重大问题。早在19世纪，马克思、恩格斯在肯定生产方式的性质决定意识形态的性质的同时，就充分肯定了意识形态对物质生产和社会发展的巨大反作用。美国经济史学家道格拉斯·诺斯认为，要协调社会利益集团间的矛盾，维护社会秩序，可以采取政治的、意识形态的等多种方式，而意识形态的成本是最低的，因为意识形态是人们对自身行为的道德约束。他说："意识形态是一种节省的方法，个人用它来与外界协调，并靠它提供一种'世界观'，使决策过程简化。"①当前，在我国改革开放进程出现的一系列矛盾问题中，社会公平和正义成了一个突出的问题。和谐社会，绝不意味着要求各个社会群体和每个人都在平均主义的背景下循规蹈矩，社会不能有任何的差距和不平衡。事实上，我们追求的公平与和谐，是在发展中充满活力和创造的公平与和谐。用先进文化引导和谐社会风尚的建立，就必须注重在理论层面上正面回答与社会主义核心价值体系建设密切相关的重大问题，对为什么必须坚持马克思主义在意识形态领域的指导地位、为什么只有社会主义才能救中国、为什么必须坚持人民代表大会制度、为什么必须坚持中国共产党领导的多党合作和政治协商制度、为什么必须坚持以公有制为主体多种所有制经济共同发展的基本经济制度、为什么必须坚持改革开放不动摇等重大问题进行有理有据的阐述，推动马克思主义理论的大众化、通俗化。当前，我国改革发展正站在新的历史起点上，机遇前所未有，挑战也前所未有。实践表明，形势越是复杂，社会越是多样化，就越需要在根本问题上统一思想、凝聚共识。用先进文化确立起的社会共

① ［美］道格拉斯·诺斯：《经济史中的结构和变革》，商务印书馆1992年版。

识，能够增强社会成员对社会问题与社会矛盾的认识与理解，激发各个社会阶层、社会群体以及每个人的创造活力，具有调节社会矛盾、营造社会和谐、维护社会秩序的巨大推动力量。

另一方面，注重在现实层面上回应大众需求。建设协调有序、公平正义的社会，必然需要与之相适应的思想观念、价值体系和社会心理作为其强大的精神支撑。长期以来，我们党一直关注并积极解决社会公平正义问题。随着市场经济的发展、社会结构的变动、利益关系的多元化，在社会生活的各个领域都还存在着不同程度的社会不公现象，贫富差距、城乡差距、区域差距拉大，经济社会发展不协调，这些现象的背后都有社会不公的影子。社会不公在一定程度上已经影响到了社会不同阶层的和谐相处。构建公平正义的社会环境，不仅仅需要通过行政的、法律的、经济的等各种手段，建立一个系统的公平竞争规则，更需要在现实层面上回应大众需求，构建和谐友好的社会风尚。当代中国先进文化回应大众需求，不仅表现在释疑解惑上的理论优势，更重要的，是通过理论的宣传普及，实现精神转变为物质。要帮助群众实现物质需求，即把理论的彻底性与理论的实践性紧密结合起来，使理论掌握群众，并转化为群众实践的物质力量。针对目前群众最关心的、与群众生活最密切的热点问题，如发展不平衡、就业难、看病难、教育不公平、房价过高、分配不均和腐败现象较为严重等等，我们的理论工作者必须坚持贴近实际、贴近生活、贴近群众的原则，用先进文化解释大众疑惑，回应大众需求，把党和政府的政策措施讲清楚，增强大众战胜困难的信心。先进文化只有在改善民生、促进公正、推动和谐中充分发挥能动作用，社会主义先进文化才能提高在人民群众中的话语权和说服力，才能形成公平正义的良好社会风尚。

二、先进文化引领社会合力的形成

社会风尚的产生是许多社会成员互动的合力的结果。用先进文化引领社会风尚，就是要采取各种方式方法，充分发挥主流媒体的导向作用，发挥榜样偶像在群众中的辐射作用，发挥革命优良传统在当代的精神作用，发挥公益事业在社会中的和谐作用，形成最广大的人民群众参与的社会合力，使文明风尚融入到社会的各个领域。

（一）发挥主流媒体作用，拓展先进文化传播

随着现代传媒的空前发展和舆论影响力的不断增强，大众传媒的舆论力量

日益成为重要的执政资源。作为现代社会的一支重要舆论工具,现代传媒在构建和谐社会的历史进程中肩负着重要的责任和使命,发挥着不可替代的重要作用。在构建社会主义和谐社会的历史进程中,新闻媒体要在坚持正确导向、营造发展氛围、引领社会风尚、倡导和谐环境、关注民生问题上下工夫求实效,不断提高舆论引导能力,进一步增强新闻宣传的吸引力、感染力。

首先,坚持正确的舆论导向是主流媒体的社会责任。我国当前正处在经济转轨、社会转型的时期,社会经济、文化、人民生活水平飞速发展和提高的同时,社会现象更为纷繁复杂,人们的思想观念更加开放,也更加多元化。要顺应这样的要求,传媒在充分发挥其信息传播功能的同时,要深入把握并全面准确传播和谐社会的精神内涵,自觉承担起构建和谐社会的历史任务。由于主流媒体长期以来在受众中的威信较高,因此,主流媒体对重大的国内国际事件的解读能够在广大受众中形成影响力较强、说服力较大的舆论,这对构建和谐社会将起到非常重要的作用。近年来,涉及社会安全的公共危机事件发生频率加快,复杂性增加,使得媒体报道难度加大,也对新闻宣传提出了很高的要求。这就要求主流媒体充分利用内参渠道优势,与各级政府形成良性互动和沟通,确保新闻的准确性,从社会稳定大局出发,以对社会高度负责的态度,牢牢把握正确舆论导向,关注社会热点,使小道消息不攻自破。比如,在2003年的非典事件中,突如其来的非典型肺炎事件给中国新闻传播媒介带来严峻考验。非典前期中国传媒基本处于“失语”状态,我们的政府反应不够迅速。党和政府4月20日采取了果断措施,明确提出要以对人民高度负责的态度,及时发现、报告和公布疫情,决不允许缓报、漏报和瞒报。卫生部决定,原来五天公布一次疫情,改为每天公布。这之后,中国传媒才回归“自我”,担负起自己的责任。可见,只有把人民的利益放在首位,建立政府与媒体良性互动关系,才能经受住危机的考验。而2008年四川汶川大地震在媒体报道上有重大的突破,以中央电视台为例,在5月12日14:28分灾情发生之后的短短时间里,作为电视传播媒体的中央电视台通过各方渠道确认消息,迅速做出反应,15:00播发了字幕式滚动新闻。15:20分中断正常节目,进行了现场直播。从5月12日启动直播到5月20日算起,央视已经创造了中国电视直播史上24小时连续直播的一个新纪录。在中央电视台迅速做出反应的同时,各个电视台广播电台纸媒体,都在第一时间派出了自己的记者摄影师,向全国人民乃至全世界报道灾区的情况和进展。各大报纸几乎用全版报道灾区情况。规模之大,时间之长久是以往中国媒体从来没有的。媒体人本着新闻报道的取信原则、创新原则和实效原则,以前所未有的坦诚、公开、真诚、多角度多方位多层次多手段地大量报道汶川大地震。报道方案的设计紧紧围绕着主题展开,报道选题内容弘扬民族精神:在大灾面前我们众志成城、有大灾更有大爱等等,媒体人带给全中国全世界一个充满人性光辉的中国人的伟大形象。可见,重大公共危机事件发生后,如果主流媒体失声失语,就会将舆论阵地拱手相让,使小道消息大行其道。而主流媒体失去公众的追随,舆论引导就无从谈起。也就是说,主流媒体不仅要报道,而且要梳理,不仅要梳理,而且要解读。在公共危机事件中,增强政治意识、大局意识和责任意识,多做理顺情绪、化解矛盾的工作,增强舆论引导的针对性和有效性,自觉肩负主流媒体的社会责任。

其次,关注民生问题是主流媒体的职责和方向。关注民生问题、促进社会和谐稳定,需要调动社会各方面的主动性和积极性,其中发挥主流媒体的作用是一个关键性的因素。媒体是社会舆论的工具,担负着沟通信息、反映舆论、服务民生等基本任务。一是要坚持民生问题无小事。处于社会转型期的中国,在改革过程中尤其是在社会有重大利益调整时,特别需要媒体建立社会各阶层沟通的平台,在解决民生问题、促进社会正义、创新公众参与方式中发挥积极作用,为和谐社会建设提供良好的信息环境和强有力的舆论支持。2012 年 2 月 7 日,两会召开之前,人民网和人民日报政治文化部联合推出"您最关注的十大热点问题两会调查"。今年已是第十一次联合调查,网民关注度、参与度高涨,超过 155 万人次参与投票。调查涉及 20 个热点问题,包括"房价调控、社会保障、医疗改革、食品安全、环境问题、交通问题、物价问题、收入分配、小微企业、三农问题、社会道德、社会管理、基层民主、三公经费、事业单位改革、文化体制改革、教育公平、法治建设、网络问政、反腐倡廉"等。调查结果显示,网民投票选出的前十位热点问题是"社会保障"、"收入分配"、"医疗改革"、"社会管理"、"教育公平"、"三农问题"、"反腐倡廉"、"物价问题"、"食品安全"、"房价调控"。其中,"社会保障"以 25 万票排在第一位,其得票率超过了 50%,反映了我国进一步健全和完善社会保障制度的迫切性及广泛性;"收入分配"是网民关注的第二个热点问题,共有 18 万人次参与此项调查。网民认为目前收入差距大、贫富分化严重,应切实查处贪污腐败等行为,进一步提高个税起征点等等;"医疗改革"获得 10 万票,位居第三。网友表示希望提高个人报销金额比例,多数网友认为"异地看病"成看病难主因,呼吁尽快实现医保异地报销。我们的主流媒体,无论是传统的平面媒体、广播电视媒体还是新兴的网络媒体,都应该聚焦在这些普通人最关注的问题与困惑上,尤其是那些上不起学、看不起病、住不起房子的穷人。二是要不断创新报道方式。新闻媒体不仅要不断总结新的实践经验,不断深化对经济社会发展规律的认识,客观辩证地分析问题产生的原因,找出这些问题的病根,更应该发挥媒体的宣传力和影响力,担当起对弱势群体的关注、关怀和关爱的社会责任,提高在复杂形势下推动科学发展、促进社会和谐、塑造良好社会风尚的能力。如,在就业方面,劳动保障就业部门经过市场调查发现,目前我国社区家庭对保姆或临时工需求量很大,新闻媒体了解到这个动向后,及时开展深度传播,指导百姓就业,促进民生工作的改善和提高。又如,近年来央视新闻频道的公益品牌《共同关注》栏目,联合中国青少年发展基金会联合推出《我要上大学——希望工程与您共同关注》大型公益行动,每年都帮助一大批农村特困家庭的孩子上了大学。《共同关注》栏目既表现了贫困地区孩子生活的困难,又生动地记录了孩子们对知识的渴望及坚强向上的精神,节目所形成的"关注教育、关爱贫困孩子"的强烈社会舆论,是其他任何一种宣传形式所无法达到的。三是要敢于对危及民生的事件进行正面报道。新闻媒体对那些有损民生的事件,要有责无旁贷的职责意识,用舆论导向作用和社会监督力量把危及民生转化为造福民生。如,近期,"瘦肉精"、"染色馒头"、"地沟油"、"西瓜膨大增甜剂"、"染色花椒"等一系列食品安全事件屡屡见诸媒体,正是由于新闻媒体的积极参与,使这些危及民生的问题得到了从中央到地方各级政府部门的高度重视,也反映了新闻从业者的社会责任感及在关注民生、服务民生等方面作出的巨大努力。正确理解新闻媒体对于危及民生事件的报道,不能把这类报道等同于负面报道。相反,也正是由于新闻媒体的果断介入,才促成了民生问题的解决。但是,我们也要看到,食品安全事件等危及民生的事件报道密集出现,平衡报道不足,易引发公众的恐慌心理,造成公众不敢消费、不放心消费,社会诚信体系进一步瓦解、社会焦虑加剧。因此,对于危及民生的事件,媒体既要大胆、及时、准确地报道,真正担负起媒体的职能和责任,同时也应提高政治意识、大局意识,注意适时适度搞好平衡报道,把握好报道的度。开展切切实实的舆论监督及科学有效的舆论引导,杜绝虚假新闻,在科学调查的基础上,对事物的整体进行全面认识,对事件进行准确、权威报道,既保证公众的知情权、传达警示信息,又要避免引起不必要的恐慌。只有这样,才能充分发挥和增强新闻媒体的职能作用。

最后,提高公信力是主流媒体引导网络舆论的前提和关键。随着言论的不断开放和新兴媒介的不断发展,网络舆论成为一股不能小视的舆论力量。网络传播的自由性和开放性，使以往在传统新闻传媒上无法实现的个人表达自由和言论自由得到空前的展现，任何人都可以在网络平台上畅所欲言。网友言论之活跃已达到前所未有的程度，不论是反腐倡廉、三农问题、教育乱收费、学术腐败等国内重大事件，还是中国与其他国家政治、经济、外交等重大国际问题，都能马上形成网上舆论，进而产生巨大的舆论压力。以往只有权势阶层和知识精英拥有话语权，而网络则使普通公众包括弱势群体、边缘群体也拥有了某种话语权。然而也正是网络媒体的自由性与匿名性特点，使网络言论主题分散、导向不明，难免泥沙俱下、鱼龙混杂，也带来了一系列负面影响，不利于良好社会风尚的形成与发展。这就需要主流媒体以自身在群众中的公信力优势，对网络舆论因势利导。相关调查显示，网民最信任的是电视新闻，其次是报纸和广播新闻，网络新闻排在末位。而在网络新闻中，网民对政府新闻网站的信任程度远高于商业门户网站。可见，作为党和政府喉舌的政府新闻网站在引导社会舆论方面具有先天优势，而其优势的实质就是建立在权威和真实基础上的公信力。所谓公信力，就是使公众信任的力量。公信力作为一种无形资产，是媒体在长期的发展中日积月累而形成的，体现了一个媒体存在的权威性、在社会中的信誉度以及在公众中的影响力等特征。没有公信力的媒体终将失去生命力，被受众鄙弃。主流媒体具有被社会公众所信赖的内在力量，其凭借可信度及专业权威性逐渐积累起自身的公信力。

发挥主流媒体公信力的引导作用，一是政府必须建立畅通有效的信息沟通渠道，在第一时间发出声音，用事实说话，做到及时和公开透明，主动发布消息，不给网络谣言的滋生和传播提供机会。舆论是公众对共同关心而有争议的问题所持的大体一致意见。舆论一旦形成，就会对人们的行为产生直接的影响，或成为支持行为的动力，或成为约束行为的力量。主流媒体处在意识形态的前沿，必须通过网络媒介，及时掌握网络舆情的发展特点、动向和趋势，开展网络舆情动态监测、管控和分析研判，不仅要反映舆论，而且要引导舆论。正如胡锦涛总书记指出的，舆论引导正确，利党利国利民；舆论引导错误，误党误国误民。如，2011 年广东先后发生了“潮州古巷、增城新塘、中山东升、陆丰乌坎、汕头海门”等传播较广、影响较大的群体事件。这些群体事件发生之后，通过图片、文字等形式在网络上迅速散播开来，引起网民的广泛关注和热议，给地方政府带来了强大的网络舆论压力。群体事件发生后网络上随之冒出各式各样的消息和声音，地方政府是应该全面封锁消息，并对媒体下禁令不准报道呢？还是率先公布事件的真相，让网民知悉事件的来龙去脉呢？事实证明，政府应对网络舆论，最重要的是要及时公布消息，并做到公开透明。政府越是遮掩，就越会引起网民的强烈关注和热议。网民们根据多年来的经验，往往会认为凡是政府下禁令封锁消息的，肯定都是政府方面有“大问题”的，这不利于事件真相的揭示，不利于主流媒体公信力的提升，更不利于问题的解决。以乌坎事件为例，从 2011 年 9 月 21 日上午，乌坎村 400 多名村民因土地问题、财务问题、选举问题对村干部不满，到陆丰市政府非正常上访，随后发生了打砸警员、警车事件。随着事态发展，11 月 21 日，村民再次集体上访，数日内不断引发冲突，随后事态逐渐平息。广东乌坎事件舆情自发生到正面妥善应对经历了三个月的时间。在此时间段内，信息实现了由曲解、过度解读到公开透明的过程。从新闻媒体关注度走势中我们看到，在事件前半期，消息一度封锁，由于信息真实性无法确定，缺乏公开透明的信息披露程序，仅有少量海外媒体进行了直接报道。相反，在事件处理后半期，政府的公开应对和表态促进了媒体关注度的突飞猛进，在传播中把握了信息主动权。在后期，微博发力，推升了该事件的舆情热度。网民在此过程中从半信半疑的质疑开始，后期逐渐走向理性。整个过程中，无论是在事中的应急处理，还是事后的正面应对，都反映了当地党政部门有错即纠的政治勇气和善于担当的政治智慧，有利于维护和谐、维护稳定。这一事件也表明，稳定来自和谐，来自沟通，而不是压制和封锁。而公信力是政府新闻网站引导网络舆论的第一利器。社会舆论越是多样性，思想意识越是多元化，主流新闻媒体就越要注重赢得话语权、掌握主动权、提高公信力，正确引导网络舆情，为社会稳定和谐，为风尚健康发展创造基本条件。

二是要提高新闻工作者的职业素养，包括业务素质和道德修养。一个新闻从业人员应具有较强的新闻敏感和敬业精神，对新闻线索的考察以及对受众的反馈都应及时到位，并坚决杜绝有偿新闻，敢于对封口费说“不”。假新闻会对媒体的品牌和信誉造成巨大损失，严重损害媒体在群众中的公信力。如，2002 年 6 月山西省繁峙县义兴寨金矿区发生特大爆炸，38 名金矿矿工不幸罹难。时隔一年多，2003 年 9 月 15 日，中国最大的官方新闻通讯社——新华社在报道繁峙矿难的进展时却出人意外地宣称，11 名新闻记者在采访事故过程中收受当地有关负责人及非法矿主贿送的现金、金元宝，存在严重的经济违纪行为。这便是当年 11 名新闻记者受贿，对矿难真实情况瞒而不报的案件。案件曝光后，人们产生了“到底该信谁”的怀疑，媒体公信力极度流失。11 名记者均收受了当地官员的贿赂，这一极度违背新闻伦理的行为产生了极其恶劣的影响，给记者所属媒体的公信力造成了巨大损伤。《纽约时报》也对存在于中国新闻界的"有偿新闻"现象进行了报道。可见，无论是国内还是国外，都注意到了中国普遍存在的"有偿新闻"现象，意识到其对媒体公信力的重要影响。近年来，国家主管部门加大了对媒体的监督力度，制定了《关于印发〈虚假违法广告专项整治工作方案〉的通知》、《中国新闻工作者职业道德准则》、《中国广播电视播音员主持人职业道德准则》等规则；2012 年全国开展为期三个月的打击"新闻敲诈"、治理有偿新闻的专项行动，这些对提高媒体公信力都将起着重要的作用。

三是要杜绝网络新闻走低俗化路子。随着国内传媒业市场化进程的不断推进，部分网络媒体为了追逐经济利益选择了低俗化的路子，片面追求新闻报道的刺激性和轰动效应。网上低俗之风呈现扩散蔓延之势，网上低俗内容主要包括：不符合法律法规的内容，包括宣扬血腥暴力、凶杀、恶意谩骂、侮辱诽谤他人的信息；容易诱发青少年不良思想行为和干扰青少年正常学习生活的内容，包括直接或隐晦表现人体性部位、性行为，具有挑逗性或污辱性的图片、音视频、动漫、文章等，非法的性用品广告和性病治疗广告，以及散布色情交易、不正当交友等信息；侵犯他人隐私的内容，包括走光、偷拍、露点，以及利用网络恶意传播他人隐私的信息等；违背正确婚恋观和家庭伦理道德的内容，包括宣扬婚外情、一夜情、换妻等的信息。究其原因，一是一些网站片面追求点击率，故意发布低俗内容，置法律法规和社会责任于不顾；二是一些网站管理制度不落实，对论坛、博客、播客等互动栏目管理不严，使低俗内容在网上大量传播；三是少数网民自律意识不强，不负责任地利用互联网大量传播低俗信息。因此，整治网上低俗之风、营造健康文明网络环境，已成为当前网络文化建设和管理的重要课题。拥有巨大公信力和影响力的主流媒体，它不仅在引导着一个社会的风尚，它更是各网络媒体的风向标。如果主流网站低俗之风蔓延，对我们的社会有更大的杀伤力。2009 年全国七部门部署在全国开展整治互联网低俗之风专项行动后，中国主流网络媒体迅速行动起来，中国 70 多家知名网络媒体于 2009 年 12 月发出了《武汉宣言》，倡导抵制低俗之风、杜绝黄色淫秽等。《宣言》指出，要做创新有责任的网络媒体，大力推进观念创新、内容创新、形式创新，切实加强舆论引导，担负起促进网络媒体和谐健康发展的社会责任；做传播先进文化的主流媒体，共同把互联网建设成为传播社会主义先进文化的前沿阵地、提供公共文化服务的有效平台、促进人们精神文化生活健康发展的广阔空间；信息资源共享、商务合作共赢，推动网络媒体的整体发展，实现网络媒体的互利共赢；共同提升网络媒体公信力，始终把国家和公众利益放在首位，努力创建一个让社会认可、对网民负责的主流新兴媒体。这一行动体现了主流媒体牢牢把握正确的舆论导向，掌握新闻工作主动权，营造积极向上、健康和谐的舆论氛围的责任感与使命感，将对全面净化互联网和手机媒体环境，努力建立良好的网络文明风尚，推动经济发展、引导人民思想、培育社会风尚、促进社会和谐等方面起着重要的推动作用。

（二）彰显时代榜样力量，促成群体互动合力

一个国家有一个国家的精神，一个时代有一个时代的旗帜。从红旗飘飘的新中国成立之初，到解放思想拥抱世界的改革开放初期，再到日新月异快迅发展的新世纪，总有让人难以忘却的时代人物和文化符号。他们是时代的丰碑，是人们学习的楷模。时代榜样的事迹通过大众传媒广为宣传后，凝练成时代精神，促成群体与时代人物的互动，从而引领着社会风尚。

首先，榜样是时代的旗帜。20 世纪 50 年代，年轻的新中国面临着种种困难，国家安全方面仍然面临着巨大的压力，这是由复杂的国内外形势决定的。也正是在这种背景下，不管在社会结构的需要方面，还是在人们的精神层面，以革命集体主义精神为号召的“英雄”被视为最高的褒奖和荣誉。董存瑞、黄继光、刘胡兰、江姐等诸多伟大的英雄形象成为当时人们的精神榜样，并对之后的社会文化和价值观念产生了深远影响。60 年代，人们把对于偶像的崇拜寄托于现实生活中，人们不再满足于仅仅崇拜英雄，而是需要一个榜样作为坐标甚至期望成为这个人，这一时期，雷锋、王进喜等普通人成为全民偶像，他们身上无私奉献、为国家牺牲小我、艰苦奋斗的精神感动了几代人。70 年代末 80 年代初，中国开始了解放思想、改革开放的新探索，思想的解放融化了积蓄在人们心中的坚冰和伤痕，人们面临更多的思想冲击并开始重新思考未来。浩劫对于文化事业的巨大摧残使人们对科教文化的渴求达到前所未有的高度，种种因素使这一时代的偶像崇拜体现出对以知识分子为代表的科学文化精英上。摘取“数学皇冠上的明珠”的陈景润以他的执著、严谨以及爱国主义热情，成为青年人心目中的偶像。而以邓丽君为代表的港台流行歌曲的流入也迎合了当时人们对精神束缚的厌倦，邓丽君甜美的歌声和温婉的曲调使听惯了高昂革命歌曲的大陆青年痴迷不已，中国人看到了一个颜色更加丰富的世界，人生目标和理想追求都更加多元化，对偶像崇拜的表达也相对直接。80 年代后期，伴随着改革开放的深入，中西文化交流也更为广泛，社会矛盾也开始显现出来。“存在主义”“实用主义”等被

一部分青年所欣赏和接受。表现在时代榜样上,人们的崇拜不再限于战斗英雄或示范作用的榜样,众多叛逆、青春、时尚、个性的形象一跃成为新的偶像。一方面,创下世纪排球史上第一个五连冠的中国女排,身残志坚的“中国保尔”张海迪,成为大众景仰和学习的对象;另一方面,北岛、舒婷、琼瑶等各行业的成功人士、影视明星成为万众仰慕的焦点。90 年代,西方自由主义思想一拥而入,与一些青年人的焦灼、浮躁情绪产生共鸣,个人主义、拜金主义等功利主义思想在社会上悄然蔓延扩大,传统的英雄人物在人们的偶像视野中逐渐退去,从这一时期开始,偶像崇拜从社会走向个人、从一元走向多元、从神圣走向精神快餐。不管是特立独行的演艺明星,还是白手起家的商业巨子,抑或只是在某方面具备超人能力的人,都可以成公众人物,都可以拥有自己的“粉丝”。而崇拜者不再是偶像的附属品,伴随着文化娱乐事业的发展,他们有了更多向偶像表达爱意、甚至影响偶像的意愿和机会。榜样成为促成群体互动合力的巨大能量,榜样的价值取向越来越深刻地影响着社会风尚的发展。

其次,褒扬和宣传社会道德模范。道德模范是一定社会道德的人格化,他们的思想行为和感人事迹承载着一定社会主流道德的价值取向,体现着一定社会所要求的人生观、价值观和道德观。社会主义的道德模范是以为人民服务为核心,以集体主义为基本原则,以爱祖国、爱人民、爱劳动、爱科学、爱社会主义为基本道德要求的社会主义道德的模范践行者,他们的优秀道德品格和崇高精神与他们为祖国和人民的卓越贡献结合在一起,展现了社会主义新人的一代风采。榜样蕴藏无穷力量,精神激发奋斗意志。时代进步需要健康向上的道德风尚来引领,社会发展需要道德楷模的力量来推动。在道德模范身上,我们每个人都可以找到自己努力的方向。道德模范代表的先进事迹和高尚情操,适应了我国经济社会发展的现实需要,反映了新形势下道德建设的客观要求,体现了中国特色社会主义社会道德建设的主流,具有很强的亲和力、高度的认同性和重大的影响力。在当代,当我们克服“文化大革命”绝对集体主义的束缚,在市场经济条件下,力图兼顾个人、集体、国家利益,倡导人的全面发展的大背景里,必须注意在社会道德风尚建设中,纠正“左”的偏差时,又必须警惕右的思想的干扰;在激发人们的创造力、肯定个性发展与个人成功的同时,又要注重社会公德的培养、社会主义核心价值观的树立,及社会主义共同理想的形成。而这些,需要挖掘、褒扬和宣传具有典型意义的社会道德模范,发现、褒扬和宣传一个榜样,就是在社会上竖起一个标杆,建构一把道德标尺;就是在社会上确立一种道德风尚,弘扬一种主流价值理念。如中央电视台“感动中国”人物颁奖盛典上,“感动中国”人物科学家钱伟长、党员矿工郭明义、信义兄弟孙水林和孙东林、洗脚妹刘丽,中国核事业的领航人朱光亚、坚守雪域高原12年的义务支教者胡忠、谢晓君夫妇,让中国肝胆外科站到世界最前的医学泰斗吴孟超、奋力救下坠楼婴儿的“最美妈妈”吴菊萍、照顾养母12年的善良孝女孟佩杰、两袖清风的公安部高官刘金国等先进人物,都成为温暖、震撼、感动中国的代表,站上了社会道德的领奖台,让整个民族为之动容。他们虽然职业不同、事迹各异,但在他们身上,处处散发着激发人们奋发向上的精神力量。他们用自己的一言一行,默默地为民族的复兴、国家的强盛和人民的幸福无私奉献着,他们是践行社会主义核心价值体系的杰出代表。

当前,我们正处于一个大变革大发展的伟大时代,人民群众深情呼唤、期待着良好的道德风尚。但也要清醒地看到,随着市场经济的快速发展、对外开放的日益扩大和人员流动的日益加速,思想道德领域仍然存在许多亟待解决的问题:社会上极端个人主义、拜金主义、奢侈浪费等落后腐朽观念并未完全消除,是非不明、诚信缺失、见利忘义等现象时有发生;社会公德建设,特别是文明意识、道德观念、诚信意识等还有待于进一步提高。而道德楷模用自己坚定的理想信念,高尚的道德情操,诠释着社会主义核心价值体系的本质要求,而这,正是榜样的力量和作用所在。2001年党中央颁布了《公民道德建设实施纲要》,指出社会主义道德建设是发展先进文化的重要内容,是提高全民族素质的一项基础性工程,对弘扬民族精神和时代精神、形成良好的社会道德风尚,促进物质文明与精神文明协调发展,全面推进建设有中国特色社会主义伟大事业,具有十分重要的意义。《纲要》对公民道德建设的重要性、指导思想和方针原则、主要内容、工作要求等作出了明确的规范。党的十六大提出要认真贯彻公民道德建设实施纲要,加强社会公德、职业道德和家庭美德教育,引导人们在遵守基本行为准则的基础上追求更高的思想道德目标。十六届六中全会《关于构建社会主义和谐社会若干重大问题的决定》提出,要建设和谐文化、巩固社会和谐的思想道德基础,建设社会主义核心价值体系,培育文明道德风尚。2006年3月胡锦涛总书记在全国“两会”上提出了以“八荣八耻”为主要内容的社会主义荣辱观。这些工作部署和要求,对加强公民道德建设、形成良好道德风尚发挥了重要指导作用。道德力量是国家发展、社会和谐、人民幸福的重要因素。通过评选表彰,树立道德模范,用他们的先进感人事迹感召群众,就是在社会上竖起一面面旗帜和标杆,这对于倡导先进的思想道德和价值理念，对于弘扬社会正气，引导人们把社会主义核心价值体系转化为社会群体意识，都具有重要意义。

最后，正确引导青年偶像崇拜。为什么青年人更容易崇拜偶像，而成年人却很少会产生崇拜呢？这是因为，偶像崇拜总体来说是属于一个精神层面的需求问题。青年期是由儿童向成人过渡的特殊发展阶段，他们在情感、能力、人际交往等各个方面都发生了特殊的变化。在社会的各个年龄群体中，青年人更乐于接受新事物，更愿意求新革新，更醉心于未来的新发展。青年最显著的时代特征是渴求知识、情绪波动、行为叛逆、追逐时尚、寻求自我。而在这成长的过程中，榜样就成为他们模仿的一个标志物。精神分析心理学家艾里克森认为在个体的心理社会性发展阶段中，青少年要经历从自我迷茫到自我确认的发展过程，因此，青少年时期的主要发展任务是形成自我同一感。自我同一感包括三个方面的感受，一是他感到自己是一个独特的个体，二是自我有一种发展的连续感和相同感，三是相信自己的目标以及为达到这个目标所采取的手段是能被社会承认的。同一性的确立，关系到一个人的健康发展，关系到他能否更好地适应社会，能否体验到自身的价值和人生的意义。青少年在形成自我同一感的过程中，模仿的对象特别重要。而具有强大社会效应的时代偶像便成为青少年参照的榜样，青少年会以不同的方式呈现对偶像的认同，进而仿效其行为特质、仪容特征等等。有心理学家认为，对一些成年或同龄的偶像认同，可使青少年寻求更高的价值并为进入成年角色做好准备。可以说，崇拜偶像最原始的目的是一种正面的力量，就是“有为者亦若是”，意思是我希望像偶像一样好。崇拜偶像不只是崇拜这个人，而是崇拜还没有在内心上发掘出的自己。从对青年学生的调查和了解中可以发现，大多数青年崇拜偶像的动机都是积极的，其实质是对美的追求，对个人奋斗与成功的向往，并在不断的追求与模仿中陶冶自己的情操。他们能够崇拜偶像的优点，改变自己的不足，使自己趋于完美。从某种意义上说，青年对偶像的崇拜，正反映了他们文化知识和社会阅历的增长。当然，我们也必须注意到，有些青年的偶像崇拜具有很强的主观性，往往把偶像某一方面的特点扩大化、理想化，而缺少对其全面客观的认识；偶像崇拜也会产生超越于现实和自我的情感体验，它排斥现实生活内容，使青少年迷恋或向往远离现实的人格形象和生活方式，形成不切实际、好高骛远的心理与行为特点；或者只崇拜其外表，而很少会思索他们的奋斗精神，这样的盲目崇拜会影响青年自身思想品质的形成，甚至影响世界观、人生观的形成，产生负面影响。同时，青少年对“歌星”等娱乐明星的普遍崇拜，有的甚至到了狂热、痴迷的程度，常常导致某些偏激事件和消极后果。如，2007 年闹得沸沸扬扬的“刘德华女粉丝”事件，疯狂追星女杨丽娟自 1994 年迷上刘德华，苦追偶像 13 年，父母为达成其心愿倾家荡产，父亲为圆女儿心愿竟然卖肾筹款。然而，这位见了刘德华的女粉丝仍不满足于只是留影纪念。其父在香港被逼无奈跳海自杀，留下的遗愿竟是希望刘德华再见女儿一面。这一事件引起了全社会对青少年偶像崇拜问题的深深反思，由于偶像崇拜而导致的负面效应，必须引起我们足够的重视。当然，我们不能因为这个事情而全盘否定青年的偶像崇拜行为。青少年需要这么一个心理行为。关键是怎样掌握崇拜的度，崇拜的方式，实质上的崇拜对象，以及在这个过程中家长和社会如何引导。正确引导青年偶像崇拜，一是要尊重青年人偶像的选择，毕竟偶像崇拜是个人的选择行为。偶像的力量所展示的巨大号召力和鼓舞力往往是政府行为无法匹敌的，偶像身上所代表的奋斗精神和时代活力，深刻地寓于具体事例中，产生正面激励的作用。不能告诉青少年说哪个是对的哪个是错的，也不能强行要求青年崇拜什么样的偶像，这样一来，反倒可能引发他们的逆反心理。二是对这种选择进行有效的引导，不强制并不等于说不引导，从社会的角度来说，引导的作用是非常巨大，给他以引导，让他们自己去选择。也就是说，在尊重个人选择的基础上培养他积极的取向，要选取一个平衡点，注意一个度的把握。比如，当前青年对明星的崇拜比较普遍，明星偶像在青年偶像崇拜中占绝对优势地位，青年人以见星为荣，以追星为乐，而对“科星”等科教文卫领域的真正为社会作出巨大贡献的明星却态度冷淡、漠不关心，对伟大历史人物也缺乏兴趣与关注，这与媒体传播、娱乐节目等关注的重点及现状不无关系。这就需要社会舆论与教育体系在价值取向上的引导，坚持百花齐放方针，加强文化功能的正面效应，宣传既符合时代要求、又易于青年接受和效仿、能够在广大青少年当中引起共鸣和认同的榜样。媒体也应该进行合理的议程设置，在传播其他领域的偶像时做好建设和传递主流文化、高雅文化的工作，担当好除娱乐功能外的传播知识、教育大众的社会责任。三是树立偶像积极向上的行为形象。绝大部分偶像取得今天的成就都是要付出很大努力的，如歌手、演员、奥运冠军、篮球明星等，他们往往要付出超出常人的艰辛与努力。社会在宣传报道他们时不应该只注重他们当前的荣誉与成就，更应该介绍他们在成名前付出的汗水、对梦想的坚持及其成名道路中的艰辛，从而引导青年人正确看待成功与失败、付出与收获，认识到机会是留给有准备的人的，帮助青年人树立正确的价值观念与生活态度。而对一些偶像的行为不当之处，应配以适当的评论，对受众尤其是青年进行正确的指引。

（三）弘扬优良革命精神，形成社会向上力量

革命精神是党的巨大精神财富，是中国革命伟大实践的精神结晶和价值体现，是党领导中国革命过程中所凝聚和锤炼出的浩然正气，是党在革命时期的精神境界、精神风貌、精神力量的总写照。1919年爆发的以先进青年知识分子为先锋、广大人民群众参加的彻底反帝反封建的五四运动，是一场伟大的爱国革命运动，也是一场伟大的思想解放运动和新文化运动。五四运动成为中国旧民主主义革命走向新民主主义革命的转折点，也孕育了“爱国、进步、民主、科学”的伟大精神；在中国革命的第一块根据地井冈山，毛泽东与朱德率领根据地军民团结一心，多次粉碎了国民党围剿，形成了以坚定不移的革命信念、坚持党的绝对领导、密切联系人民群众的思想作风、一切从实际出发的思想路线、艰苦奋斗的作风为核心的井冈山精神；红军在长征中形成了不怕牺牲、前赴后继的精神，勇往直前、坚韧不拔的精神，众志成城、团结互助的精神，百折不挠、克服困难的伟大的长征精神；在中国革命的圣地延安，孕育了光照千秋的延安精神，即自力更生、艰苦奋斗的创业精神，全心全意为人民服务的精神，理论联系实际、不断开拓创新的精神和实事求是的思想路线；西柏坡精神是毛泽东在中国共产党七届二中全会上提出的，其基本内涵是：“两个敢于”（敢于斗争，敢于胜利）的革命进取精神；“两个坚持”（坚持依靠群众，坚持团结统一）的民主精神；“两个善于”（善于破坏旧世界，善于建设新世界）的科学精神；“两个务必”（务必使同志们继续地保持谦虚、谨慎、不骄、不躁的作风，务必使同志们继续地保持艰苦奋斗的作风），这是一种代表历史性转折的革命精神，是中国无产阶级革命精神发展的新阶段，是井冈山精神、延安精神的延续和发展；抗美援朝精神是中华人民共和国政府应朝鲜民主主义人民共和国的请求，为粉碎以美国为首的“联合国军”对朝鲜民主主义人民共和国的侵犯，保卫中国安全而进行的战争中形成的。在中国人民志愿军抗美援朝出国作战中，志愿军指战员始终发扬祖国和人民利益高于一切、为了祖国和民族的尊严而奋不顾身的爱国主义精神，英勇顽强、舍生忘死的革命英雄主义精神，不畏艰难困苦、始终保持高昂士气的革命乐观主义精神，为完成祖国和人民赋予的使命、慷慨奉献自己一切的革命忠诚精神，以及为了人类和平与正义事业而奋斗的国际主义精神，这就是伟大的抗美援朝精神。这些革命精神是我们党、也是中华民族的宝贵精神财富，它对中国历史发展进程产生着巨大和深远的影响。革命精神作为社会主义意识形态和精神文明的内在组成

部分,具有最大的正义性、无比的崇高性和根本的价值性。随着改革开放不断深化和社会主义市场经济深入发展,社会思想文化日益多元多样多变。在这种形势下,弘扬和践行革命精神,使社会更加团结和谐、昂扬向上,使国家和民族更加富于凝聚力创造力竞争力。

要努力创新弘扬革命精神的方法手段。一是重视党史教育在弘扬革命精神中的作用。清代著名思想家龚自珍深刻指出:灭人之国,必先去其史;隳人之枋,败人之纲纪,必先去其史;绝人之材,湮塞人之教,必先去其史;夷人之祖宗,必先去其史。革命历史是革命精神的基本载体。弘扬革命精神,必须坚守历史阵地,坚决抵制历史虚无主义等错误思潮,运用好党的光辉历史这部活生生的教科书,教育党员干部和广大群众尤其是教育青少年,正确认识历史,明辨是非曲直,充分认识中国共产党在中国的领导地位和核心作用形成的历史必然性,中国人民走上社会主义道路的历史必然性,通过改革开放和社会主义现代化建设实现中华民族伟大复兴的历史必然性,切实把弘扬革命精神建立在正确认识党的历史之上,从而进一步坚信革命精神,追求革命精神,践行革命精神,矢志不渝地为推进中国特色社会主义建设拼搏奉献。二是把革命精神融入社会实践中。弘扬革命精神是个长期性实践课题,渗透、贯穿于各领域各环节之中,必须紧紧融入社会主义核心价值体系建设,坚持理论与实践相统一,改造主观世界与改造客观世界相统一,先进性与广泛性相统一,把弘扬革命精神与用中国特色社会主义理论体系武装结合起来,真正使弘扬革命精神的过程成为一个修养党性、开阔视野、增长才智、陶冶情操的综合实践过程,成为一个主动运用革命经验借鉴和优良作风来破解现实难题的创新进取过程,以强大的精神动力推动各项工作科学发展。三是加大媒体宣传和报道力度。要积极适应信息社会人们的认知特点和偏好,在创新表现形式和方法手段上狠下工夫,不断提高革命精神传播的信息化、数字化、网络化水平,与时俱进地宣扬革命英雄人物和先进模范人物,不断增强先进典型宣传的感染力、说服力和实效性,以各种生动活泼、快捷高效的形式满足人们的精神需求,大力促进革命精神的弘扬,形成积极向上的社会风尚,有效提升社会精神文明水平。

要注重防止革命影视作品娱乐化倾向。郁达夫在悼念鲁迅时说过,一个没有英雄的民族是一个可悲的民族,而一个拥有英雄而不知道爱戴他拥护他的民族则更为可悲。随着历史的脚步渐行渐远,那段艰苦卓绝的革命岁月、那些坚韧不拔的英雄人物,在现代人们的视野中渐渐模糊了。为了让没有经历战火与硝烟的人们记住那段革命岁月，再现革命先驱的英雄事迹，拍摄以革命历史史实为主题的经色经典作品，无疑是一种有效的手段。红色经典是指在1942年毛泽东发表了《在延安文艺座谈会上的讲话》之后，产生的大量反映时代特点的、对人民群众有着重要影响的小说、戏剧、电影等作品。红色经典中的“红色”是指作品中体现的革命精神，“经典”则是指投注在艺术创作中的深厚功底，对丰富广阔的现实生活的真实表现。从20世纪40年代到70年代，《林海雪原》《烈火金刚》《红岩》《红色娘子军》等红色经典影片，给老百姓留下深刻印象。最近几年，以塑造英雄形象为主的几部革命历史题材作品受到了人们的追捧和好评，如电影《建国大业》《建党伟业》等，电视剧《激情燃烧的岁月》《军歌嘹亮》《历史的天空》《亮剑》《狼毒花》《人间正道是沧桑》《开天辟地》《辛亥革命》等。其中《开天辟地》是建党90周年的一部献礼剧，真实反映了1920年—1927年中国共产党成立初期波澜壮阔的历史，展现了那个时代的仁人志士拯救中国的伟大信仰，记载那些波澜壮阔、可歌可泣的历史，让观众再一次接近那些开天辟地、叱咤风云的英雄，感受伟大的人格品质和纯洁的人性光辉，收到了很好的社会影响。

然而，目前也广泛存在革命影视作品娱乐化倾向，确切地说，革命题材影视剧作品内容娱乐化倾向已经不是一天两天的事了，从前几年的谍战剧大热到现在各种红色题材全面占领电视荧屏和影院银幕，革命题材影视作品创作已经从尊重史实的轨道上慢慢偏离，转而走向了粗制滥造。有的影视剧制作者们认为只要观众爱看、收视率能提高，剧情是否忠于历史史实已经不重要，在这个全民娱乐化的年代里，收视率是唯一经得起市场检验的指标。革命剧之所以能够教育人、感染人、激励人，在于其对历史场景、革命人物的真实再现，对革命精神、信仰力量的提炼升华。革命剧不拒绝艺术化表达，但拒绝走娱乐化道路。脱离历史真实和生活实际，没有边际地胡编乱造，只会歪曲历史、伤害英雄，与弘扬主旋律、宣传爱国主义的目标背道而驰。波兹曼在《娱乐至死》中指出：一切文化内容都心甘情愿地成为娱乐的附庸，而且毫无怨言，甚至无声无息，其结果是我们成了一个娱乐至死的物种。尊重历史、尊重英雄是人类文明进步的前提，也是每个民族每个人的责任。革命剧不是不可以娱乐，但应适度把握分寸和节奏，尽量地贴近当时人的思想状态和情感选择，还原真实。有的革命剧脱离历史真实和生活实际，没有边际地胡编乱造，将严肃的事情娱乐化，已经在观众中引起反感。对史实的尊重以及对革命者最朴素革命情感的真实展现，是人们喜爱这些电视剧的原因。为此，广电总局发出《关于2011年5月全国拍摄制作电视剧备案公示的通知》指出:“个别剧目因为在表现抗战和对敌斗争等内容时,脱离历史真实和生活实际,没有边际地胡编乱造,将严肃的抗战和对敌斗争娱乐化而‘不予公示’。”①在此次通知的结尾,广电总局还专门对当下个别抗战剧进行了不点名的批评。广电总局表示,对于目前存在的现象,他们暂不公开具体作品,并要求制片方今后能够重新调整创作方向,提高电视剧的创作思想和艺术水准。所以说,历史并非是可以胡编乱造的生活痕迹,而是客观存在的事实,是生活的一面镜子。我们拍摄历史影视作品,就是要了解中国近代历史,了解党的历史,从历史中汲取智慧和力量,用红色精神丰富社会主义先进文化的内涵。

(四)提倡公益理念,培养慈爱之心

慈爱之心壮大社会爱的力量,提倡公益理念是培养慈爱之心的有效途径。公益理念是市场经济一种必要的补充,是一种可以限制自利主义无限扩张的价值,一种弘扬利他主义的举措。公益理念通过慈善行为、志愿者服务、公益宣传等培养慈爱之心,调剂社会财富,帮助有困难的人,从而维护社会公平与正义。

树立普遍从事慈善捐助的理念。慈善是有同情心的人们之间的互助行为。建立慈善文化,树立普遍从事慈善捐助的信念和社会风尚,在当前具有特别重要的意义。美国的慈善之父卡耐基认为一个人如果把一生都浪费在积累财富而不是贡献于社会就是近乎犯罪,他的名言“在死去的时候拥有大笔财富是一种耻辱”,已成为美国人做慈善的某种驱动力与信仰。在我国,“平民慈善”正逐渐成为一种新的社会风尚。提起慈善,有人总将它与富人、明星联系起来,事实上,“平民慈善”对和谐社会风尚的塑造更具深远意义。“平民慈善”的意义不仅限于资金总数的单纯累积,更重要的是在普通百姓中营造助人为乐的慈善氛围,这对社会道德风尚的净化、文明程度的提升都具有深远意义。赠人玫瑰,手留余香。投身慈善事业的过程,心灵受到洗礼、真善美得以彰显,这是一种美好的过程与享受。倡导“平民慈善”的理念,等于为我们生活的这个世界营造温情、和谐、阳光。如,由李连杰发起的壹基金公益基金会,作为中国公益行业的倡导者和实践者,致力于传播创新的、人人参与的公益文化,壹基金倡导“壹基金壹家人”的全球公益理念,推广每人每月最低捐出 1 元钱,帮助那些确实需要帮助的人们,即建立每 1 人 + 每 1 个月 + 每 1 元 = 1 个大家庭的互相关爱彼此关怀的

① 国家广电总局:《关于 2011 年 5 月全国拍摄制作电视剧备案公示的通知》。http://news. xinhuanet. com/politics/2011 -06/03/c_121493573. htm.

慈善互动模式。刘德华为壹基金创作主题曲《一块钱》。壹基金模式是弘扬平民慈善、推动公益事业发展的典型范例。而北京"的哥"杨松岩用随车的"小金猪"储蓄罐募集善款,4 年捐款 1.9 万元,共帮助了十多个困难家庭。可见,在我国,平民慈善已悄然兴起,成为一种新的社会风尚。然而,也可以看到,中国的平民慈善事业发展状况并不理想,要大力倡导平民慈善,还要大力宣传慈善理念,纠正社会上现在还流行的"慈善是富人的专利"的想法。要宣传平民慈善人物,不要把慈善说成是至高无上、只有圣人才能做的事业。不要把慈善神秘化,提高到不可触摸的地位。每人贡献一点,就能汇成江河,形成人人皆可为善的局面。

注重企业慈善事业的发展。企业慈善是企业履行社会责任的一条合法、合理与合情的途径,把对人的关爱和对弱势群体的帮扶,与追求企业利润放在同等重要的位置,是中国企业家日渐走向成熟和理性的标志。企业慈善无形中有利于树立长期稳定的公益形象,为企业进一步发展打开了新的广阔空间。更重要的是,在收入差距扩大、社会矛盾突显的今天,企业慈善对于改善企业形象、缓和社会矛盾、扩大社会公平正义、树立社会良好风尚等,都有着积极进步的意义。福耀集团董事长曹德旺的公益慈善行为就是最好的例子。福耀玻璃集团成立于 1987 年,目前是中国第一、世界第二大汽车玻璃制造商。2009 年,曹德旺宣称要捐出家族持有的 70% 的福耀玻璃股份,以成立慈善基金会。2010 年,曹德旺、曹晖父子以个人名义向玉树地震灾区捐款 1 亿元,另捐出 2 亿元用于西南抗旱救灾。2011 年 4 月 19 日,胡润中国慈善榜发布:曹德旺因捐款 45.8 亿元成为"中国最慷慨的慈善家"。2012 年曹德旺以最多票数获得第七届中华慈善奖"最具爱心捐赠个人"奖。中华慈善奖是由国家民政部颁发的我国政府最高规格的慈善奖项,于 2005 年设立,每年评选一次,按爱心捐赠、志愿服务、慈善项目三类分别评选,表彰在赈灾、扶老、助残、救孤、济困、助学、助医以及支持文化艺术、环境保护等方面作出突出贡献的个人、机构以及优秀慈善项目。曹德旺等企业家都获奖,这是国家与政府对企业慈善事业的充分肯定。而他们的捐赠本身具有一定的示范作用,能够带动某一领域慈善事业的发展,形成可持续发展的局面,从而促进全社会道德与诚信、仁慈与关爱的良好社会风尚的树立,促进社会更加和谐更加进步。

提升慈善事业机构的公信力。透明公开是现代慈善的灵魂,慈善机构只有配备"玻璃口袋",才能让公众捐得放心。近年来,我国慈善事业有了长足发展,从 2005 年年底至 2010 年年底,在民政部门登记注册的各类社会组织数量由 31

万个增加到44万个，其中，基金会数量从975个增加到2168个，许多社会组织将公益慈善作为其服务宗旨。我国慈善事业虽然得到较快的发展，但由于起点低，起步晚，和世界上一些发达国家相比还有较大的差距。目前，我国慈善事业的差距主要表现在这样几个方面：一是慈善组织和机构数量少，慈善机构的自律机制和社会监督机制不够健全；慈善事业人才缺乏，接受捐赠的渠道不够畅通；法律强制力不足，可操作性差；社会救助政策的整体性、协调性还有待提高等。而公益慈善组织的透明度不够，导致了层出不穷的慈善组织公共舆论事件，不断引发公众的质疑和批评。从中国红十字会的“郭美美事件”，到中华慈善总会的“尚德诈捐门”，再到中国青少年发展基金会的“中非希望工程”，这一系列与公益慈善有关的事件，都深深刺痛了社会大众的神经，直接导致了大众对慈善机构的信任度降低。目前，基金会有自己官网的不到25%，在官网上公开信息的机构又仅占一小部分。也就是说，在2000多个基金会中，能够及时更新信息的也就100多个。① 慈善机构透明度低、公信力缺失是目前慈善事业的“致命伤”。自2011年6月下旬“郭美美事件”等一系列事件发生后，社会捐款数以及慈善组织捐赠数额均出现锐减，令中国最大的慈善组织红十字会乃至整个中国慈善体制陷入信任危机。慈善文化是中华民族优秀文化的体现，是和谐文化的重要组成部分，“穷则独善其身，达则兼济天下”，中国有慈善散财的优良传统，不缺乏产生慈善的土壤，缺乏的是对慈善机构的信任。因此，要建立一套程序，切实解决好百姓最关心的现实问题，对于损害公信力的做法实行严格处罚，增强公众辨别真相的能力，结合我国国情，制定出适合我国特色的救助政策，挽回公众的信任，促进慈善事业的健康良好发展，在全社会形成济贫扶弱、奉献爱心的社会新风尚。

倡导不以报酬为目的的志愿服务。志愿服务是指在不为任何物质报酬的情况下而为社会提供服务。主要包括：扶贫开发、社区建设、环境保护、大型赛会、应急救助、海外服务等。胡锦涛总书记在十七大的报告中明确指出：“深入开展群众性精神文明创建活动，完善社会志愿服务体系，形成男女平等、尊老爱幼、互爱互助、见义勇为的社会风尚。”②志愿服务几乎是每个文明社会不可或缺的一

① 桂杰：《公益组织走在透明慈善时代前夜》，《中国青年报》2011年7月17日。

② 胡锦涛：《高举中国特色社会主义伟大旗帜 为夺取全面建设小康社会新胜利而奋斗》，《人民日报》2007年10月25日。

部分,为发达国家和发展中国家福利的提高和社会进步作出了重要贡献。志愿服务突出地表现在非政府组织、专业协会、工会和其他民间组织的活动中。许多社会运动,比如在消除文盲、免疫和环境保护等领域,都主要依靠志愿者的帮助。在2008年北京奥运会上,奥运志愿服务行动成为一大亮点;在2010中国上海世博会上,高校学生充当了志愿者队伍的主力军,尤其是园区内的“小白菜”,90%是来自高校,这大大提升了人们对志愿服务的认识。要广泛普及志愿理念,大力弘扬志愿精神,营造有利于志愿服务的舆论氛围和文化环境,把志愿服务精神的种子播撒到每个公民心中,使志愿服务理念得到越来越多人的接受和认同。要从经济社会发展需要出发,从人民群众愿望出发,组织开展形式多样,群众乐于参与、便于参与的志愿服务活动,为人们关爱他人、奉献社会搭建平台。要坚持从办得到、群众又迫切需要的事情做起,把生活困难群众和老年人、残疾人作为重点对象,积极开展送温暖献爱心志愿服务,努力为困难群众排忧解难,形成我为人人、人人为我的良好社会风尚。

发挥公益广告的宣传作用。在社会发展的过程中,总有一些事物关系着人们的共同利益,如环境保护、生态平衡、交通安全、毒品等问题,这些随着社会经济发展而出现的涉及社会公共利益的问题,需要社会加以关注和解决。公益广告就是不以营利为目的、旨在引起公众对某些社会问题的关注、支持或倡导某种社会事业、主流价值和社会风尚的公益性广告宣传方式。在对一系列社会问题的引导和解决过程中,公益广告扮演着传播者和引导者的角色。公益广告最早产生于20世纪40年代的美国,由于工业革命的发展带来一些严重的社会问题和环境资源问题,公益广告本着一种宣传、启示和规劝的意图应运而生,并在日后逐渐传入欧洲、亚洲以至传遍全世界,产生了越来越大的影响。我国的公益广告产生于20世纪80年代的中后期,1986年贵阳电视台首次播出了以“节约用水”为主题的公益广告;1987年10月中央电视台独树一帜,首次在黄金时间开辟《广而告之》栏目专门播放公益广告,这种被称为“公益广告”的广告新品种开始走入普通百姓的生活。到今天,中国公益广告已经走过了30多年的发展历程,日益受到公众关注,并逐渐发挥了公益广告应有的影响力,成为我国广告行业与公共事业中不可或缺的一部分。以中央电视台为例,1999年,中央电视台推出了“知识改变命运”系列公益广告,知识成为人们的热点话题之一,得到广泛关注;2002年的“希望工程助学行动”电视公益广告,感召了众多爱心人士踊跃捐款,大力推动了希望工程助学活动的开展,让更多的贫困孩子从中受益;

2005年7月,推出"节约创造价值"系列公益广告,加强了人们节约资源的观念,努力创造一个节约型社会;2007年5月,中央电视台《新闻联播》完整播出长达2分钟的公益广告《相信篇》,消除了人们对于公益事业的不信任,唤起人们内心的公德意识和行动信心;2011年以来,央视已制作播出90余条公益广告,大力弘扬社会主义核心价值,彰显国家电视台的媒体责任和社会担当。这些公益广告中,有反映社会热点类的、有提倡节约环保类的、有构建和谐社会类的、有弘扬传统文化类的。通过公益广告凸显社会主流价值观,为我国经济社会发展营造良好氛围。可见,公益广告具有导向性和社会性,是社会文明的旗帜,是国家理想的标杆。它引导社会风尚,营造文明氛围,弘扬新风正气,激扬民族精神,鼓舞人民斗志,弘扬社会主义核心价值。从某种意义上说,一个城市、一个地区、一个国家公益广告的水平,是这个城市、地区、国家民众文化道德水准和社会风气的重要标准。有资料表明,文明程度越高的国家和城市,公益广告越多。一些发达国家,如美国、法国、日本等,公益广告占到企业广告发布的40%,而我国的公益广告在广告总量中一般不足5%。① 不仅是数量上,就广告设计来看,西方国家公益广告创意水平在人文性、思想性、趣味性的表达方面也相当注重,其表达的主题已延伸到民族文化和历史等方面,对营造一种良好的社会氛围起着相当重要的作用。而我国的公益广告尚处在一个初步发展的阶段,十七届六中全会首次提出了"建设社会主义文化强国"的宏伟目标,这需要我们充分借助公益广告的力量,形成全民公益的社会氛围,建设强大的社会主义文化软实力,去引导社会文明,去赢得世界尊重!

三、先进文化引领健康心态的形成

以先进文化引领广大群众健康心态的形成,引导大众正确看待社会发展存在的这些社会问题,并以健康的生活方式和环保的行为习惯,积极投身于改革开放的伟大实践中,将会有利于形成促进社会稳定和民族利益的良好社会风尚。

(一)树立看待社会问题的正确态度

社会转型是和平时期最为深刻的社会变迁和社会革命,是社会利益格局的解构和重构过程,它必然会带来各种矛盾和问题,如权力腐败没有得到根本遏制、贫富差距悬殊、信仰缺失、道德失范等等。对这些现象,既要进行广泛的理论

① 南林:《公益广告:从"广而告之"到"传播文明"》,《中国企业报》2011年12月23日。

宣传,用先进文化培养广大群众健康心态的形态,引导他们理性看待当前存在的社会问题。

一方面,加强已有成就与存在问题的理论阐释与正面引导。改革开放以来,我国经济社会快速发展,人民生活从温饱不足发展到总体上达到小康水平,这是一个人人普遍受益的过程。逐步建立和完善社会主义市场经济体制,使人们获得更多的发展机会;城乡壁垒逐步打破,城乡之间的流动更加顺畅;农村贫困人口从改革开放初到现在减少了 2 亿多人;普及九年制义务教育,城乡义务教育全部免除学杂费;社会保障制度逐步建立和完善,低保等制度的实施使低收入群体的生活得到保障等,我国从各个方面加大对人民群众合法权益的保护,在实现社会公正方面取得了令人瞩目的成就。与此同时,我们也应看到,当前我国在社会公正方面还存在一些问题。比如,收入差距日益扩大,一些群体之间的收入差距已经突破合理的限度,扭转收入差距扩大趋势的任务十分艰巨;城乡之间、地区之间发展不平衡、不协调问题比较突出,由此引起城乡之间、地区之间在教育、医疗、社会保障等方面存在比较大的差距,促进城乡、区域协调发展的任务十分艰巨;由于体制机制不完善,权钱交易等腐败问题屡禁不止,由此带来的社会不公问题引起人民群众强烈不满,反腐倡廉的任务十分艰巨;等等。要引导大众多角度多视角看这些矛盾和问题,分清哪些是必然性的问题、哪些是阶段性的问题;哪些是长期性的、哪些是主观性的;哪些是发展中出现的问题,哪些是政策性的问题等等。改革开放作为一场新的伟大革命,不可能一帆风顺,也不可能一蹴而就。最根本的是,改革开放符合党心民心、顺应时代潮流,方向和道路是完全正确的,成效和功绩不容否定,停顿和倒退没有出路。党和国家领导人在各种场合都毫不避讳地谈过社会发展、党的建设等方面存在的问题,并在不同程度展示了解决这些问题的思路,表现了解决问题的决心。

另一方面,用历史的眼光看待高速发展和变革的中国。中国是落后国家,拥有比大多数国家更广阔的地域,更久的历史,最复杂的地理和人文差异,最多的子民,较差的底子。现在走的是一条赶超的道路,实行的是跨越式的发展。我们在三十多年时间内走过了发达国家二三百年走过的路程,既取得了发达国家二三百年取得的成就,也把发达国家二三百年时间内分阶段出现的问题集中压缩到我们这三十多年内来了。三是要形成正确的立场,富有责任心和正义感,用健康的心态来看待问题。对于这些问题,我们更多的是提出自己的一些建设型意见,而不是简单地批判。要看到我们党已经意识到这个问题的重要性,在发展上不再唯GDP至上,把更加注重社会公平正义作为执政的重要方面。任何社会阶段都有其固有的矛盾,在纷繁复杂的社会矛盾中,积极构建健康向上、认真负责的社会风尚,让每一位公民都承担起社会建设的责任,面对各种矛盾和问题,保持一份清醒,规范自己的言行而不迷失方向,积极寻找解决问题的途径和办法,历史的相对的和具体的社会公正才能真正得以实现。

(二)保持身心健康的行为方式

人们在满足了基本的衣、食、住、行等生存需要之后,求更高一级的精神享受就成为了必然。身心健康的行为方式,有助于人际关系的和谐,有助于家庭生活的融洽,有助于整个社会的安定。用社会主义先进文化引导人们形成身心健康的行为方式,是和谐社会新风尚的重要组成部分。

首先,健康是人类全面发展的基础。健康是一个古老的话题,它的涵义从古到今也在不断变化。在过去,无病就是健康,长寿就是健康。现在,我们说的健康是一个整体的概论,是指一个人在身体、精神和社会等方面都处于良好的状态。世界卫生组织提出"健康不仅是躯体没有疾病,还要具备心理健康、社会适应良好和有道德"。健康是人的基本权利,健康是人生的第一财富,健康也是家庭和社会的财富。无论是人类自身的发展,自我价值的实现,还是社会发展的参与和社会发展成果的享有,都必须以自我健康为前提。当前,由于环境污染、物欲横流、压力加大、精神紧张等因素的不断增加,人们的健康问题日显突出。不少人处于亚健康状态,不健康的生活方式带来的相关疾病如高血压、高血脂、脂肪肝、冠心病、糖尿病、恶性肿瘤等呈上升趋势,人们的健康状况令人担忧。胡锦涛在党的十七大报告中指出,"健康是人类全面发展的基础,关系千家万户的幸福"①。国务院在《全民科学素质行动计划纲要》中提出,我国公民科学素质水平与发达国家相比差距甚大。公民科学素质的城乡差距十分明显,劳动适龄人口科学素质不高;大多数公民对基本科学知识了解程度较低,在科学精神、科学思想和科学方法等方面更为欠缺,一些不科学的观念和行为普遍存在,愚昧迷信在某些地区较为盛行。公民科学素质水平低下,已成为制约我国经济发展和社会进步的瓶颈之一,要建立科学、文明、健康的生活方式和工作方式,并指出实施全民科学素质

① 胡锦涛:《高举中国特色社会主义伟大旗帜 为夺取全面建设小康社会新胜利而奋斗》,《人民日报》2007年10月25日。

行动计划的方针是"政府推动,全民参与,提升素质,促进和谐"①。由此可见,健康的行为方式是社会主义文化和核心价值体系建设的重要组成部分,是国家文明的标志。我们要大力倡导健康的生活方式理念,大力宣传健康行为方式的核心价值观和科学内涵,形成身心健康、人际和谐、文明环保的良好社会风尚。

(三)倡导科学健康的生活方式

科学健康的生活方式,既指健康的饮食起居等日常生活习惯,也指追求丰富的精神文化生活。2005年《卫生事业发展"十一五"规划纲要》提出"加强全民健康教育,积极倡导健康生活方式"之后,卫生部联同相关部门共同发起了以"和谐我生活,健康中国人"为主题的全民健康生活方式行动,并将每年的9月1日作为全民健康生活方式日,不断强化健康意识,长期保持健康的生活方式。健康的生活方式具体表现为:追求健康,改变不良生活习惯,不吸烟,不酗酒;举止文明,公共场所不喧哗,保持公共秩序;保持良好饮食习惯,合理搭配膳食结构;坚持适量运动,自信乐观,保持良好的心理状态;传播科学的健康知识,反对、抵制迷信思想等等。比如,到了重要的节假日,我们应尽量减少如请客送礼、暴饮暴食、打牌搓麻等耗费时间金钱且对自己无益的行为,而是可以合理安排,让复杂的生活变得简单,让单调的生活变得丰富。可以去爬山,接触大自然;骑着自行车,欣赏民俗风光;找个安静的地方,读自己喜欢的书;当一个志愿者,做些公益事业;朋友聚会,天马行空地聊天。这些都可以让我们放松平时紧张的心情,逃离各种虚伪的角色,抛开工作中的种种压力,让身心都得到放松和休息,为更好的学习和工作做好准备。群众文化活动是广大群众以自身为活动主体,以自我娱乐、自我参与、自我开发为主要形式,以满足自身精神生活需求的文化活动。群众文化活动,如舞蹈、表演、摄影、集邮、阅读、收藏等,内容丰富、形式多样,且易于开展与参与,具有很强的综合性,能够吸引广大群众的热情参与。群众文化活动为培育文明风尚发挥了不可替代的作用,群众文化活动用鲜明生动的艺术形象净化人们的精神世界,丰富人们的精神生活,使人们的思想、感情、性格、品德自然而然地受到熏陶。

(四)构建开放文明的人际关系

马克思说过,"人的本质并不是单个人所固有的抽象物。在其现实性上,它

① 国务院:《全民科学素质行动计划纲要(2006—2010—2020年)》。http://www.gov.cn/jrzg/2006-03/20/content_231610.htm.

是一切社会关系的总和"①。也就是说，社会不是由个人构成的，而是表示这些个人彼此发生的那些联系和关系的总和。由此可以看出，人的本质与社会直接关涉，并不存在绝对独立的单个人的抽象本质，也并不存在一个完全独立存在的社会。正常、文明、积极向上的人际关系，是身心健康的行为方式的重要组成部分，是和谐向上的文明风尚不可或缺的重要因素。20 世纪 80 年代以来，适应改革开放和进行社会主义现代化建设的新的历史时期的时代主题和历史任务，社会主义先进文化建设开始了从建国初期的强调"革命"和"斗争"理念向强调"建设"和"和谐"价值的转变，呈现出从阶级分析到利益分析、从社会至上到重视大众需求的变化轨迹。社会主义先进文化把自己的根本立足点落在满足大众需求、符合大众利益、增加大众福祉上。这一和谐性特征，引导人们在人际交往中和睦相处，积极向上，形成开放文明的人际关系。例如，随着经济的发展，人们收入在不断提高，人际关系越来越物质化。传统良好社会风尚的"礼尚往来"，在人情消费快速增长的今天，已严重扭曲了正常人际关系。有的人为了面子怕得罪亲朋好友，有的人盲目攀比，影响了人们正常的生产生活。又如，有些人打着人之常情、人际交往的旗号，大肆送礼，而收礼者也收得心安理得。投之以桃，报之以李，这种权钱交易不仅损害了社会上一般的伦理道德，还直接导致社会风气的败坏、堕落，影响政府的公共服务能力与社会公信力，这种错位的人际关系无论对当事人还是对于社会，都是灾难。以社会主义先进文化引导人们在社会大系统的实践活动中处理各种关系，有利于弘扬正气、化解矛盾、凝聚人心、沟通感情、增进融合，形成求同存异、团结友爱、和睦相处的社会氛围，使作为人的本质力量的主体意识、自我意识、积极性和创造性得到不断增强。以社会主义先进文化引导社会风尚的过程，也是人不断参与到各种关系，不断拓展社会关系的过程。

（五）养成绿色环保的生活习惯

勤俭节约是我国的传统美德，节能环保是全社会的共同责任，树立节能减排的科学观念，倡导文明健康、简约环保的生活方式，弘扬节约光荣、浪费可耻的风尚，推动全社会节能减排工作的良性发展。

一方面，要提高民众环保意识。世界自然基金会（WWF）发布的《地球生命力报告 2012》指出，当前我们的生活方式过度消耗了自然资源。如不

① 《马克思恩格斯选集》第 1 卷，人民出版社 1995 年版，第 60 页。

改变这一趋势，到 2030 年即使两个地球也不能满足人类需求。这份报告使用“地球生命力指数”，追踪记录 2688 种脊椎物种 9000 多个种群的变化情况，来衡量地球生态的健康状况。报告显示，地球生物多样性正以惊人的速度丧失，1970 年至 2008 年全球范围内地球生命力指数下降了 28%，其中热带是重灾区，下降了 61%。报告同时显示，“人类生态足迹”令人担忧，超过生物承载力的 50%。地球需要用一年半的时间来生产人类一年内消耗的可再生资源。城市化对资源环境造成日益严峻的影响。到 2050 年，全球将有三分之二的人口生活在城市。报告强调，恢复地球健康，根本在于解决人口增长和过度消费的问题。①

就我国的情况来看，虽然中国能源总量比较丰富，但中国人口众多，人均能源资源拥有量在世界上处于较低水平，且资源利用率低，浪费严重。中国国务院新闻办 2007 年发表的《中国的能源状况与政策》白皮书指出，中国拥有较为丰富的化石能源资源和可再生能源资源，但人均能源资源拥有量较低。其中，煤炭和水力资源人均拥有量相当于世界平均水平的 50%，石油、天然气人均资源量仅为世界平均水平的十五分之一左右。耕地资源不足世界人均水平的 30%，制约了生物质能源的开发。由于长期沿用以追求增长速度、大量消耗资源为特征的粗放型发展模式，在由贫穷落后逐渐走向繁荣富强的同时，自然资源的消耗也在大幅度上升，致使非再生资源呈绝对减少趋势，可再生资源也显出明显的衰弱态势。因此，要加强宣传教育，要提高民众环境意识和可持续发展的意识，要改变消费观念和生活方式，形成绿色环保的生活习惯。

《庄子 · 养生主》中说：“指穷于为薪，火传也，不知其尽也。”②这句话的意思是，柴虽烧尽，火种仍留传。开展环保宣传活动，倡导绿色生活方式，能够强化民众绿色生活理念，在全社会形成节能环保的良好风尚，起到薪尽火传的教育作用。比如，由世界自然基金会倡导的“地球时间”熄灯一小时环保活动，于 2007 年 3 月 31 日在澳大利亚悉尼首次举办。通过动员人们在这一天晚上 20 时至 21 时熄灯一小时这一简单之举，节约点滴电能，从而让人们意识到，自己的简单行动可以有助于减少发电造成的温室气体和其他污染物排放，减缓全球变暖对地球的影响。如今，这一活动已扩展到全球数百座城镇的成千上万个家庭、企业、

① 余晓洁：《〈地球生命力报告〉2012 发布》，《中国环境报》2012 年 5 月 22 日。
② 张书珩：《道德经 · 南华经》，中国画报出版社 2003 年版，第 115 页。

机构和公共场所,我国的许多城市与个人也纷纷加入"地球时间"环保活动。正如活动倡导方所说,一年仅有一小时的"地球时间"活动节约的电力微乎其微,但这一"地球时间"的黑暗,促使人类觉醒、反思和行动。每年的"地球时间"活动将唤醒人们的环保意识,并在全球薪尽火传,带给人类携手探索应对环境恶化和全球变暖的希望。2011 年全国科普日活动就以"节约能源资源、保护生态环境、保障安全健康、促进创新创造"为主题,旨在推动《全民科学素质行动计划纲要》的贯彻落实。2012 年,由福州市慈善总会主办的以"低碳节能减排,推动跨越发展"为主题的"今日海西低碳行"在全省 7 个地区巡回举行。由媒体记者、企业代表及志愿者组成的低碳行队伍 60 多人从福州出发,沿福清、莆田、晋江、厦门、漳州、龙岩、永安等地巡回一周,宣传节能减排,推广节能产品。活动将通过推广使用节能产品、提升节能减排意识。

通过这些活动,让人们意识到,我们每个人都在通过自己的消费行为和生活方式影响着地球。也许,我们个人的行为是微不足道的,但把我们每个人的力量联合起来,便足以托起一种现代文明,一种与自然互惠共生的绿色生态文明。在日常生活中,只要我们坚持适度的消费,养成绿色的生活,那就是在追求一种真正的时尚,一种关怀地球、关注未来、关心后代生存的科学的生活。

另一方面,要提倡环保生活习惯。中华民族传统文化中包含许多绿色环保的价值理念,如和谐中庸的生活哲学、勤俭持家的生活理想、重视教育和亲情的价值伦理、重视内心和审美的情感方式、有益于健康的低脂肪的饮食结构等等。这是先进文化的重要组成部分,也是中国走向绿色文明重要的文化资源。如今,环境保护这一话题从来没有像现在这样深入人心,提倡环保的生活习惯,也越来越得到人们的认同与共鸣。养成环保的生活习惯,应从我做起,从小事做起:一是要注重节约资源。作为一种良好社会风尚,节能环保的生活习惯包括了日常生活的方方面面。如家用电器经常关掉电源开关;每天减少电视收看时间;把空调设定在符合实际的温度范围;减少轿车等小型车的出车时间,尽量利用公共交通工具;利用太阳能及其他阳光能量;买家用电器时首选节省资源及节能型产品等等。二是要尽量循环利用。如不使用一次性剃刀、纸杯盒等一次性用品;报纸等杂志类印刷品送到废品回收站;把用过的洗澡水用于冲厕所等;耐用消费品要修旧利废,延长使用寿命;非常用物品尽量借用或租用等等。三是要保护自然。如购买消费品,尽可能选择有绿色认证标志和可回收的产品;少施化肥,少用农药,以减少对天空臭氧层的破坏;不购买、不吃野生动物;发现有偷猎野生动物、向河流排放污水、向天空排放废气、乱砍滥伐树木等等破坏环境的行为，及时向有关部门举报，等等。

良好社会风尚的形成是一个逐步积累的过程，决不可一蹴而就。用先进文化引领社会风尚，是一项长期而艰巨的战略任务，必须立足实际，着眼未来，建立长效机制，依靠社会各个方面、各个领域的共同努力，使健康向上的社会风尚成为促进社会进步、民族复兴的推动力量。

第六章　先进文化整合社会思潮

随着我国改革开放的不断深入与发展，在我国思想文化领域出现了各种各样的社会思潮。这些社会思潮是各种社会阶层、社会团体的利益表现，是社会开放与价值多元的反映，它为社会变革与文化建设提供了理论选择的参照系。然而，任何社会都有占主导地位思想观念的核心体系。我们承认社会思潮的多元存在的客观性与合理性，并不意味着可以削弱或放弃马克思主义的指导地位，削弱或放弃社会主义意识形态的主导地位。作为当代中国主流意识形态的社会主义先进文化，是以马克思主义为指导的先进文化，是马克思主义与中国特色社会主义建设实践相结合的成果。社会主义先进文化建设进程中，经历了由个体意识到群体意识、由社会心理到社会主流意识形态的演变，体现了坚持社会主义意识形态的主导地位与包容多样、尊重差异的统一。这个统一既是以社会主义先进文化整合社会思潮的前提，也体现了以社会主义先进文化整合社会思潮的必要。

第一节　当代中国社会思潮现状分析

所谓社会思潮，一般是指属于非主流意识形态范畴的，在一定时期内、反映某一阶级或阶层利益和要求、得到广泛传播并对社会生活产生某种影响的思想趋势或思想潮流。它从一个层面反映社会生活的变化，对社会发展和人们的精神信念产生不同性质、不同程度的影响。对于当代中国社会思潮，学界将其界定为：1978 年党的十一届三中全会至今产生与传播的社会思潮。

一、当代中国社会思潮的文化意义

各种纷至沓来的社会思潮，以其对现实生活的高度敏感，表达对中国社会结构深刻转型乃至国际社会重大变化的理解、评价和主张。它们用往往令人耳目一新的语词概念，各种“崭新”的观点，一方面使抽象的学术观点广泛传播到社会各个层面，另一方面使那些在日常生活中发生的各种感性意识或情感体验上升为理性表达，合二为一使它具有广泛的影响力和强大的传播力。准确把握当代中国的各种社会思潮，是从意识形态和社会心理两个层面深入了解中国社会结构深刻变迁条件下思想文化观念发展变化的有效途径。

（一）研究社会思潮有助于社会主义文化建设

社会思潮是社会意识的一个重要现象，是思想文化的重要组成部分。它在任何社会和任何时代都存在，特别是在我国改革开放与建立和完善社会主义市场经济体制过程中，中国社会大变动、大变革，因而成为各种社会思潮激荡和碰撞最为活跃的时期。当代中国社会思潮，是开放社会的必然产物。各种社会思潮，从不同的角度反映不同阶层群众的心态和思想状况。研究当代中国社会思潮，有助于了解社情民意。当代社会思潮有很强的问题意识，较之学术思想它与社会问题结合得更为紧密，具有很强的现实性、针对性。因而，社会思潮在一定时期内的影响力是最大的。研究社会思潮，有助于及时了解我国社会各阶级、阶层的广大群众在想什么、关心什么、希望什么，能够为我们党制定和调整文化政策提供重要参考；社会思潮不仅是社会的晴雨表，也具有很强的社会预警器的功能，处理得好将成为缓和、解决社会矛盾的调节器。通过研究社会思潮，可以了解和把握社会各阶级、阶层的心态、动向，发现社会矛盾的热点和焦点，帮助党和国家了解群众的社会心理和呼声，及时调整自己的政策，及时解决社会突出问题，未雨绸缪，化解一些比较尖锐的社会矛盾；任何社会思潮都反映一定阶级或阶层的政治诉求，具有鲜明的政治性。研究社会思潮，有助于提高干部群众、特别是各级领导干部的政治鉴别力和政治敏锐性；社会思潮从一个侧面反映思想文化战线上马克思主义与非马克思主义、反马克思主义的争锋与较量。研究社会思潮，坚持意识形态领域马克思主义的指导地位，探讨用先进文化引领和整合社会思潮的途径和方法，是社会主义文化建设的重要任务。同时，在当代人类社会信息化和全球化的历史条件下，各民族的思想文化都被置身于一个广阔的竞争空间和复杂的整合关系之中。一个民族的思想文化能否稳定健康地存在与发展，既是一个民族的文化安全问题，也是一个民族的国家安全问题，并且是关系到经济、政治甚至军事等方面的深度安全问题。而要保证民族思想文化的健康稳定，就必须明确深入、真实地把握对社会生活发生直接影响的各种重要的社会思潮。

（二）社会思潮是文化继承和发展中可以利用的文化资源

社会越向前发展，文化对社会发展作用越大。当下，文化力在一个国家的综合国力中的地位，决不亚于经济力，甚至高于经济力。建设中国特色社会主义文化，必须坚持以马克思主义为指导，弘扬中华民族传统文化的精华，继承和发扬我们党在长期革命和建设中所创造的革命文化和社会主义文化成果，积极吸收世界文化中的优秀成果，在继承中发展，在借鉴中“扬弃”，抵制落后腐朽的文化因素。而所有文化传统与文化因素，在社会思潮中都有典型的、集中的反映。伴随我国改革开放而来的社会思潮的不断兴起，是改革开放条件下人们思想解放、观念活跃、精神自由、文化繁荣的表现。各种社会思潮的存在，作为文化多元背景下的产物，本身就是社会进步的标志。改革开放前，在极左意识形态的禁锢下，不仅理论宣传工作停留在对“无产阶级专政下继续革命理论”的解读或“左”倾政治口号的教条主义宣传中，而且人们在日常生活中一些新的见解也不敢轻易表达，更谈不上有何种社会思潮发生和流行。当前，各种社会思潮如此活跃，不仅表明改革开放和发展市场经济的许多新现象、新问题引起了人们的丰富思考，也表明主流意识形态自信、开放、宽容的发展趋向，给学术界和人们的社会生活一个宽松的思想环境，使人们的思想观念日渐活跃，这是中国的进步。中国的思想正朝着多元方向发展。不同的声音互相讨论、互相沟通，取长补短。最终从这些不同的声音里，寻找到一条对中国今后发展有利的道路。党的十六届六中全会确立了构建社会主义和谐社会的重大战略，并且把建设社会主义和谐文化作为构建和谐社会的重要任务之一。同时，十六届六中全会通过的《中共中央关于构建社会主义和谐社会若干重大问题的决定》指出：“坚持以社会主义核心价值体系引领社会思潮，尊重差异，包容多样，最大限度地形成社会思想共识”，为新形势下正确对待主流意识形态和各种社会思潮关系提供了一个共同遵循的基本立场：一方面要坚持社会主义主流意识形态主导地位，坚持社会主义核心价值体系；另一方面又要承认在社会转型的新形势下人们思想观念的多样性分化及各种社会思潮存在的合理性。不能把各种新出现的社会思潮当作异端加以排斥。应当用社会主义意识形态的核心价值体系去引领各种社会思潮，以宽阔的胸怀、在对话交流中最大限度地形成社会思想共识，进而使社会主义文化既能坚持核心价值体系健康稳定地发展，又能在丰富的多样性中充满活力地展开。虽然我们应当看到其中的一些不成熟、不确定、甚至与主流意识形态相悖或企图取而代之的消极因素，但我们也应当看到其中积极因素，它可以成为社会主义文化建设可利用的资源。

（三）准确把握社会思潮同主流意识形态的关系

准确把握社会思潮同主流意识形态的关系，是辨析社会思潮基本立场、思想观点和价值原则的重要前提。整合社会思潮，是社会主义核心价值体系建设的重要任务，它关系到社会主义核心价值体系的社会认同。整合的前提是辨析，对不同的社会思潮、社会思潮的不同思想，要采取不同的整合方法。任何对社会思潮的认识与评价，都是从一定的意识形态原则和立场出发的。当代中国社会思潮与主流意识形态的关系，可以分为两大类：一是社会思潮对主流意识形态造成冲击与危害，影响或动摇主流意识形态的权威和主导地位；二是为主流意识形态提供丰富的思想材料，可以成为它的有益补充。就某一种社会思潮而言，它与主流意识形态的关系可能属于以上的某一种，也可以同时与主流意识形态存在这两方面的关系。它的某些思想与主流意识形态存在第一种关系，而另一些思想与主流意识形态存在第二种关系；在某一时期以第一种关系为主，而在另一时期则以第二种关系为主。因此，辨析它与主流意识形态的关系必须在基本判断的基础上，根据不同时期的具体表现而区别对待。

二、当代中国主要的社会思潮

在当代中国，社会思潮不仅异常活跃，而且呈现出空前的多样性。学术界对当代中国"主要"社会思潮的判断十分不一致，甚至很含糊，有的学者把主流意识形态的内容也作为影响深远的社会思潮。作为与中国改革开放相伴而来的当代中国"主要"社会思潮，应当是对中国改革开放、对中国社会发展产生深远的影响的思潮。在此，我们从当代正在流行的各种社会思潮中选出八种做一个概括性评述。这八种社会思潮，是改革开放以来表现最活跃、影响最广泛、涉及社会问题最深刻的社会思潮。

（一）新自由主义思潮

新自由主义思潮伴随中国改革开放和市场经济的发展而兴起和发展，它首先是作为学术思潮由西方传入中国。20 世纪 90 年代末它的基本主张越出学术界向社会传播，并且在同新左派的论战中扩大传播，迅速成为当代中国影响最广泛、最深远的社会思潮。

中国新自由主义的理论基础来源于哈耶克和弗里德曼等西方学者的新自由

主义学说,它在整体上承继了哈耶克和弗里德曼的基本观点,他们主张充分发挥市场作用,突破各种束缚,让经济主体自由选择市场、自由竞争,避免政府的限制与调控,以此保证市场功能的充分发挥,进而实现市场经济的效益最大化追求。他们认为严格的计划经济是无法实现的,不要依靠政府通过理性筹划和制定政策来调控市场,而应当让市场按照自身的规则运行。极力强调发挥市场作用,主张减少或限制政府行为。新自由主义讨论的核心问题是市场经济与计划经济、自由竞争与政府调控,这些正是中国改革开放以来一直面对的最重大的经济社会发展问题。新自由主义者极力主张突破计划经济体制下形成的旧观念和旧模式,在改革开放背景下,在计划经济向市场经济转型中,得到广泛的认同,得到很快的传播,一定程度上促进改革深入发展和推进市场经济体制的建立与完善。

中国新自由主义与西方新自由主义相比,也有自己的特色,他们中相当部分人有很强的政治诉求。新自由主义鼓吹自由主义、个人主义为核心的资产阶级思想,试图以资产阶级的自由、民主、人权的政治价值观来影响中国改革进程与方向;主张照搬西方的经济政治模式,实行"自由市场经济"、议会制、多党制、总统制和"三权分立"。在这一过程中,使之实际上成为西方敌对势力对我们国家实行和平演变战略的思想武器和政治力量。

(二)新左派思潮

新左派是在对改革开放和市场经济发展产生的一些后果作出反思批评中形成,在与新自由主义展开的激励论战中发展的。它们对中国改革开放的推动,起到相辅相成的作用;对双方的问题和错误,又起到相互批判、相互制约的作用。

随着中国改革开放的深入,越来越明显的社会问题不断出现,引发了新左派对中国改革开放和市场经济发展战略作出深刻反思,这一反思伴随对新自由主义的批判而展开。如何认识与评价日益显现的社会问题,是新左派同新自由主义论战的起因。例如,新左派认为,日益严重的社会不公问题,是由于片面强调效率而忽视公平,片面强调市场竞争而忽视国家政策调控,不关心在改革开放和市场经济发展中利益受损的底层社会成员。这种发展道路和发展结果,与新自由主义提倡充分自由竞争、完全依靠市场调节作用的主张,坚持富人原则、奉行强者逻辑在中国的影响是分不开的。在同新自由主义的论战中,新左派主张坚持公平公正,关心弱势群体、底层社会的生存状态;反对完全市场原则,主张发挥国家的干预作用;主张对改革作出深刻反省,应当坚持改革的社会主义的根本追求,而不应当仅仅从效率出发作出战略选择。这些分析与批判是深刻的和客观的,对纠正改革过程中出现的偏向有一定的警示作用。但是新左派根据这些问题的存在进而对改革开放和发展市场经济提出严厉的质疑,甚至重提极"左"思潮下的一些政治主张或政治手段,在一定程度上引起人们的思想混乱,对改革开放造成不利的影响。

(三)民族主义思潮

当代中国民族主义思潮是在20世纪90年代全球化背景下,中国知识分子以及社会各阶层中有强烈爱国主义精神的人们自发形成的新民族主义,是面对全球化浪潮从中华民族的自身利益和自主发展展开了自己的旗帜,是在对民族虚无主义的逆向思维和直面批判中发展的。因此,当代中国民族主义是中国知识分子从本民族利益出发对全球化的反应,对改革开放中发生许多问题的反应和强烈爱国主义精神的反映。

作为对全球化的反应,民族主义思潮主张抵制全球化或谨慎对待全球化。其核心是如何在世界全球化、中国对外改革开放的背景下,保持中华民族的自主、自立和自强,而不是简单跟在西方人后面邯郸学步。它警示国人全球化浪潮确实会对中国社会生活产生广泛影响,中华民族如果不能在全球化浪潮面前保持清醒头脑,自觉维护本民族的自主地位,确有被全球化浪潮吞没的严重威胁;谨慎是必需的,但它所主张抵制的方法是不可行的。中国实行改革开放,使中国不可能置身于全球化浪潮之外。全球化是把双刃剑,抓住全球化的机遇,也能更好地发展自己。

作为对改革开放中发生许多问题的反应,民族主义旗帜鲜明反对以《河殇》为代表的民族虚无主义。王小东在1988年7月撰写的一篇文章《激情的阴影》中,批判了当时影响极大的政论片《河殇》,掀开了当代中国民族主义的序幕。当代中国民族主义是中国知识分子对新自由主义和民族虚无主义主张全盘西化的否定。他们主张从中国的国家安全需求着想,提出了不完全依靠市场调节,而要发挥国家或政府作用,实行超越市场划定的国际分工限制的"赶超型发展战略",强调中国的政治体制不应走西方的民主化道路,而应当以儒家的"仁政"、"禅让"思想治理国家。

作为强烈爱国主义精神的反映,当代中国民族主义思潮在对待中日关系和中美关系上,体现出强烈的爱国主义情绪。特别是近年在同日本的关系上,人们表现出来的民族主义思潮更为明显。日本在侵华战争中杀害了数千万中国人,给中华民族带来了巨大损失和严重灾难。战后日本一些极右政治势力甚至拒绝承认罪恶,篡改历史教科书,歪曲犯罪历史,激起民众强烈抗议。2003年,中国民众反对日本的民族主义情绪表现得最为突出;1999年5月8日,美国“误炸”中国驻南联盟大使馆,激起民众对美的强烈抗议。2001年的撞机事件再次促使民族主义思潮高昂、高扬、高涨。美国等国家在经济政治外交等方面对中国的打压堵截,更加促使民族主义思潮高昂、高扬、高涨。

当代民族主义包含着浓厚的爱国主义精神,这一点应当充分肯定。民族主义在维护国家主权和民族利益方面的努力是积极的;同时,民族主义的爱国主义热情必须正确引导,使之在理性或法制的轨道上得以表达。民族主义思潮容易引发一些过激的言行,表现出狭隘的民族主义情结和简单的民族主义冲动,表现出对其他民族的封闭性甚至排斥性与保守性则是不可取的。

(四)民族虚无主义思潮

民族虚无主义是在开放大潮冲开封闭的国门后,在民族自信丧失中去追求“全盘西化”的“理想”中诞生的,在国际上苏东剧变与国内自由化倾向蔓延的背景下得到极度膨胀。

民族虚无主义在文化上具有明显的殖民文化倾向,以政论片《河殇》为典型代表。这部电视片的主题是:中华民族的传统文化是在农业文明或封建制度基础上发展起来的保守的黄色文化,而当代西方文明是在工业社会和市场经济基础上发展起来的充满活力的蓝色文化,为了推进中国社会的改革开放和现代化事业,应当告别黄色文化而迎接蓝色文化。这体现民族虚无主义对本民族文化妄自菲薄,鼓吹和美化殖民文化;在政治上具有明显的反社会主义倾向,它否定以往历史是从反对社会主义的政治需要出发的。它的价值取向是:否定近现代以来的一切革命,反对中国共产党的领导,反对社会主义制度,主张中国走资本主义道路,实行“全盘西化”。

(五)后现代主义思潮

后现代主义是对现代性原则或现代化过程产生的消极后果开展深刻反思而形成的社会思潮,它是所有社会思潮中最为复杂、最为庞大的一种思潮。作为学术思潮,它几乎在人文社会科学的每一个学科中都有它的表现。如后现代文学、后现代史学、后现代哲学、后现代经济学、后现代政治学和后现代法学等等,还有后现代建筑学。作为社会思潮,后现代主义就更是仪态万千,几乎凡是令人感到新奇的一些社会现象,都能找到它的踪影。

对后现代主义思潮的界定众说纷纭,但是它最根本的标志是对现代性的否定与重建。无论后现代主义以何种学术流派表现自己，也无论它们的思想观念有多少差异，否定现代性，试图重新建立一种新的价值理想、思维方式和行为方式，这是所有后现代主义者的共同追求。

后现代主义认为，现代性作为现代化进程中形成的一种价值理想，人们通过发展科学和工业生产，实现从贫穷落后的传统社会推进到富裕先进的现代社会。为此，人们确立了以认识自然、控制自然、征服自然为根本追求的主观与客观对立的思维方式和行为方式。在这一过程中，人类基本实现了自己的目标，实现了科学高度发展、工业高度发达、经济高度增长和财富高度积累。但与此同时，现代化也为人类带了灾难和痛苦。工业污染造成环境恶化，过度开发造成能源危机和资源枯竭，工业理性、科学理性、经济理性的极度膨胀，给人们造成越来越沉重的压抑。于是，后现代主义主张，批判工业理性、科学理性、经济理性对人性的压抑，构建新理性、解放人性；否定结构本质论或逻辑中心论，主张在扩散变化中注重差异性和个别性；反对宏大叙事，提倡具体叙事，主张在新生活的新体验中改写现代性，等等，表现出它为实现人类的和谐发展而作出的积极追求。

后现代主义思潮于 20 世纪 90 年在中国社会快速传播，中国青年知识分子在后现代主义中找到了一些表达自己思想意愿的概念话语或行为方式。一方面，后现代主义的批判性思维极大地迎合了身处变革时期而不知所从的青年的心理，满足了他们反传统、反权威、反秩序、反理性，以及追求舒适、寻找感觉、发泄焦虑的心理需求。另一方面，后现代主义思潮也推动了当代中国青年注重人际沟通和社会交往，注重言语交谈和信息交流，注重个人特殊性和具体差异性，注重动态变化性和流动选择性等新观念和新行为的形成。

后现代主义思潮也满足了中国社会对变革进程中问题反思的理性需求。中国社会的现代性与后现代性是交织并存的，在建设现代中反思现代性成为中国后现代主义的鲜明特征。在广大的中国农村和很多中小城市尚处于农业社会和工业化起步阶段，建设现代化是主要任务。但是在中国的中心城市和沿海发达城市中，已经就具有后工业社会的特点和风格，反思现代性问题成为必须。后现代主义思潮中包含的对现代性传统的否定，包含的对后工业社会基础上的新价值理想、新思维方式和新行为方式的建构，对当代中国现代化建设都有重要的借鉴意义。当然，后现代主义思潮非理性主义、否定主义、虚无主义等，这些思想对于中国的文化建设是极为有害的。后现代主义思潮在中国的出现，使中国的传统在继承与发展的问题上产生了裂变，它直接冲击中国当代的社会教育、学校教育和家庭教育,这些都值得我们警惕。

(六)文化保守主义思潮

当代中国文化保守主义思潮于20世纪90年代开始形成,其成因从国际上看,90年代以来,由于受日本和“亚洲四小龙”这些具有中国民族文化影响的国家和地区的经济腾飞的影响,我国学术界出现了面向中国、面向传统文化的一种学术的文化潮流。表现为学术上的新儒家、文化上的国学热,价值观上的中国价值的重新发现;从国内看,改革开放带来的民族振兴,直接激发了民族文化自信和增强的信念。20世纪90年代中期,在弘扬民族传统文化的呼声中,形成了具有广泛影响的中国文化保守主义社会思潮。2004年在蒋庆编纂《中华文化经典基础教育诵本》的推动下,背诵经文之风在中国很快兴起,很多城市纷纷举办背诵经文比赛,传统文化继承得到极大的推动。2006年党的十六届六中全会作出构建和谐社会的决定,并且把建设和谐文化作为构建和谐社会的主要内容,党和政府也致力于中华优秀传统文化的传播。文化保守主义者抓住机遇复兴传统文化,各种形式的弘扬传统文化的研讨会纷纷举行,一些新儒学者认为构建和谐社会与建设和谐文化,最重要甚至最根本的就是要复兴儒家文化,因为“和”的思想是儒家文化的根本。

新儒学作为当代中国文化保守主义的主体,它的一系列复兴传统文化的主张,代表了当代中国文化保守主义的基本原则和基本立场。它认为,中国传统文化既优于当代西方市场文化,又符合于中国社会的现代化建设和市场经济发展的要求。中国传统文化是和谐文化,天人合一,中庸之道,以及仁、义、礼、智、信等等道德原则,不仅可以教人为善,而且还能引导人们与自然和谐相处,并且也能规范人们的经济行为,保持企业内部协调和市场有序竞争。因此,在中国传统文化同的关系上,坚持把以儒家文化为核心的中国传统文化,作为中国立国之本、育人之根,作为推动当代中国经济社会发展的力量;面对外来文化在中国大规模的传播,甚至是文化殖民入侵,必须以中华优秀传统文化去抵制西方文化。

文化保守主义观点不仅在学术界产生了广泛影响,而且受到政府和社会各界的高度重视,其中许多观点在国家“十一五”、“十二五”文化发展规划中得到体现。他们致力于推进中华民族历史悠久、内容丰富的传统文化,对优秀民族传统文化的继承和弘扬具有积极意义;他们有些人坚持的极端文化保守主义立场,对在农业文明或封建专制基础上发展起来的儒家文化,不加鉴别、不做选择地推崇,这不是对待传统文化的科学态度,也妨碍优秀传统文化中的思想精华在当代中国发扬光大。

(七)民主社会主义思潮

当代中国民主社会主义思潮是90年代以后开始出现的,在中国探索什么是社会主义和怎样建设社会主义条件下,对中国特色社会主义的错误的解读、歪曲的探索。其中以谢韬在《炎黄春秋》2007年第2期发表的《民主社会主义模式与中国前途》一文影响最大,也最具代表性。它认为,比较世界现存的三种制度,民主社会主义是比资本主义和社会主义更为成功的制度;以民主社会主义为目标的社会民主党人具有先进性、优越性。社会民主党人对人类文明的历史性贡献是:代表先进生产力的发展要求,化解了工人阶级与资产阶级不共戴天的仇恨,化解了社会主义制度与资本主义制度不共戴天的仇恨,使社会主义运动成为和平的、理性的进化过程。社会民主党人成功地创造了在发达资本主义国家的民主框架内和平过渡到社会主义的道路;民主社会主义优越性在于消灭了贫富差距;中国的改革开放就是走民主社会主义道路。改革开放所取得的成绩是民主社会主义战胜了暴力的社会主义;民主社会主义才是马克思主义的正统,是马克思主义的最高成果,共同富裕是治国的最高理念,民主社会主义使马克思主义由空想变成了现实;走民主社会主义道路是中国的必由之路,只有民主社会主义才能救中国,才是真正高举马克思主义旗帜。

民主社会主义混淆了科学社会主义和民主社会主义的区别,否定中国的特色社会主义道路的社会主义性质。实际上,民主社会主义同科学社会主义是有本质的区别。在指导思想上,科学社会主义坚持马克思主义的一元化指导,而民主社会主义主张多元化的指导思想;在如何对待革命和改良的问题上,科学社会主义既坚持革命也不否定改良,而民主社会主义只主张改良而否定革命;在如何对待资本主义问题上,科学社会主义坚持用社会主义取代资本主义,而民主社会主义把社会主义看成是在资本主义条件下无止境的价值追求目标,不主张超越资本主义。但是,作为对中国社会主义建设的另一种思考,在中国的改革走到现在是关键的时刻,面临改革许多深层次的矛盾,社会矛盾突出,经济面临着从高速增长向缓慢增长的拐点,政治上也出现了一些拐点,工人阶级的实际地位下降,人们社会共识的分解。民主社会主义思潮提出的许多问题,应该引起我们的关注,确实很值得我们去关注,值得我们去慎重对待。

(八)怀疑主义思潮

怀疑主义思潮是计划经济向市场经济转型条件下,价值观、人生观迷茫和寻觅出路的产物，它是直接面对现实生活中的种种虚假现象形成的一种消极的否定性，由此产生怀疑事物真实性的社会思潮，是一种缺乏理论思维而直接展开普遍怀疑的社会思潮。

怀疑主义思潮的产生，一方面是变革时代各种的不确定性、诚信道德的缺失及政府诚信执政的偏差性与功利主义肆虐下的各种“假货”泛滥，对人们信念的消解。例如，人们可能对政府出台的一些改革措施、对政府的承诺缺乏信任和信心，对在日常生活中自己所面对的事情也往往以不信任的心态对待，人与人之间也多几分戒心。它反映人们面对大量的虚假事物无力抵抗时产生的悲观，在遭遇制度安排带来的各种风险时感到的无助，结果只能是怀疑。另一方面是信息化和网络化在给人们带来便利和机遇的同时，也使人们面临一个充满了不确定性和虚拟性的风险社会。在海量信息面前，在高度信息化的科学面前，人们因感到自身渺小无力；在虚拟世界真伪难辨面前，人们怀疑自己的能力，进而怀疑自己的信念，怀疑自己的价值。

怀疑主义思潮与人性的弱点相结合，将产生广泛的影响力，在全社会造成严重的信任缺失，由此导致社会效率降低，社会风险升高，危害社会的稳定和谐。当人们以消极的怀疑心理对待自己面对的各种事物，不仅失去了对社会的信任，而且经济、政治和文化各方面的社会运行机制和运行效率也都会受到严重影响，整个社会运行和发展的成本也将会大大提高。尤为严重的是，人们普遍怀疑的思潮会殃及对社会制度的信任，最终导致制度调控失效或制度规范失灵，整个社会秩序都要受到冲击。

第二节　社会思潮的特征与先进文化的整合能力

社会思潮是在一定的社会历史环境中，以人们的社会心理为基础，以某种思想理论为支撑，以动态形式反映一定阶级、阶层或不同社会群体的理想、愿望、要求，并在传播中产生较大影响的潮流。社会思潮有时表现为由一定理论形态的思想作主导，有时又表现为特定环境中人们的社会心理，是社会意识的综合表现形式。社会思潮同占主导地位的社会意识形态不同，二者处于不同等的地位。一定时期的社会思潮总是有意无意地试图取代、影响或对抗占主导地位的意识形态。特别在当代中国，置身全球化背景下，与西方现代化的历史进程相比，中国在短短三十年里，实际上走过了西方国家几百年的发展历程。与之相对应的，是西方几百年来思想文化的演进历程，也会以不同的方式反映到中国改革开放这三十多年当中。因此，要始终坚持社会主义意识形态的主导地位，就必须有效地实现对社会思潮的引领与整合。实现这一有效整合的前提是，对社会思潮特征的了解和对社会主义先进文化整合能力的认知。

一、当代中国社会思潮的特征

当代中国社会思潮此起彼伏、碰撞争鸣，我们可以理解为，它既是近代以来，特别是五四新文化运动以来，中国开启了现代化建设之路后思想观念不断演进在新的历史条件下的进一步累积，又是当代中国社会变革在思想观念上的反映，具有鲜明的群体性、历史性、现实性及可引领性的特征。

（一）当代中国社会思潮具有群体性

社会思潮是一种复杂的群体意识，它不是个别人或为数不多的人的思想反映，而是以一定的利益要求为基础、以特定的群体为其主体的，在相当大的范围内产生了社会影响的思想潮流。社会生活的多样化带来了利益和阶层的多样化，特定的思潮总是反映特定社会阶层的观念和主张。如中国20世纪80年代改革开放以来，新自由主义思潮首先得到知识界与学生群体的认可。经历了“文化大革命”极“左”思想迫害敏感的知识分子，在人的权利意识与民主法治精神方面率先觉醒，他们从西方自由主义理论中获得思想资源，率先呼唤人的尊严、价值、自由、启蒙与思想解放，批判文化专制主义。他们积极地推进中国融入世界，支持改革开放，主张经济自由主义和政治民主自由。这种自由主义思潮，在那些急切想改变中国命运、对“文化大革命”极度不满、受到西方思想熏陶的知识分子群体中，引起较大反响并得到广泛认同。同样，20世纪90年代中期出现的新左派，反对改革开放中出现的自由主义思潮，在对新自由主义的批判中发展自己。它把改革开放中的贫富分化等经济发展中出现的不公平现象，看作资本主义私有制必然伴随来的恶果，倡导平等与公平的价值观，把社会转型过程中的社会分层化、社会失范与社会问题，理解为资本主义社会矛盾的体现，而对于少数官员在缺乏制度约束下的腐败，市场经济中形成的阶层分化现象，一律用“阶级斗争”来加以解释。新左派思潮得到经历过“文化大革命”，形成“左”的思维定式的人们以及对改革开放中出现负面问题感受强烈的那部分群体的强烈共鸣。可见，社会思潮以一定的理论形态为先导，反映多层面的社会生活和复杂的社会环境，表现一定的社会群体的共同愿望和要求，因此能得到一定社会群体的广泛认同，具有鲜明的群体性。

(二)当代中国社会思潮具有历史性

社会思潮是社会热点的直接反映，它的形成和演变是社会环境的变化所决定的。社会发展的某个历史时代，人们处在特定的社会经济状况和政治状况下，对社会生产中的各个领域即经济领域、政治领域、文化领域的焦点问题会产生不同的反映，当代中国社会思潮伴随改革开放的矛盾冲突和发展进程而此起彼伏，不同时期、不同阶段有不同的表现。如20世纪80年代开始出现的民族虚无主义，在结束“文化大革命”十年动乱后和改革开放初期十分活跃。十年动乱使我国经济、政治、社会、文化建设都遭到极大破坏，人们开始怀疑我们国家制度的先进性、我们民族传统的先进性。加上开放的条件下，我们在毫无准备的时刻，无法准确把握正确认识问题的方法，眼花缭乱地面对西方发达国家的文明与进步，加速了我们民族精神的崩溃。这一状况，肥沃了民族虚无主义思潮发展的土壤。同样，新左派思潮在邓小平南方讲话以后强势出现，也绝非偶然。正是90年代以来市场经济大潮的汹涌澎湃，各地出现的竞争无序化、贫富分化与底层利益的受损，这些与社会不公相关的社会困境的出现，是产生新左派思潮的客观原因，争取实现社会的公平正义是新左派最主要的政治主张，尽管新左派知识分子以反对改革来实现平等的观念被认为是错误的。90年代后期，伴随经济全球化的发展，当代中国新民族主义思潮迅速兴起。一方面，它依赖于民族主义这一世界上最强烈、最富有情感力量的思想意识对人们所产生的天然亲和力与最直接、最自愿、诉于亲缘本能的感召力，以及由此产生的对全球化可能带来的外族经济文化的入侵的自发抵制；另一方面，得益于改革开放使中国国力增强所产生的雪耻百年屈辱后的扬眉吐气感。这一感情很大程度上强化了国人的民族意识、民族气节与民族精神。这些思潮的产生和发展，都与特定历史条件密切相关。

(三)当代中国社会思潮具有现实性

当代中国社会思潮都是紧扣当时社会现实问题和人生的困难境遇问题而产生与发展的，所以它极易引起人们的思想共鸣和精神关注。同时，当代中国社会思潮的主体，总是力求通过各种方式、利用各种条件，同主流意识形态争夺话语权，把自己的目标变为现实行动，把自己的理想变为现实的蓝图。80年代以来的新自由主义思潮，从积极意义上说针对的是当时中国封闭保守与落后的现状，特别是极“左”思想对人们的禁锢，想改变这种现状。从消极意义上说，是想借

"文化大革命"的错误,否定中国共产党执政和社会主义制度的合法性,主张全盘西化,用资本主义制度进而取而代之。80年代中后期,随着改革的日益深化,国企改革减员增效,大量工人下岗,这意味着在改革中某些阶层的利益受损,受损程度还比较大。改革过程中产生的矛盾开始凸显,尤其是精神文化建设出现滑坡,导致人们对改革的不同认识。一股质疑新自由主义、质疑改革中出现的种种问题的新权威主义思潮开始出现。针对新自由主义片面夸大市场的自发性,认为市场可以自我调节,盲目信奉市场原教旨主义及市场万能论;针对中国改革开放以来出现的盲目西化、拜金主义、经济泡沫等诸多经济、社会问题,新权威主义者认为,中国作为一个后发现代化国家,只有通过开明家长式的威权政治与国家引导的经济发展,才能有效地发展市场经济,才能导致社会的利益多元化与中等收入阶层的极大增长,才是最终实现民主与现代化的条件。这种对现实问题的反思具有中性的理性的品格,对解决当代经济问题与社会问题有一定借鉴意义,因而具有一定的社会影响力。而21世纪初出现的民主社会主义思潮也是对中国现实社会的一种回应。一方面,人们对市场经济发展导致的贫富分化、阶层分化产生了严重的忧虑,希望通过社会主义的价值来呼唤平等与公正;另一方面,对当前出现的权力腐败与官商勾结现象的警觉,又使人们产生对民主参与的价值追求。这样,民主价值与社会公平的价值观念,在国人心目中就变得十分强烈了。而民主社会主义思潮的价值理念,恰恰满足了人们渴望公平与民主的内心诉求。民主社会主义注重对公正、平等与底层利益的关注,使人民对民主社会主义思潮解决现实问题寄予了厚望。不论正确的思想还是错误的思想,都能不同程度地转化为物质力量,并在一范围内成为变革社会的力量,这正是社会意识对社会存在的反作用。正是这种现实性,使社会思潮成为反映社会动态的晴雨表,并能在不同群体中产生一定的效应。

(四)当代中国社会思潮具有可引领性

所谓可引领性,是指社会思潮在占统治地位的意识形态或核心价值体系的主导、引领及其制度管理的规范下,其传播方式、发展方向、社会功能等受到约制,朝着核心价值体系确立的方向转化和流变的可能性。当代中国社会思潮的可引领性,就是社会思潮在社会主义核心价值体系的主导、引领及其体现社会主义核心价值体系的规章制度、法律法规、方针政策的管理和约制下,具有从与主流意识形态的对抗走向与之并存,从对主流意识形态的解构、疏离到成为其有益的补充,使社会思潮的存在和发展不损害、甚至朝着有利于中国特色社会主义的方向发展的可能性。如，文化保守主义思潮是随着改革开放后中国在经济上崛起、国力的上升和国民文化自信心日益增强而发展起来的，它是中国人对来势迅猛的西方全球化的浪潮冲击与压力的文化回应，通过对自身文化的认同，寻求一个民族在精神上的安身立命之源，以此来克服全球化与西方世俗文明冲击波造成的文化焦虑感与文化“无根感”。他们提倡复兴儒学，重建儒家的经典教学，发起少儿读经运动等，这与党的十七大报告指出的“要全面贯彻党的教育方针”，“全面实施素质教育，提高教育现代化水平，培养德智体美全面发展的社会主义建设者和接班人”①是不违背的。我们培养的社会主义建设者和接班人必须具有较高的思想道德素质和科学文化素质，要重视中国传统文化教育。因此，只要对文化保守主义思潮进行了有效的引领，引导其克服民粹主义的倾向，理性地看待传统文化，以“扬弃”的精神回归与肯定自身的文化传统，来寻求精神立足点，重建文化认同，对增强民族文化自信与自强，建设文化强国是有积极意义的。当代中国社会思潮的可引领性，是它们在宪政条件下有着不可剥夺的生存的权利与自由的空间的理论依据和现实意义，是我们党“尊重差异、包容多样”的执政文化理念的客观支撑。当然，我们说社会思潮的可引领性特征，是针对整个社会思潮而言。而对于错误、落后的社会思潮，只能通过对它的批判，削弱其社会影响，减少危害，同时加强社会主义先进文化的传播，扩大先进文化对社会群体的影响力。

二、先进文化对社会思潮的整合能力

当代中国社会主义先进文化是面向现代化、面向世界、面向未来的，民族的科学的大众的社会主义文化。先进文化面向现代化的目标指向，要求先进文化积极吸收和善于借鉴现代文化的先进成果，为社会主义现代化建设提供有力的文化支撑；面向世界的目标指向，就要立足于改革开放，吸收和借鉴世界文明的先进成果为我所用。同时，发挥中华文化的优势，为世界文化繁荣作出积极贡献；面向未来的目标指向，要求先进文化要具有一定的前瞻性、导向性和方向性。民族的科学的大众的文化，就要立足于当代中国特色社会主义的伟大实践，继承和发扬中华民族的优秀文化，崇尚科学精神和科学理性，坚持文化教育人民和服

① 胡锦涛：《高举中国特色社会主义伟大旗帜，为夺取全面建设小康社会新胜利而奋斗》，《人民日报》2007 年 10 月 25 日。

务人民。为此，赋予了社会主义先进文化的科学性、群众性、开放性和前瞻性的优势，使其拥有很强的整合能力。这一整合能力体现在它对社会思潮发展的方向性引领能力、对社会思潮发展的规范性引导能力，以及对社会思潮有益成分的兼容性吸纳能力。

（一）先进文化具有对社会思潮发展的方向性引领能力

社会主义先进文化是面向现代化、面向世界、面向未来的文化，具有开放性和前瞻性优势，既能为社会思潮提供宽松的表达空间，又对社会思潮的发展发挥方向性引领作用。先进文化的开放性在于，在它的发展过程中，既吸收了五千年中华传统文化的精髓，又博采各国文化之长，在实践中不断地创新、不断地完善，从而获得鲜明的时代特征和进步特征；与时俱进是马克思主义理论品质，以马克思主义为指导，决定了先进文化在理论上是一个开放的体系；以中国特色社会主义伟大实践为基础，决定了先进文化在实践上更是一个开放的体系。社会主义先进文化是在总结历史、立足现实、面向未来的广阔视野中不断完善和发展起来的。社会主义先进文化的开放性是其获得前瞻性的动力源泉，社会主义先进文化“三个面向”是其获得前瞻性的内在要素。它的前瞻来源于它符合时代发展的根本要求，为解决时代课题提供重大的价值参考；来源于它能够继往开来、与时俱进，代表社会前进的方向。它所蕴含的价值观念不仅是建立中国特色社会制度的价值源泉，而且也是当代社会建立一系列道德规范的价值尺度。同时，它作为民族的科学的大众的社会主义文化，代表着中国先进生产力的发展方向，代表着广大群众的切身利益，代表着国家的发展前途，因而具有前瞻性特点。

正是因为社会主义先进文化有了这一开放性和前瞻性的优越性，它才能够在为社会思潮提供宽松的表达空间的同时，又能够对社会思潮的发展发挥方向性引领作用。社会思潮的多样化是人类文明进步的动力和社会发展的必然趋势，包容和整合多样化的思想意识，正是先进文化开放性特征的体现，也是先进文化发挥主导作用的前提。目前，我国的社会思潮既有进步、积极、向上的，也有消极、保守、落后的，还有腐朽、没落、反动的。不同思潮相互碰撞时，相互吸引、相互影响的趋势也在加剧。先进文化善于尊重广大群众，包括不同阶层、不同社会群体的思想意识和价值观念上存在的差异，树立多样共生的宗旨，以海纳百川的宽阔胸怀包容各种有益无害的思想文化现象，从多元社会思潮的争鸣、比较中吸取养分并在百家争鸣的生动局面中，先进文化以科学的理论武装人，正确的舆论引导人，以高尚的精神塑造人，以优秀的作品鼓舞人，“使先进文化得到发展，健康文化得到支持，落后文化得到改造，腐朽文化得到抵制，使民族文化与外来文化、传统文化与现代文化、高雅文化与通俗文化在交流比较中互相融和、相互促进，使各种文化形式、文化门类、文化业态各展所长，共同发展”①，从而有效地引领社会思潮。

（二）先进文化具有对社会思潮发展的规范性引导能力

先进文化是民族的科学的大众的文化，具有科学性与群众性优势，能够引导社会思潮在社会制度规范体系内有序发展。当代中国先进文化的科学性在于，它是中国特色社会主义建设成功实践的文化结晶，是中国特色社会主义发展道路、中国特色社会主义理论体系、中国特色社会主义制度的文化表现形态。它把握了历史发展规律，科学总结了改革开放以来的实践经验，指明了中国发展道路这一体现了历史的选择，反映着人民的共同愿望，实现国富民强、民族复兴的必由之路；中国特色社会主义理论体系，在新的时代条件下系统回答了什么是社会主义、怎样建设社会主义，建设什么样的党、怎样建设党，实现什么样的发展、怎样发展等重大理论实际问题，科学阐明了中国特色社会主义的思想路线、发展道路、发展阶段、根本任务、发展动力、发展战略、依靠力量、国际战略、领导力量等重大问题。先进文化的群众性在于，它是社会普遍心理与占统治地位的意识形态相结合而形成的在社会处于主导地位的肯定的意识形成。社会主义先进文化以其先进的思想文化获得掌握群众的可能性，以其指导中国特色社会主义建设实践的巨大成功体现的物质文化获得掌握群众的话语权，以其优秀的文化产品与服务赢得群众的认同。

先进文化的科学性与群众性优势，使其引导社会思潮在社会制度规范体系内发展。社会思潮是与社会潜意识相一致，它们构成社会中非主导的否定的意识层面；社会思潮是社会文化意识的表现，也是社会政治经济发展的反映，是在一定的社会经济政治条件基础上形成的。当前，我国社会思潮的发展与演变，与目前正在进行的中国特色社会主义现实背景密切相关。在社会经济转型的历史大变局中，产生了前所未有的各种新矛盾、新问题与新困境。当社会问题增多、社会不满情绪增长的时候，往往也是思潮涌动激烈的时候。面对困境与挑战，社会的不同群体总会力求提出自己认为正确的思想与解决方式，从而形成不同的

① 刘云山：《建设和谐文化巩固社会和谐的思想道德基础》，《中共中央关于构建社会主义和谐社会若干重大问题的决定》辅导读本，人民出版社2006年版，第42页。

社会思潮，并彼此展开论争。先进文化以其科学性与群众性优势，承担着支持政权、整合社会、凝聚人心和规范生活的作用，通过吸收借鉴各种社会思潮的有益成分，形成对社会思潮的改造、净化、提升和不同程度的包容；通过表达最广泛社会阶层的利益诉求，形成在人们心中的社会心理优势和话语权、主动权；通过不断调整先进文化的传播策略，形成人们对社会主义核心价值体系普遍的价值认同，并转化为人们的行为动机、内心信念和审美情趣等。这样，先进文化的科学性与群众性优势，就决定了它能够最大限度地减少社会思潮的消极影响，引导整个社会思潮朝着积极健康的方向发展。

（三）先进文化具有对社会思潮有益成分的兼容性吸纳能力

每一个时代的先进文化，都是在时空不同的各种文化中比较而言发展水平最高或发展结果最优的文化，都是在包容、覆盖既有文化资源中合理成分的同时，必须反映人类社会在当下创造的物质文明和精神文明成果。文化作为相对独立的精神存在，它的先进性体现在能够与它的经济基础、政治导向和生态环境之间存在和谐一致、积极互动上；文化作为社会意识形态和社会心理的整体性表现，它的先进性体现在为社会成员提供普遍接受的价值认同和思想共识。先进文化要实现上述功能，就必须有海纳百川的气度、兼容并蓄的能力。

值得指出的是，现实存在的任何文化，既没有绝对的和谐，也没有绝对的不和谐。不同的民族、国家在不同的社会实践中会形成不同的文化，就是同一民族、同一国家在不同的历史时期也会形成异质文化。不同的文化，在价值立场、内容体系等方面形成一定的文化矛盾与冲突。和谐文化则要求在尊重文化差异性的基础上，有效地化解这些矛盾，使之朝着健康有益的方向发展。因此，和谐文化包括：多元统一、兼容共生、充满活力和大众共享等内容。也就是说，和谐文化不是没有矛盾的文化，建设和谐文化必须在不断解决矛盾的过程中向前推进。

社会主义先进性文化是一种海纳百川、博采古今中外、广集世间百家的与时俱进的文化。先进文化的建设也是一个能动的创造过程，这种积极创造活动，离不开一个良好的文化生态环境。建设和谐文化，就要求倡导和谐理念，培育和谐精神，营造和谐氛围，最大限度地形成社会思想共识。这就是说，和谐性文化为确保先进性文化的发展提供了一个民主、宽松的条件，离开了和谐性文化支撑的先进文化，只能是无源之水、无本之木。

新的历史时期，我们党提出弘扬和谐精神，缔造和谐社会的文化，彰显了一种崇尚和谐的理念。从动态的角度来看，它是文化体系运行中的最优功能状态。

其最核心的内容，就是要把和谐确立为社会发展的目标，树立以非对抗的、对话协商的方式解决社会矛盾的思维方式，营造相互尊重、相互关爱、相互体谅、相互帮助的社会风气，培育坦诚、大度、宽容、开放的社会心理。从静态来看，它是文化体系运行中的最佳结构状态。“和而不同”的内在本质决定了和谐文化具有广泛的兼容性，它不仅包括具有先进属性的文化内容，也包括健康有益以至无害的文化，甚至还包括宗教文化以至于被改造过的部分落后文化。在和谐文化的系统中，一切能够使人民得到教育和启发、得到娱乐和美的享受的文化产品，都应该有广阔的发展空间，并且能协调一致、相互促进。

首先，文化和谐性的内在本质，决定了它必然为先进性文化的发展提供良好条件。马克思主义认为，矛盾是一切事物发展的根本动力。文化发展的动力就在于文化自身的矛盾运动，在于文化与环境的矛盾运动。没有文化的交流与碰撞，也就没有文化的创新，文化就必然会走向固步自封和胶柱鼓瑟，其最终的结局只能是走向灭亡。我们所引以为荣的汉唐文明，就是由于当时人们能够大胆、开放地吸收一切优秀文明成果的缘故。和谐性文化强调各种健康思想文化相互借鉴、相得益彰，主张在坚持核心价值体系的基础上，尊重文化的多样性，推动不同文化相互学习、取长补短，实现弘扬主旋律与提倡多样化的有机统一。和谐性文化所具有的海纳百川的胸襟和气势，必将有利于形成百花齐放、百家争鸣的生动局面，使民族文化与外来文化、传统文化与现代文化、高雅文化与通俗文化在交流比较中互动融合、相互促进，使各种文化形式、文化门类、文化形态各展所长、共同发展。

当今时代，全球化浪潮席卷世界，文化的多样性已经成为一种不可遏制的洪流。历史的和现实的、外来的和本土的、进步的和落后的、积极的和颓废的，展开了相互激荡，有吸纳又有排斥，有融合又有斗争，有渗透又有抵御。面对世界各种思想文化相互激荡的大潮，面对国家发展和人民生活改善对文化发展的要求，面对社会文化生活多样活跃的态势，中国共产党提出了大力建设和谐文化的战略目标，这不是强调文化之间矛盾的消弭和化解，而是承认这些矛盾，引导人们用理性宽容的态度看待和处理问题，使和谐成为基本的价值取向，形成人人追求和谐、维护文化和谐的局面。所以说，建设社会主义和谐文化的目标，是“应”改革开放以来出现的文化多样性之“运”而生的，是为了开发多样化文化的功能，把各种文化的力量集中到建设有中国特色社会主义实践的轨道上来而提出来的。

第三节　以先进文化整合社会思潮的现实意义

社会思潮多样化是社会发展的必然结果，然而如果不加以正确的引领和整合，又会影响社会主义主流意识形态，影响构建社会主义和谐社会的共同目标取向。2006年《中共中央关于构建社会主义和谐社会若干重大问题的决定》明确提出，坚持以社会主义核心价值体系引领社会思潮，尊重差异，包容多样，最大限度地形成社会思想共识。党的十七大进一步强调，要积极探索用社会主义核心价值体系引领社会思潮的有效途径，主动做好意识形态工作，既尊重差异、包容多样，又有力抵制各种错误和腐朽思想的影响；党的十七届六中全会也强调要弘扬主旋律、提倡多样化。这都体现出对以先进文化整合社会思潮的重视。坚持以先进文化整合社会思潮，是增强民族凝聚力、维护社会稳定的需要，是扩大主流意识形态的群众基础、形成最大社会共识的需要，也是引导社会思潮文化力量为全面建设小康社会服务的需要。

一、增强民族凝聚力，维护社会稳定

强大的民族凝聚力是维护社会稳定的前提，社会是否稳定是凝聚力强弱的外在表现。中华民族五千年发展史表明，中华民族凝聚力最强的时期，也往往是国家和民族最强大兴旺的时期。而加强民族凝聚力的关键，在于文化认同，即对各民族文化传统、价值观念与共同理想的认同。这就需要用先进文化整合当代形形色色的社会思潮，以中国特色社会主义共同理想凝聚力量，用以爱国主义为核心的民族精神和以改革创新为核心的时代精神鼓舞斗志，用先进文化不断协调各种社会矛盾，引导社会思潮的发展方向。

（一）以先进文化整合社会思潮有利于增强民族凝聚力

我国是一个由56个民族组成的大家庭，当前，社会主义经济发生了巨大变化，经济体制改革创新，社会结构深刻变动，利益格局深刻调整，思想观念解放更新。过去被禁锢的一些传统的思想文化被放开，而西方的思想文化也在不断渗透过来，新旧文化、中西文化的不断交流与碰撞，不可避免地会对社会思潮和社会风尚以及人的思想观念、行为方式、生活方式等带来负面的影响，人们思想活动的独立性、选择性和差异性明显增强，人们的思想观念、道德意识、价值取向也

越来越呈现出层次性。特别是我国的市场经济体制不仅深刻地改变了社会物质关系,也强烈地改变着人们的精神关系,原有的意识形态、思维方式、价值观念、利益关系等都受到巨大冲击,经济体制的转换使意识形态呈现出复杂化的趋势。加上转型社会矛盾的错综复杂,国外一些敌对势力也利用我国局部出现的民族问题制造分裂,为我国的民族伟大复兴与和谐社会构建制造障碍。与此不相适应的是,主流意识形态导向的滞后性与意识形态发展的多样性及落后意识形态的危害性同时存在。因此,以先进文化整合社会思潮以增强民族凝聚力显得尤为重要。增强民族凝聚力,是构建团结、稳定、和谐的社会局面必不可少的环节。增强一个民族的凝聚力,就必须发展一个民族的文化,特别是必须坚持和发展民族文化之中的核心价值体系。这就要求我们,必须坚持以社会主义核心价值体系增强社会主义意识形态的吸引力和凝聚力,以社会主义核心价值体系引领社会思潮,尊重差异,包容多样,最大限度地形成社会共识。我国改革开放的实践充分证明,社会主义核心价值体系是一个政党的行动指南,是一个民族的灵魂。建设社会主义核心价值体系,是社会主义文化建设的根本,是中华民族伟大复兴的共同精神力量。在西方资本主义思潮利用其先发文明优势挟带着其核心价值体系向我们发起冲击的时候,如果我们不坚持、弘扬和发展我们的先进文化,我们的民族文化、民族凝聚力就会面临着被削弱、被消解的危险。因此,我们必须坚定不移地坚持、弘扬和发展社会主义核心价值体系,才能在尊重差异、包容多样的基础上保持全社会共同的理想信念和道德规范,形成全民族奋发向上的精神力量和团结和睦的精神纽带,为全国各族人民团结奋斗的共同思想奠定稳定的社会基础。

(二)以先进文化整合社会思潮有利于维护社会稳定

他山之石,可以攻玉。苏联解体、苏共下台的教训,从反面告诫我们必须发挥先进文化对社会思潮的引导功能。自 1991 年苏共下台、苏联解体以来,相关专家、学者从经济体制、军备竞赛和联邦制等方面不断深入研究苏联剧变之现象。虽然见解不同,但基本的共识是,苏共在建党 88 年、执政 74 年后发生剧变的原因,固然有政治、经济等方面的诸多因素,但是它在思想文化建设上的连续失误、甚至失败则是其剧变最主要的深层原因。任何一个社会结构的稳定态都不仅有物质的支撑,而且有文化精神的支撑。在苏共二十大上,赫鲁晓夫通过秘密报告的方式,揭露了斯大林在大清洗中的暴行,大张旗鼓地批判个人崇拜,但他未能找准反对个人崇拜的正确路径,不知道从整个社会的道德状况、文化传统和经济体制中寻找个人崇拜产生的根源，而全部归咎于斯大林个人的“品质低劣”，这必然造成苏联社会思想的一次大动荡。从赫鲁晓夫时期对斯大林的彻底否定，开始引发向主流意识和主导思想的第一次挑战，迈出了苏共在社会主义文化建设上失误的步伐，奏响了苏共最终失败的序曲。美国前总统尼克松早就警告过：“我们与苏联的竞争是军事、经济和政治性的，但美苏之争的根源在于意识形态……如果我们在思想战中败北，则我们所有的武器、条约、贸易、外援和文化关系都将毫无用处。”①接着是勃列日涅夫僵化、教条、歪曲地对待马列主义，使之不能随着实践与时俱进。最终到戈尔巴乔夫提出“新思维”，以民主、自由的社会主义取代马克思主义的科学社会主义；在批判了赫鲁晓夫、勃列日涅夫的超越社会发展阶段的理论后，又全盘否定斯大林，全盘否定党的历史，抛弃了共产党人的理想和信仰，放弃了马克思列宁主义作为苏共指导思想的主导地位，在文化多元化的基础上，完全排斥了马列主义的主导和指导作用，把“主导”降为“多元”，导致了苏共在理论指导和信念上的崩溃；苏共在对待西方文化上先是保守、排斥，后是全面放开，任由各种错误思潮泛滥，强势解构着主流意识形态，导致全党失去政治团结的方向而涣散不堪，整个社会失去精神支柱而崩溃瓦解，苏联社会主义文化性质的改变最终导致苏联解体、苏共下台。可见，文化作为上层建筑的重要组成部分，作为一种主导人心的力量在苏共和苏联走向解体的道路上起着非常关键的作用。苏共在文化建设上的失败上导致了政治上、经济上、党建上等的“多米诺骨牌”现象，“文化软实力”的崩溃引发了硬实力的瓦解，最终导致苏共下台。反思这一点对于我们推进社会主义文化建设，提升文化软实力，发挥先进文化对社会思潮的引导作用具有积极的意义。今天的中国，面对复杂多变的国际形势，面对改革开放的矛盾凸显，社会主义先进文化的引领，特别要注重社会主义先进文化整合社会思潮，不仅十分重要，而且任重道远。改革开放以来，中国共产党始终坚持以马克思主义、毛泽东思想为指导，坚持用发展的马克思主义指导实践，使我们党不但防止了苏联悲剧的发生，而且还丰富发展了马克思主义理论，创立了中国特色社会主义理论体系，实现党在指导思想上的与时俱进。在一主多元的文化格局中，繁荣了中国特色社会主义文化，构建了社会主义核心价值体系，推动中国特色社会主义事业的发展。历史经验告诉我们，加强先进文化建设是维护社会安全稳定的关键。坚持主导文化的统领，使多

① ［美］理查德·尼克松：《1999：不战而胜》，长征出版社1987年版，第86页。

元文化在和谐相处中共同推进中国特色社会主义建设，提升我国的文化软实力，推进建设全面小康社会。

二、扩大主流意识形态的群众基础，最大限度形成社会共识

在人类社会发展中有这样一个规律，新兴市场国家突破人均GDP1000美元的“贫困陷阱”后，很快会奔向1000美元至3000美元的“起飞阶段”，但到人均GDP3000美元附近时，既是“黄金发展阶段”，又是社会矛盾凸显的“并存期”，即陷入所谓“中等收入陷阱”阶段。2011年我国人均国内生产总值达到4400美元，机遇前所未有，挑战也前所未有，机遇大于挑战。在这种条件下，扩大主流意识形态的群众基础，最大限度形成社会共识，是先进文化整合社会思潮的迫切任务。

（一）扩大主流意识形态的群众基础是最大限度形成社会共识的前提

由于三十多年的改革开放和社会主义市场经济发展，社会结构、经济结构、就业结构、组织形式等都在发生变化，社会进入多元化时代。以社会结构为例：改革开放的深入发展使我国社会出现了大量的新兴阶层，他们都力求寻找属于自己的位置，阶层结构之间的矛盾与阶层的分化打破了传统的利益格局，新的利益格局在形成的过程中不可避免地会产生利益冲突。由此带来社会各阶层的心理动荡，对未来既充满了担忧与期待，希望社会变革朝着有利于自己的方向发展。为了调动社会各阶层群体的积极性，合理地整合社会资源，就必须采取有效的办法提升意识形态的动员能力，用先进文化引领社会思潮，把社会各阶层有益的或无害的思想意识整合进我们的文化中来，使社会各个阶层在主流意识形态中都能找到归属感。在改革开放中新产生的社会阶层对国家的意识形态十分敏感，它们认为国家的意识形态是否把自己涵盖进去，这是决定自己政治地位的重要标志。可见，这种归属感是他们对主流意识形态认同的基础和前提。因此，多元文化并存的客观存在，使得扩大主流意识形态的群众基础显得十分必要。这种多元化体现在作为社会主体的人的思想观念和价值选择上，表现得最为充分和明显的是社会主体在文化选择上的多维化、价值导向的多元化、思想观念的多样化、认知判断的多变化、生活理念的个性化等；体现在反映不同社会群体思想的各种社会思潮上，表现最为充分的是各种思潮潮来潮去，此消彼长。在这样的多元文化主体和文化场境况下，实现科学发展，构建和谐社会的一项基础性、前提性工作，就是必须以先进文化为社会主体在文化选择、价值导向、思想观念和

认知判断上提供标尺,使其思想意识和生活理念符合社会主流意识形态的要求,扩大主流意识形态的群众基础,最大限度形成社会共识;发挥先进文化引领的巨大作用,以整合凝聚功能来影响社会思潮的发展和传播,使之不仅不会成为主流意识形态的对抗力量,而且有可能逐步向主流意识形态靠拢;不仅不会成为不利于经济社会发展的社会思潮,而且能够成为社会主义文化的有益补充。坚持先进文化的引领和整合社会思潮,既保障了人民基本文化权益和社会不同层次人们的文化需求,又实现以先进文化为文化发展的主导和社会意识的核心,积极推动中国特色社会主义事业的健康发展。

(二)社会主义核心价值体系引领社会思潮是最大限度形成社会共识的关键

在作为先进文化精髓的社会主义核心价值体系中,马克思主义指导思想的灵魂作用在于,它提供了科学的世界观,提供了认识、改造客观世界和主观世界的立场、观点、方法,提供了建设社会主义的理论基础和行动指南,提供了激励全国各族人民为振兴中华而团结奋斗的思想基础和精神动力;中国特色社会主义共同理想,就是在马克思主义揭示的人类社会发展规律的基础上,把党在社会主义初级阶段的目标、国家的发展、民族的振兴与个人的幸福紧密联系在一起,把各个阶层、各个群体的共同愿望有机结合起来所造成的强大感召力、亲和力和凝聚力的体现;以爱国主义为核心的民族精神是民族文化最本质最集中的体现,它作为各族人民团结一心、共同奋斗的价值取向,已深深地融入我们的民族意识、民族风格、民族气质中。以改革创新为核心的时代精神,是马克思主义与时俱进的理论品格、中华民族富于进取的思想品格、改革开放与现代化建设实践相结合的伟大成果;社会主义荣辱观,是对社会主义市场经济相适应、与社会主义法律规范相协调、与中华民族传统美德相承接的社会主义思想道德体系全面系统、准确通俗的表达。因此,以社会主义核心价值体系整合社会思潮,就为扩大主流意识形态的群众基础,最大限度形成社会共识,提供了强大的理论基础和精神支撑。

三、引导社会思潮文化力量,为全面建设小康社会服务

全面建设小康社会是我们党为之不懈追求的目标,也是人民群众梦寐以求的期盼。要实现这样一个目标,需要全国各族人民的共同参与和艰苦努力。社会的构成是复杂,要把复杂的方方面面都团结动员组织起来,齐心协力、万众一心为实现小康社会而共同努力;必须要有一定的思想基础,把人心凝聚起来,把

积极性调动起来，把创造性都发挥出来，这就必须用先进文化的力量来凝聚和团结各个阶层、各个民族、各个群体，使他们都能在共产党的领导下为了共同目标而努力奋斗。

(一)以先进文化引领社会思潮，增强主流意识形态的影响力

任何社会形态下，大力整合社会资源，竭力统领社会思想，尽力实现社会控制，努力维护社会稳定，都是社会意识形态发挥自身作用、推动经济基础发展的基本方式。在当今信息化条件下，社会意识形态作用于社会的方式和力度会受到来自各方面的影响和干扰，受到来自负面信息的消解和削弱。特别在当代中国，在信息化条件下，党和国家政府受到最严峻的挑战，就是意识形态的影响力受到的挑战。在信息化时代，传统的信息流动方式发生了改变，由单向流动变为多向交互流动，信息流动的渠道也大大增多，人们获得新信息的时间在不断提前，人们的选择空间与选择权利不断扩大，加之网络塑造了人们的批判人格，挑战权威和颠覆传统的思维习惯与行为习惯，使得党和国家政府通过传统的信息管理方式来实现对社会的管理变得不再可能，传统的绝对权威也不可能存在，这在一定程度上导致了主流意识形态的权威性和控制力的减弱；信息网络化还使我们面临信息安全的挑战。西方各种与我国相对立的意识形态的渗透，西方发达国家凭借物质话语权和文化霸权对我国的意识形态入侵，社会上敌对势力借助伴随政府信息公开以及一些外交档案、党史档案的解密，利用党在历史上出现的失误，利用现在工作中的缺点和不足，对社会主义意识形态、对社会主义制度和社会主义道路大肆攻击，混淆视听，对主流意识形态影响力产生严重的侵蚀。要维护主流意识形态安全，增强其影响力，就必须积极地以社会主义核心价值体系引领社会思潮，维护主流意识形态话语权威，抵制资产阶级意识形态入侵，消解对社会主义意识形态疏离的情感，增强社会主义意识形态的社会控制能力和社会思想统领能力。

(二)吸纳社会思潮中的积极成分，为全面建设小康社会服务

社会思潮是社会的晴雨表，也是缓和、解决社会矛盾的调节器。通过研究社会思潮，可以了解和把握社会各阶层的心态、动向，发现社会矛盾的热点和焦点。社会思潮具有一种社会预警器的功能，它可以帮助党和国家了解群众的社会心理和呼声，及时调整自己的政策，化解一些比较尖锐的社会矛盾。比如，新左派思潮、新民族主义思潮都对改革之初提出的“效率优先”的原则提出异议。他们认为，如果长期加以推行，则无助于扩大内需、启动消费。在沿海地区与内地、城

市与乡村差距不断扩大、贫富分化加剧的情况下，还会带来社会团结和稳定问题，所以应当把“效率优先”改为“兼顾效率与公平”，以防止中国内部经济与社会的进一步分化。我们的主流意识形态吸收借鉴了这一思想。改革开放之前，按劳分配是我国唯一的分配原则，党的十三大提出了以按劳分配为主体、多种分配方式并存的分配制度，在“促进效率提高的前提下体现社会公平”；十四大提出“兼顾效率与公平”；十五大提出在社会主义初级阶段“要把按劳分配与按生产要素分配结合起来”，“坚持效率优先，兼顾公平”；为了避免地区间与行业间收入差距过大，十六大提出“坚持效率优先、兼顾公平，既要提倡奉献精神，又要落实分配政策，既要反对平均主义，又要防止收入悬殊”，同时提出“初次分配注重效率，再分配注重公平”，为在分配实践中贯彻效率与公平原则指明了方向。① 2007 年十七大报告进一步提出：“初次分配和再分配都要处理好效率和公平的关系，再分配更加注重公平”以及“提高劳动报酬在初次分配中的比重”②。《中华人民共和国国民经济和社会发展第十二个五年规划纲要》强调，坚持和完善按劳分配为主体、多种分配方式并存的分配制度，初次分配和再分配都要处理好效率和公平的关系，再分配更加注重公平，加快形成合理有序的收入分配格局，努力提高居民收入在国民收入分配中的比重，提高劳动报酬在初次分配中的比重，尽快扭转收入差距扩大趋势。由此可见，先进文化在对社会思潮的整合中，不断吸收社会思潮的有益成分，在这一过程中主动自我发展与完善，从而为维护社会和谐发展、全面建设小康社会服务提供了精神动力和智力支撑。

（三）引导人们鉴别社会思潮，把其消极影响降至最低

当今时代是思想大活跃、观念大碰撞、文化大交融的时代，社会思潮作为对一定社会经济的反映，多样化错综复杂是无法避免的。当前我国的社会思潮既有进步、积极、向上的因素，也有消极、保守、落后的成分，还有腐朽、没落、反动的方面。因此，如果不加引导、任其自由发展，将影响和冲击社会主义主流意识形态，影响和冲击党和人民团结奋斗的思想政治基础，甚至会动摇中国特色社会主义事业的根基。比如，改革开放之初兴起的民族虚无主义思潮，全盘否定中华民族的文化传统，对本民族历史、文化进行了苛刻的指责和批评，宣称“从人类文

① 江泽民：《全面建设小康社会，开创中国特色社会主义事业新局面》，《人民日报海外版》2002 年 11 月 9 日。

② 胡锦涛：《高举中国特色社会主义伟大旗帜，为夺取全面建设小康社会新胜利而奋斗》，《人民日报》2007 年 10 月 25 日。

化史、特别是思想史的角度看,中国的文化传统既无感性生命的勃发,也无理性反省意识的自觉,只有生命本身的枯萎,即感性狂迷和理性清醒的双重是死亡”①。以《河殇》作为典型代表作,极力推崇“蓝色文明”,鼓吹“全盘西化”以寻求民族发展的前途。在他们眼中,“西方与中国制度的区别就是人与非人的区别,换言之,要过人的生活就要选择全盘西化,没有和稀泥及调和的余地”②。时至今日,民族虚无主义思潮的影响虽然大不如20世纪80年代之大,但影响依然深远,它对中华民族精神、民族自信有力的解构,严重阻滞了民族的发展与进步。任何一个民族,由于历史、现实和发展道路的因素,都有自己独立的民族文化、心理和行为方式,从而有着自己民族的一些特点。这些特点是民族赖以独立生存与发展的根基,否定民族特点,就消解了民族生存的意义。为了最大限度地防止错误思潮给社会造成的危害,必须用先进文化的民族精神塑造人民,增强民族自尊、民族自信和民族自豪;以先进文化的科学精神引导人民,提高辨别真理与错误的能力,提高识别社会思潮积极与消极、健康与危害的能力,引导人民在纷繁复杂的社会思潮面前学会选择、学会取舍,有能力批判、有能力抵制错误思潮的侵蚀。同时,要以先进文化的优秀产品和良好的文化服务,满足人民的精神文化需求,挤压错误思潮生存的空间。只有发挥好社会主义先进文化的先导作用,使不同阶层、不同利益、不同观念的人们形成共同的归属感,才能把社会思潮的有害成分降至最低,尽可能消除这些错误思潮在人们思想中引起的干扰和混乱,使全社会形成广泛而深刻的价值认同,凝聚社会共识和社会力量,共同为全面建设小康社会的目标而努力。

第四节　先进文化整合社会思潮的路径探究

从文化的社会整合功能包括的价值整合、规范整合和结构整合三个方面分析,先进文化对社会思潮的整合也包括三方面:坚持社会主义核心价值体系的引领,为社会成员提供价值导向,为人们对社会思潮的评判提供价值标尺;在尊重差异、包容多样的前提下,坚持用先进文化所要求的文化品质、所提倡的文化价

① 刘晓波:《形而上学的迷雾》,上海人民出版社1989年版,第461页。

② 梅荣政:《用马克思主义引领社会思潮》,武汉大学出版社2008年版,第329页。

值、所形成的社会规范、所制定的法律法规，来规范社会思潮的发展，约束它的传播，限制它的影响；用先进文化的开放精神、与时俱进的品质和海纳百川气度，吸纳社会思潮中的有益成分为我所用，形成一元主导、多元并存的文化发展新格局。改革开放三十多年来，随着社会思潮的不断发展与演变，我们党用先进文化整合多样化社会思潮的努力也从未停止，表现出从禁止传播到解除禁锢，从适度开放到允许争鸣，从片面批判到“扬弃”吸纳，不仅扩大了社会主义意识形态的群众基础，而且推动了社会主义意识形态在多元文化背景下的与时俱进和理论创新，促进社会主义先进文化的繁荣发展。

一、坚持马克思主义的指导地位

坚持先进文化引领社会思潮最主要的是坚持社会主义核心价值体系引领，它又集中体现在坚持马克思主义的指导，坚持马克思主义的指导是坚持社会主义核心价值体系引领的灵魂。增强一个民族的凝聚力，就必须发展一个民族的文化，就必须坚持和发展民族文化之中的核心价值体系。在当代中国，社会经济发生了巨大变化，经济体制深刻变革，社会结构深刻变动，利益格局深刻调整，思想观念深刻变化。与之相伴随，人们思想活动的独立性、选择性、多变性、差异性明显增强，人们的思想观念、道德意识、价值取向等等，越来越呈现出层次性。如何用马克思主义、特别是马克思主义中国化最新成果武装全党、教育人民，引领整合多元多样的社会思潮，至为关键。坚持马克思主义指导地位，就必须加强马克思主义的研究与创新，并通过宣传普及工作推进马克思主义大众化。

（一）加强马克思主义的研究与创新

恩格斯指出：“社会主义自从成为科学以来，就要求人们把它当做科学看待，就是说，要求人们去研究它。”①马克思主义留给我们的，不是现成的教义，而是方法，是对具有普遍性规律的科学总结。如果不顾历史条件的变化而盲目地照搬照抄、断章取义或教条理解，就会损害马克思主义的生命力，甚至进一步歪曲并走向伪科学。因此，必须加强马克思主义经典的文本研究，完整准确地把握马克思主义基本立场、观点和精神，并在社会主义建设实践中不断创新发展。要加强马克思主义经典著作的研究与导读工作，注重马克思主义基本原理的阐释，掌握马克思主义认识世界和理解问题的方式方法，而不是对当时历史条件所提

① 《马克思恩格斯选集》第2卷，人民出版社1995年版，第636页。

出的个别论断的教条式照搬照抄；中国特色社会主义理论体系是马克思主义中国化的最新成果，用创新的理论指导马克思主义基础学科的建设，形成具有中国特色的哲学社会科学体系，培养出马克思主义理论的优秀工作者，从而充分发挥马克思主义认识实践、指导实践的功能。只有这样，先进文化才能准确反映当代中国社会性质和意识形态的本质，在各种社会思潮相互交织、相互激荡的复杂环境下，显示独特的理论魅力，成为激发全国各族人民团结向上的思想文化基础。

（二）不断推进马克思主义大众化

社会思潮具有群体性与现实性的特点，它总是能在一定程度上代表一定群体的利益与要求，如果不加强马克思主义的宣传，不推进马克思主义大众化，就等于把广阔的空间让位给社会思潮的传播和蔓延。因此，要大力推进马克思主义大众化，在马克思主义武装大众的前提下，遵循文化发展规律，使各种社会思潮服从主旋律，成为和谐文化的组成部分。同时，当代马克思主义大众化，依赖于马克思主义宣传普及工作的有效和广泛的展开，建立起贯穿马克思主义立场、观点和方法的通俗生动的话语体系。坚持马克思主义的指导，必须十分注重采取正确的原则和方法。马克思主义的指导不只是靠行政命令来实现的，必要的行政手段当然需要，但更主要的是通过说理的途径、靠大众的文化自觉来实现。特别是在当代中国，农民仍然占我国总人口的50%以上，农民是中国特色社会主义建设的主要实践者，也是马克思主义大众化的主要接受者。推动马克思主义大众化，就是要在准确把握马克思主义基本原理基础上，充分考虑广大群众特别是城乡基层群众的实际理解能力和思维方式，力求用群众、尤其是广大农民习惯的语言和乐于接受的形式，实现理论的普及化、通俗化和民族化；就是要建立一支优秀的传播队伍，引导人们学习掌握贯穿中国特色社会主义理论体系的马克思主义立场、观点、方法，丰富马克思主义大众化传播载体，把传统媒体和新兴媒体结合起来，形成合力；拓宽马克思主义大众化传播模式，搭建群众便于参与的平台，把理论融入各种文化活动中；优化马克思主义大众化传播环境，全程关注和把握意识形态传播中的信息流动，从而使社会主义先进文化产生更广泛而深刻的影响力。

二、包容社会思潮多样性与差异性

著名社会学家马克斯·韦伯曾说过，一个国家现代化的程度，取决于对多元文化的包容程度。中国在迈向经济现代化的同时，也在经历一个文化现代化的过程,文化多元化正是文化现代化的标志。

（一）包容多样性与差异性是发挥社会主义先进文化引导作用的前提

没有多样性与差异性,就无所谓引导。人们并不要求玫瑰与紫罗兰发出同样的芬芳,一个社会更不可能没有不同的声音,不可能让所有的人只有一种思想。差异性与多样性的存在,不同思想之间的彼此磨砺,有助于思想的发展与进步,有利于避免社会同质化与死气沉沉。社会思潮具有号召、鼓励群众投身变革社会实践的功能。社会思潮既然作为社会意识的一种活动形态,以一定的社会心理为基础、以一定的思想理论为支撑,渗透贯通于社会心理和意识形态两个层面,又代表一定阶层和群体的利益,对这部分群众具有很大的号召力。因此,坚持尊重差异、包容多样,也就是尊重人民群众的文化选择权利,相信人民群众的选择能力,体现出社会文化生活有了选择的文化自觉性,表明我们党在思想文化建设上认识更加深刻、视野更加开阔、胸怀更加博大、境界更加高远以及对先进文化的自觉自信。没有文化选择,就不可能达到文化自觉,而文化自觉才是文化发展繁荣的内在动力,才是先进文化发挥主导作用、引领社会思潮、实现社会认同的必由之路。

（二）包容多样性与差异性是马克思主义发展的应有之义

尊重差异,包容多样,是先进文化的特质,是先进文化发展的必由之路。在尊重差异中扩大社会认同,在包容多样中增进思想共识,是思想文化发展的一个规律,也是坚持和巩固马克思主义指导地位的法则。从马克思主义发展的角度来看,善于包容、兼容并蓄,是马克思主义意识形态生成、发展和壮大的必然要求,是马克思主义意识形态具有强大生命力的直接体现。马克思主义理论本身的形成过程,就是在吸收了德国古典哲学、英国古典经济学和法国空想社会主义以及其他人类文明成果基础上形成的,这些成果是资本主义时代进步的文明成果,是对资本主义时代创造的多种文化的扬弃。而毛泽东思想与中国特色社会主义理论体系,也是在马克思主义与中国社会实践发展相结合过程中,与各种非马克思主义思潮的争鸣与探讨中发展起来的。理论上的不同学派,学术上的不同观点,作为人们对现实世界的自觉反映,并不完全是对主流意识形态的威胁,除了那些背离马克思主义的错误社会思潮之外,多样思想文化观念的存在和发展是对主流意识形态的一种丰富和补充。因此,尊重差异、包容多样是坚持和发展马克思主义意识形态的题中之义。在我国意识形态中,马克思主义居于核心地位,它是我们立党立国的根本指导思想,是社会主义意识形态的旗帜和灵魂。

除了马克思主义这个核心思想体系外，客观上还有其他的思想形态存在，它将和马克思主义长期并存，而且这种并存是无法避免的。思想形态的多样性和人们的认知水平、世界观的变化、审美情趣、个人价值的实现程度相关。这种多样性既符合人们对现实不同的生存感悟，又可以满足人们多层次的精神归宿。因此，我们就必须坚持弘扬主旋律与提倡多样性的统一，坚持一元主导与提倡包容的统一。坚持用发展着的马克思主义把握意识形态领域的指导权、主动权、话语权。在这一基本前提下，充分挖掘多种社会思潮积极向上的精神内涵，使先进文化得到丰富和发展。如果放弃马克思主义一元指导，任凭各种错误的甚至是反马克思主义的社会思潮滋长，“在指导思想上搞多元化，势必导致人心大乱、天下大乱，给党和国家带来灾难。这是绝不允许的”①。如果不能尊重差异、包容多样，社会主义文化将失去先进性，成为一潭死水、毫无生气，社会主义先进文化的引导功能也就无从谈起。

（三）包容多样性与差异性是社会主义文化建设的客观选择

社会主义先进文化要代表最广大人民的根本利益，就必须具有高度的包容性，就必须将最广泛的人民群众团结在自己周围。改革开放实践一方面促进了人们的思想空前解放、社会思潮空前活跃，各种思想“百花齐放、百家争鸣”，为社会主义意识形态不断创新营造了宽松的环境。另一方面，改革开放中遇到了许多新的理论和现实问题，在开放的社会主义意识形态系统中，各种观点、不同社会思潮都有自己的存在空间，社会主义意识形态以“扬弃”的态度对其他意识形态成分或吸收它的长处来弥补自己，或从它得到启发而丰富自己，或批评否定它而强大自己，或应对挑战而完善自己。各种思潮所强调的不同价值观的碰撞与争斗，是社会发展与文明进步的必然，也是社会主义意识形态发展的必须。他们的有益成分是社会主义意识形态发展过程中的有益补充，他们的错误可以成为社会主义意识形态发展过程中需要避免的借鉴；真理是在与错误斗争中发展起来，社会主义意识形态也是在与这些不同的社会思潮之间的竞争、斗争发展的。实践证明，包容差异、兼容并蓄，不仅是社会繁荣进步的基本保障，而且是共同意识成长延续的土壤。社会主义先进文化在主导社会意识中既突出坚持一元化指导思想，又最大限度地包容、整合其他意识形态的有益内容；既保持了自己的主流地位，又涵盖了不同阶层不同群体的愿望。先进文化的这种先进性与包

① 《江泽民文选》第3卷，人民出版社2006年版，第86页。

容性，极大地增强了社会主义意识形态的社会适应能力，这正是先进文化建设的客观要求。作为当代主流意识形态的集中体现，先进文化只有从不同的角度和不同层次取得全社会广泛而深刻的价值认同，增强社会成员的归属感和向心力，才能使中国特色社会主义理论体系不断丰富和完整，才能成为社会主义伟大实践的精神动力和智力支持，也才能最大限度地形成思想共识。

三、吸纳社会思潮有益成分为我所用

社会主义先进文化的开放性，决定它吸纳社会思潮有益成分为我所用的可能性与现实性。例如，作为社会主义先进文化的思想文化内容的社会主义意识形态，它所具有的开放性特征，使其能够在自己发展的过程中不断吸纳各种非同质性的思想文化的有益成分和可借鉴成分，不断地丰富和发展自己。

（一）善于吸纳社会思潮有益成分体现社会主义先进文化的开放性

社会主义先进文化对社会思潮的整合性与该文化的开放性是统一的。社会主义意识形态形成以后也不是固定不变，而是要随着实践的发展和执政环境的变化而变化。一方面将自身中某些在实践发展中失去合理性的观点和方法与时俱进地发展更新；另一方面，善于从自身的观念体系之外的各种社会思潮或社会思想观念中，吸纳有益于自身发展的营养内容或元素来丰富自己。社会主义先进文化在吸纳社会思潮的过程中，不是简单的“吸纳”，而是“改造”和“提升”，在社会主义先进文化的框架内，逐步将落后的观念提升改造为进步的观念，将有害的思想转化为有益的思想。正像我们党在革命战争年代，能够用我们党的建军思想、我们军队的纪律、我们军队指挥员的管理，把一些土匪武装改编和造就为抗日的劲旅、人民解放的力量。在我国当前的社会文化发展水平上，既有先进文化，也有落后文化；既有健康文化，也有腐朽文化；既有主流文化，也有边缘文化；既有严肃文化，也有娱乐文化。人们的素质不同，消费观念不同，文化品位各异，对文化市场的需求也不同，不可能做到整齐划一。只向市场提供一种水准的文化，无法满足人们多样化的文化消费需求。文化市场上的百花齐放是势所必然，要求我们对待各种层次的文化采取不同的指导原则：建设先进文化，发展健康文化，保留娱乐文化，改造落后文化，提升边缘文化，消除腐朽文化。只有如此，才能有效整合社会上分散的思想文化力量，统率社会的观念形态，销蚀对立情绪，强化共同理想，最大限度形成社会共识。

（二）对异质文化的吸纳是先进文化发展的条件

先进文化在与各种思潮的交流碰撞中不断发展与完善。近代以来，接连不断的内忧外患，使社会出现了道德失范、认同危机，中国处于前所未有的乱局之中。西学东渐与国民意识的觉醒，最终使封建文化发生动摇，中国传统文化在斗争中不断吸取先进文化，获得新生。在这一过程中，有洋务派与顽固派的论战、维新派与顽固派的论战、革命派与保皇派的论战，也有马克思主义者与非马克思主义者的问题与主义之争、社会主义之争、无政府主义之争，还有马克思主义者在探索救国救民道路中不同观点与派别之争。正是在不同思想的碰撞与交流中，中国的有识之士终于找到了马克思主义，并把它与中国文化相融合、与中国实际相结合，创立了新民主主义文化，指引中华民族实现了民族的独立与解放；改革开放以来，真理标准大讨论打破个人崇拜的桎梏，坚持实践是检验真理唯一标准；搞清姓“社”与姓“资”的误区，坚持和树立社会主义市场经济的观点；澄清姓“公”姓“私”问题，树立了社会主义初级阶段基本经济制度的观点；“分税制”的推行，“社会主义和谐论”的产生，都是民间思想与官方主流意识形态积极互动的结果。中国特色社会主义文化就是在这种争辩中明确了自己的发展方向，找到了自己发展的正确道路，实现自己的发展繁荣。

对社会思潮更是如此，改革开放以来，随着各种社会思潮的日益活跃，先进文化与这些思潮不断交流碰撞。这些交流与碰撞对先进文化的不断发展与完善，起到了重要的推动作用。例如，20 世纪 90 年代初，新民族主义的思想家、理论家开始大力阐释其有关全球化的观念，他们认为，全球化带给世界的是发展不平衡，广大发展中国家因为在经济竞争中处于不利的地位而在开放中导致民族利益的丧失。中国作为后发现代化国家，应该在全球化中不断强调其民族性，对全球化保持警惕和趋利避害，来维护自身的经济利益和政治利益。这一思想最终对主流意识形态产生了积极的影响。当时，与民族主义对全球化的消极评价和批评态度大相径庭的是，主流意识形态直到 90 年代中期仍然对全球化十分积极和全面肯定。然而，随着东南亚金融危机发生等国际因素的影响，主流意识形态对待全球化的评价开始发生变化。2000 年，江泽民在出席联合国千年首脑会议时就经济全球化等问题做了专题发言。他指出：“在经济全球化的进程中，各国的地位和处境是很不相同的。在发达国家尽享全球化‘红利’的同时，广大发展中国家却仍饱受贫穷落后之苦。发展资金匮乏、债务负担沉重、贸易条件恶化、金融风险增加以及技术水平的落后，使发展中国家总体上处于更为不利的地位。……更令人担忧的是，当前发展中国家的经济安全和经济主权正面临着空前的压力和挑战。这不仅不利于全球经济的健康发展，也给一些国家的社会稳定、地区乃至世界的和平带来威胁。”①这标志着主流意识形态对全球化的认识站位到一个新的高度。

在全球化条件下，我们党对民族精神的重视度也越来越高。党的十六大报告，高度肯定和评价爱国主义和民族精神：“民族精神是一个民族赖以生存和发展的精神支撑。一个民族，没有振奋的精神和高尚的品格，不可能自立于世界民族之林。”报告中要求“必须把弘扬和培育民族精神作为文化建设极为重要的任务，纳入国民教育过程，纳入精神文明建设全过程，使全体人民始终保持昂扬向上的精神状态”②。还对中国共产党章程进行了重要修改，重新定义了中国共产党的性质，将“中国共产党是中国工人阶级的先锋队”改为“中国共产党是中国工人阶级的先锋队，同时是中国人民和中华民族的先锋队”。这体现了中国共产党在新的世界历史条件下，面对中国社会深刻而广泛的社会结构变动，面对中国特色社会主义建设的历史任务，面对党的执政理念和执政能力的不断提升而对自身性质作出了新的认识和调整；党的十六届六中全会首次明确提出的社会主义核心价值体系这一科学命题，以爱国主义为核心的民族精神和以改革创新为核心的时代精神是它四个方面的基本内容之一；党的十七大报告强调“弘扬中华文化，建设中华民族共有精神家园”③，高度重视民族共有精神家园建设，并把它作为战略任务提出，充分体现了我们党在新的历史条件下对繁荣发展民族文化的高度自觉和强烈的历史责任感，也体现了社会主义先进文化对新民族主义社会思潮的借鉴与吸收。

又如，由于中国急剧的社会变迁、加速的社会分化，“新左派”思潮对市场经济关系建立过程中出现的一系列问题的严厉批判受到主流意识形态的重视。“新左派”认为，中国目前出现的各种不公正、不合理现象是市场经济的消极面造成的。市场经济把人与人之间的关系变成竞争关系，市场经济使效率与资本相结合而追求利润最大化，市场经济必然导致贫富两极分化等等。他们强调应

---

① 江泽民：《在千年首脑会议分组讨论会上发言》，《人民日报》2000 年 9 月 8 日。

② 江泽民：《全面建设小康社会 开创中国特色社会主义事业新局面》，人民出版社 2002 年版，第 39 页。

③ 胡锦涛：《高举中国特色社会主义伟大旗帜，为夺取全面建设小康社会新胜利而奋斗》，《人民日报》2007 年 10 月 25 日。

通过国家权力来矫正由市场化和全球化引起的不公平以及其他负面影响。“新左派”的这些批判和主张得到了越来越多的民众，尤其是知识分子和低收入群体的思想共鸣与回应。为此，主流意识形态自十六大以来也在不断调整并迅速在社会政策领域作出反应。提出“坚持以人为本，树立全面、协调、可持续的发展观，促进经济社会和人的全面发展”作为深化经济体制改革的指导思想和原则；提出以“统筹城乡发展、统筹区域发展、统筹经济社会发展、统筹人与自然和谐发展、统筹国内发展和对外开放”“五个统筹”为标准，完善社会主义市场经济。① 科学发展观的提出，不仅是一次政策层面的调整，也是对长期以来关于改革开放和经济建设指导思想的一次总结和调整。以注重社会均衡思想指导社会发展，注重经济发展成果的社会公平分配，强调经济发展和人的全面发展的协调性，正是“新左派”的基本理念。

可见，中国的先进文化就是从多元社会思潮的争鸣比较中汲取营养并不断创新，从而有效地减少思想冲突，增进了社会各阶层的共识，使先进文化在不断发展创新中形成对社会思潮的整合与引导。随着改革开放的不断深入与国内外形势的日趋复杂，中国特色社会主义先进文化必须不断在广泛吸收各类社会思潮的有益理论成果的基础上，进一步进行意识形态创新，使社会思潮为我所用，在百家争鸣的生动局面中扩大先进文化反映现实与指导现实的力量。

四、提高引领社会思潮的能力

先进文化与社会思潮之间，是主导与被主导、引领与被引领的关系。针对我国当前错综复杂的社会思潮现状，放任自流、让多元社会思潮危及主流意识形态是不明智的；盲目打击、禁止多样化思潮的出现同样也是不理智的。正确的态度就是加强先进文化对社会思潮的有效引领。在先进文化的正确引领下，这些社会思潮不仅不会成为危及主流意识形态指导地位的潜在危险，相反，它们还可以发挥积极的社会作用。而这一目标的实现，关键在于提高先进文化对社会思潮的引领能力。

（一）提高先进文化的自身影响力

社会主义先进文化的影响力来源于对现实利益的正确表达。先进文化在多

---

① 《中共中央关于完善社会主义市场经济体制若干问题的决定》，《人民日报》2003 年 10 月 22 日。

大程度上正确反映中国国情，代表最广大人民群众的根本利益，它就能够在多大程度上吸引和凝聚广大人民群众。提高先进文化引领社会思潮的能力，必须首先提高先进文化的自身影响力。为此，先进文化必须做到“三个关注”：一是关注人民大众正在进行的改革开放与建设中国特色社会主义的伟大实践，以我国改革开放和现代化建设的实际问题、以我们正在做的事情为中心，着眼于马克思主义理论的运用，着眼于实际问题的理论思考，着眼于新的实践和新的发展。坚持依靠人民群众、尊重人民群众的首创精神，深入人民群众的火热生活，善于总结人民群众的实践创造和鲜活经验，在人民大众的实践中推进中国特色社会主义理论体系不断创新，为改革开放与中国特色社会主义实践提供前瞻性指导，使社会主义先进文化在指导实践中扩大话语权，在与时俱进中增强感召力。二是关注全球化浪潮和改革攻坚阶段所遇到的各种矛盾与冲突。社会主义先进文化要善于以利益关系的变化和发展，作为社会主义意识形态引导社会发展的基础。任何意识形态的影响力，都与其代表民众利益的广泛程度和满足程度密切相关。先进文化不仅要为人民群众提供超越现实的理想价值追求，也要考虑社会发展的现实状况和人民群众发展的利益需求。要紧密联系人民群众关注的我国发展不平衡、就业难、看病难、教育公平、房价过高、分配不公和腐败现象等社会问题，把先进文化引领社会思潮与解决人民群众现实问题结合起来，凸显先进文化为民谋幸福的社会引导功能，提高先进文化的话语权和感召力。从2003年起由中宣部理论局每年编写一本通俗读物《理论热点面对面》，针对人们的认识误区、实践难题来阐发事理，不回避问题，不避重就轻，着眼于解答群众在思想认识上的困惑。2010年把主题定为《七个“怎么看”》，对发展不平衡、就业难、看病难、教育公平、房价过高、分配不公、腐败七个民众普遍关注的热点难点问题做了回应。2011年为深入学习贯彻胡锦涛总书记“七一”重要讲话精神，更好地回答当前干部群众普遍关注的热点难点问题，中宣部理论局组织编写的通俗理论读物《从怎么看到怎么办——理论热点面对面·2011》，紧密结合国内外新形势新变化，对当前人们所关注的热点难点问题及政策，在认真分析案例以及调研的基础上，从广大干部群众关注的问题中梳理出更为集中、更具年度特点的怎么保持物价稳定、怎么解决分配不公、怎么解决住房问题、怎么解决就业难、怎么解决看病难、怎么实现教育公平、怎么解决发展不平衡、怎么遏制腐败八个问题。这些理论读物结合我国实际国情和现实发展阶段，用理性的观点去解答这些问题产生的历史和现实根源，表明了国家的态度和努力。近年来，国家一直在致力于解决这些现实问题。西部大开发、振兴东北老工业基地、建设大西南、发展大新疆等一系列措施缩小了发展的不平衡；继城镇职工基本医疗保险制度和新型农村合作医疗制度推行后，国家又推出城镇居民医疗保险制度；重拳出击限制高房价和恶意炒房取得成效。通过这样的解释与宣传，民众对于国情和国家的发展现状有了客观的认识和理性判断，对先进文化关注社会矛盾与现实问题、为民谋幸福的社会引导功能有了深切理解，从而使人民大众在切身受益中体验社会主义先进文化的影响力。三是关注改革开放以来国内外环境变化对社会主义文化、对人民大众的文化认同产生重大影响。改革开放以来，国内外环境变化对社会主义文化产生重大的影响。从国际环境看，世界多极化、经济全球化深入发展，科技进步日新月异，世界经济格局发生新变化，国际力量对比出现新态势，全球思想文化交流交融交锋呈现新特点，发达国家在经济、科技等方面仍占优势，西方发达国家借助其物质文明的吸引力、物质文明造就的意识形态的强势话语权，很容易使大众产生认同上的趋向性偏好，特别是对具有开放意识和向往西方文明的年轻一代。同时，全球化进程加速了各种“西化”文化的渗透，加剧了多元化社会思潮的交织与碰撞，“去意识形态化”等错误倾向和各种社会思潮在人民大众中的影响在扩大。这种倾向，如果引导不力，很容易形成大众对主流意识形态的疏离感、削弱大众的鉴别力，影响社会主义先进文化主导作用和引领作用的发挥；从国内环境看，我国的社会主义文化是建立在社会主义初级阶段的客观基础上并受世界各种文化影响的，同时，改革带来的社会变革，引发人们观念上的变化与价值观选择上的矛盾，给大众文化认同带来了难度。这都迫切需要加强用先进文化为社会公众在总体上进行价值导向和观念整合，提高大众对社会主义先进文化的认同，维护社会主义文化安全，保证改革开放的顺利进行。因此，要把坚持社会主义先进文化引领社会思潮与引导大众认同结合起来，提高大众的文化认同，特别是思想文化的认同，引导大众自觉维护社会主义文化的主导地位，自觉抵御西方文化的冲击和各种错误思潮的影响，努力提高政治鉴别力。努力帮助大众掌握好贯穿在中国特色社会主义理论体系中的马克思主义立场、观点、方法，并运用于观察问题、分析问题和解决问题；掌握好中国特色社会主义理论体系所蕴含的新思想新观点新论断，并使之成为自己的精神追求，内化为自觉的生活方式和行为方式，提高实践选择能力，增强对社会主义意识形态的认同，增强走中国特色社会主义道路的自觉性坚定性。

（二）提高先进文化对社会思潮的鉴别力和批判力

对社会思潮的鉴别，是整合社会思潮的前提和基础。要提高对社会思潮的鉴别力，就是要科学地分析两类不同性质的社会思潮：即非马克思主义思潮和反马克思主义思潮。非马克思主义思潮主要反映了人民内部不同阶层、不同群体、不同利益诉求和政治主张，不反对马克思主义本身，我们可以采取尊重差异、包容多样的科学态度，批判吸收其合理元素，不断完善先进文化，最大限度地形成社会思想共识。反马克思主义思潮则是西方敌对势力通过各种途径西化、分化我国的政治图谋，其目的就是颠覆中国共产党的领导和我国的社会主义制度，直接威胁着我国意识形态安全和文化安全。对于这些思潮，我们必须旗帜鲜明、理直气壮地加以反对。通过马克思主义的科学分析方法，透过思潮现象，把握思潮的实质，支持正确和进步的，改造消极和落后的，抵制腐朽和有害的，以提高先进文化的敏感性和鉴别力。

对反马克思主义的社会思潮的批判要坚持以理服人，采取说服教育的方法争取群众。社会主义文化和主流意识形态就其基本性质而言，都属于肯定性思维，具有维护性特征。而各种社会思潮都具有对社会现实的批判性，这就正好迎合了一般人的否定性思维方式，容易得到公众的响应与认同。如果采用压制和禁止的手段解决争端，在开放的社会条件下容易激化社会矛盾，助长人们的逆反心理。我们应该有充分的文化自信，我们的文化只要科学、只要先进，就能够说服人，就能赢得群众。比如，历史虚无主义思潮就是伴随着20世纪90年代苏东剧变而在国内悄然兴起的。由于世界社会主义处于低潮，国内一些群体也借机否定建国初期的社会主义改造，认为中国改革开放的三十多年是对社会主义的否定，并借口中国经济文化落后而否定中国人民有选择走社会主义道路的权利。对于这一错误思潮，先进文化从马克思主义理论所阐明的经济文化落后的国家在一定条件下也可以搞社会主义角度，以及正在进行的中国特色社会主义的建设实践角度给予反驳，最终赢得了群众。又如，极端个人主义思潮是在社会主义市场经济体制确立的过程中，在市场经济的负面效应的影响下逐渐抬头的。由于我们过去在对待集体与个人关系问题上出现过某些失误，存在着过分强调集体利益而忽视个人利益的倾向，甚至把集体利益与个人利益完全对立起来，引起一些人对集体主义价值观的误解和反感。加之，极端个人主义思潮公开宣称要取消社会主义集体主义价值观，公开推崇个人主义的价值观，极端个人主义思潮便拥有了一定的支持者。针对这一错误思潮，先进文化向广大群众阐述了马克思主义集体观的正确含义。马克思和恩格斯曾明确指出:“代替那存在着阶级和阶级对立的资产阶级旧社会的,将是这样一个联合体,在那里,每个人的自由发展是一切人的自由发展的条件”①,这是《共产党宣言》所确立的伟大目标,是马克思、恩格斯对什么是社会主义和共产主义这一基本问题的最深刻精辟的回答。集体主义是社会主义的基本道德原则和价值导向,是发展社会主义市场经济的必然要求,先进文化要在大力弘扬社会主义集体主义精神,正确阐释集体利益与人个利益的辩证关系中,大力宣传和提倡社会主义核心价值体系,有效抵制极端个人主义。

因此,提高先进文化对社会思潮的鉴别力,决不能采取简单化的方法和“一刀切”的做法,而必须坚持科学分析,区别对待,有效引导。改革开放以来我国先进文化建设的经验证明,对待那些反映人民内部不同阶层、不同群体、不同利益诉求和政治主张的社会思潮,我们可以对其加以辨别、批判、改造,批判吸收其合理元素,最大限度发挥其对社会和谐与科学发展的有益推动作用,降低其对社会和谐与科学发展的负面影响。对待那些企图颠覆党的领导和社会主义制度、直接威胁我国意识形态安全和文化安全的社会思潮,我们必须注重研究这些思潮本身的理论基础、历史背景和事实材料等,善于从理论基础的片面性、历史背景的虚假性和事实材料的偏激性来分析错误思潮的根本缺陷,旗帜鲜明、理直气壮地加以抵制与回击,使广大群众明辨是非,自觉抵制,维护社会主义文化的权威性与安全性。

(三)提高先进文化对社会思潮的渗透力

加强先进文化对社会思潮的引领,必须提高先进文化对社会思潮的渗透力,引导社会思潮向主流意识形态靠近,发挥其启迪、借鉴、警醒作用,弱化其阻碍进步与干扰稳定的不利因素,使社会思潮成为社会主义文化建设的有益补充。提高这一渗透力有以下四条主要渠道:一是加强先进文化传播力度。要充分利用电视、广播、电台、报刊、杂志、网络等多种载体,利用学校教育、学术论坛、交流讨论等多种形式,广泛深入开展中国特色社会主义核心价值观的教育宣传活动,让社会成员在参与中受到教育;要着眼于满足人们精神文化的需求,以多种艺术形式,生动具体地表现中国特色社会主义核心价值观的深刻内涵和精神实质,尊重精神文化产品的创作规律,在主流意识形态“融入”和“渗透”上用心思、下工夫,

---

① 《马克思恩格斯选集》第1卷,人民出版社1995年版,第294页。

要强化机制保障，把中国特色社会主义核心价值观的要求体现到各项制度、政策、法规制定和社会管理之中，用政策措施褒扬和鼓励先进，用法律手段规范社会道德生活，形成中国特色社会主义核心价值观建设的长效机制。二是注重把握先进文化传播的层次性与艺术性。由于大众认知水平和思想素质的差异，在引领过程中要注重层次性推进。既要为人民大众提供理想的价值追求，也要考虑人民大众的合理现实需求；既要彰显社会主义核心价值体系的本质特征，也要符合人民群众的认知规律和思想素质的形成发展规律；既要体现社会主义核心价值体系建设的目标要求，也要考虑人民大众不同的接受水平。通过关注热点难点、着力解疑释惑，坚持正面引导、因势利导、深度引导，学会用通俗语言表达深刻的内涵，用大众熟悉的语言释疑解惑，推动科学内涵要求的具体化、形象化，以增强社会主义核心价值体系的说服力，使先进文化获得广泛的群众基础，缩小社会思潮生存的空间。三是提高对社会思潮传播的控管力度，通过对社会思潮的有效干预来加强渗透。根据社会思潮的传播形式、传播特点、传播过程，采取既有力而又灵活的调控手段，包括经济的、政治的、行政的、法律的、纪律的手段等等，以形成有利于社会主义先进文化建设的舆论强势，最大限度地挤压各种噪音、杂音的传播空间。四是搭建大众参与的平台，展开与社会思潮的学术性的对话，引导大众对各种社会思潮进行争鸣，让广大群众对社会思潮的产生背景、演变过程、性质内容以及对中国特色社会主义建设的影响有较为客观全面的了解。这一方面，我们党有着很好的经验。在改革开放的进程中，不断地受到来自“左”和右的思潮干扰。在排除过程中，我们党摒弃过去的政治高压手段，采取了通过全社会的广泛讨论来形成社会共识的方法，实现了先进文化对社会思潮的正确引领。例如，1978 年针对当时党内坚持“两个凡是”的“左”的思想和社会上“左”的思潮，邓小平同志提出要完整、准确地理解毛泽东思想的科学体系，同叶剑英、陈云、李先念等支持和领导了从 1978 年 5 月份开始的关于真理标准的大讨论，强调实践是检验真理的唯一标准，这成为拨乱反正和改革开放的思想先导，纠正了长期以来的“左”倾错误思想，重新确立了实事求是的思想路线；20 世纪 90 年代初针对“新左派”提出的资产阶级自由化的经济根源就是个体私营经济，并对改革开放提出到底是姓“社”还是姓“资”的质疑，社会上开展了社会主义能不能搞市场经济的大讨论。1992 年邓小平发表南方谈话，指出社会主义也可以搞市场经济，江泽民提出了经济体制的模式应该是建立社会主义市场经济。同年召开的党的十四大提出了建立社会主义市场经济体制的改革目标，所以这次讨论为社会主义市场经济体制的建立统一了思想;2004 年以来,针对改革开放中出现的各种社会矛盾与社会问题,“左”的思潮对改革开放的正确性与前景提出了质疑,指责改革开放全盘搞错,要求为文革平反,重回毛泽东时代;右的思潮以宣扬普世价值为思想先导,借机否定党的领导、否定社会主义制度,主张用西方价值观念和政治制度取而代之。在经过社会上广泛而充分的讨论后,十七大对这些来自“左”和右的挑战作出了回答。十七大报告明确指出:我们党将高举中国特色社会主义的伟大旗帜,坚持中国特色社会主义道路,坚持中国特色社会主义理论体系,坚持改革开放。改革开放的方向和道路是完全正确的,成效和功绩不容否定,停顿和倒退没有出路。同时又强调了必须贯彻落实科学发展观,加快推进以改善民生为重点的社会建设。党的十七大结束以来,国家出台了一系列措施,如降低公益事业收费门槛、提高企业人员待遇等,着力改善民众生活,解决环境恶化等问题,受到民众好评。可见,要注重把握先进文化对社会思潮引领的层次性与艺术性,允许不同思想、不同声音的存在与争鸣。具体的争论和讨论有利于对问题的认识的深入,也有利于大众对先进文化的理解和接受。

第七章　先进文化引领文化认同

文化认同是一个国家和民族凝聚力和创造力的重要源泉。中华文化是世界唯一持续发展未遭中断的文化。近代以来,中华文化受到西学东渐的强烈冲击,并在吸收与借鉴西方文化过程中进行了现代转型。时至今日,中华文明既蕴含着古老与厚重,又彰显着活力与青春。这其中,文化认同是中国传统文化源远流长的根本,是中国人民自强不息的支撑,也是推动民族强盛和国家兴旺的不竭动力。在当代,面对经济全球化带来的民族文化认同危机,面对现代化建设出现的阶层分化与价值多元,面对信仰多元化引发的人们对马克思主义和中国特色社会主义共同理想的困惑,我们必须加强社会主义先进文化建设,坚持先进文化的前进方向,继承中华民族优秀的传统文化,吸收借鉴世界各国文化精华,用先进文化自身具有的科学性、开放性与凝聚力,把海内外华夏儿女紧紧联系在一起,从而形成强大的文化认同力量。

第一节　建设文化强国中的文化认同

文化是民族的血脉,是人民的精神家园。在世界处于大变革大发展时期,文化在综合国力竞争中的地位和作用更加凸显。党的十七届六中全会提出努力建设社会主义文化强国,这就需要不断提高全民族的文化认同,培养高度的文化自觉和文化自信,增强国家文化软实力。

一、文化认同的内涵

文化认同,是指文化群体或文化成员承认群内新文化或群外异文化因素的价值效用符合传统文化价值标准的认可态度与方式。经过认同后的新文化或异文化因素将被接受、传播。文化认同所回答的是"我们从哪里来"的问题,不同民族的人们常以对自己最有意义的事物来回答“我们从哪里来”，如用祖先、宗教、语言、历史、价值、习俗和体制来界定自己，并以某种象征物作为标志来表示自己的文化认同，如国旗、国徽，民族节日、民族服饰等等。也就是说，文化认同对于文化群体或文化成员来说，是代表着历史与价值的最有意义的东西，是凝聚这个群体的精神纽带，是这个群体生命延续的精神基础。

(一)深刻把握文化认同三个层面的涵义

文化认同涵盖三个层面：一是认可，即通过对一种文化的认知后达到认可，承认它的合理性、合法性。如果不承认一种文化的合理性、合法性，不承认它的必要性和优越性，要想作出文化认同与文化选择就是不可能的。这种承认是对特定文化形态的存在价值的认可。二是接受。认知认可是事实判断，是对一种文化的客观认识。承认合法性、合理性并不等于接受。接受是一种价值判断，表明接受主体的价值观与该文化的价值导向产生同一性，主观上愿意向它敞开胸怀，视它为自己的精神家园，愿意接受它作为自己精神生活的内容。三是融合，这是文化认同的最高境界。一个民族，若对异族某种文化产生接受，它会努力使其融入到本民族的文化中去，成为民族文化的一部分；对本民族文化传统的接受，则把它优秀成果融入当代文化中去。一个人，若对某种文化认同，就会主动把它融入自己的精神世界中去，转化为自己的内在素质，影响自己的价值倾向。

(二)文化认同是文化发展的前提和动力

佛教文化于中国、马克思主义于中国，都经历了这一认知认可、接受融合的过程。这一过程是文化改变和文化创造的过程。从历史和现实的视野来看，世界范围内任何一个大国的崛起，都离不开对传统文化的传承与认同。比如，德意志民族有着悠久的历史和深厚的文化传统，德国民族精神中充满了自强不息、严谨自律、崇尚科学的精神。在德意志民族，既有举世闻名的哲学家如康德、黑格尔、马克思等，也有科学家爱因斯坦、音乐家贝多芬等。他们的思想和行为，与德意志民族深远的历史一起，成为德国民族精神的重要组成部分。正是这种对民族文化的强大认同感，使德国在两次世界大战战败之后，仍然能重回欧洲和世界舞台，成为一个强大的受到全世界尊重的重要力量。今天的中国，拥有五千多年的文明史，是世界古代六大文明中心，即古代埃及、古代两河流域、古代印度、古代中国、古代希腊和罗马、古代中南美洲中唯一一种经久不衰、历久弥新的文化。它以其顽强的凝聚力和隽永的魅力，历经沧桑而完整地延续了下来，这是中华传统文化认同力量的生动体现。

在我国，五千年的历史孕育了悠久灿烂的中华文化，其中龙文化作为中华民族的象征，是经过了八千多年的发展演变，由56个民族和世界华人共同打造完善的。如今，龙文化成为全球华人公认的民族精神象征和情感纽带，唤起海内外华人的认同感与归属感。而从龙文化的认同到对中国传统文化的认同，是个直接伸延和一脉相承的关系。在中国历史上，合久必分、分久必合的统一与分立现象交错出现，但统一始终是历史发展的导向和主流。从时间上看，统一长于分立；从空间上看，统一的范围逐渐扩大；从程度上看，统一的稳定性越来越强化。在这个历史进程中，传统文化的认同所积累的因素和条件对统一多民族国家形成和发展所起的维系和促进作用不可估量。而在面对异族与外国入侵时，中华民族表现出了同仇敌忾、保家卫国的斗争精神。比如，20世纪中叶关系中华民族生死存亡的抗日战争，就是全民族空前觉醒空前团结、同仇敌忾捍卫民族独立的典范。在这一过程中，不仅国共团结合作，全国各界民众也以不同形式参加抗日民族统一战线。而海外华侨与祖国同呼吸共命运，捐资捐物，还有大批海外华侨回国投身抗战。而这场近代以来抵御外敌侵略取得的第一次完全胜利，促进了民族的大团结，弘扬了中华民族的伟大精神，是海内外中华儿女对祖国的热爱与对民族精神认同的充分体现。而在探索中国出路的艰难进程中，中国涌现了鲁迅、巴金、老舍、曹禺、郭沫若、茅盾、沈从文、丁玲、聂耳、冼星海等一大批优秀文学家和音乐家，他们用大量优秀的文化艺术作品，鼓舞着中国人民的拼搏气势与顽强精神，并使得多灾多难的近代中国走向自强，发展壮大，屹立于世界民族之林。这是中国文化对世界文明多元发展作出的巨大贡献。在当今经济全球化的时代，作为民族的认同和国家的认同的重要基础的文化认同不仅没有失去意义，而且成为综合国力竞争中最重要的"软实力"。

二、当代建设文化强国中的文化认同内涵

十七届六中全会指出，当今世界正处在大发展大变革大调整时期，文化在综合国力竞争中的地位和作用更加凸显，维护国家文化安全任务更加艰巨，增强国家文化软实力、中华文化国际影响力要求更加紧迫。当代中国进入了全面建设小康社会的关键时期和深化改革开放、加快转变经济发展方式的攻坚时期，文化越来越成为民族凝聚力和创造力的重要源泉、越来越成为综合国力竞争的重要因素、越来越成为经济社会发展的重要支撑，丰富精神文化生活越来越成为我国人民的热切愿望。并强调，在坚持以经济建设为中心的同时，自觉把文化繁荣发

展作为坚持发展是硬道理、发展是党执政兴国第一要务的重要内容。要培养高度的文化自觉和文化自信,提高全民族文明素质,增强国家文化软实力,弘扬中华文化,努力建设社会主义文化强国。以十七届六中全会精神为指导,分析当代建设文化强国中的文化认同,应该包含以下四个方面内容。

(一)对民族文化的认同

文化认同是一个人、一个国家、一个民族最基本的身份认同。文化是一个民族的根脉,是一个民族和一个国家区别于其他民族和国家的最基本的特质。所以,当代建设文化强国中的文化认同首先体现为民族文化认同。民族文化认同主要是指民族成员对本民族主体文化的归属意识。民族成员对本民族文化的认可与共识不仅表现为民族文化的精神、情感、规范和目标转化为民族成员内在本质的过程,而且表现为民族成员根据自己的内心、道德本性和特殊需要对本民族文化的群体价值进行整合的过程。价值认同是民族文化认同的前提。对中华民族文化的价值认同,其实质是对民族国家的价值认同,这一认同构成了民族文化认同形成和发展的主观前提。因此,民族文化认同与国家认同是有机统一的,这是多民族国家保持国家统一和社会稳定的思想基础。中华民族有着悠久的历史,中华文化之所以历经数千年一直传承下来,就是因为优秀的民族特质被接受和保存下来了,这些由民族精神、民族风格、民族情感、民族气节等要素所组成的特质,具体地表现为中华民族具有勤劳勇敢、坚韧、爱好和平、宽厚包容等优秀品质,这些特质和品质是价值巨大的文化资源宝库。在对中华民族优秀传统文化保护的基础上进行现代价值的挖掘,才能够得到人们的广泛认同。

(二)对社会主义核心价值体系的认同

文化认同包括对于共同的文化理念、思维方式和行为规范的认同。而这些都体现着一定的价值取向和价值观,所以价值观认同是文化认同的核心。社会主义核心价值体系是兴国之魂,是社会主义先进文化的精髓,因此,社会主义核心价值体系的认同是当代建设文化强国中文化认同的核心内容。其中,马克思主义揭示了人类社会的发展规律,当代中国马克思主义是指导我国现代化建设的科学指导思想;中国特色社会主义共同理想体现了最广大人民的根本利益和共同愿望;以爱国主义为核心的民族精神和以改革创新为核心的时代精神,激励着全国各族人民团结奋斗和锐意进取;社会主义荣辱观体现了社会主义道德的根本要求。当代建设文化强国中的文化认同,就是要把社会主义核心价值体系融入国民教育、精神文明建设和党的建设全过程,贯穿改革开放和社会主义现代化建设各领域，体现到精神文化产品创作生产传播各方面，形成全社会对马克思主义指导思想、对社会主义共同理想、对强大精神力量和基本道德规范的认同。

（三）对执政文化的认同

从政治学上讲，人心向背涉及执政"合法性"问题，即执政党能否得到人民的认同，这种认同不仅体现在法律、制度上，而且体现在道义、文化上。执政的"合法性"实际上就是人民认同，即政治认同和文化认同。因此，当代建设文化强国中的文化认同还包括执政文化的认同，才能使人民从内心认同执政党的权力和权威。执政文化包括执政党自身的指导思想、价值观念、奋斗目标、纲领路线、思维方式、制度习惯等等，是执政党的执政方式、执政意识、执政价值、执政道德、执政制度等的总和。执政文化具有政党性、法制性、权威性和政策性等基本特征，是国家社会文化发展的关键因素。我们知道，社会存在决定社会意识，社会意识的发展变化又具有与社会存在发展变化的不完全同步性。物质财富的快速增长，不能自发地带动社会文化的大繁荣和社会成员精神世界的提升。面对全球化浪潮和改革攻坚阶段所遇到的各种矛盾与冲突，面对各种社会思潮特别是消极落后的思想利用新旧媒体的多渠道传播，执政党必须不断进行执政文化建设。执政文化包含着一个民族长期以来形成的政治态度、信仰、精神与感情，执政文化在政治心理、政治价值观等方面支配人们的政治行为，左右广大群众对一个政党的政治取向。当代建设文化强国中的文化认同，就是要立足本国实际，构筑有中国特色的执政文化，提高党的执政能力、巩固党的执政地位，提高大众对党和政府的信任，从而提高对执政文化的认同。

（四）对文化强国战略的认同

十七届六中全会提出文化强国战略，标志着中华民族高度的文化自觉与自信。文化既被视为促进物质进步不可或缺的精神引擎，又被输入到不同社会所感受到的需求结构中，如为人民提供更好更多的精神食粮，大力发展公益性文化事业、保障人民基本文化权益，加快发展文化产业、推动文化产业成为国民经济支柱性产业，加快构建有利于文化繁荣发展的体制机制，建设宏大文化人才队伍等。文化强国战略的推出，让中国更加自觉地融入世界、让世界更加全面地了解中国成为可能。文化强国战略的实施，有助于提升中国在世界的核心竞争力。因此，加大对文化强国战略的认同，是当代建设文化强国中的文化认同之应有含义。

第二节　以先进文化引领文化认同的必然性

意识形态作为社会的思想上层建筑，建立在社会存在之上，虽然受社会存在决定和制约，但在一定条件下它又对社会存在产生巨大的反作用。但是，意识形态的这种反作用不是自发的。只有得到社会成员的广泛认同，并内化为个体思想价值观念的意识形态，才能真正发挥作用。以先进文化引领社会认同，是全球化、现代化以及社会信仰多元化的必然要求。

一、全球化时代突显文化认同的紧迫

"全球化"(globalization)一词，是20世纪80年代在西方报纸上出现的。20世纪90年代以后，联合国秘书长加利宣布"世界进入了全球化时代"。在经济全球化的今天，随着资本运动的全球化及跨国公司的发展扩大到包括媒介产业在内的文化产业，美国等西方发达资本主义国家依靠对商品输出的垄断，支配了全球以信息或影视为载体的文化输出。因此，由经济上的支配力量衍生出文化的强势力量，进而推行文化霸权，正是当今全球化的一个特征。文化主权的侵扰已经成为中国民族文化生存与发展必须应对的重要挑战，文化认同是应对这场挑战需要解决的关键问题。

(一)文化形态的多样性深刻影响着人们的文化认同和信仰重建

全球化作为一种事实和趋势，其影响不仅仅局限于经济生活领域，也涉及思想文化领域。伴随经济全球化，在经济交流日益频繁的过程中，世界不同国家和民族的文化联系也日益增强，各文化之间相互交流与融合的机会不断加大，各民族在继承、发扬自己优秀文化传统的同时，以更广阔的胸怀和更开放的心态汲取其他民族的优秀文化成果，在相互融合和多元发展中推动世界文化的发展，并在全球化的背景下形成文化的多元化。这一多元文化适应了不同境遇、不同思想的人们的复杂文化需求，有益于创造丰富多彩的社会文化生活。但同时，由于全球化的本质是资本的扩张，全球化的过程实质上是"西方化"的过程。因此，伴随全球化而来的多元文化也将带来许多负面影响。特别是西方发达国家在全球化中争夺文化主导权，推行文化霸权主义，他们总是力图把其他文化附属化、边缘化和残缺化，希望其他文化，尤其是发展中国家在文化发展中承认西方在全球

化中的文化主导地位，力图以西方的价值观来统领世界。西方发达国家借助于经济扩张、政治渗透和高科技媒介，以其的政治信仰、价值观念和人生追求来“引领”人们的信仰追求和精神秩序。对以社会主义意识形态为主流文化的中国，对于个人而言，它会冲击到人们原有的信仰体系、道德规范以及行为取向、行为方式，导致社会成员思想信仰的多元化和多变性，增加人们的归属认同、行为取向、价值追求方面选择的多维复杂性，使全社会在指导思想上缺乏统一的信仰体系和信心观念来引导人们的行动和奋斗目标，容易导致人们的信仰迷失或信仰危机，导致社会秩序和行为的“失范”，扩大了不同思想的人们在行为取向上的分裂，影响着大众的文化认同。

而在全球化进程中，其他西方国家也感觉到了维护国家利益、争夺文化优势的重要性。在1993年举行的乌拉圭回合贸易谈判中，法国与加拿大等国提出了“文化例外”的主张，认为文化产品有其特殊性，不能与其他商品等同起来，任其自由流通。面对美国的文化输出，发展中国家承受着更大的文化压力。西班牙历史学教授罗曼·古贝尔恩就曾尖锐地指出，文化全球化不应该成为“美国化”，但是，当今美国文化几乎独霸全球影视市场，发展中国家无法生产自己的文化产品。它们只能是全球范围内发行和传输美国的文化产品，这对发展中国家来说是不公平的，美国的文化传播手段无异于是一种强夺。在美国等西方发达国家在全球化中争夺文化主导权的过程中，文化多样性正在世界范围内受到威胁，发展中国家的文化“正在遭受严重的扭曲”，甚至遭受“一场严重的劫难”。除了电影，图书作为文化的重要载体，也随着全球化步伐的加快而在世界范围内上市。我们可以发现，欧美市场上刚刚畅销的图书，很快就会出现在中国的书店中。这种快捷的速度虽然有利于世界文化的交流与传播，但其明显的副作用在于，作家对欧美畅销书故事模式的模仿与思想价值的趋向，削弱了文学的原创性。长此以往，我国的民族精神以及广大民众对本民族文化的认同将在西方文化主导地位的压制下失去生存空间。可见，在经济全球化的大背景下，美国等发达国家依仗技术优势，利用文学艺术产品传输其价值观念，由此产生了发展中国家的文化安全问题、民族审美传统的延续问题、国民特别是青少年民族文化认同感的维护和增强问题等。这不仅是中国，也是所有发展中国家文化建设所面临的重大挑战。

（二）文化认同是保障国家文化安全的需要

西方发达国家在全球化中争夺文化主导权的直接后果是，第三世界国家的文化认同越来越呈现出不稳定性。在经济全球化的带动下，在西方强势文化的压迫下,世界各国的文化认同就更具有多重的不稳定性。虽然人们都希望保持自己文化的自主性,但在强大的物质话语权和强势的文化话语权的双重挤压下,在第三世界国家中,一些民族文化已经变成本土文化和外来文化的混杂的“文化拼盘”,人们不得不接受强势文化主导下的游戏规则,产生扭曲的“文化认同”。文化认同是冷战后意识形态较量的新形式,文化竞争就是意识形态竞争的新表现。全球性的人才、市场、文化的流动导致了连接民族和国家的精神纽带出现了断裂,在这种情况下,人们传统的文化观念、价值观念、思维模式与他们现存的生活空间与生存经验出现了不一致性,这就带来了一种身份的困惑。而这种困惑往往在青年一代身上表现得最为突出。美国等西方国家的文化“软实力”总是与青年文化有不解之缘,如好莱坞电影、麦当劳、流行音乐、动漫、歌星、影视明星、NBA 篮球赛、欧洲足球、时装、情人节、圣诞节等,恰恰是这些西化的东西对青年人具有无比的吸引力,在不同程度上使经济、文化都不十分发达的国家的文化认同越来越呈现出不稳定性。发展中国家必须科学地处理全球化进程中外来文化与本土化之间的对立统一关系,在文化层面确立自己自主地文化身份,从而构成一种民族认同的力量。中国作为正在崛起的发展中国家,对西方强势的话语权,首先需要不断保持先进文化的创新与发展,寻求从传统文化与时代精神中强化文化认同;其次,要做到和其他文明进行真正意义上的沟通与交流,让世界了解中国,也要让中国用自己的文化来影响世界;再次,也要思考新中国成立以来,特别是改革开放以来我国的文化建设存在哪些问题与不足,从而真正推动社会主义先进文化的建构与文化强国战略的实施。

因此,我们必须强化先进文化保障国家文化安全的话语能力。我国当代的文化认同,核心来自于人们对中华民族五千年来形成的基本价值和民族精神的认同,这种对自身文化的强烈认同,是中华民族永远屹立于世界之林的精神支柱,也是在全球化进程中抵制西方文化干扰、保持民族精神独立的内在凝聚力。强化以先进文化引领文化认同,也就是要维护国家的文化安全。国家文化安全,就一般意义而言,是指国家的整体文化发展不受威胁。一个主权国家能够自主地选择政治制度、价值观念、意识形态,使其人民群众的政治认同以及国家形象等主要文化要素免于内部或外部敌对力量的侵蚀、破坏和扭曲,从而能够保护本国人民的价值观、行为方式、社会制度,保护文化的民族性,维护民族的自尊心和凝聚力,确保国家在其主权范围内和国际上享有比较高度一致的合法性认同,这就要求先进文化既要博采众长,广泛吸纳多元文化中对民族本土文化有用的精华，又要珍惜和强化民族本土文化的精神价值，在全球化进程中，拓展本民族文化与外来文化的交流整合能力与自主创新能力。同时，力争在国际文化战略上把牢意识形态话语权，将社会主义核心价值观寓于文化产品的输出中，增强中国先进文化的影响力，维护全球化进程中的社会主义意识形态安全。因此，坚持先进文化引领大众认同，实现社会主义先进文化武装大众，是全球化时代维护国家意识形态安全的战略需要，它对抵御西方意识形态渗透和排除国内错误思潮干扰、对重塑国民理想信仰和道德精神、对提升国家文化软实力具有重大意义。

二、现代化建设需要文化认同的支撑

增强国家文化软实力、建设社会主义现代化强国，首先要增强中华民族的民族凝聚力。这种文化凝聚力主要来自于人们对文化的认同，特别是对社会核心价值的认同。改革开放三十多年来，中国的社会发生了翻天覆地的巨变，最根本的动力应该是思想解放产生的高度一致的社会认同，以及由此释放的巨大能动性。今天，我们建设社会主义现代化强国，面临更加复杂的国际国内形势、面对更加多元的文化与思想观念，把社会主义核心价值体系建设作为第一位的任务，培养高度的文化自觉和文化自信，以先进文化引领全民族的文化认同，无疑是中国现代化建设中非常紧迫的任务。

（一）民族文化的认同是建设社会主义现代化强国凝聚力所在

建设社会主义现代化强国是当代中国人的奋斗目标，也是这个近代历史演进的必然要求。中华民族五千多年灿烂文明，是建设现代化强国的宝贵文化资源。今天，中华民族传统文化认同正遭遇现代化挑战。现代化发端于西方，所以现代性问题对于西方而言，虽然也是与中世纪的断裂，但依然称得上是一种逻辑性的顺延，但是对于中国和其他后发现代化国家来说，则意味着一种改变。对于中国而言，现代性是一种“遭遇性”的。16 世纪以前，中国无论是经济还是科技文化都居于世界的前列，是世界上最强盛的国家。但是从 16 世纪起，中国开始落后于某些西方国家。当欧洲资本主义生产方式由萌芽状态发展到占统治地位之时，中国却始终在封建主义的藩篱内徘徊，资本主义萌芽得不到顺畅的发展，中国落伍了。落后就要挨打。现代化国家的强势入侵，打断了中国独立的社会发展进程，近代中国在半殖民地半封建社会的深渊中开始了艰难的现代化探索。这种“遭遇性”的现代化让中国近代有识之士开始反思自己的文化，从洋务运动的“师夷长技”，到维新志士的“变法图强”，到新文化运动中国的“民主与科学”，再到“五四”运动奏响“民族觉醒”的最强音，近代以来，现代化理想承载着中国未来的命运，寄托着中华民族复兴的希望。科举的废除以及作为几千年来民族文化价值秩序象征的皇权的崩溃，使中国文化遭到前所未有的真正的挑战。可以说，近代中国在追求现代化的过程，不得不在传统文化与制度观念等方面进行西方化的改革，似乎现代化就意味着抛弃传统文化，接受西方文化，进行脱胎换骨的改造，中国人的文化认同危机由此产生。但经过大半个世纪的实践，中国的先进分子才痛苦地意识到，现代化之路并非只有一条，现代化更不等同于西化，而是必须在继承、扬弃中国传统文化的根基上，才能真正实现中国的现代化。中国共产党倡导和建设的中国特色社会主义文化，是民族的、科学的、大众的文化，“民族的”是中国当代先进文化的根基，对民族文化的认同是我们在建设现代化中保持中国特色的基础，是我们凝聚全国人民共同意志的精神力量。

（二）马克思主义指导思想的认同是当代中国现代化建设的根本保证

在长期的文化开放与艰难的文化选择中，马克思主义以其科学性、革命性与实践性赢得中国先进的知识分子、继而赢得了广大民众的认同。中国的先进分子从物质层面、制度层面、思想层面，在不断推进中国现代化道路的探索中，不断推进马克思主义中国化，也即马克思主义中国情景下的认同。新文化运动中的知识分子向往资产阶级的民主思想和民主制度，提出“民主”、“科学”两大口号。孔学则作为封建社会的正统思想，作为发展资本主义的思想障碍，成为新文化运动猛烈批判的对象。十月革命和“五四”运动以后，马克思主义在中国迅速传播与发展，为近代中国知识分子探索现代化道路提供了新的指导思想。中国共产党的成立是马克思主义与中国无产阶级革命和斗争实践相结合的必然结果。中国共产党不但在政治上探索着中华民族摆脱半殖民地半封建统治的解放之路，而且也探索着中华民族精神世界和价值秩序的重建。正像十七届六中全会所指出的，“中国共产党从成立之日起，就既是中华优秀传统文化的忠实传承者和弘扬者，又是中国先进文化的积极倡导者和发展者。我们党历来高度重视运用文化引领前进方向、凝聚奋斗力量，团结带领全国各族人民不断以思想文化新觉醒、理论创造新成果、文化建设新成就推动党和人民事业向前发展，文化工作在革命、建设、改革各个历史时期都发挥了不可替代的重大作用”①。作为一种社

① 《中共中央关于深化文化体制改革 推动社会主义文化大发展大繁荣若干重大问题的决定》，《人民日报》2011 年 10 月 26 日。

会意识，马克思主义理论的传播经历了由个体意识到群体意识、由社会心理到社会意识形态的演变过程。中国共产党人在不断的实践探索中逐渐认识到，必须要把马克思主义基本原理与中国革命实践相结合。中国共产党人对马克思主义的传播，用马克思主义成功地指导中国新民主主义革命和社会主义建设的成就，指导中国改革开放取得举世瞩目的成就，使马克思主义在中国赢得了话语权，实现了大众的认同，使社会主义现代化建设有了强大的思想指导。

（三）文化认同为当代中国现代化建设提供稳定的社会秩序

经过了建国初期曲折艰苦的探索，改革开放开启了中国现代化之路的新进程。经过三十多年的改革开放，中国经济得到了空前的发展，中国特色社会主义充满了蓬勃生机。中国经济的发展在一定程度上强化了国民对自身文化的认同，同时又遭到新的重大挑战。实施社会主义市场经济，承认并促使利益主体的多样化，必然带来观念和行为方式的多样化，文化必然呈现多元化趋势。人民的物质生活水平有了很大的提高，文化需求也迅速增长，如何把人民群众的文化利益发展好、维护好、实现好是一个重大课题。用先进文化引领大众的文化认同，可以增强社会成员归属感，维护社会稳定性。意大利理论家安东尼奥·葛兰西曾把意识形态的这种功能形象地比喻为“社会水泥”，即“在保持整个社会集团的意识形态上的统一中，意识形态起了团结统一的水泥作用”①。西方发达的物质文明与科学技术，使资本主义在阶层结构、社会福利、教育体制、社会运作模式等方面都显示出较大优势。这与我国改革开放过程中出现的一些社会矛盾与社会问题形成对照，经济与社会、城市与农村等中国经济和社会内部的结构性问题可能会激发社会冲突和动荡，使人们对社会主义最终能否解决效率问题、能否最终实现人类社会的公平公正产生了动摇，这就迫切需要加强马克思主义在意识形态的指导地位，用社会主义核心价值体系对社会公众进行价值导向和观念整合，维护社会安定稳定，保证改革开放的顺利进行。中国作为当今最大的发展中国家和最大的社会主义国家，必须要加强以马克思主义为指导的先进文化建设，增强公众的认同感，用中国特色社会主义共同理想凝聚广大人民群众，为中国现代化稳定发展提供思想基础。

① 宋惠昌：《当代社会意识形态》，中共中央党校出版社 1992 年版，第 25 页。

三、多元化信仰引发文化认同的反思

马克思恩格斯指出:“人们的观念、观点和概念,一句话,人们的意识,随着人们的生活条件、人们的社会关系、人们的社会存在的改变而改变。”①在当代中国,多元化的信仰引发了人们对主流意识形态的反思,如何引导人们正确分析与对待新问题,亟需用先进文化加强引导,提高文化认同。

(一)加强对社会主义重大理论问题引导

当前,在国际社会主义运动“低潮”、西方意识渗透“西潮”和国内多元社会“思潮”这“三潮”的强烈冲击下,人们对马克思主义信仰和中国特色社会主义共同理想表现出了一些迷茫和困惑:一些人怀疑马克思主义是否还适用于今天的时代,有人对中国选择社会主义道路的历史合理性提出质疑,还有人认为“只有民主社会主义才能救中国”等等。实践表明,形势越是复杂,社会越是多样化,就越需要在根本问题上统一思想、凝聚共识。对于这些疑问和困惑,理论工作者必须给予正面的回答,否则这些困惑就会衍生出部分群众的不满、人们的心理不安,甚至会被别有用心的人利用,使人们产生对党和政府、对正在进行的中国特色社会主义建设的信任危机。近年来,我国先后出版了一系列马克思主义理论通俗读物,如《理论热点面对面》、《六个“为什么”——对几个重大问题的回答》、《马克思主义发展史话》、《社会主义荣辱观教育读本》、《新时期反腐倡廉若干问题透视》、《通俗〈资本论〉》等,在群众中引起强烈的反响。比如,《六个“为什么”——对几个重大问题的回答》一书,提出了与社会主义核心价值体系建设密切相关的六个重大问题:为什么必须坚持马克思主义在意识形态领域的指导地位,而不能搞指导思想的多元化;为什么只有社会主义才能救中国,只有中国特色社会主义才能发展中国,而不能搞民主社会主义和资本主义;为什么必须坚持人民代表大会制度,而不能搞“三权分立”;为什么必须坚持中国共产党领导的多党合作和政治协商制度,而不能搞西方的多党制;为什么必须坚持以公有制为主体、多种所有制经济共同发展的基本经济制度,而不能搞私有化或“纯而又纯”的公有制;为什么必须坚持改革开放不动摇,而不能走回头路。用历史和现实相结合、国内与国际相对比的方法,极有说服力地回答了全社会都十分关注并迫切需要回答的问题,文风清新朴实,行文言简意赅,回答了中国特色社会

① 《马克思恩格斯选集》第1卷,人民出版社1995年版,第291页。

主义是什么不是什么，要坚持什么反对什么的问题，对提高人们对社会主义的认识，加强对先进文化的认同，起到了积极的意义。

（二）加强对马克思主义价值观信仰的引导

同时，随着社会主义市场经济的发展和社会结构的变迁，中国社会道德与社会风尚领域也出现了一些新的情况，人们对马克思主义科学的世界观、人生观、价值观的信仰产生了不同程度的动摇。在社会主义市场经济中，人们的道德意愿和价值选择不仅要受到社会主义价值体系的影响，同时也要受到市场经济一般规律的制约。经济体制深刻变革，社会结构深刻变动，利益格局深刻调整，思想观念深刻变化，人们的价值取向和行为方式发生了很大变化，人民大众的思想也呈现出多元化的趋势，这就更需要社会主义核心价值体系的引领。社会价值观念多样化，是开放社会维持活力和有效运行的内在要求。在开放社会里，人们思想活动的独立性、选择性、多变性、差异性明显增加，人们接受的信息很丰富也很庞杂，思想十分活跃，各种观念大量涌现，相互交织、相互影响，这是不可避免的。然而，如果不加强先进文化对多元价值的引领，一旦形成了多元化、复杂化甚至不健康信仰的局面，科学理论和主流意识形态必然受到冲击，民众的凝聚力必定受到严重的削弱。而新型信息技术与媒体的迅速发展与广泛应用，又使多元文化加快了传播速度、扩大了传播范围、弱化了领土疆域。对于在经济全球化过程中处于弱势地位的民族国家来说，用主流意识形态引领文化认同显得尤为迫切。社会越是多元，人们越是需要科学的理论、先进的文化。如何用先进文化塑造现代人格、重树精神信仰，在全社会形成社会主义共同理想，成为当代中国的一个紧迫而重大的课题。马克思指出："理论在一个国家实现的程度，总是决定于理论满足这个国家的需要的程度。"①我国作为拥有13亿人口的大国，社会越是多样化，就越需要在根本问题上统一思想、凝聚共识。要把13亿人民紧密团结在一起，必须用先进文化引领大众、武装大众，坚持意识形态的社会主义性质不动摇。在推进马克思主义大众化过程中，在社会主义先进文化的建设和传播中，用先进文化，特别是中国特色社会主义理论统一全党、全国人民的思想，形成强大的民族共识、凝聚民族力量，推动中国特色社会主义事业的发展。

---

① 《马克思恩格斯选集》第1卷，人民出版社1995年版，第11页。

第三节　以先进文化引领文化认同的路径探究

中华民族伟大复兴必然伴随着中华文化的繁荣兴盛。在世界政治多极化和经济全球化进程加速的形势下，世界各国都把提高文化认同、增强社会凝聚力作为竞争的一个重要砝码。加强社会主义先进文化建设，就要从凝练价值观念表达、拓展引领传播路径、加强价值整合功能、增强问题解决能力、发挥心态引导作用等几方面入手，不断引领广大群众对先进文化的认同。

一、凝练先进文化的价值观念表达

价值观念是文化的核心，价值认同是文化认同的关键。而传播则是接受和认同的前提。文化的传播效果，虽然取决于其本质内容，但与表达形式也密切相关。凝练先进文化的价值观念简单明快的表达方式，有利于全社会不同文化程度人群的理解和领会，是实现文化认同的重要方式。

（一）高度凝练是文化核心价值观念表达的一般规律

中国共产党成立以来，就把马克思主义确立为自己的指导思想，并把马克思主义与中国具体实践相结合，形成了反映中国社会性质与社会特点的新民主主义文化。通过通俗、简练的语言，表达核心价值，以此把工人、农民、小资产阶级、民族资产阶级等革命力量凝聚起来。如，党在第二次全国代表大会上就制定最高纲领为实现社会主义、共产主义，最低纲领打倒军阀、推翻帝国主义、统一中国为真正民主共和国，即反帝反封建的革命纲领，从而确立了明确的斗争目标；抗日战争时期，对于如何抗战、争取胜利这一困扰着中国人民的问题，毛泽东提出了全民族抗战和打持久战的方针，对全国抗战的战略指导产生了决定性的影响；在《为人民服务》一文中，毛泽东阐述了为人民利益而牺牲的意义，提出了"为人民服务"这一中国共产党的历史使命和立党之本，"为人民服务"成为我们党及其领导的人民军队的宗旨，是我们一切工作的出发点，是我们共产党人区别于其他任何政党的一个显著的标志。而对于中国新文化发展的方向，1940 年 1 月毛泽东在《新民主主义论》中给予了明确答复。毛泽东指出："民族的科学的大众的文化，就是人民大众反帝反封建的文化，就是新民主主义的文化，就是中华民族的新文化。""这种新民主主义的文化是民族的。它是反对帝国主义压迫，主张中华民族的尊严和独立的。它是我们这个民族的，带有我们民族的特性。”“这种新民主主义的文化是科学的。它是反对一切封建思想和迷信思想，主张实事求是，主张客观真理，主张理论和实践一致的。”“这种新民主主义的文化是大众的，因而即是民主的。它应为全民族中90%以上的工农劳苦民众服务，并逐渐成为他们的文化。”①这些生动凝练的核心价值在新民主主义革命时期为中国共产党团结广大人民争取最后的胜利提供了精神力量的源泉。

改革开放以来，我国在文化建设上先后提出了与时代发展紧密联系的新价值观念，如20世纪80年代，提倡五讲（讲文明、讲礼貌、讲卫生、讲秩序、讲道德）、四美（心灵美、语言美、行为美、环境美）、三热爱（热爱祖国、热爱社会主义、热爱中国共产党）这一群众性活动。“五讲四美三热爱”具有丰富的内容和很强的思想性，成为当时耳熟能详的经典口号；鼓励青年人做“有理想、有道德、有文化、有纪律”的“四有新人”；1983年邓小平为北京景山学校题词“教育要面向现代化，面向世界，面向未来”，这为新时期我国教育体制的改革和发展指明了正确的方向；1995年江泽民根据当前干部队伍的状况和存在的问题提出在干部当中进行“讲学习，讲政治，讲正气”的“三讲”教育；21世纪初提出我们党要始终代表中国先进生产力的发展要求、始终代表中国先进文化的前进方向、始终代表中国最广大人民的根本利益的“三个代表”重要思想；2003年提出了坚持以人为本，树立全面、协调、可持续的发展观，促进经济社会和人的全面发展的科学发展观这一概念；2004年提出构建社会主义和谐社会的社会发展战略目标；2006年提出要引导广大干部群众特别是青少年树立以八荣八耻为主要内容的社会主义荣辱观。在此基础上，党的十六届六中全会总结了先进文化的理想、信念和精神实质，明确提出了社会主义核心价值体系这一科学命题，以及社会主义核心价值体系包括四个方面的基本内容，即马克思主义指导思想、中国特色社会主义共同理想、以爱国主义为核心的民族精神和以改革创新为核心的时代精神、以“八荣八耻”为主要内容的社会主义荣辱观。这四个方面的基本内容相互联系、相互贯通，共同构成辩证统一的有机整体。党的十七届六中全会把社会主义核心价值体系视为兴国之魂，视为社会主义先进文化的精髓。社会主义核心价值体系在中国整体社会价值体系中居于核心地位，发挥着主导作用，决定着整个价值体系的基本特征和基本方向。但是，由于这一理论体系形成的时间不长，因此还有

① 《毛泽东选集》第2卷，人民出版社1991年版，第706—709页。

待进一步的完善。特别是作为核心价值体系,这种表达更多地侧重于理论层面,不易记忆,也不易为广大群众理解、接受等等。因此,为了让广大群众更好地理解掌握这一理论体系的精神实质,必须适应群众的要求,进一步凝练核心价值体系的表达,形成简洁精练的核心价值观,使之更加有利于传播,便于大众掌握,从而增强大众对社会主义先进文化的认同。

(二)凝练社会主义核心价值观必须遵循的基本原则

凝练社会主义核心价值观的表达方式必须遵循以下四项基本原则:一是准确反映核心价值体系的内涵。体现核心价值体系的根本要求,具有高度的概括性和准确性;二是鲜明体现当代中国发展主题。社会主义核心价值体系是在发展中国特色社会主义的历史大背景下形成的,因此,反映社会发展的要求,体现时代进步的主题,为指导现实问题的解决提供价值观念指导,促进奋斗目标的实现,是核心价值表达的必然要求;三是注重突出民族传统文化特色。文化的发展是传承和创新的统一,一个社会、一个民族的文化积淀是这个社会、这个民族最可宝贵的精神财富。核心价值体系根植于中华民族共有的精神家园,必然烙上中华文化的精神印记,从中华传统文化的宝藏中汲取精华。在凝练核心价值表达时,要使用民族的语言,符合民族的情感,要能使广大群众在理解和践行价值理念时增进对民族文化的归属感和认同感;四是具有广泛的群众基础。社会主义核心价值观不是精英价值观,而是大众价值观;不是价值乌托邦,而是生存意义的支撑,是全体人民的价值导引。不能被社会大众实践的价值观不能成为社会主义核心价值观。因此社会主义核心价值的表达,必须让广大群众便于理解和掌握,便于实践于行动并内化于心灵。

二、注重先进文化的传播方式拓展

在先进文化的传播过程中,面对理论与现实呈现的客观反差,以及可能出现或已经出现一些影响先进文化引领大众文化认同的行为偏向,作为先进文化的传播者,必须注重在推进社会主义先进文化引领文化认同中"四个把握到位":

(一)加强文本研究,注重科学理论准确性的把握到位

先进文化传播的一个重要内容和重要任务是推进马克思主义大众化,旨在使马克思主义由被少数人理解掌握的科学理论转变为被人民大众理解掌握。这一大众化过程也是通俗化的过程,但通俗化不等同于简单化、庸俗化。马克思主义理论的科学性和权威性,是让群众真正掌握其精神实质,真心实意地信服和认

同的基础。恩格斯指出:“社会主义自从成为科学以来,就要求人们把它当做科学看待,就是说,要求人们去研究它。”①马克思主义留给我们的,不是现成的教义,而是方法,是对具有普遍性规律的科学总结。中国特色社会主义理论体系是马克思主义中国化的最新成果,社会主义核心价值体系是主流意识形态的本质体现,是先进文化的精髓。因此,推进马克思主义大众化、通俗化的同时,必须加强经典著作的文本研究,在重塑马克思主义应有文本权威的基础上,让人民大众真正把握马克思主义的精神实质,增强大众对中国特色社会主义的认知和接纳能力,提高大众对马克思主义在意识形态领域的指导地位的认知认同。加强马克思主义经典的文本研究是完整准确地把握马克思主义基本立场、观点和精神的基础和前提。拓展先进文化的传播路径,就是要通过实施马克思主义理论研究和建设工程,加大文本研究力度,深化对一些重大基本理论问题的认知,不断为当代先进文化的认同提供学理支撑。

（二）转换话语表达,注重文化宣传大众性的把握到位

社会主义先进文化是社会主义意识形态的本质体现,集中体现了社会主义的本质要求和人民群众的根本利益。作为一套科学的理论体系,它和其他任何理论一样,具有一定的抽象性和概括性。由于群众文化程度、认知水平的差异性,在很大程度上,这种抽象性和概括性有可能成为群众理解和认同先进文化的一大障碍。为了推动先进文化引领大众文化认同,必须在文化宣传方法上,根据受众的年龄、知识结构、认知水平、社会角色等不同,适时转换话语表达方式,使社会主义先进文化通俗化。用通俗易懂、生动活泼的大众话语代替抽象深奥的学术话语,使社会主义先进文化的表达方式适合人民大众的文化水平、理解程度和思维方式,社会主义先进文化才能更好地为大众理解、掌握;同时,建立通俗易懂又准确生动的话语体系,引领群众对先进文化的正确理解与运用。特别是在当代中国,农民仍然占我国总人口的50%以上,农民是中国特色社会主义建设的主要实践者,也是先进文化的主要接受者。要充分考虑广大群众特别是城乡基层群众的实际理解能力和思维方式,力求用群众、尤其是广大农民习惯的语言和乐于接受的形式,实现文化的普及化、通俗化和民族化。

（三）创新载体形式,注重文化传播具象化的把握到位

社会主义先进文化的具象化,就是将先进文化的科学理论、价值观念等思想

---

① 《马克思恩格斯选集》第2卷,人民出版社1995年版,第636页。

内涵，体现在文化产品、文艺作品中，渗透到文化宣传、文化活动中，融入自然景观、人文环境中，通过这些具体形象的载体、以这些生动活泼形式，传递社会主义先进文化的内容和要求，将社会主义先进文化由抽象概括的理论逻辑转化为形象具体的生活逻辑、将其由抽象概括的理论形态潜移默化地转化为大众的心理形态和实践形态。例如，可以利用一些民风民俗活动、节日活动、社区活动等载体，开展先进文化宣传；可以利用电视、电台、报纸、广播等传统媒介的同时，特别注重新兴媒体的传播作用，形成浓厚的媒体宣传氛围。要充分发挥新兴媒体的即时互动功能来加强主流文化的传播和认同。手机、互联网等新兴媒体的即时互动功能使人们不再是信息的被动接受者，而是以信息的提供者、评论者、散布者等身份参与到文化信息的传播中来。因此，要注意利用这些具有即时性和较强互动性的现代传播形式，在思想交流、交锋和对话中推进先进文化和主流意识形态的传播，如在主流网站和品牌栏目的建设过程中增强网民互动，推动广大网民参与到主流网站和栏目的建设中去；从社会各类热门话题中挑选设置恰当的议题在现代信息互动平台上展开讨论，引导舆情；对涉及主流意识形态和引起较大反响的网上言论及时作出权威性的符合实际的回应、讨论、澄清和引导；对网上舆论热点问题在宣传报道中注重用事实说话，在网评中善于运用“网言网语”循循善诱，避免空谈大道理，做到有的放矢，以情动人、以理服人等等。

（四）着眼文化认同，注重文化教育亲和性的把握到位

文化教育亲和性是文化认同的感情纽带，提高文化教育的亲和性是实现文化认知到认同飞跃的有效途径。通过采用和谐教育关系的同构式教育方法，将有效促进文化教育亲和性。同构的涵义，揭示出在这些对象的属性或者操作之间存在的关系。文化教育的同构式方法，即指通过寻找教育者与受教育者具有共同属性或者他们之间存在对应的关系，以这一共同点作为教育的切入点。这一方法的本质，体现了教育的以人为本的根本要求，是对受教育者的主体地位的尊重和关注，能够使教育者和受众之间产生共鸣，达成共识，最终实现对文化的认同。坚持文化教育的同构式方法，应该注重四方面的“同构”：一是社会文化教育目标与大众文化需求的同构。大众的文化认同的前提是文化接受，而文化需求是文化接受的内在动力。因此，在实施文化教育过程中，注重教育者所要达到的目的与大众所要追求的结果的统一；二是文化宣传教育者与文化受众思维同构。思维同构是指教育者从受众的角度去思考问题，根据受众思维方式的特点，以及由此产生的对文化教育的接受效果来调整自己的思维方式；同时，注重

用唯物辩证的方法加强对文化受众思维方式的引导，达到教育者与受众思维方式的高度契合，达到思维同一，促使受众处于对文化接受的最优状态；三是文化教育者与文化受众语境同构。语境同构是指教育者与受众处于同一语境系统中，使教育者的语言交际方式、表达方式契合受众的期望和习惯，增强教育的亲和力。语境即言语环境，是人们在语言交际中理解和运用语言所依赖的各种表现为言辞的上下文或不表现为言辞的主观因素。由于语境本身是一个动态的过程，文化教育的教育者要与受众达到语境的同构，在了解社会大背景，关注社会现实热点问题，随着社会的变化而不断更新自己的语言文学知识的同时，要通过网络平台，通过与文化受众交流，熟悉他们的语言环境特点，把握他们的语境系统，积极创造有利于他们接受的语境，在和谐的语境下，提高文化教育与传播的亲和力感染力；四是文化教育者与受众的情感同构。情感同构是指教育者与受众之间建立起共同的情感，教育者体验受众精神世界犹如自身的精神世界，设身处地地理解他们，在情感交融中增强文化教育的亲和力感染力。情感同构在心理学上也叫共情，心理学认为，沟通是产生共情的基础。在文化教育过程中，教育者立足受众可接受的角度，采取有效的沟通，努力寻找他们接受情感的共同点，作为进行文化教育内容的传授的切入点，促进文化受众与教育内容产生共鸣，通过共情推进共识的形成。

三、提升先进文化的价值整合功能

十七届六中全会《决定》指出，建设社会主义文化强国，就是要着力推动社会主义先进文化更加深入人心，推动社会主义精神文明和物质文明全面发展，不断开创全民族文化创造活力持续迸发、社会文化生活更加丰富多彩、人民基本文化权益得到更好保障、人民思想道德素质和科学文化素质全面提高的新局面，建设中华民族共有精神家园，为人类文明进步作出更大贡献。这是我们党首次从执政党战略的高度确立“文化强国”发展战略。正确认识并恰当处置文化建设这个全局，使中国经济社会发展进入经济驱动力和文化驱动力等多种力量驱动时代，在全党全社会形成统一指导思想、共同理想信念、强大精神力量、基本道德规范，就必须把社会主义先进文化融入国民教育、精神文明建设和党的建设全过程，用社会主义核心价值体系引领社会思潮，提升先进文化的价值整合功能，增强大众对文化强国战略的认同。

(一)先进文化在价值整合中形成并发展

文化认同的核心是利用自身文明的成就,对古今中外价值观与社会思潮的整合,创造新的价值观。20世纪百年中国近现代史,就是一部中西文化冲突、碰撞和斗争的历史,也是中西文化交流、融合的历史。中国在追求现代化的进程中,不断遭遇各种现代性问题,特别是伴随西方文明的渗透产生的中西文化的博弈,中国人对于文化传统和现代化过程的理解产生了很大的变化。我们在不断地寻找一种中国和世界、传统和现代之间的平衡,这种平衡的关键在于既保留中华民族文化之根,又吸取世界文化之长,并且创造出一种建立在自己文化的价值基础上、又密切回应时代和中国发展中出现的重大问题、能够反映和吸收整个人类的共同利益的新的价值体系。中国的现代化之路,是在西方文化冲击下启程的,是被迫踏上现代化之路的。西方给中国送来了科学、民主、平等、自由、法治等现代观念,或者更确切地说,在西方文化的影响下,中国人强化了传统中国固有的这些观念,并从西方找到了对抗封建迷信、封建专制、封建等级制度及人治的思想观念,从而使中国文化翻开了新的一页。中国对现代化道路的探索和思考也经历了一个类似转换过程。但是,自从十月革命为中国送来了马克思主义,"五四"运动促进了马克思主义在中国的传播和与中国工人运动的结合,中国共产党应运而生以来,中国共产党人以高度的文化自觉与自信,坚持马克思主义中国化,克服党内的"左"倾盲动主义、"左"倾冒险主义、"左"倾教条主义错误思潮,同各种错误思潮做斗争,并批判与吸收了一些非马克思主义思潮中的有益成分。在极其复杂艰苦的革命实践中,把马克思主义的理论同中国革命的实际全面、正确地结合起来,在对各种思潮与派别的价值整合中,使中国化的马克思主义不断得到创新与发展,也使中国革命呈现了新面貌。正如毛泽东所说:"自从中国人学会了马克思列宁主义以后,中国人在精神上就由被动转入主动。从这时起,近代世界历史上那种看不起中国人,看不起中国文化的时代应当完结了。"①马克思主义在中国的传播,是中国近代政治、经济、文化综合运动的结果。以马克思主义为指导的社会主义先进文化,就是在不断地同错误思想做斗争、不断地吸收与借鉴各种文化思潮中形成并发展起来的。

(二)坚持先进文化在价值整合中不断创新

一般来说,与经济、政治相比,文化的发展是比较缓慢的,是深层次的,受到

---

① 《毛泽东选集》第4卷,人民出版社1991年版,第1516页。

多种因素的制约。在当代，坚持先进文化在引导价值整合中不断创新，一是要特别注重传承与借鉴中国优秀传统文化的积淀。必须坚持传统中华民族文化的深厚思想内涵，加强对优秀传统文化思想价值的挖掘和阐发，维护民族文化基本元素，加强文化遗产的保护、传统节日的重视及传统文化的教育。正如著名社会学家费孝通先生所说的，生活在一定文化历史圈子的人对其文化有自知之明，并对其发展历程和未来有充分的认识。只有在认识自己的文化，理解并接触到多种文化的基础上，才有条件在这个正在形成的多元文化的世界里确立自己的位置，然后经过自主的适应，和其他文化一起，取长补短，共同建立一个有共同认可的基本秩序和一套多种文化都能和平共处、各抒所长、连手发展的共处原则。这就是"文化自觉"。费孝通先生还把"各美其美，美人之美，美美与共，天下大同"作为"文化自觉"历程的概括。正因为如此，十七届六中全会提出了建设社会主义文化强国的历史任务，反映了执政党在经济发展达到一定程度后的文化自觉。二是注重整合当代多元价值观与社会思潮，保持先进文化与时俱进的创新品质。创新是一个民族进步的灵魂。英国前首相撒切尔夫人曾说，不用害怕中国，中国成不了超级大国，因为中国没有那种可以用来推进自己的权力，进而削弱我们西方国家的具有"传染性"的学说。今天中国出口的是电视机，而不是思想观念。如果一个国家，只有广袤的土地、众多的人口乃至物质的繁荣，而没有创新的思想文化，没有可以服众的价值观，那这个国家不会是一个强大的令人尊敬的国家。三十多年来，我们党紧密联系中国特色社会主义实践，大力推进马克思主义基本原理与中国现代化建设相结合，科学地回答了"什么是社会主义，怎样建设社会主义"、"建设什么样的党，怎样建设党"、"实现什么样的发展、怎样发展"等一系列重大问题。在社会主义先进文化的发展与创新过程中，党和政府执政能力不断加强、公信力不断提高，保证了改革开放和社会主义现代化建设的正确方向，也提高了广大群众对社会主义先进文化的认同度。三是要注重文化创新的节奏性与规律性。传统文化越深厚，社会思想越多元，文化创新就显得越为艰难、曲折。因此，文化创新既不能操之过急，也不能由政府大包大揽。这方面，我们有过建国初期的深刻教训。2011 年 10 月，党的十七届六中全会通过《中共中央关于深化文化体制改革　推动社会主义文化大发展大繁荣若干重大问题的决定》，在 2012 年全国两会上，文化发展就成为代表、委员们热议的问题，代表、委员们表示要让文化产业真正成为中国的国民经济支柱，文化要大发展，但不要大跃进。中国文化发展要警惕出现文化的大跃进。党的十七届六中全会提出要促进文化的大发展大繁荣，将文化提到前所未有的高度。当下，几乎所有省份都在制定或正在实施文化强省战略，都把文化产业作为一项重要工作来抓。而文化是强调特色和个性的。目前，各种文化产业园建设仍成“遍地开花”之势。在各地文化产业方兴未艾时，如何避免跃进式发展，同时又避免千人一面、同质化竞争，让文化发展走入正轨，让文化遵循自身的规律发展下去，成为当前先进文化建设的重要课题。同时，文化需要靠政府去推动，但不表示政府可以对文化大包大揽。相信群众是历史的创造者，群众实践是创新的来源，政府从宏观层面对文化发展、文化产业进行引导扶持，但决不参与市场具体运作，坚持百花齐放、百家争鸣的方针，注重文化创新与传统文化的衔接、文化创新与时代特征的衔接、文化创新与社会现实的衔接、文化创新与群众接受能力的衔接。充分调动群众的积极性和主动性，使他们成为文化发展的主力军。

（三）增强对中华民族传统文化的认同意识

中华民族在五千年的发展演进中，形成了具有自己特色的、体现中国人民共同价值的博大精深的传统文化。然而，这种以儒、释、道为主要格局的中国传统文化，在20世纪伴随着中国的现代化进程，面临多次重大冲击。不仅“五四”运动（1919年）、戊戌变法（1898年）、废除科举（1905年）、辛亥革命（1911年）、新中国建立（1949年）、反右运动（1957年）、十年“文革”（1966—1976年）等，都呈现某种“文化断裂”状态。虽然学界对这种“断裂”有诸多不同的解读，但它对中华民族文化认同的解构是客观存在的。

以“五四”新文化运动为例，20世纪初，历经腥风血雨苦难的中华民族再一次从泱泱大国的沉醉中醒悟。为了挽救国家的危亡，中国的有识之士曾历尽千辛万苦，向西方国家寻找真理，并在一而再、再而三的碰壁之后，不得不对我们引以为豪、历史悠远的传统封建文化进行彻底深刻的反思。一些先进的中国知识分子认为，救亡之根本，在于改造中国的国民性，即廓清蒙昧、启发理智，使人们从封建思想的束缚中解放出来，这就是中国20世纪初的新文化运动。新文化运动的倡导者们以反对旧道德提倡新道德、反对旧文学提倡新文学为“文化革命”的两大旗帜，鲁迅的小说《狂人日记》等对封建礼教的有力揭露和控诉，成了许多人的共同呼声，而陈独秀和胡适主张的文学革命、倡导白话文的主张，也产生了深远的影响。以“五四”运动为高潮的新文化运动是中华民族对自身传统文化的一次大反抗，他标志中国睡狮的苏醒和中华民族复兴的开始。然而，当时的许多知识分子还没有辩证的思维方法，以形而上学的方式全盘否定中国传统文化，认为只要激烈批评传统文化，就能为学习西方创造条件；而只要西化了，就能充分现代化了。这种极端心态把一个国家的兴衰，一个民族的没落的庞杂深邃的问题，全都归结在儒家文化头上。这种对源源流长的文明的有力否定与拒绝，在批判封建腐朽思想的同时，也抛弃了我们自身传统的核心价值的优质部分。中国传统文化的根，从“五四”运动以后就开始断裂了，中国人在现代化发展过程中，放弃了我们传统文化的根基。“许多五四人物为了提倡自由、科学与民主，认为非全盘而彻底地把中国传统打倒不可。”①虽然“五四”新文化运动在反传统中并不是全盘否定，陈平原先生认为，它压抑儒家，但突出了道家和墨家；批判诗文，可着意表彰小说和戏剧；鄙视文人大传统，转而发掘民间小传统。中国文化的底色仍在，只不过换了个角度观赏。但这种传统内部变革的内驱力，确是对中华民族文化传统的某种“断裂”。不仅儒家文化是中华民族传统文化中最根本的东西，伴随“西学东渐”对中华民族文化传统的消解也不可小觑。这种“断裂”造成的对中华民族文化认同的不良影响，在整个20世纪的一系列重大事件的影响下得到强化。

落后挨打状态下的文化自卑，开放条件下对蓝色文明的顶礼膜拜，特别是十年“文化大革命”对中华文化的摧残与毁灭，是20世纪中华文化遭遇的第二次“断裂”。建国以后，1957年的反右斗争，文艺理论和文艺方针的制定，知识分子的下放改造，实际上是对传统封建文化的代表阶层即知识界和学术界进行的一次次的改造。而“文化大革命”则是从政治和制度上对中国传统文化发起的一次大冲击。“文化大革命”使国民经济遭受到严重损失的同时，也使民主和法制遭到践踏，学术文化事业遭到摧残，党风和社会风气遭到严重破坏。“文化大革命”之后，旧的道德体系被打碎了，传统的儒家思想被抛弃了，而又没有可以替代的新的价值体系和思想信仰，导致人们精神上的巨大缺失。“八亿人民八个样板戏”，使文化创新生命枯竭；在“砸烂封资修”和“破四旧、立四新”的口号下，实施对中华民族文化乃至人类文明成果的大破坏；在“知识越多越反动”的理念下，知识分子成为专政的对象等等，造成中华民族优秀文化传统和悠久文明历史的大断层。这种“断裂”影响了整整几代人，对民族文化认同产生严重的不良影响。

---

①　林毓生：《中国意识的危机——“五四”时期激烈的反传统主义》，《党史研究与教学》1987年第6期。

在当代，科学技术高度发达，全球化进程日益加深，在中国现实社会中，又出现了许多与传统文化格格不入的思想与行为。西方文化的冲击，拜金主义的泛起，使大多数人的价值观产生了扭曲，严重的也会影响民族的文化认同。在新的条件下，我们开始文化反思：我们从哪里来、到哪里去？党的十五大深刻回答这一问题，提出建设面向现代化、面向世界、面向未来的，民族的科学的大众的社会主义文化，以促进社会和谐与全面协调可持续发展，促进人们对民族文化的认同，促进多元文化的尊重与共荣。我们开始注重加强先进文化的价值整合功能，加强对中国传统文化的传承、借鉴与认同，克服已经出现和可能出现的诸多问题。主要做法包括：

加强对母语的教育和重视。语言是文化的载体，是民族文化形成与存续的基本要素。日本著名文化学家岸根卓郎在《文明论——文明兴衰的法则》一书中说："放弃母语，就是通向亡国（毁灭文明）的捷径。"①当前，我们对英语学习的重视远远超过我们的母语，国家统一的英语四、六级考试、考研考博的英语考试、职称英语考试等，让中国人把大量时间花费在英语学习上，却没有相关的体系来认证国人的母语水平。与大学英语这门"重量级"的公共必修课相比，大学语文受到的关注度显然并不高，校园内书声琅琅也都在背诵外语，鲜有人诵读国文。这是国人对本民族文化不自信的表现。语言是思维的载体和沟通的工具，过分强调外语的学习会潜移默化地改变一个人的思维方式和价值观念，甚至使其逐渐疏离本民族的文化，降低民族自信心。认同母语就是认同民族文化。

加强阅读。阅读是文化传承的基本方法。而据联合国教科文组织的一项调查显示：全世界每年阅读书籍排名第一的是犹太人，一年平均每人是 64 本。上海在中国排名第一，只有 8 本。而中国 13 亿人口，扣除教科书，平均每人一年读书一本都不到。所以有学者提醒，现在的孩子只注重学业，这正在使他们丧失更多的能力，有可能成为愚蠢的一代。在英语听说读写能力成为判断"人才"的关键标准的同时，学生们的中文阅读和写作能力却有所下降。人们在说话中用词不当，不少本科生、研究生普遍存在错字连篇、文法不通、逻辑混乱的问题。读书是提高国民的文化素质的基本要求，也是繁荣民族文化，增强文化创新，加强文化认同的重要途径。因此，我们应加强对母语教育的重视，改革人才选拔标准，

---

① 中外母语教材比较研究课题组：《中外母语教材比较研究论文集》，江苏教育出版社 2001 年版，第 7 页。

通过加强母语教育来强化民族文化的认同感，增强民族的自信心和自豪感。

加强对文化遗产的保护与挖掘。文化遗产包括物质文化遗产和非物质文化遗产。物质文化遗产是具有历史、艺术和科学价值的文物；非物质文化遗产是指各种以非物质形态存在的与群众生活密切相关、世代相承的传统文化表现形式。加强对文化遗产的保护与挖掘，其意义不仅仅是会带来诸如丰富居民生活、促进旅游业发展、提升地方文化氛围、提升政府形象和增加就业机会等等，更大的意义在于，文化遗产是中华文化的传承与象征，对文化遗产的保护与挖掘，体现了先进文化对中国优秀传统文化的有效整合，能促进民族精神的提升和人民大众对民族文化的认同。如，将清明、端午和中秋节三个传统节日增设为国家法定节假日，就是考虑到这三个节日都是有着悠久的历史渊源、深厚的文化内涵和丰富的民俗活动并为广大人民群众普遍重视的传统节日。清明节是中国人祭奠祖先、缅怀先人的宗亲节日，是中华儿女共同认祖归宗的重要节日，也是一条维系海内外华人思想情感的文化纽带；端午节有祭祀伟大爱国诗人屈原的意义，具有吃粽子、赛龙舟等习俗，有利于弘扬爱国主义精神；中秋节意味着家人亲友的团聚，象征团圆的月饼则是中秋节最重要的礼品。这些节日具有丰富文化内涵和民俗活动，又是全民性节日，在中国传统节日中具有重要的地位。又如，一部以美食为主题的七集纪录片《舌尖上的中国》亮相央视一套，这部在晚间22:30非黄金时段播出的纪录片在短时间内产生强烈反响，网络上的点击率甚至超过众多热播的影视大片，观众所热捧的不仅仅是那展示的让人垂涎欲滴的美食，很多观众是被纪录片所流露出的人文关怀精神所感动。如“自然的馈赠”选取生活在中国境内截然不同的地理环境（如海洋、草原、山林、盆地、湖泊）中的具有代表性的个人、家庭和群落为故事主角，以及由于自然环境的巨大差异（如干旱、潮湿、酷热、严寒）所带来的截然不同的饮食习惯和生活方式为故事背景，展现大自然是以怎样不同的方式赋予中国人食物，使我们从自然的馈赠中领悟与自然和谐相处的温馨；《舌尖上的中国》通过普通人的日常美食切入，融入了亲情乡愁，从天寒地冻的东北查干湖，到四季常青的海南岛，纪录片走遍中国的江南塞北，观众每每都可以在荧屏上看见自己家乡的风土人情，人文历史，亲切之情油然而生。不仅秀色可餐，也让心灵得到温暖，凝聚起中华民族的文化认同，同时，也促进了中国饮食文化走向世界，增强国人的民族自豪感。当代中国的开放，不仅让内部各大菜系开始融合，也让中国饮食在全球得到尊敬。对食物的看法和做法，代表了中国人的温情、善意和灵性。我们的饮食文化，不仅顽强地昭示出文化认同的根脉和家乡之情，而且正成为不可忽视的软实力，向全球表达了中国人的世界观。当然，加强对文化遗产的保护与挖掘，绝不仅仅是对传统节日与饮食的重视，它的内涵还包括保护古文化遗址、加强对中国历史与文化的教育、重视文化遗产的申遗工作、免费开放博物馆等公益文化部门、加强与台湾、香港、澳门及海外华侨组织的文化合作与交流等。中国是世界历史文化遗产大国，从 2006 年起，我国把每年六月的第二个星期六设为中国文化遗产日，进一步加强了对文化遗产的重视。对文化遗产不闻不问、漠不关心是不对的，但过分追求经济利益、过度商业化等也会对很多的遗产造成建设性的破坏。对遗产过度使用、不恰当的使用或者是漠视都是不正确的，要加强先进文化对传统文化的整合与继承，坚持可持续发展的保护策略，使文化遗产在满足当代人需求的同时，得以完好地保存与完善，从而满足后代社会的需求。

（四）坚持构建现代性语境下的文化认同

各个时代有不同的价值观念，不同国家也有各自独特的价值观念。中国社会主义先进文化具有海纳百川的包容性和开放性，它对社会经济的引领力体现在，通过对古今中外各种价值观的有效整合，吸纳其积极有益的成分，从而建构起现代性语境下的文化认同。建构现代性语境下的文化认同，就是通过对于文化传统内涵的解释、运用中国化的语言来描述建立在中国人价值观基础上的国际关系原则和民族思想体系，在现代性的语境下，通过弘扬民族精神来提升民族的凝聚力和民族文化的认同力。江泽民于 1997 年 11 月 2 日在美国哈佛大学发表的演讲中，对当今应如何吸收和弘扬传统中华文化做了精辟阐述：“中国的历史文化始终处于发展进步之中。它是通过各种学科、各种学派的相互砥砺、相互渗透而发展的，也是通过同世界各国的相互交流、相互学习而进步的。”“中国在自己发展的长河中，形成了优良的历史文化传统。这些传统，随着时代变迁和社会进步获得扬弃和发展，对今天中国人的价值观念、生活方式和中国的发展道路，具有深刻的影响。”①他从四个方面来概括中国传统的内容，即团结统一的传统、独立自主的传统、爱好和平的传统和自强不息的传统。温家宝 2003 年 12 月 10 日在哈佛大学发表的演讲中则重点强调了“和而不同”的价值。他说：“中华民族具有极其深厚的文化底蕴。‘和而不同’，是中国古代思想家提出的一个伟

① 江泽民：《增进相互了解 加强友好合作——江泽民在美国哈佛大学演讲》，《人民日报》1997 年 11 月 2 日。

大思想。和谐而又不千篇一律，不同而又不彼此冲突；和谐以共生共长，不同以相辅相成。用'和而不同'的观点观察、处理问题，不仅有利于我们善待友邦，也有利于国际社会化解矛盾。"“我们主张以平等和包容的精神，努力寻找双方的共同点，开展广泛的文明对话和深入的文化交流。”①可以说，民族的思想价值只有在与全球的问题背景相关联，才能生发出其意义。改革开放前社会主义意识形态以无产阶级专政下继续革命的理论和阶级斗争学说为主题，这种单一色彩的意识形态呈现一定的形而上学的特征。改革开放的实践，使社会主义先进文化在与外界客体不断进行开放交流中，推动了自身的建设，使社会主义先进文化具有开放性特征。改革开放的实践使社会主义先进文化能够有效实现传统的与现代精神的交融，民族的与外来文化的互补。社会主义先进文化系统能够在传承与创新的多层次的开放系统中选择性逐渐演进，由内容单一的社会主义意识形态发展为具有以马克思主义为指导、社会主义核心价值体系为精髓的内容丰富、层次性鲜明的意识形态开放系统。同时，通过进步的与落后的争锋，社会主义先进文化，有取舍地学习借鉴世界各国文化的优秀成果，特别是吸收那些有利于社会主义市场经济发展的思想观念、市场经济理论及实践的经验和教训，主动回应国际社会不同意识形态挑战，通过主动选择实现系统优化，从而具有很强的开放性特征。目前，现代化导致人类出现普遍困境，如，宗教、民族、阶级充满误会与紧张，财产、权力、资源、信息的分配极不合理等。面对这些世界性的发展困境，中国传统文化的仁爱、忠孝、信义、和平与修身、齐家、治国、平天下等，确实可以与西方的自由、平等、理性、人权、法制等价值相互补充、相得益彰。中国传统文化中的诸多价值理念已超出了民族、国家的界限而具有世界的、普遍的意义。对于中国来说，随着经济的发展和全球化程度的加深，不仅要在世界文化之林中有一席之地，还要能够和其他文明进行真正意义上的沟通、交流，从而真正推动一种新的现代语境下的文化的构建。这是社会主义先进文化在现代化进程中自我文化形态的诉求，也是经过一百多年对传统文化的批判和欧风美雨的洗礼之后，在中国特色社会主义建设中获得大众认同的主动选择。

四、增强先进文化的问题解决能力

文化作为社会的上层建筑意识形态，产生于一定的经济基础和政治制度之

① 温家宝：《把目光投向中国——温家宝在美国哈佛大学演讲》，《人民日报》2003年12月10日。

上,并为经济基础和政治制度服务。马克思曾经指出:“批判的武器当然不能代替武器的批判,物质力量只能用物质力量来摧毁,但是理论一经掌握群众,也会变成物质力量。理论只要说服人,就能掌握群众;而理论只要彻底,就能说服人。”①我国仍处于并将长期处于社会主义初级阶段,人民日益增长的物质文化需要同落后的社会生产之间的矛盾仍然是社会的主要矛盾。必须不断推动先进文化建设和经济建设与社会建设的协调发展,增强先进文化解决现实问题的能力,为改革开放与社会和谐提供有力的舆论支持和良好文化氛围。

(一)推进理论创新以增强社会主义先进文化的说服力

一种理论要掌握群众,为群众广泛认同,它必须具有说服力,能够说服人。而理论只要彻底,就能说服人。要增强社会主义先进文化的说服力,首先必须加强社会主义先进文化的核心——中国特色社会主义理论体系的创新。中国共产党领导人民进行革命、建设和改革的历史,生动地证明精神因素的价值和它们的惊人作用,诠释了思想文化理论对社会实践的巨大推动作用。中国共产党诞生九十多年来,历经风雨却屹立不倒,带领人民不断夺取革命、建设和改革的胜利,靠的就是把马克思主义基本原理不断与中国具体实践相结合,不断加强理论创新,保持先进文化的与时俱进品质。正如胡锦涛在纪念党的十一届三中全会召开30周年大会上指出:“马克思主义是我们立党立国的根本指导思想。坚持和巩固马克思主义指导地位,是党和人民团结一致、始终沿着正确方向前进的根本思想保证。同时,马克思主义只有同本国国情和时代特征紧密结合,在实践中不断丰富和发展,才能更好发挥指导实践的作用。”“我们要始终坚持用中国特色社会主义理论体系武装全党、教育人民,不断提高全党的马克思主义理论水平,使中国特色社会主义理论体系更加深入人心、更好发挥指导作用。”②因此,要积极运用马克思主义的立场、观点和方法,创造性地研究和解决我国文化建设的新情况、新问题。比如,关于党的性质,从一个先锋队到三个先锋队,体现了中国共产党对自身性质认识的深化和创新。根据《共产党宣言》中的重要观点,共产党人强调和坚持整个无产阶级的不分民族的共同利益,同时在无产阶级和资产阶级的斗争中所经历的各个发展阶段上,共产党人始终代表整个运动的利益。为

---

① 《马克思恩格斯选集》第1卷,人民出版社1995年版,第9页。

② 胡锦涛:《在纪念党的十一届三中全会召开30周年大会上的讲话》,人民出版社2008年版,第14—15页。

此,中国共产党在1922年7月召开的中共"二大"通过了《关于共产党的组织章程决议案》,指出:"我们中国共产党,是无产阶级中最有革命精神的广大群众组织起来的为无产阶级之利益而奋斗的政党,为无产阶级做革命运动的急先锋。"①进入20世纪30年代,随着中日民族矛盾的加深,"党的任务就是要把红军的活动和全国的工人、农民、学生、小资产阶级、民族资产阶级的一切活动汇合起来,成为一个统一的民族革命战线"②。根据这一思想,中国共产党在瓦窑堡会议上指出,中国共产党是中国无产阶级的先锋队,同时又是全民族的先锋队。这是党的历史上第一次创造性地提出了"两个先锋队"的论断,表现了中国共产党对自身性质认识的深化。而在当代,由于中国特色社会主义事业是一项伟大而艰巨的事业,中国共产党始终代表最广大人民的根本利益,肩负着领导全国人民振兴中华民族的历史使命,所以中国共产党就责无旁贷地承当着中国人民和中华民族先锋队的作用。因此,党的十六大报告指出:"我们党是中国工人阶级的先锋队。同时又是中国人民和中华民族的先锋队。"③三个先锋队的思想,是在我们进行社会主义现代化建设、社会结构发生了很大变化的现实环境中提出的。党只有真正成为中国人民和中华民族的先锋队,才能调动一切可以调动的积极因素,才能进一步增强执政基础,巩固执政地位,才能进一步得到人民群众的广泛支持和认同。可见,加强先进文化引领大众认同,就必须不断推进理论创新,增强社会主义先进文化的说服力。

(二)重视率先垂范以提升社会主义先进文化的公信力

社会主义先进文化的公信力是凭借社会主义先进文化的大众化过程,使人民大众把社会主义先进文化由外在的价值规范内化为自己的伦理自觉,又外化为自己的价值行为的过程。这一由外至内、又由内而外的过程,离不开倡导者的率先垂范。孔子曾说:"政者正也,子帅以正,孰敢不正?"④党和国家的各级领导干部,作为社会主义先进文化建设的倡导者、组织者,理当成为社会主义先进文化精神的实践者、示范者,用自己的言行对社会主义先进文化进行生动的诠释和形象的演绎,从而发挥其"身教重于言传"的示范效应和辐射作用。提升社会主义先进文化的公信力,一方面依赖于不断提高执政者的领导水平和执政水平,表

① 《中共中央文件选集》第1卷,中共中央党校出版社1982年版,第57—58页。
② 《毛泽东选集》第1卷,人民出版社1991年版,第151页。
③ 江泽民:《全面建设小康社会,开创中国特色社会主义事业新局面》,人民出版社2002年版。
④ 刘杨:《论语通解》,东北师范大学出版社2009年版,第133页。

现在科学判断国际国内形势，正确把握时代发展的要求，制定合理的路线、方针、政策乃至工作的方式方法，坚持依法治国、依法执政等等。比如，2008 年是我国改革开放 30 年，这一年，抗击南方部分地区严重低温雨雪冰冻灾害和四川汶川特大地震灾害斗争取得重大胜利，北京奥运会、残奥会圆满成功，神舟七号载人航天飞行任务顺利完成，应对国际金融危机取得积极成效，这些都生动展现了在改革开放中不断发展壮大的中国共产党和中国社会主义国家政权的伟大力量，提升了人民对党和政府的信任。另一方面，就是要不断提高拒腐防变和抵御风险的能力。“90 年来党的发展历程告诉我们，坚决惩治和有效预防腐败，关系人心向背和党的生死存亡，是党必须始终抓好的重大政治任务。”“如果腐败得不到有效惩治，党就会丧失人民信任和支持。全党必须警钟长鸣，充分认识反腐败斗争的长期性、复杂性、艰巨性，把反腐倡廉建设摆在更加突出的位置，以更加坚定的信心、更加坚决的态度、更加有力的举措推进惩治和预防腐败体系建设，坚定不移把反腐败斗争进行到底。”①腐败作为一种政治行为，它总是依附于一定的权力而存在，而又背离权力委托者意愿的行为。党内干部的腐败行为，不仅严重削弱了广大群众对党和政府的信任，甚至对社会主义先进文化的公信力也构成严峻威胁。改革开放以来，面对经济体制转换带来的腐败多发的严峻形势，我们坚持一手抓改革开放，一手抓惩治腐败的反腐倡廉方针，建立起健康有序开展反腐败斗争的新途径。党的十五大以后，通过“三讲”、“三个代表”等思想教育活动，制定党的纪律处分条例、公务员法、行政监察法等廉政法规，建立一系列党员领导干部廉洁从政行为准则和道德规范。党的十六大以来，我们党把反腐倡廉工作融入经济、政治、文化、社会和党的建设之中，惩防并举、标本兼治，在坚决惩治腐败的同时，更加注重面向全党全社会广泛开展示范和警示教育，大力加强廉政文化建设，走出了一条具有中国特色的较系统科学的反腐倡廉之路。党的十七大以来，对贪污腐败现象的惩治力度也越来越大，只要发现一起，就处理一起，无论贪官级别多高、涉及人数多少，都严惩不贷。我党反腐倡廉的努力与成果得到海内外舆论的肯定，也向世人表明了中国政府打击犯罪、惩治腐败的决心是坚定不移的。同时，我们党高度重视党的先进性建设和执政能力建设。胡锦涛同志在庆祝中国共产党成立 90 周年大会上的讲话中，要求全党同志常怀忧党之心、恪尽兴党之责，提出了保持和发展马克思主义政党先进性的四个根本点：

① 胡锦涛：《在庆祝中国共产党成立 90 周年大会上的讲话》，《人民日报》2011 年 7 月 2 日。

即坚持解放思想、实事求是、与时俱进，始终保持党开拓前进的精神动力；坚持为了人民、依靠人民，诚心诚意为人民谋利益，始终保持党同人民群众的血肉联系；坚持任人唯贤、广纳人才，始终保持党的蓬勃活力；坚持党要管党、从严治党，始终保持党的肌体健康。并通过开展“学习实践科学发展观”活动，提高广大党员干部践行科学发展观、履职履责的能力和自觉性。这些努力为广大党员干部保持廉洁自律、维护党的先进性和纯洁性提供导向，也使广大人民群众坚定对党和政府执政能力与拒腐防变能力的信任，从而提升社会主义先进文化的公信力。

（三）切实改善民生以增强社会主义先进文化的渗透力

这里所指的“渗透力”，就是指某种价值观念和文化能够渗透到社会成员的认知和行为中，获得接受与认同。解决人们的思想问题，就必须从解决这些关系人们生存境遇的利益问题入手。当前，社会主义初级阶段的主要矛盾是人民日益增长的物质文化需要同落后的社会生产之间的矛盾，民生是社会和谐之本，民生问题解决好了，就会最大限度激发社会活力，最大限度增加和谐因素。因此，执政党要在实践过程中不断发展与创新执政文化，必须在当前广大群众最关心的就业、教育、住房、医疗、社保、安全等民生问题上下工夫，通过不断调整自己的目标，提出自己特有的执政理念、执政使命、执政方略、执政方式等，从而为广大人民作出最富有价值意义的选择。国务院总理温家宝2012年3月5日在十一届全国人大五次会议上作政府工作报告时说，2011年我国实现国内生产总值47.2万亿元，比上年增长9.2%；公共财政收入10.37万亿元，增长24.8%；粮食产量1.14万亿斤，再创历史新高；城镇新增就业1221万人，城镇居民人均可支配收入和农村居民人均纯收入实际增长8.4%和11.4%；中央财政“三农”支出超过1万亿元，比上年增加1839亿元；加大了对科技、教育、文化、卫生、体育事业的投入，全国财政支出2.82万亿元；13亿城乡居民参保，全民医保体系初步形成；全年城镇保障性住房基本建成432万套，新开工建设1043万套。① 这些实实在在的数字与成绩，让老百姓真切地感受到了中国特色社会主义带来的社会进步、改革开放带来的生活改善。当然，我国在经济社会发展的各方面仍然面临不少困难和挑战，如征地拆迁、安全生产、食品药品安全、收入分配等方面问题还存在许多缺陷，这些问题，有些是社会转型过程中不可避免需要付出的发展成

① 温家宝：《政府工作报告——2012年3月5日在第十一届全国人民代表大会第五次会议上》，《人民日报》2012年3月16日。

本,但有些也反映了目前我们政府管理和服务水平有待提高,廉政建设亟须加强。然而,只要执政党始终坚持执政为民的执政理念,坚持以人为本的发展目标,把保障和改善民生作为政府工作的重要任务,广大人民群众就会看到政府的努力和国家的进步,就会增强对社会主义先进文化的信心和认同。可见,社会主义先进文化只有将理论诉求建立在人民大众的利益诉求之上,使广大群众学有所教、劳有所得、病有所医、老有所养、住有所居,切实改善人们的物质生活和精神生活,给广大群众带来了实效并让群众切实感受到这种实效,文化的渗透力才能得到增强。

五、发挥先进文化的心态引导作用

建设文化强国需要与之相适应的健康的国民心态。所谓国民心态,简单地说,就是国民在日常生活中特别是面对重大事件或者突发事件时所普遍呈现的认识倾向、心理倾向、情感倾向。国民心态属于意识形态范畴,文化形态决定国民心态。当前,我国改革发展进入了攻坚阶段和关键时期,如何直面现实、担负起培育积极健康的国民心态的重任,不仅是社会管理工作面临的新课题,也是思想文化工作面临的新课题。

(一)健康国民心态决定国家和民族的前途命运

国民心态直接影响国民的言语和行动,影响社会的价值取向和行为方式,进而影响国家经济社会发展大局,影响国际社会对该国国家形象、国民形象的认知和判断。正如2012年7月28日零时《人民日报》官方微博写到的:你所站立的地方,正是你的中国。你怎么样,中国便怎么样。你是什么,中国便是什么。你有光明,中国便不黑暗。健康的国民心态,是促进个人、社会、国家发展进步的重要心理基础。在某种程度上,一个国家是否强大也取决于其整体的国民素质和国民心态。如果说经济发展能反映一国的硬指标的话,那么,国民心态则更能反映一国的软实力。

国民心态体现了国民的理想追求和精神状态,在一定程度上影响人们的行为方式。当前,我国正处于经济社会转型期,经济体制深刻变革,社会结构深刻变动,利益格局深刻调整,思想观念深刻变化,与此相适应,社会意识和国民心态也出现多元多样多变的特点。在这种形势下,培育健康的国民心态具有十分重要的意义。首先,有利于促进个人幸福和全面发展。一般来说,一个人的心态决定其精神状态和为人处世的态度。心态健康,就能正确认识自我,妥善处理人际关系，辩证看待成败得失，勇敢面对困难挫折，始终保持积极向上、敬业乐群的精神状态。这样，个人的幸福指数就高，就更容易干出成绩、实现发展。其次，有利于推动经济社会和谐发展。健康的国民心态使人们能够始终保持昂扬向上的精神风貌，自觉投身到事业和生活中，从而为经济社会发展注入强大的、源源不断的动力；而且，国民心态在一定程度上体现着国民的素质和文明程度。培育健康国民心态，可以有效提高国民心理素质，促进形成良好的社会关系和社会风气，增进人与人之间、人与社会之间的和谐，从而为经济社会发展提供有利条件。再次，有利于为我国发展营造良好外部环境。在我国与其他国家和民族日趋增多的交往、交流、合作中，每一位国民都自觉不自觉地充当着国家形象大使的角色，甚至在某种意义上代表着整体国民的形象；国民的一举一动、一言一行，常常会被放大和上升到国家层面，在经意不经意间影响国家形象。国民的言行是否得当，在一定程度上取决于其心态是否健康。培育健康国民心态，有利于树立良好的国民形象和国家形象，使我国赢得国际社会的尊重，为我国经济社会发展营造良好的外部环境。

（二）健康国民心态与文化认同是相辅相成的

"态度决定一切"是大家耳熟能详的话，心态的重要性不容置疑。所谓心态，是指人们对事物理解、反应以及由此表现出的思想状态和观点。心态属于意识形态，文化包含意识形态。而先进文化，是适应社会客观规律、促进历史进步的文化，是文化中符合时代需要、顺应人类文明进步的潮流和方向、推动社会前进的精粹部分。在当代中国，先进文化就是中国特色社会主义文化，即面向现代化、面向世界、面向未来的，民族的科学的大众的社会主义文化。它包容着现时代的人类精神、人类理性、人类价值和人类追求，因而，先进文化对培育健康国民心态具有积极的引导作用。先进文化的引导功能就是内化品质、外化行为，就是将先进文化的价值观内化为国民的世界观、人生观和价值观，并外化为符合社会利益、促进社会发展的外显行为。以先进文化引导健康心态的培育，可以充分发挥文化育人的作用，通过先进文化的渗透和引领，让国民的思想更丰富，精神更健康，心态更积极，对文化认同感更加强烈。反过来，因为文化是民族的血脉，是人民的精神家园，文化认同是国家、民族的精神支柱与灵魂，先进文化引领下的文化认同为国民形成共同的理想信念、共同的价值追求提供思想纽带，有利于形成健康的国民心态。因此，健康国民心态与文化认同是相辅相成的。

（三）辩证分析国民心态现状

当前，国民心态总体上是积极健康向上的，但也存在一些不和谐因素。一个成熟、文明的社会，应该有健康的国民心态。改革开放三十多年来，我国经济以年均9%以上的速度持续增长，社会主义现代化建设全面推进，总体小康成为现实，经济总量排名世界第二，综合国力和国际地位大大提升。国际社会纷纷以“中国奇迹”、“中国速度”、“中国道路”等名词惊呼中国经济的迅猛发展。国强民富使国民心态也发生了全新的重大变化，国人更加自信、乐观和从容；更加开放、进取和主动；精神状态显得生机盎然，昂扬向上；文化生活丰富多彩，活力四射。用老百姓自己的话说，生活更加有滋有味，更有奔头，更有动力了。目前这种精神面貌是国民心态的主流表现。可见，我国国民心态总体上看是积极向上的、开放文明的。

同时我们也应该看到，我国既处于大有可为的重要战略机遇期和黄金发展期，同时也处在矛盾凸显期。虽然国民心态的主流是健康的，但也存在不少问题，有些方面甚至已出现了失衡的倾向，实际状况不容乐观。因为高速发展带来的从经济结构到生活方式急剧而深刻的变革现实，必然对国民心理产生全方位、高密度的强烈冲击。中国民众需要在30年的时间里消化和承受西方人以一百年甚至更长时间经受的心理转型和社会适应压力。在从前习惯的生活形态、职业地位和阶层结构依然历历在目之时，又要重新面对一个已然迥异的社会现实，如此巨大反差给国民所带来的心理失衡的势能是数倍叠加的。即使是对在此过程中广泛受益的既得利益群体而言，也很难避免自我的失谐和价值的迷失。概括起来，有如下几种“病症”：其一，在政治文化心态上，要么认为政治万能，要么对政治漠不关心。其二，道德文化心态上，人情冷漠、个人主义、嫌贫嫉富等不健康心态依旧存在。其三，在经济文化心态上，金钱至上、畸形竞争、物欲享受的观念较为流行。其四，在审美文化心态上，庸俗化的审美观泛滥，高雅艺术缺少生存空间。具体表现为物欲化、躁动化、冷漠化、粗俗化和无责任化等失调倾向。事实证明，过分迷恋于对财物的占有、享受和崇拜的物欲化倾向，将导致物欲横流、道德沦丧、人格退化，使人失去理想和追求；“事不关己，高高挂起”的冷漠化倾向使人愈发自私自利，社会责任感淡漠，社会凝聚力降低；以“急躁、浮躁、狂躁”为特征的躁动化倾向使人做事无恒心，思想不集中，不安分守己，忙忙碌碌又一事无成，它是由过火的金钱欲“激活”的，有很大的盲动性和非理性成分；“粗俗、庸俗、媚俗”的“三俗”倾向，容易导致人性的退化、人的社会性与道德性的退化、人的行为与文明性的退化；以"无兴趣、无所谓、无意义"著称的对人对己、对集体对社会的无责任化倾向，必导致消极厌世、玩世不恭、精神猥琐，这种灰色调情绪使社会发展缺乏动力和生机。这些失衡的国民心态导致的主要心理后果有：社会道德滑坡、主流价值观偏离、社会公信力下降、相对剥夺感增强、生活满意度降低等。

国民心态形成的原因是多方面的。历史发展的规律表明：健康的国民心态有其生成的基础，不健康的国民心态也有其滋长的土壤。这种基础和土壤，包括历史文化传统、经济社会现实、科学技术进步等因素。从理论与实践、历史与现实的结合上认真梳理和把握当前影响我国国民心态的各种因素，更好坚持和弘扬积极因素，努力克服和改造消极因素，对于培育健康国民心态具有重要的意义和作用。

首先，国民心态的形成有历史的原因。它源于国民对历史的记忆和历史的经验，这是潜藏在人们脑海深处的意识，任何特定阶段的国民心态都会受前一阶段或前几个阶段历史的制约和影响。中华民族有着五千多年的文明史，不但在物质和文化发展水平上长期居于世界前列，而且形成了宝贵的民族精神。民族精神就是中华民族长期以来形成的具有代表性的优良传统和高尚品质等民粹的人格化的体现，它以国民心态为底蕴，以在此心态支配下的全体国民的精神风貌为表现形式。包括追求崇高的人格精神、关心社稷的爱国精神、自强不息的奋进精神和厚德载物的凝聚精神等等。可以说，民族精神是国民心态的基础与升华。而当前自尊自信、理性科学、务实进取、开放宽容等健康的国民心态，大都可以从中找到历史根源。然而，长期的农耕文化和封建专制所造成的封闭保守、自私狭隘、盲从迷信等，对国民心态的消极影响也不可忽视。特别是近代以来，封闭落后的中国饱受西方列强的侵略和蹂躏，四分五裂、一穷二白的国情以及一系列丧权辱国的历史事件，一方面大大激发了整个民族精诚团结、救亡图存、奋力追赶世界潮流的斗志和进取精神，另一方面也在一些国民心中留下自卑畏缩或盲目排外的阴影。

其次，国民心态的形成还源于社会现实的折射。国家的经济实力、国际政治地位直至综合国力对国民心态的影响是很大的。我国改革开放三十多年来经济、政治、军事、外交等实力的显著增强，激发了国民奋发向上的斗志，有助于重树"大国国民"形象的自强不息的积极心态形成，但也容易造成国民过于乐观和盲目自大的心态。另外，我国已进入社会转型期，特别是随着我国更多地融入世界经济一体化进程，经济体制深刻变革，社会结构深刻变动，利益格局深刻调整，思想观念深刻变化，人们思想的独立性、选择性、可变性、多元性增强，一些人肆意解构主流文化，颠覆传统价值观念，追求低俗，热衷“恶搞”，动摇和迷乱了一些人的价值取向和审美情趣。以普遍存在的“焦躁不安”为例，城镇化及大规模人群流动，“漂族”、“蜗居”、“蚁族”人群大量出现，不安全感容易加重；房难买、学难上、病难看的现实矛盾，让人的不确定感增强；而少数干部的贪污腐败、一些地方的暗箱操作，使干群关系变得紧张而不信任。在这种情况下，以管理思维要求老百姓用“理性思维”代替“情绪表达”，以“淡定心理”驱除“焦灼疑虑”，显然难以达到。另外，利益诉求渠道不畅易恶化国民心态。心理疏导源自利益疏导，能否有效疏通民意诉求渠道，是安抚、改善、调整社会心态的必要手段。当前，因为正当的利益疏导渠道被堵塞，公众的社会心态发生急剧变化，导致正常的利益期待演化成为恶化的社会心态。

再次，国民心态的形成受到国际环境的影响和西方意识形态的渗透。当今世界，国际经济政治环境复杂多变，经济全球化对国民形成开放和包容的心态起着很积极的作用。但经济全球化进程中出现的不平等的经济秩序，霸权主义、强权政治横行的政治环境，容易造成我国国民的狭隘的民族情结的滋长以及过于同情弱者的悲情主义心态。受西方敌对势力鼓吹的所谓“民主自由”、腐朽的价值观念的影响，新自由主义、民主社会主义思潮等沉渣泛起，导致一些人理想信念动摇，是非曲直不辨。

最后，信息技术特别是网络的迅猛发展给国民心态带来巨大而深刻的影响。20 世纪 90 年代以后，手机、互联网等现代信息手段开始大面积广泛使用，并开始像吃饭、喝水一样融入广大民众的日常生活。特别是互联网的普及运用，人们表达各种观点和主张的自由度、开放度、便利度以及快捷性、即时性、互动性大大增强；各种思想观点、文化认识充斥其间；个人或一部分人的观点、情绪、心态等很容易通过网络集合、放大、扩散开来，影响整个国民心态；一些非主流文化形态迅速掌握并驾驭这些新手段为其所用。因此，如何发掘现代信息手段中蕴含的巨大文化能量，发挥其传播、创新主流文化的巨大潜力和社会效应，为培育健康国民心态提供有效的途径和平台，是主流文化认同在新的历史时期面临的新的时代课题。如在 2008 年四川汶川特大地震、北京奥运会期间，许多网友自发地将签名档改成了“一颗红心”，大大激发了国民的爱国热情。但是，一些体现不健康心态的网上言论也容易被催化和放大，成为一种“集体无意识”并传导到现实生活中,如在近年来的一些群体性、突发性事件以及涉外事件中,网络言论就起到了推波助澜的作用。可以说,网络已成为新的时代条件下影响和塑造国民心态不容忽视的一种强大力量,所以应该积极加以利用和引导。

（四）以先进文化引导健康国民心态的培育

以先进文化引导健康国民心态的培育,是增强文化认同的有效途径。改革开放以来,我们党十分重视提高国民素质、培育健康国民心态,并根据形势的发展变化不断丰富其内涵。“十二五”规划纲要明确提出“培育奋发进取、理性平和、开放包容的社会心态”,这既是健康社会心态的基本特征和内涵,也是国民心态培养塑造的基本价值目标,需要我们深刻把握、积极践行。“奋发进取”,即保持蓬勃朝气、昂扬锐气,不断适应新形势、解决新问题,努力开创事业发展新局面。“理性平和”,即保持清醒头脑、平和心态,用科学思维分析问题,按客观规律办事,不盲目冲动,不走极端。“开放宽容”,即保持宽广视野、博大胸怀,善于吸取他人的长处和经验,包容与自己不同的个性和生活方式。要培育这种健康的国民心态,必须把解决实际问题同解决思想问题结合起来。既要积极解决那些“有形”的问题,让公平正义成为社会现实;还要重视“无形”的心理疏导,倡导公民树立良好精神风貌,而这必须发挥先进文化的引导作用。

第一,改进民生保障,推进民主法治,是发挥先进文化对国民心态引导的前提。不良国民心态折射出的往往是发展中存在的问题,所以,培育健康的国民心态,首先要解决好实际问题,营造良好社会环境。民生问题不但是国民经济发展和现实利益分配的问题,更影响到社会成员的幸福感和社会心态的良性发展。因此,必须切实加强以民生问题为重点的社会建设,着力加强教育、就业、收入分配、社会保障、医疗卫生等与民生问题息息相关领域的改革,全面建立社会保障体系,并通过对各种利益关系、社会矛盾的有效调整和处理,促进国民心态良性发展。

公平正义是民心所向,是影响国民心态的重要认知与情感元素。公平正义的制度化保障及其可感知程度,是建设健康国民心态的一个前提性条件。所以,要发展民主、创新管理、健全法治,大力推进依法治国进程,不断扩大社会公众对民主政治和法治建设的有序参与,依法保障社会各阶层尤其是弱势群体的合法权益,依法引导社会的利益诉求,促进社会矛盾与利益纠纷的公正解决,以使社会正义越来越彰显,国民心态越来越健康文明。

第二,弘扬主流价值,传承民族精神,是先进文化引导健康国民心态培育的关键。人只有以正确的价值观看待、理解和分析自身处境、社会发展中面临的问题,才可能以开放包容的心态去看待、应对这些处境和问题。“十二五”规划纲要提出“提倡修身律己、尊老爱幼、勤勉做事、平实做人”,是社会主义核心价值观的要求,也是社会主流价值的正确导向。要通过社会治理和社会管理创新来彰显真善美,贬斥假恶丑,并通过不断的传播、强化,使正确的、有益于社会发展的主流道德价值内化为公民的信仰和道德信念。

以先进文化引导健康国民心态的培育,还要继承创新,弘扬民族精神。中华民族精神蕴涵于中华民族群体性格,共同的民族心理、价值观念和文化素质中的积极因素,是中华之魂和民族精神支柱,也是形成健康的国民心态之“根”。对民族精神应继承创新,发挥它的支撑作用、凝聚作用、导向作用、教化作用和激励作用。在新的历史时期,要积极继承忠于国家、忠于人民,孝敬父母、孝敬老人的爱国情怀,培养重德、诚信、勤奋和求真务实的国民素质。继承弘扬中华民族优秀的传统道德观念,这是培育健康的国民心态的重要切入点,也是加强与创新社会管理的重要途径。通过继承弘扬以上优秀传统道德观念,有利于使广大群众具有强烈的民族自豪感,把民族与国家的利益放在至高无上的位置;自发产生对社会的高度责任感,正确履行公民义务,自觉创造和维护安定团结的良好社会环境。

第三,科学疏导、积极调适,是先进文化引导健康国民心态培育的重要手段。要想塑造一个健康的心态,必须先解决好心理问题。毫无疑问,这项复杂的社会系统工程,需要负责理论宣传、思想教育、舆论引导的思想宣传工作来承担。各级相关部门都应该充分发挥优势,利用一切交流平台,形成立体的国民心态表达、沟通和干预的工作体系,强化社会和谐的舆论引导。要重视媒体作用,进行科学疏导。当今时代,媒体对社会舆论和社会价值观念的形成具有强大的影响力。媒体的报道和节目无不体现和蕴含着一定的价值导向,无不对国民心态产生这样那样的影响。这就要求各类媒体遵守规范、加强自律,始终坚持社会主义先进文化的前进方向和正确的舆论导向,始终坚持客观、真实、全面、公正的报道原则,引导国民以健康的心态认识和对待国际国内的重大事件,要多角度、多侧面和多形式地做解疑释惑、平衡心理、理顺情绪的工作,使人们克服心态浮躁、急功近利、盲目攀比的不和谐心理,树立积极向上的人生态度。

在疏导、调适过程中,还要特别重视文化的传播和素质的提高。要大力弘扬先进文化,提高全民的思想文化素质,以增强公众对各种社会问题的观察分析和解决能力。无数实践证明,先进文化的熏陶,对于公众健康心态的形成和保持至关重要。所以,还应当大力建设社会主义核心价值体系,努力发展公共文化事业和文化产业,为培育健康的国民心态打造良好的基础和氛围;还要强化社会变革的思想教育,增强群众的心理承受力和应变能力。即通过各种宣传教育手段和形式,有效引导群众以积极的心态面对社会变革,理性看待转型过程中的利益得失,克服心浮气躁、急功近利、盲目攀比等不正常心理。

第四,加强执政党建设,构建社会支持网络是先进文化引导健康国民心态培育的可靠保障。执政党要取得社会公众的支持,要看她是否真正为人民服务,它的执政纲领能否满足不同阶层大多数人的共同要求,包括长远的和眼前的要求。从执政纲领来看,要获得社会的认同和支持需要一些共同性的信念和理性原则,社会公平正义,是我们党的执政纲领和政策意图,这是取得全党和大多数公众支持的最重要理性原则,这说明党的政策主张与国民心态是统一的,但是执政党建设还亟待完善,执政水平还有待提高。据有关部门调查发现,近年来民众不满情绪的根源,其中就包括贪污腐败、不作为的官员和不公平的公共权力机关。所以党员干部的工作作风和心态对普通民众有很大的影响力,这种影响力,可以是正面的,也可以是负面的。以先进文化引导健康国民心态的培育,党员领导干部必须率先垂范,摆正自己的位置和心态,用马克思主义武装头脑,以先进文化熏陶自我,真正做到心里装着人民,做到权为民所用、情为民所系、利为民所谋,真正成为人民群众的公仆。另外,培育健康国民心态,要求执政党必须把推动科学发展与促进社会和谐有机统一起来,坚持以人为本、共建共享,将维护和促进社会公平正义放在更加突出的位置;不断完善利益分配机制,不断缩小地区差距、行业差距和贫富差距,让国民能够平等地参与社会竞争、平等地获取发展机会;从制度层面建立解决社会矛盾和冲突的规则,理顺解决社会矛盾和冲突的机制,落实责任部门彻底解决累积的问题。通过执政党建设,提高执政水平,增强公信力,为健康国民心态的形成创造良好的政策环境和制度环境。

健康国民心态的培育还需要完善的社会支持网络。民众的生活压力来自生活的各个方面,有的问题需要通过政府有效的服务体系来解决,而还有许多问题是政府无力解决的,这就需要政府支持建立完善的社会支持网络,通过民间和社会的力量来帮助那些生活压力较大的民众。拓展家庭关系之外的社会支持力量,通过民政和其他社会服务部门完善社会应急救助体系,形成常态的应对物价上涨、灾害、失业、重大疾病、伤亡等困难、困境的援助体系,减少民众身心的压力,维持民众心态的平衡和健康。

总之,国民心态是整个社会和个体多重复杂因素的综合反映,是一个社会和时代文化特征的折射,有效调整和科学引导国民心态朝着奋发进取、理性平和、开放包容的方向发展,首先需要每一个人从我做起、从现在做起、从点滴做起,切实加强修养,不断提高境界,真正把个人的前途命运与国家的发展进步结合起来。但是健康国民心态的培育不是一朝一夕的事情,而是一项庞大的系统工程,需要全社会和政府部门的通力协作。因此,调整和建设良好的社会心态这一浩瀚工程,也需要坚持长久,而一个健康、快乐、有着高度幸福感的良好的国民心态的出现,一定是全社会的共同期待。

第八章　先进文化引领经济社会发展

党的十七届六中全会专门研究了深化文化体制改革、推动社会主义文化大发展大繁荣问题,并对建设社会主义文化作出重大部署,明确提出建设“文化强国”的战略,强调文化越来越成为经济社会发展的重要支撑。2012 年 2 月《国家“十二五”时期文化改革发展规划纲要》颁布,提出了进一步兴起社会主义文化建设新高潮,努力建设社会主义文化强国。并围绕建设社会主义文化强国的宏伟目标,明确了“十二五”时期我国文化改革发展的指导思想、方针原则以及具体的目标任务和重大举措,对未来五年文化改革发展做了全面部署,规划了未来中国文化发展的蓝图。这表明,实施以文化建设引领经济社会全面发展是中国今后重要的发展战略。

第一节　先进文化对经济社会发展的引领力

面对激烈的国际竞争,面对改革开放的矛盾凸显,文化引领比以往任何时候都更为重要。社会主义先进文化对社会经济发展的全面引领作用,不仅体现在它推动社会进步的意义:通过发挥先进文化引领社会风尚、教育人民、服务社会、推动发展的功能,使社会主义核心价值体系成为人们价值取向的主导,使先进文化成为大众文化的主流,使社会主义荣辱观成为社会风尚的主体;而且体现在它是推动经济社会发展的强大引擎。

一、先进文化对经济社会发展引领力的内涵

先进文化作为推动经济社会发展的强大引擎,它体现在两方面:一方面,它依赖文化企业的建设与发展,文化产业对经济发展方式转变的带动效应,直接增加社会的物质财富,形成直接的文化生产力,即增加了 GDP,推动经济社会的发

展;另一方面,通过思想文化教育、文艺作品的宣传,塑造人们的灵魂,激励人们的精神,鼓舞人们的斗志,形成文化引领力,推动经济社会发展与进步,从而成为间接的文化生产力。这种推动经济社会发展与进步的文化引领力,是核心意义上的文化生产力。因此,对先进文化引领经济社会发展的研究,最主要的就是探究先进文化对经济社会发展的引领力的内涵及形成。

文化引领力是一个国家和地区文化软实力的重要标志,是文化建设的重要内容,也是检验文化建设成效的重要标准。文化建设必须始终坚持把文化引领力放在首位,通过文化引领,彰显思想道德的力量与精神信仰的力量。文化引领力包括四方面:一是文化指导力。通过先进文化引领经济社会发展方向,实现经济增长与社会进步协调发展,经济社会发展与发展成果人民共享的一致性。二是文化的凝聚力。通过"以科学理论武装人,以正确舆论引导人,以高尚的精神塑造人,以优秀的作品鼓舞人",提升人们的素质,激励人们的精神,鼓舞人们的斗志,形成最大的社会共识和社会凝聚力。三是文化的推动力。通过先进文化的武装,提高劳动者的素质和能力、特别是创新能力,从而提高生产力的整体水平,推动经济社会的发展。四是文化的规范力。通过先进文化的传播与教育,形成统一的意志、统一的思想以及良好的社会道德和社会风尚,规范大众的行为,形成良好的社会秩序和经济秩序,保证经济社会健康有序发展。

二、先进文化对经济社会发展引领力的构成

增强社会主义先进文化对经济社会发展的引领力,特别要重视以先进文化的精髓——社会主义核心价值体系所具有的指导力、凝聚力、推动力和规范力,引领经济社会发展。

(一)科学理论的指导力

加强用马克思主义立场、观点、方法,用社会主义核心价值体系对影响经济社会发展的重大问题的认知引导,特别是以主流价值观、改革创新精神引导,增强社会主义先进文化对经济社会的引领力,为加快经济发展方式的转变、为提高经济可持续发展程度、为经济体制改革的顺利进行提供思想保障和观念资源。社会主义核心价值体系是社会主义先进文化的灵魂,是对我国社会主义意识形态的精辟概括提炼,是在全党全社会形成统一指导思想、共同理想信念、强大精神力量、基本道德规范的前提和基础,是我国进行社会主义经济社会建设的文化支撑和精神内核,是兴国之魂。社会主义核心价值体系坚持了马克思主义的指

导地位,坚持中国特色社会主义共同理想,指明了中国发展的前进方向。当代中国已经从贫穷落后的农业国发展成为世界第二大经济体,从落后挨打的半殖民地半封建国家发展成为在国际社会中发挥重要作用的国家。在中国新民主主义革命和社会主义建设的历史进程中,马克思主义理论与马克思主义中国化的新的理论成果,都成为我们思想与行动的指南,指导我们解决重大现实问题,完成历史使命。今天,面对经济全球化条件下的思想文化领域呈现出多样、复杂的特点,各种外来文化、观念大量涌入形成的交汇与碰撞,自由主义、个人主义、拜金主义等腐朽、落后的思想对人们的思想观念形成了侵蚀,对坚持马克思主义指导、对中国特色社会主义共同理想形成巨大的挑战,我们要建设中国特色社会主义,发展中国特色社会主义经济,如果没有先进文化的引领,就不可能有坚强的价值信念和有力的价值引导。任凭错误思想侵蚀人们的头脑,将产生思想混乱,引发严重的社会问题,威胁社会的和谐健康,阻碍着经济社会的健康运行。因此,必须坚持社会主义核心价值体系,为我国经济社会发展提供了强有力的社会价值观引领,通过提高对实践问题的科学解答能力,对人们思想问题的有效解惑能力,提高人们的认知,引导人们充分认识坚持社会主义道路,是发展中国特色社会主义经济的前提,坚持马克思主义、特别是中国特色社会主义理论体系指导,是实现经济社会的科学发展、可持续发展,实现发展成果人民共享的重要思想保障。

(二)共同理想和民族精神的凝聚力

文化的力量,深深熔铸在民族的生命力、创造力和凝聚力之中。中国特色社会主义的共同理想和爱国主义为核心的民族精神,从理想信念层面和民族精神层面,凝聚了中华民族团结的力量。它所承载的信念、精神、道德力量,形成强大的文化引领力,渗入国民心底,沉积为文化气质和文化力量。中国特色社会主义是我们党经过 90 年的奋斗、创造、积累,党和人民必须倍加珍惜、长期坚持、不断发展的成就,它包括开辟了中国特色社会主义道路,形成了中国特色社会主义理论体系,确立了中国特色社会主义制度。中国特色社会主义道路是中国人历经百年屈辱、抗争、探索、奋斗才找到的一条符合中国国情的发展道路,中国特色社会主义道路,是实现社会主义现代化的必由之路,是创造人民美好生活的必由之路。中国特色社会主义道路,就是在中国共产党领导下,立足基本国情,以经济建设为中心,坚持四项基本原则,坚持改革开放,解放和发展社会生产力,巩固和完善社会主义制度,建设社会主义市场经济、社会主义民主政治、社会主义先进文化、社会主义和谐社会,建设富强民主文明和谐的社会主义现代化国家。改革开放三十多年证明中国特色社会主义为民族带来了振兴、为国家带来了富强、为人民带来了幸福。同时,中国特色社会主义道路是一条和平发展道路,它是人类追求文明进步的一条新路。和平发展是贯穿中国特色社会主义的标志性特征和国家战略,中国特色社会主义道路走的是一条通过争取和平的国际环境来发展自己,又以自己的发展来维护世界和平、促进共同发展,反对霸权主义和强权政治的新路;走的是坚持与其他国家和民族互利共赢的开放战略,遵循联合国宪章和国际关系准则,在国际事务中弘扬民主、和睦、协作、共赢精神的新路。中国特色社会主义发展道路,是和平发展的道路;中国的崛起,是“文明型国家”的崛起。“从世界历史的角度看,中国崛起的最大特点就是和平,对外没有发动战争,对内保持了安定团结,这是人类历史上的一个非同寻常的奇迹。回顾世界历史,西方崛起的过程几乎就是一部动荡与战争的历史。”①因此,这一共同理想将指引我们为共同的目标而奋斗,引导我们通向理想的彼岸。

爱国主义是几千年中华民族优秀传统文化的积淀,是我国传统文化的精髓,成为中华民族最为重要的文化标识。以爱国主义为核心的民族精神的存在,成为中华民族共同的历史记忆和文化纽带,成为我们共同拥有的宝贵精神财富和文化家园。爱国主义为核心的民族精神是一个历史范畴,在社会发展的不同阶段,有着独特的时代主题。在当下建设中国特色社会主义的伟大历史时期,爱国主义精神的时代主题就是在中国共产党领导下,坚持中国特色社会主义理论体系、坚持走中国特色社会主义道路、坚持中国特色社会主义制度,努力实现中华民族的伟大复兴。以爱国主义为核心的民族精神,凝聚人民的精神、激励人民的斗志、激发人民的创造性,形成积极投身到发展经济、繁荣祖国、振兴中华的强大动力。在当前改革进入攻坚阶段,爱国主义为核心的民族精神提供的民族的凝聚力,促进国人更加认同在经济全球化环境中保持民族经济独立自主发展方向的意义,更加认同转变经济发展方式对中国经济社会发展的意义。这些认同不仅减少经济改革与发展方式转变的阻力,而且为经济社会的发展注入强大的动力。弘扬以爱国主义为核心的民族精神,有利于激发广大干部群众的爱国之情,提高民族自信心,并使之转化为应对挑战、战胜困难的坚定信念,转化为推进经济发展方式转变的具体举措,转化为推动科学发展、促进社会和谐的实际行动,

① 张维为:《中国震撼》,上海人民出版社 2011 年版,第 14—15 页。

实现经济社会又好又快发展。爱国主义是情感，是思想观念和觉悟，更是行动。弘扬以爱国主义为核心的民族精神，将促进每个公民增强“国家兴亡、匹夫有责”的主人翁意识和责任感，发扬在困难面前不懈怠、不推诿、不退缩，奋发有为、自强不息的精神，以立足本职、忠于职守，兢兢业业、勤奋工作，努力进取、乐于奉献，辛勤劳动和开拓创新的实际行动，使爱国主义为核心的民族精神的凝聚力，转变为增强社会主义先进文化对经济社会的引领力。

（三）改革创新精神的推动力

当今世界，知识化、信息化成为发展的重要特征和必然趋势。国家之间的竞争已经演变成知识的竞争、技术的竞争、人才的竞争，创新能力成为国家的核心竞争力，成为国家兴旺发达的不竭动力。社会主义核心价值体系中的改革创新的时代精神，是对这一时代诉求的高度概括和集中体现。增强创新意识、提高创新能力、高扬创新精神，是国家在国际竞争中谋求优势地位的主要途径。中国改革开放三十多年来，国家经济社会发展取得了极大的进步，综合国力得到极大的提升。但与发达国家相比，我们还有很大的差距，其中最大的差距就在于我国的自主创新能力的不足，在核心技术掌握、知识产权占有、经济的科技贡献率程度等方面与发达国家仍然存在着很大差距。从创新型国家的综合实力竞争三个领域看：国家科技竞争力中，包括美国、日本、韩国、德国、瑞士、瑞典在内的20个国家已经率先进入到了创新型国家的行列。创新型国家科技创新对GDP的贡献率高达70%以上，美国和德国甚至高达80%，而中国现在科技创新对GDP的贡献率只有40%左右。根据国家科技部科学技术发展中长期纲要的目标，中国到2020年才有可能实现科技创新对GDP的贡献率达到60%；国家文化软实力竞争中，据中国文化软实力研究报告统计，文化产品在国际市场的占有率：美国为43%、欧洲国家为34%、亚洲国家和南太平洋国家占到其中的19%，而其中日本占了10%、韩国拥有3.5%。可见，中国在亚洲乃至在全球文化市场里所占的份额是非常有限的；在国家品牌影响力竞争中，已是商标大国的中国还远远不是品牌强国。据美国品牌试验室2011年的最新统计，国际知名品牌500强中，美国拥有237个，法国拥有47个，日本41个，英国40个，德国25个，瑞士21个，而中国从2009年的18个降到17个，没有一个中国品牌进入前50强，只有中央电视台、中国工商银行、中国移动公司、国家电网四个商标进入100强。① 差距之

① 张维：《中国科技创新贡献率只及德美一半》，《法制日报》2011年4月26日。

下，我们应该清醒地认识到，中国必须奋起直追。有了自主创新、有了知识产权，才有核心竞争力。因此，以改革创新的时代精神为引领，鼓励创新，保护知识产权，是中国向创新型国家迈进的内在需求，是中国在全球激烈竞争中立于不败之地的本质要求。而经济全球化进程的加速，使世界各国的经济关联日益紧密，国际竞争日益激烈。它一方面提出了创新的迫切要求，同时也形成创新的强大动力。在当代中国，改革催生创新，创新推动改革，改革创新已经深刻融入我国政治、经济、文化等领域的发展之中，已融合成为中国经济社会发展的最强劲的驱动力。改革创新充分彰显了当今世界与当今中国的时代气息，成为时代精神之精华，将为中国注入活力与魄力。

（四）思想道德的规范力

社会主义核心价值体系奠定了社会和谐的思想基础。一个社会的思想道德的规范，是经济社会有序运行的基本保障。面对改革开放进入攻坚阶段、各种矛盾的凸显，面对社会各种问题错综复杂的交织，需要有统一的指导思想和道德规范来引导人们的思想、来约束人们的行为，以最大限度地形成社会共识，减少经济体制改革的阻力，推动发展方式的转变。特别在当今的中国，思想的规范、对主流意识形态的认同，对中国经济社会发展将产生重大的影响。从国际环境看，西方发达国家在他们的物质文明成为我们追赶目标的同时，他们的许多社会思潮与学术流派也给国人的判断和信仰带来干扰和冲击，产生不加分析辨别的追捧。全球化的不断推进与信息网络化的迅猛发展，更加剧了这一趋势。全球化进程加速了各种“西化”文化的渗透，加剧了多元化社会思潮的交织与碰撞，“去意识形态化”等错误倾向和各种社会思潮在人民大众中的影响在扩大。中国是当今世界上最大的发展中国家，也是世界上最大的社会主义国家，是西方敌对势力和平演变的主要对象，他们把希望寄托在青年一代身上。西方发达国家借助其物质文明的吸引力、物质文明造就的意识形态的强势话语权，很容易使我国大众产生认同上的趋向性偏好，特别是对具有开放意识和向往西方文明的年轻一代。这种认同上的趋向性偏好，如果引导不力，很容易形成大众对主流意识形态的疏离感、甚至是排斥感。它严重影响意识形态社会主义性质的稳定存在和健康发展，从而影响到社会的安定稳定。从国内环境看，我国的意识形态是建立在社会主义初级阶段的客观基础上并受世界各种意识形态影响的。改革使利益主体和社会结构正在发生重要变化，并由此进一步扩大了收入差距和城乡差距；开放改变了社会主义意识形态相对封闭、单一的文化环境，使社会主义意识形态面临着复杂多变的文化环境、信息环境、竞争环境。经济与社会、城市与农村等中国经济和社会内部的结构性问题可能会激发社会矛盾和冲突。这些不仅将带来人们观念上的变化与价值观选择上的矛盾,影响人们对社会主义意识形态的认同和接受,而且影响社会合力的形成,影响人们建设中国特色社会主义的积极性和主动性,影响改革开放的顺利进行。因此,迫切要求用社会主义核心价值体系为社会公众在总体上进行价值导向和观念整合,维护社会安定稳定,保证经济社会的健康运行。

社会主义荣辱观是在建设中国特色社会主义条件下我国传统伦理美德与现代公民道德相结合形成的伦理价值观念体系,鲜明地引导了我国在社会主义市场经济建设时期的道德价值追求,为社会成员的道德判断、道德行为选择提供价值依据和具体的原则规范。树立社会主义荣辱观,能够培养具备高尚人格和道德理想的社会公民,增强公众道德观念和道德责任感,增强公众的职业道德和敬业精神,构建和维系良好社会秩序、优化社会道德氛围;良好社会秩序和社会道德氛围不仅是经济社会发展必不可少的社会环境,同时也是经济社会发展的重要动力。我国近来社会出现的公共道德事件、食品安全问题、环境破坏现象、企业片面追求赢利导致的社会责任感缺失问题、党内各种腐败现象的发生等等,都严重影响着经济社会的健康发展,都显现出先进文化引领社会道德建设的紧迫性。社会主义荣辱观是社会主义道德建设的重要内容,它是中华民族传统美德与时代精神的有机结合,在对我国传统道德观念的扬弃和精炼概括的基础上,融入了公民社会的道德要求,体现了鲜明的时代性;它涵盖了社会主义基本道德规范和社会风尚的本质要求,提出了对我国公民道德规范的基本要求,体现出对道德规范对经济社会建设的重要引领;它具有社会价值观的鲜明导向功能,为我们划出了一个评判是非的标准,为塑造具有崇高道德修养的社会主义公民和促进良好社会风气的形成和发展指明了方向。只有弘扬社会主义荣辱观,才能培养具备高尚道德情操和道德品质的国家公民;才能完善公民社会的道德建设,形成健康的道德风尚;才能为促进我国社会公平正义的实现,为社会和谐和国家发展创造良好的社会道德环境。同时,社会主义荣辱观还有助于引导经济发展方向,推动经济发展与社会发展相协调、坚持经济发展服务社会服务人民、坚持把社会效益放在首位、坚持发展为了人民、发展成果人民共享的正确发展观念的形成。

三、提升文化引领力的实现途径

当今时代,文化越来越成为民族凝聚力和创造力的重要源泉。社会主义先进文化的引领力在促进经济社会发展和提升国际竞争力中的作用越来越突出，提升文化引领力是社会主义先进文化建设的重要任务。

（一）提高社会主义文化的先进性

不断提高社会主义文化的先进性是提升文化引领力的前提和基础。文化的先进性是社会主义文化一切特性的基础。提高文化的先进性，首先必须积极弘扬中华民族优秀的传统文化与善于吸收人类创造的一切优秀的文化成果。五千多年悠久的历史，造就了我们民族灿烂的文明和博大精深的中华文化；五千多年灿烂的文明，造就了文化发展的代代相传与不断创新。世界文明的发展，世界各民族在自身的文化创造中也积累了丰富的文化成果。社会主义文化以扬弃的创新精神和海纳百川的包容心态，以实践作为检验标准，在中国革命和社会主义建设中，特别是改革开放的历程中，将中国传统文化的精髓与世界文化中先进的成果有机融合，逐渐形成了具有先进性特征的社会主义文化。提高文化的先进性，其次必须积极建设社会主义和谐文化。社会主义文化的先进性，不仅体现在以社会主义核心价值体系为意识形态特征的先进性，也体现在从历史跨度与全球维度的纵横比较中，以社会主义文化本质的"和谐性"体现其先进性。社会主义文化是和谐文化，在国际层面上，它主张尊重世界文明的多样性，促进文明的交流与融合。反对文化霸权，消解文明的冲突，认为文化的差异不是世界冲突的根源，而应当是世界文化交流与共识的起点，致力推进世界文化的和谐发展；在国内层面上，它着眼于科学发展与和谐社会的构建，最大限度地形成社会共识，激发全社会的创造力。致力于民生发展，最大限度地增加社会和谐因素，促进人的自由而全面的发展。提高文化的先进性，最后必须坚持树立开放意识，使社会主义文化在中国特色社会主义实践中不断发展。只有坚持开放，使社会主义文化与时俱进，体现时代特点，反映时代要求，引领时代进步，永葆吸引力和凝聚力，才能够具有强大的引领力。文化是与社会政治稳定联系在一起的，它一旦为人们所接受和认同，就具有一定的稳定性，在相对封闭的社会中容易导致思想停滞和僵化，从而削弱现代文化的引领力。因此，社会主义文化要保持强大的引领力，就必须以高度的文化自觉和文化自信，保持开放性、提倡包容性，积极汲取人类文明发展的有益成果，不断丰富和发展自身；要坚持不断文化创新，文化创新是文化先进性的根本保证，也是文化引领力的集中反映。

（二）发挥社会主义文化对社会经济发展的促进作用

发挥社会主义文化对社会经济发展的促进作用是提升文化引领力的重要体

现。文化为人们确立了价值目标、社会理想，提供了行动指南；文化为社会经济发展承担引领责任，提供可行的路径和方案。必须充分发挥社会文化的引领力，注重加强科学发展观的指导力、注重共同理想的整合力、不断增强民族的凝聚力，形成实现中华民族伟大复兴的强大合力、形成统一的指导思想和共同的理想信念、形成强大的精神支柱和基本的道德规范，为社会经济发展提供强大的精神动力；必须坚持社会主义先进文化对经济社会的引领。一个没有文化作引领和支撑的经济体，是不可能保持持续的竞争力、实现科学发展的。社会主义先进文化不仅是中华民族的精神和灵魂，而且是中国社会主义现代化建设事业的重要组成部分。它不仅体现在推动社会文明进步，提升国民素质，促进科学发展、跨越式发展和国家长治久安战略目标的实现，而且社会主义先进文化所具有引领性与物质生产力的解放和文化生产力的提高成正比例关系。因此，发挥社会主义文化对社会经济发展的促进作用是提升文化引领力的重要体现。

（三）不断提高社会主义文化的认同性

不断提高社会主义文化的认同性是提升文化引领力的关键。文化认同的本质是一个文化传统中的人们最普遍的自我意识或自我理解的心理认同状况。文化是人类群体或社会所共享的产品，文化是具有多重共同特性，这是文化认同的依据。文化认同是文化引领力的前提和关键所在，没有文化认同，就不能实现文化引领。文化作为社会整体性的产物，人们认同和接受同一文化从而获得具有共同的价值观和文化心理，这是接受这一文化的思想指导、理想凝聚、精神推动和行为规范的前提；文化作为人类文明的有机连续体，是世代相传的人们的整体的生活方式的凝练，长久地影响和支配着每个社会成员的思想和行为。文化认同将赋予文化引领以现实的可能，尤其是文化体系中的价值观，是文化认同的核心，制约着人们生存、发展中的一切选择，特别是思维、行为方式和目标指向。社会主义核心价值体系的引领力，也是文化引领力最重要的力量。当代中国，人们根据这一价值观引领，通过社会化活动，把社会共同的价值观变成了自己的内在信念，并赋予其强烈的认同情感，从而使每个个体在特定文化中获得归属感、依赖感，从而接受这一价值观的思想指导、理想凝聚、精神推动和行为规范。因此，提高文化认同是提升文化引领力的关键。

（四）不断提高社会主义文化传播与教育的实效性

不断提高社会主义文化传播与教育的实效性是提升文化引领力的有效途径。伴随改革开放的深入和社会主义市场经济的发展，文化发展的多元化与文化传播的多样化不可避免。人们思想活动的独立性、选择性、多变性、差异性不断增强，人们对文化的接受与认同也呈现多元倾向。要使社会主义文化为人们所接受和认同，要提升文化的引领力，就必须尊重人们的文化主体地位，在文化传播与教育的过程中，注重发挥社会主义文化的主导作用的同时，讲求文化传播和教育的层次性和针对性，力求传播和教育方式的多样化，切实提高文化传播和文化教育的实效性；注重满足大众文化需求，回应大众文化关切，以思想指导、理想凝聚、精神推动和行为规范解决人们关心的热点和难点问题，坚持贴近实际、贴近生活、贴近群众，使社会主义文化的价值追求转化为具有可操作性的政策措施，最大程度地满足人民群众的物质文化需求，努力实现好、维护好、发展好人民群众的根本利益，在实现文化引领风尚、教育人民、服务社会、推动发展的功能中，凸显文化引领力的功效。

第二节　先进文化促进生产方式变革

马克思主义唯物史观认为，生产方式的变革是社会发展的根本动力，生产方式的进步是经济发展的直接动因。中国经济社会发展不仅需要社会主义先进文化提供不竭的精神动力和强大的智力支持，而且需要先进文化促进科学技术成为第一生产力，推动生产关系变革，促进生产力的解放。在新的历史条件下，先进文化不仅是社会文明进步的重要标尺，也是直接关系民生幸福，直接促进经济社会发展的重要文化力量。

一、先进文化促进科学技术成为第一生产力

先进文化推动科学技术的进步首先在于：先进文化催生新知识文化成果不断涌现，新知识文化的出现推动新科学技术的进步。新的观念、新的思想是科学技术进步的观念资源和思想先导，新的知识、新的成果本身就包括新的科学知识、科学理论，这是科学技术进步的理论基础。新的知识、新的成果、新的观念、新的思想以及新的理论、新的技术，都是促进生产力解放、经济社会创新发展的先导。先进文化推动科学技术的进步还在于：先进文化促进公民科学素养的提高，直接提高劳动者的掌握和使用科学技术的能力；先进文化促进人们思想观念的进步，推进社会生产方式的变革。

（一）先进文化推动科学技术的进步

先进文化推动科学技术的进步，使科学技术成为第一生产力，成为当代经济发展的决定因素。科学技术不仅是现实的直接生产力，而且在生产力诸要素中具有特殊地位。科学技术对生产力的发展具有乘法效应，即它会有力地促进生产力诸要素作用发生成倍的增长。科学技术被劳动者掌握，便成为劳动的生产力；科学技术物化为劳动工具和劳动对象，就成为物质的生产力。管理也是生产力，现代科学为生产管理提供了崭新的科学理论、方法和手段，使生产力诸要素更有效地组成一个整体，形成整体大于部分总和的整体优化，从而最大限度地发挥作用。在现代社会中，经济发展主要取决于科学技术的投入与应用，特别是高科技与产业结合形成的高科技产业，促进了劳动生产率的大幅度提高。2011年，在世界经济增长放缓的情况下，中国经济发展仍然以8%的速度增长，其重要支撑就是近年来高新技术产业的跨越式发展。国家权威部门的统计数字证实，我国高新技术产业生产总值正以年均两位数的增长速度实现着大跨越：国家发改委发布的《2010年全国高技术产业发展总体情况》显示，2010年全国高技术制造业累计完成总产值76156亿元，同比增长24.6%；增加值同比增长16.6%，高出全国规模以上工业增速近1个百分点；全行业实现固定资产投资7351.6亿元，同比增长40.2%，占制造业投资比重超过10%。全年高新技术产品出口额达到4443.5亿美元，同比增长32.7%。1—11月，全国高技术制造业实现销售收入66551.19亿元，利润达到3597.89亿元，同比分别增长27.69%和43.95%。① 高技术制造业增加值比上年增长16.5%②。

以江苏与广东为例：江苏省区域创新能力连续三年居全国第一，2010年江苏高新技术产业实现产值近3万亿元，占规模以上工业比重达33%，相当于“十一五”前10年总和。江苏省高新技术产业保持高速增长态势，连续5年平均增幅在30%以上。③ 2011年高技术制造业比重再次提升，全省高新技术产业产值增长28%左右，单位GDP能耗比全国平均水平低30%。至2011年年底，江苏

① 国家发改委：《2010年全国高技术产业发展总体情况》。http://www.sdpc.gov.cn/jjxsfx/t20110323_401064.htm.

② 谢鸿光：《蹒跚世界的别样风景——2011年统计公报评读》。http://www.stats.gov.cn/tjfx/ztfx/tjgbjd/t20120222_402786577.htm.

③ 任仲发：《江苏省高新技术产业高速增长 产值逼近3万亿元》，2011年1月25日。http://news.cntv.cn/20110125/111102.shtml.

省的光伏、风电、生物医药等90%以上的高技术新兴产业都是从高新区内成长起来，充分显示了园区对培育发展新兴产业的示范带动效应。18个国家和省级高新园区集中了全省近40%的高新技术产业产值和60%的新兴产业产值，前十个月实现总收入27599亿元，同比增长24%，预计全年实现总收入超过34000亿元。① 广东区域创新能力已连续4年稳居全国第二，创新绩效等分项指标排名全国首位；技术自给率上升至65%，对外技术依存度下降到35%，科技对全省经济社会发展的支撑引领作用明显增强。产业转型升级步伐不断加快，2011年，全省高新技术产业总产值突破3.3万亿元。基础研究厚积薄发，1—10月，专利申请量接近15万件，同比增长30.41%，其中，发明专利申请量3.95万件，同比增长30.03%。科技工作各项主要指标再创历史新高。② 这些成就的取得，与广东高新技术产业开发区20年创新发展密切相关。自1991年，国家批准广州、中山等建设第一批高新区至今的20年来，广东高新区各项主要指标增速均高于全省平均增速。2011年，全省21个高新区实现工业总产值1.57万亿元，工业增加值4038.45亿元，分别比上年增长了25.7%、30%；工业增加值率达到25%，比2008年增加3个百分点。广东高新区以占全省0.2%的土地面积，创造了全省1/6的工业增加值、1/6的出口额、1/3的高新技术产品产值。其中，国家级高新区以实际开发面积162.35平方公里，创造了1.39万亿的工业产值，单位面积产出高达85.6亿元/km^2，单位产出是全省平均水平的数十倍；高新区企业的劳动生产率水平约为全省规模以上工业企业全员劳动生产率的1.4倍。随着日新月异的跨越式发展，广东高新区在全省发展大局中的战略地位日益突出，高新区已成为全省各地市经济社会发展的"金字招牌"和"闪亮名片"，成为区域经济转型和科学发展的"龙头"和排头兵。③

如今，无论是江苏、广东，乃至全国高新技术产业已成为国民经济发展中最具活力的"火车头"，科技进步极大地提高了其对经济的贡献率。

（二）先进文化促进公民科学素质的提高

在生产力诸要素中，作为劳动者的人是第一要素。先进文化推动科学技术

① 吴红梅：《江苏区域创新能力连续三年居全国第一》。http://js.people.com.cn/html/2011/12/19/58070.html.

② 杞人：《广东高新技术产业总产值突破3.3万亿元》，《科技日报》2012年1月6日。

③ 广东记者站：《20年创新发展 20年成就辉煌——来自广东高新技术产业开发区的报道》，《科技日报》2012年3月13日。

进步的同时,也促进公民科学素质的提高。高科技创造了令人叹为观止的经济效益的同时,也以前所未有的速度改变着人们的生产和生活,较大地提高了我国公民科学素养。2010 年中国具备基本科学素养的公民比例为 3.27%,比 2005 年 1.6% 的水平翻了一番。① 但是,目前我国公民的科学素养现状远远不能适应建设创新型国家的需要,第八次中国公民科学素养调查结果表明,2010 年中国具备基本科学素养的公民比例为 3.27%,仅相当于主要发达国家和地区 20 世纪 80 年代末、90 年代初的水平。日本 1991 年这一水平为 3%,加拿大 1989 年为 4%,欧盟 1992 年为 5%。"十二五"期间,我国将着力提高全民科学素质,到 2015 年,我国公民具备基本科学素养比例力争从目前的 3.27% 提高到 5%。② 因此,加强先进文化建设,努力提高公民的科学素养,是"十二五"期间以科技进步推动生产力发展的一大着力点。

公民科学素养的提高,是实现"科技是第一生产力"的重要因素。一方面,公民的科学素养反映了一个国家或地区的软实力,从根本上制约着自主创新能力的提高和经济社会的发展。自主创新能力的提高、科技的进步,不仅有赖于社会的物质保障,还必须有能够激发创新的社会文化环境和公众具备较高的科学素养。21 世纪国际间的竞争,主要表现为综合国力的竞争。这一竞争的实质是科技与人才的竞争。科学技术是第一生产力、人力资源是第一资源、公众科学素养是第一国力已是不争的事实。不断提高公民的科学素养,不仅将营造有利于科技创新的社会环境,而且将为自主创新提供巨大的力量,并从中孕育出新的知识经济增长点。因此在《国家中长期科学和技术发展规划纲要(2006—2020)》中提出,"提高全民科学文化素质,营造有利于科技创新的社会环境"③。

另一方面,公众科学素养影响国家宏观科技决策,进而影响到经济社会的发展。在科学技术日益深刻影响我们生活的今天,公众科学素养已经影响到一个当代社会中人们的生活质量,影响和改变着国民的价值观和对经济社会问题的看法,影响到对各级政府的任何与科学技术有关的政策的制定与实行。中国特色社会主义的伟大事业,需要公众的积极参与。公众对国家和各级政府制定的

---

① 余晓洁、史竞男:《我国公民具备基本科学素养比例 5 年翻番》,《解放军报》2011 年 5 月 30 日。

② 吴晶晶、史竞男:《2015 年我国公民具备基本科学素养比例力争达到 5%》。http://news.xinhuanet.com/2011-05/30/c_121475089.htm.

③ 中华人民共和国国务院:《国家中长期科学和技术发展规划纲要(2006—2020 年)》。http://www.gov.cn/jrzg/2006-02/09/content_183787.htm.

政策的理解和支撑,是政策有效实施的基本前提和根本保证。在科学技术已成为第一生产力的今天,有效地借鉴科学技术知识解决公共政策问题越来越多越重要,科学技术决策的民主化进程与公众科学素养水平的提高的密切相关性越来越高。因此,把我国公众培养成具有一定科学知识、科学精神的群体,既体现了以人为本的根本要求,也是推动经济社会发展的根本举措。

二、先进文化推动生产关系变革

先进文化催生新的思想文化、新的观念的出现,推动生产关系调整,促进生产力的解放,推动经济社会进步。人类历史发展进程,也是先进文化直接推动生产力的解放进程。先进文化的优秀成果可以改变一个国家、民族的命运,可以影响一代人。马克思的《资本论》、马尔萨斯的《人口论》、爱因斯坦的《相对论》、牛顿的《自然哲学的数学原理》等历史巨著不仅影响和改变整个人类的生存和发展方式,而且培养了一批具有开拓精神和创新能力的思想家、改革家、科学家。文艺复兴作为资产阶级革命的思想先导,推动了资本主义生产关系的建立,资本主义创造了比以往历史高百倍的生产力;热力学创立与蒸汽机的发明,推动了第一次产业革命。电磁感应理论的创立与发动机、电动机的发明,推动了第二次产业革命。信息论、控制论和系统论的创立与计算机的发明,推动了第三次产业革命。这些新科学技术的发现与应用,都直接推动了当时生产力的发展。

(一)先进文化引领中国经济社会发展道路的抉择

在中国社会发展的历史进程中,先进文化催生新的思想文化、新的观念的出现,引领了中国经济社会发展道路的抉择,使中国有了一个正确的发展方向和发展道路,这是中国经济社会发展的前提和根本。20 世纪以来的中国历史进程中的每一次伟大变革,无一不是以社会的思想解放和观念更新为先导的。先进文化的引领,对中国社会变革和中国现代化进程具有非同寻常的意义。

中国近代以来社会发展面临的现实是,中国社会与发达国家之间存在巨大的差距,经济和物质生产水平与发达国家相比,存在巨大差异。西方现代化的快速推进,迅速拉大了列强与仍处在传统社会阶段的我国之间的差距。先进的中国人想到了向西方学习,打开国门,学习西方的近代工业技术,致力于推动工业化进程,洋务运动由此展开。然而,资本主义的排他性,决定了中国近代资本主义的发展举步艰难,中国此时已完全丧失了曾经拥有的发展优势,远远落在了西方列强后面。想采取任何有效经济手段去追赶发展,已经是不可能的了。工业化和现代化的追求并未有效改变经济落后的状况，到新中国成立前，大多数年份的经济仍然呈负增长态势。直到20世纪中期，中国的生产力水平和经济发展仍然十分落后。先进的中国人开始另辟蹊径，探求国家发展之道路。“五四”运动作为新文化运动，它全面否定了几千年封建文化的糟粕，引进科学、民主的现代理念，深刻影响了国人的观念的变革。人们对世界观、人生观、价值观，对社会的理想与追求，改造世界的方式方法都有了新的深刻的认识；“五四”运动促进了马克思主义在中国的传播，使中国革命有了翻天覆地的变化。中国共产党人运用马克思主义先进文化，探索中国社会发展的道路问题，破解中国社会发展的困局，以马克思主义先进思想文化的引领，走出了一条超常规的发展道路：对于近代历史条件下的中国，既不可能超越生产力和经济发展的现实基础和固有规律去促进其发展，又不可能在现存的社会条件下实现发展。如何为生产力和经济发展创造更有利的社会条件，马克思主义理论揭示的社会发展规律表明，经济社会发展不是单纯生产力和经济发展的问题，而是生产力与生产关系、经济基础与上层建筑相互作用的过程。为了实现中国独立富强之理想，缩小与西方列强之间的差距，中国共产党人以先进文化引领中国社会变革。以马克思主义先进意识形态指导地位的确立和对发展中国特色社会主义发展道路的选择为文化引领的核心，指引社会变革的正确道路，最充分地发挥先进文化对社会发展的推动功能，使中国社会在变革与发展中形成了自己的独特道路，为人类的现代化进程作出重大贡献。先进意识形态由于正确把握社会发展方向而有效促进社会发展，通过促进社会变迁和社会转型，中国社会的发展进入崭新阶段。从“五四”运动起算，仅30年时间，就推翻了三座大山，为中国创建了全新的经济、政治和社会制度，其后开启的快速、持久、大规模的现代化进程是人类历史上从未有过的。中国社会深刻变革带来的经济社会的快速发展，清晰地显现出先进文化推动经济社会发展的轨迹：“输入先进文化—其传播可以先于制度的改造、先于足够的现代生产力的存在—以先进文化选择社会发展的道路和构建社会改造的蓝图—进而指导完成社会革命，奠定起坚实的现代化基础。”①

当代中国的改革开放，从社会主义生产关系的调整开始，废除单一的一大二公的所有制关系，改革生产关系不适合生产力发展的状况，极大地解放和发展了生产力。它的源动力是实事求是的思想路线，由1978年5月在《光明日报》发

① 孙力：《文化选择视野下的中国发展之谜》，《社会科学》2010年第3期。

表的《实践是检验真理的唯一标准》引发的全国性的关于真理标准问题的大讨论，是一次思想大解放的大讨论，它从哲学上突破，逐渐扩大至经济、政治、科学、教育、文学艺术等各个领域，使人们的思想观念进行了一次大变革，为中国的改革开放奠定了深厚的思想基础；中国特色社会主义理论体系对社会主义的新理解和中国特色社会主义道路的抉择，引领了中国改革开放取得举世瞩目的成就，经济社会发展呈现出前所未有的良好发展态势，有力地推动了社会进步。

（二）先进文化决定社会组织基本框架的构成

人创造了文化，而文化反过来又哺育人。先进文化催生新的思想文化、新的观念的出现，也推动了人的思想解放，不断培养国民的文化自觉和文化自信，促进生产力中劳动者素质的提高，形成开拓创新的强大动力，转化为推动科学发展、促进社会和谐的工作思路和政策举措，努力实现经济社会又好又快发展。确立先进文化对经济社会的引领地位，它将决定社会组织的基本框架的构成，社会环境的土壤和空气，社会群体和公众的黏合剂和行为标准。因此，先进文化具有稳定社会和促进经济社会全面发展的作用。社会成员的文化素质、所接受的制度和道德标准，所认同传承的文化艺术等，对社会稳定都有积极作用。“文化力借助于言传身教、耳濡目染等方式，把文化内化为个人的言行，形成思想道德、价值观念及个性品格等等，为经济发展塑造合格的主体，从而把文化力转化为社会主体的精神力量，推动经济的发展。”①

以先进文化促进生产力的解放是一个长期而复杂的过程，应贯穿于社会主义建设的全过程。必须始终坚持以社会主义核心价值体系为核心，坚持“以文化人”，全面提高人的素质和境界，以先进文化培育一代新人，提高国民的文化自觉与文化自信；必须坚持思想理论的与时俱进。马克思主义作为中国先进文化的核心内容，应该坚持马克思主义指导地位的不动摇。同时，应该坚持使马克思主义适应实践的发展，保持与时俱进的理论特质，不断开拓马克思主义理论的新境界，这是提高我们的民族与国民的文化自觉与文化自信的根本保证；必须坚持文化观念创新。当今世界，文化对社会经济生活的巨大影响日益引起世界各国的普遍关注，文化对人类发展的不可或缺的重要作用被越来越多的国家所认识。发展先进文化，要求文化观念创新，敢于突破一切不适应时代要求的传统文化观念的束缚。通过理论创新、观念创新，实现人的思想解放，促进生产力的

① 丹增：《文化力与文化生产力：文化经济发展的立足点》，《思想战线》2007 年第 3 期。

解放。

第三节　先进文化引导经济社会科学发展

抓文化就是抓方向，先进文化引领经济社会发展，就是要引领经济社会发展的前进方向。在经济与文化共融的今天，所有的经济生活和经济行为无不打上文化的烙印。文化对经济发展的支撑作用日益凸显，推动经济社会发展迫切需要借助先进文化的智慧和力量。用先进文化来引领，以先进文化为支撑，用文化软实力打造经济发展硬实力成为社会经济发展的一种必然趋势。现阶段，我国处于加快转变经济发展方式，实现经济社会转型的关键时期，面对日益激烈的国际国内文化竞争和文化与经济加速融合发展的新趋势，大力发展社会主义先进文化，用先进文化引领经济发展，在复杂多变的环境下推动和实现经济社会科学发展，是时代赋予文化的使命。

一、先进文化引导经济发展方式转变

当前，改革开放已经发展到了一个新阶段，这个新的阶段很重要的特征就是深层次的矛盾和问题的显露。当我们现在站在一个新的起点上思考问题时，先进文化引领、特别是科学发展观引领的重要性提到了我们的面前。

（一）先进文化引导转变经济发展方式理念的确立

改革开放三十多年来，我国国民经济实现了8%以上的年均增长速度，创造了举世瞩目的“中国奇迹”。但在获得高速增长的同时，我国的经济运行也显露出一些问题和矛盾：居民收入差距持续扩大、城乡发展不协调、区域发展不平衡、经济发展与资源环境失衡、产业结构失衡、投入产出效益不高等等。从可持续发展的角度看，一国的工业化和现代化不仅要表现为经济增长，更要体现为包括经济增长、经济结构的优化、收入分配的合理、资源环境的改善等等的经济发展。

党的十七大报告明确指出，促进国民经济又好又快发展，关键要在转变经济发展方式上取得重大新进展。温家宝总理在2012年政府工作报告中也指出：我国经济社会发展仍然面临不少困难和挑战。从国内看，解决体制性结构性矛盾，缓解发展不平衡、不协调、不可持续的问题更为迫切、难度更大，经济运行中又出现不少新情况新问题。而解决发展不平衡、不协调、不可持续的问题，关键在于

加快转变经济发展方式,推进经济结构战略性调整,这既是一个长期过程,也是当前最紧迫的任务。

党的十七大报告指出,转变经济发展方式就是要实现“三个转变”:坚持走中国特色新兴工业化道路,坚持扩大国内需求特别是消费需求的方针,促进经济增长由主要依靠投资、出口拉动向依靠消费、投资、出口协调拉动转变,由主要依靠第二产业带动向依靠第一、第二、第三产业协同带动转变,由主要依靠增加物质资源消耗向主要依靠科技进步、劳动者素质提高、管理创新转变。其实质就是要在经济发展的进程中,以先进文化,特别是科学发展观为统领,紧紧围绕以人为本这个核心,真正做到全面协调可持续发展,统筹城乡发展、区域发展、经济社会发展、人与自然和谐发展、国内发展和对外开放,使经济发展朝着有利于人和社会全面发展的目标前进。

(二)先进文化引导实现经济社会科学发展

先进文化引导经济发展方式转变,实现科学发展,是中国特色社会主义理论对经济社会发展引领作用的生动体现。首先体现在通过先进的制度文化的引领,加快经济发展方式的转变。要在完善市场经济体制基础上加快政府职能转变,尽快建立起与市场经济发展相适应的制度文化体系。特别是建立适应科学发展的干部业绩考核指标体系,实施干部业绩定量考核与发展导向定性考核的统一:注重经济增长指标考核与科学发展指标考核的统一,注重经济数量指标考核与经济运行质量和效益指标考核的统一,注重经济发展速度指标考核与经济社会事业协调发展指标考核的统一,注重近期利益指标考核与可持续发展指标考核的统一,以此推动干部工作作风的转变,保障科学发展的实现。

先进文化引导经济发展方式转变,实现科学发展,还体现在先进文化对经济制度的选择、经济战略的提出、经济政策的制定,包括对物质生产、交换、分配、消费以及思想、理论、舆论的引导,在一定程度上规定了经济发展的方向和方式。温家宝总理在2012年政府工作报告中提出的我国加快转变经济发展方式的任务和途径的四大方面,都体现出鲜明的以人为本、全面、协调、可持续的科学发展观的指导。促进产业结构优化升级方面,强调要推动战略性新兴产业健康发展,发展新一代信息技术,大力发展高端装备制造、节能环保、生物医药、新能源汽车、新材料等产业;推进节能减排和生态环境保护方面,强调要综合运用经济、法律和必要的行政手段,突出抓好工业、交通、建筑、公共机构、居民生活等重点领域和千家重点耗能企业节能减排,进一步淘汰落后产能。加强环境保护,着力解决重金属、饮用水源、大气、土壤、海洋污染等关系民生的突出环境问题。努力减少农业面源污染。严格监管危险化学品。推进生态建设，建立健全生态补偿机制等等，强调中国绝不靠牺牲生态环境和人民健康来换取经济增长，我们一定能走出一条生产发展、生活富裕、生态良好的文明发展道路；促进区域经济协调发展方面，强调实施区域发展总体战略和主体功能区规划，充分发挥各地特色和优势，进一步提高区域发展的协调性和基本公共服务均等化水平。认真落实西部大开发新10年的政策措施，加大实施中部地区崛起战略的力度，加快推进东北地区等老工业基地振兴，积极支持东部地区转型发展、在更高层次上参与国际竞争与合作。加强和完善跨区域合作机制，消除市场壁垒，促进要素流动，引导产业有序转移，推动区域经济良性互动、协调发展；积极稳妥推进城镇化方面，强调根据资源环境和人口承载能力，优化全国生产力布局，形成合理的城镇体系和与国土规模、资源分布、发展潜力相适应的人口布局。各类城市都要夯实经济基础，创造就业机会，完善基础设施，改善人居环境，加强管理服务，提升城镇化质量和水平。更加注重把在城镇稳定就业和居住的农民工有序转变为城镇居民，逐步将城镇基本公共服务覆盖到农民工，让农民无论进城还是留乡，都能安居乐业、幸福生活。

（三）转变经济发展方式是先进文化的结晶

转变经济发展方式是在长期的发展过程，不断总结人类文明社会发展的实践基础上、不断总结中国特色社会主义经济建设正反两方面的经验基础上提出的。新的发展方式是经济与人口资源相协调的可持续的发展方式，既要节约资源、保护环境，又要着力保障和改善民生，保证经济又好又快发展。它带来的是人与自然的和谐，经济的发展和生态的发展的同步，经济越发展生态也越优化。这正是先进文化对经济社会发展提出的本质要求，先进文化引导经济发展发式转变，符合人类社会发展的基本规律，符合人类发展的长远利益和根本利益，代表社会发展前进方向，指引人们接受新的发展文化，用新的发展思维，选择正确的经济社会发展方向，实现经济社会全面、协调、可持续发展。

二、先进文化引导经济社会文化一体化发展

先进文化引导经济社会文化一体化发展，是提升文化对经济社会发展的指导和推动力的重要途径。当今时代，文化与经济彼此渗透、相互促进的态势日益明显，文化生产力日益成为社会生产力的重要因素。文化与科技的融合日益紧

密,带来了文化生产力新的飞跃;文化促进社会建设的作用日益突出,先进文化在和谐社会建设中发挥越来越重要的作用。以文养人、以文化人提高作为社会主体的人们的素养,它与文化生产力的作用的发挥一道推动着社会进步。先进文化引导经济社会文化一体化发展,就是要通过促进先进文化与产业、消费、服务融合,促进先进文化与人的思想、行为、风俗、信仰融合,促进先进文化与改善发展环境、强化人才智力支撑、提升城市竞争力融合,实现文化与经济社会深度融合。

(一)先进文化引导促进文化与经济社会深度融合

先进文化引导经济社会文化一体化发展,促进文化与经济社会深度融合的实现,可以通过文化参与经济社会发展的三种具体形态来完成:一是文化产品。通过发挥文化优势,打造文化精品,满足人民群众精神文化需求;同时,提高文化产品的市场占有率、文化对GTP的贡献率,实现文化与经济的直接对接。二是文化精神。在文化与经济的良性互动中深化文化精神。文化建设的成果不仅仅是产生文化产品,更重要的是打造文化建设。通过民族精神的建设、人格完善的锻造和人性升华的推动,用民族精神填充经济、政治、科技与教育,以致整个社会,激发民族自尊、自信与自强,形成强大的民族凝聚力和经济社会发展的推动力;通过人格完善的锻造和人性升华的推动,弘扬真善美的人性光辉,以人文精神融入文化产业项目策划、文化体制改革对策意见、文化政策制定、文化发展总体规划等等,使文化精神成为民族发展所需,社会进步所求,从而实现对经济社会发展的介入和推动,为经济社会的发展提供了定力和动力。三是文化创意。通过文化创意,推动创新精神和创新产业的培育,使策划创意的生产理念、发展理念根植于经济社会与文化发展之中;以文化产品创作、文化精神塑造、文化创意实施三者有机统一,打造文化发展的战略和策略,引领经济社会发展的时尚。

先进文化引导经济文化一体化发展,促进文化与经济社会深度融合,必须用先进文化引导产业结构调整,发挥文化对优化经济结构的推动作用。推动文化与产业融合发展,增加相关产业文化含量和附加值,促进产业和产品升级,实现产业结构的优化调整:一是增加相关产业产品的文化科技含量。增强产品生产的文化元素,使先进文化理念渗透到产品的设计、生产、营销、品牌和经营管理各个环节之中,以提高产品的文化含量、文化品位,实现经济增值。在文化软实力成为综合国力竞争的核心的今天,经济活动所融入的先进文化元素越丰富,它所生产产品的文化含量就越高,由此带来的附加值也越高,经济价值也就越大。二是大力发展文化产业。文化产业发展极大依靠精神成果和智力投入,不以消耗物资资源为主。文化产业的生产，具有资源消耗低、环境污染小的鲜明特征，是典型的绿色经济、低碳产业；文化产业所满足的文化消费是一种可持续的消费，它的消费不但对环境、资源产生破坏作用小，而且它的消费过程也是人类自身的发展过程，是生产力的形成过程。文化消费能提高人们的生活质量，满足精神文化需求，提高劳动者的科学文化素质。文化产业具有的优良经济特性使得它能够成为社会经济发展新的引擎，成为经济发展新的增长点。因此，以先进文化为导向优化调整产业结构，注重增加产品的文化含量和大力发展文化产业，应该成为先进文化引导经济文化一体化发展的重要着力点。

（二）先进文化引导区域经济全面协调发展

先进文化引导经济文化一体化发展，要用先进文化引导区域经济全面协调发展。当前，我国地区经济发展的不平衡、不协调，这既有我国幅员辽阔这一自然环境因素，也与我们所处的社会主义初级阶段的国情密切相关。建设区域经济中心，推动区域经济协调发展，是中国特色社会主义经济社会发展的一大战略。在经济与文化共融、文化对经济发展的作用日益显现的今天，建设区域经济中心迫切需要借助先进文化的智慧和力量。一方面，充分利用和挖掘各区域的优势文化资源，拓展文化产业的发展空间，把发展文化产业作为调整产业结构的重要内容，将极大地推动经济持续发展。另一方面，以先进文化引领产业结构调整，充分利用本地区自然资源和人文资源，突出区域特色，发展地区特色优势产业和支柱产业，培育区域竞争优势。如：东部地区积极推进产业结构优化升级，加快高新技术产业、先进制造业和现代服务业快速发展；中部地区加快“三个基地、一个枢纽”建设工程；加大中部各省市与其他省市的合作交流；西部地区加快资源优势向经济优势转化，以优势资源开发利用为主导的支柱产业和特色优势产业逐步形成；东北地区充分发挥工业基础雄厚的优势，老工业改造步伐加快，先进制造业、装备制造业、新兴产业等重点产业快速发展。这一过程，彰显先进文化引导经济文化一体化发展的思维逻辑：先进文化理念引领—区位优势带动—特色产业的形成与发展。

第四节　先进文化引导经济社会和谐发展

科学发展更多地强调发展过程的科学与合理，和谐发展则更加注重发展结果的公正与公平。先进文化引导经济社会发展方向,不仅要实现经济社会全面、协调、可持续的科学发展,而且要确保实现发展促进社会和谐、发展成果人民共享的和谐发展。

一、先进文化引导以人为本执政理念的确立

党的十七届六中全会准确把握我国经济社会发展对文化建设的新要求和物质生活改善后人民群众对文化工作的新期待,作出了社会主义文化建设大繁荣大发展的重大部署。以先进文化引导经济社会发展方向,实现和谐发展,是新形势对各级政府工作提出的新要求。作为国民经济发展和文化建设的领导者的各级政府,其以人为本的执政理念的确立和职能转变,是促进社会和谐的重要前提。

以人为本的执政文化理念要求政府在对经济社会事务的管理和建设中,坚持一切为了人民、一切依靠人民,切实维护好、实现好、发展好人民群众切身利益与要求。在当前文化建设大发展大繁荣时期,各级政府要认真履行公共文化服务职责,转变职能、强化服务、改进管理、明确责任、提高效能,重点加强公共文化服务体系建设规划和标准的制定,加强对重大公共文化服务工程和项目实施情况的监督检查,构建公共文化服务体系,切实保障人民群众的基本文化权益,不断满足人民群众日益增长的文化需求,这是新的历史条件下转变政府职能,建设服务型政府的重要任务。政府必须把公共文化服务体系建设纳入经济社会发展规划,推动文化建设与经济建设、政治建设、社会建设协调发展,促进社会全面进步和人的全面发展的战略目标上。特别要坚持城乡、区域文化协调发展,统筹规划、加大投入、因地制宜、分步实施,着力完善基层和农村的公共文化服务网络,增加公共文化产品供给,使文化发展成果惠及全体人民,努力满足人民群众多层次、多方面、多样化的精神文化需求。

二、先进文化引导社会矛盾和利益冲突的调整

先进文化建设是调整利益冲突和社会矛盾的有效杠杆,为构建和谐社会提供了良好的社会舆论。在改革开放三十多年社会主义市场经济发展的过程中,人们的生活方式、价值取向和思想观念日益地多样化、多元化和自主化,各种纷繁复杂的利益关系、利益冲突和社会矛盾开始呈现并且愈加激烈;特别是东、中、西部发达与欠发达区域间发展的不平衡,城乡差距、工农差距、贫富差距带来的

利益冲突和和谐心态的分裂，造成了地区之间、人民内部不同群体、不同利益阶层间利益关系的矛盾。经济发展的不平衡也带来了社会发展的不平衡，涉及政治、经济、文教卫生、社会安全、精神道德不协调。它直接影响到社会的和谐，危及到社会秩序的安定有序。解决这些问题既需要用正确的经济和社会政策妥善协调各方面的利益，也需要用先进文化引导人们用正确的观点认识事物，用宽容的态度对待冲突，用和谐的方式处理矛盾，从而实现整个社会的和谐。包括用先进文化引导经济发展，不断创造与构建和谐社会相适应的物质财富，来应对发展中存在的这些不和谐状况；用先进文化教育各个利益群体和阶层，积极引导发达地区顾全两个大局，从资金、技术、观念、人才等方面对欠发达地区以大力支持，寻求双方互赢的模式。引导欠发达地区用先进文化鼓励社会培育其自身造血的能力，发展其特色和优势产业；先进文化引导政府管理者树立以人为本的理念，利用公共权力采取有效的措施来保护和帮助弱势群体，让他们共享改革开放和社会发展带来的经济文化成果。

三、先进文化引导城乡、区域文化建设的协调发展

统筹城乡发展和统筹区域发展是科学发展观“五个统筹”中的重要内容，城乡发展、区域发展，包含城乡、区域的文化发展。目前，我国城乡文化建设以及各区域文化建设的发展与经济社会建设一样，存在不协调性。城市文化建设明显优于农村，东、中部文化建设明显优于西部，严重影响了和谐社会的建设、影响了社会公平公正的实现。促进城乡、区域文化协调发展、实现经济社会和谐发展势在必行。

用先进文化引导城乡、区域文化建设协调发展，首先要统筹规划，既要城市的文化繁荣，又要农村的文化繁荣。一是要加强对文化产品和活动的承载物建设，兴建一批覆盖城乡、便捷群众的文化公益设施和传播载体；二是要统筹城乡、区域文化事业与文化产业发展。既重视抓公益性文化事业，也重视抓经营性文化产业，促进文化建设全面协调发展，最大限度地满足城乡人民群众日益增长的精神文化需求；三是保障人民群众基本文化权益，注重文化资源布局的均衡性，做到深入基层、覆盖城乡，让人民群众享受到基本文化服务；四是健全公共文化设施建设、管理、使用长效机制，增强公共文化服务运行保障能力，充分发挥公共文化设施的作用；五是特别要加大对农村文化建设的扶持，保证公益性文化基础设施和重大群众文化活动等农村重点文化建设的资金需求，实现城乡文化协调

发展。

以先进文化引导城乡、区域文化建设协调发展，应当正视文化发展过程中的种种问题：文化发展状况不平衡，沿海与内地、东部与中西部地区存在较大的差别；文化建设中的不协调，重文化产业、轻文化事业，重形式与手段、轻内容与效果，重通俗文化、轻高雅文化等；文化产品生产质量与数量的不对等。我国文化产品的生产数量上增长较快，但产品质量不能满足人们文化生活的需求。要实现先进文化对经济文化一体化发展的有效引导，必须加强文化建设，紧密结合改革开放和发展社会主义市场经济的新实际新要求，新价值观念、新道德规范，坚持社会主义核心价值体系引领，增强中国特色社会主义文化的生命力、感召力和吸引力；要加快文化体制改革和创新，要把我国深厚的文化优势转化为发展优势和竞争优势，建立起与市场经济体制相适应，与文化事业、文化产业协调发展的新型文化管理体制和运行机制，使人们的创造力充分发挥、潜能充分展示，促进更多更好的文化成果的创造，使文化发展为经济腾飞注入强劲的增长动力。

四、先进文化引导发展成果为人民所共享的实现

科学发展观强调要通过经济社会协调发展，实现好、维护好和发展好最广大人民的根本利益，通过全面、协调、可持续的发展，把发展的成果惠及全体人民、发展成果为人民所共享，这也是先进文化引导经济社会发展的最终目的。

先进文化引导经济社会发展、实现发展成果为人民所共享，首先体现在经济社会发展，促进人的全面而自由地发展。单纯的经济发展和社会财富总量增加，并不意味着社会和谐。如果只顾经济增长而忽视社会发展、忽视人的发展，那么就会加剧经济与社会发展不平衡的矛盾，最终经济发展又好又快也难以实现。要坚持科学发展观以人为本的理念，真正认识到经济社会发展的最终目的是促进共同富裕和人的全面发展。经济发展只是手段，目的是满足人民群众日益增长的物质和精神文化需求，促进人的全面发展。从这个意义上说，用先进文化引导经济社会发展方向，就必须从以人为本的要求出发，选择发展手段和发展路径，凡是不利于科学发展、不利于资源节约和环境保护、不利于促进社会和谐和增进人民福祉的想法和做法，都应当拒斥。因此，要使经济社会发展促进人的全面而自由地发展，就要用先进文化引导在经济社会发展中树立起这一理念：全面推进经济建设、政治建设、文化建设、社会建设，使经济发展的成果更多地体现到改善民生上，体现到保障人民群众的经济、政治、文化、社会权益上，体现到共同

富裕和促进人的全面发展上。这个全面发展,不仅是物质生活的富足,核心是人的思想和精神生活的全面发展;不仅包括每个个人的全面发展,也包括全民族的思想道德素质、科学文化素质和健康素质的明显提高。恩格斯曾经指出:“文化上的每一个进步,都是迈向自由的一步。”①先进文化的建设是与人的建设根本一致的,文化的发展是与人的全面发展根本一致的。因此,先进文化建设、经济社会建设与人的全面发展根本上是一致的。

先进文化引导经济社会发展、实现发展成果为人民共享,同时也体现在引导经济发展依靠人民群众。人的需求是多层次的,人们在享受发展的成果的过程中,其实也希望享受创造的喜悦。列宁曾经说过:“生动活泼的社会主义是人民群众自己创造的。”人民群众是历史的创造者,这是历史唯物主义的最基本的观点。发展依靠人民群众是这一基本观点的反映,同时也是发展的价值观的反映。发展成果是怎么来的,为什么发展成果要人民共享?发展依靠人民,实际上就是回答了发展成果是人民创造的问题,人民创造的成果当然理当自己享受。中国特色社会主义伟大实践充分证明,改革发展中的许多新思想、新举措、新机制、新组织形式都来自人民群众自己的创造。人民群众是社会主义经济文化建设的主体,建设中国特色社会主义伟大事业,必须依靠人民群众的积极参与,必须依靠人民群众的智慧才能,必须充分发挥人民群众的积极性、主动性和创造性。因此,要以实现好、维护好、发展好最广大人民根本利益作为工作出发点,就必须坚持发展依靠人民群众,把问政于民、问计于民与问需于民统一起来。

总之,用先进文化引导经济发展,实现发展成果为人民所共享,必须真心实意为民着想,全心全意为民造福。在经济建设上努力办好惠民生的实事,让人民生活得更加殷实;在政治建设上努力办好顺民意的实事,让人民生活得更加幸福;在文化建设上努力办好添民乐的实事,让人民生活得更加丰富;在社会建设上努力办好解民忧的实事,让人民生活得更加踏实。

第五节　先进文化引领经济社会发展的实证分析

推动发展彰显社会主义先进文化的动力性功能,中国特色社会主义建设的

① 《马克思恩格斯选集》第3卷,人民出版社1995年版,第456页。

实践不仅证明,这一伟大事业需要社会主义先进文化提供不竭的精神动力和强大的智力支持,而且证明,社会主义先进文化是引领经济社会发展方向、推动经济社会健康发展的强大动力。

一、打造先进行业文化,引领行业健康发展

行业文化是以行业历史文化为基础,在行业发展中逐渐形成的行业内员工普遍认同并自觉遵循的一系列理念和行为方式的总和,它是在行业企业个性文化基础上逐步形成的反映行业共性的文化。一个行业的兴衰,都彰显着文化的力量的消长。在我国,行业文化建设中最值得书写的是航天、航空等军工企业,他们在深化自身的文化建设中推动整个行业文化发展,并为中国行业文化发展发挥引领作用。在行业文化建设中,始终以行业企业文化打造推动事业跨越发展的核心竞争力。

(一)三大"航天精神"的锻造

三大"航天精神",成为中国航天人创造卓越航天伟业的精神力量。三大"航天精神",即反映我国航天事业在创建、发展过程中航天工作者思想境界、精神风貌和优良作风的"自力更生、艰苦奋斗、大力协同、无私奉献、严谨务实、勇于攀登"的航天精神;广大航天工作者在发展"两弹一星"事业中培育形成的"热爱祖国、无私奉献、自力更生、艰苦奋斗、大力协同、勇于登攀"的"两弹一星"精神;航天工作者在实现载人航天飞行圆满成功过程中形成的"特别能吃苦、特别能战斗、特别能攻关、特别能奉献"的载人航天精神。这些航天人创造的宝贵精神财富,已经与导弹、火箭、卫星、飞船等航天人创造的高科技产品一起,成为中国航天的标志和象征;同时,它也成为中华民族精神的重要组成部分,成为激励着航天人勇攀科技高峰、实现民族复兴的强大动力。中国的航天事业从无到有、从小到大、从弱到强的发展过程,就是不断丰富和发展的"航天精神"这一精神文化力量的增长和推动的过程;今天中国的航天事业的成就,就是"航天精神"这一精神文化力量推动的结果,是先进行业文化引领行业又好又快发展的生动写照。

三大"航天精神"激励着航天人坚守国家利益高于一切的信念,行为中永远把国家利益高高举过头顶。从 20 世纪 50 年代第一枚导弹的仿制,60 年代为"两弹"结合鏖战在戈壁荒滩,70 年代把"东方红一号"卫星送上太空,80 年代响应"军转民"的号召走向国民经济主战场,90 年代勇闯国际商业服务市场,到进

入新世纪，航天人亲手打造“神舟”、“神箭”，把中国的航天员送入太空。这一切，为的是祖国的安全和强大，为的是人民的幸福和安康。

三大“航天精神”激励着航天人艰苦奋斗百折不挠、自力更生铸就伟业。中国航天人走过的道路之艰苦、创造的业绩之伟大，是世界上无人能比拟的。《五星红旗迎风飘扬》剧作中有句话感人至深：他们以一代人的努力，完成了西方发达国家五代人所能完成的任务。而这样的伟业又是在如此艰难困苦的条件下完成的，他们默默承受着常人难以承受的困难和压力：20 世纪 50 年代的创业者们来到了北京西南郊的一座荒山上，这就是最后选定的火箭试验站站址。这里仅有几间简陋的房子，周围杂草丛生，买粮买菜要到山下很远的地方。没有商店，没有活动场所，也没有通往城里的公共汽车。创业者们就在这样艰苦的条件下开始了自己的工作和生活，开始了建功立业的征程。60 年代中期，067 基地（现为航天科技集团公司六院）创建之初，试验室基建跟不上型号研制进度，科技人员只好把山坡上一个闲置的厕所改装成简易的小型发动机试验室，我国第一台姿态控制发动机就是在这里诞生的。生活上更加艰苦。60 年代固体发动机研究院的职工们 6—8 人挤住在一小间单身宿舍里，在几条苇席围成的“食堂”里就餐，吃的是玉米面和白菜、土豆、胡萝卜。艰苦还不仅仅体现在工作条件和生活环境上，还体现在我们的一切努力都必须建立在自力更生的基础上。中国的导弹事业是从仿制苏联导弹起步的。但仿制绝不是目的，仿制的目的在于学会自行设计。仿制只是在别人搀扶下的蹒跚学步，要想大步前进，只能依靠自己。此后，从第一枚中近程导弹“东风二号”到“飞向太平洋”的远程火箭，从第一枚运载火箭“长征一号”到达到国际先进水平的长征系列运载火箭，从“东方红一号”卫星到“神舟”系列飞船，无一不是自力更生的成果。航天事业就这样一路艰苦走来，自力更生、艰苦奋斗的精神支撑成就了今天的伟业。

三大“航天精神”激励着航天人开拓创新、勇于攻坚。载人航天工程是中国航天领域迄今规模最庞大、系统最复杂、技术难度大、质量可靠性安全性要求最高和极具风险性的一项重点工程。这项空前复杂的工程在较短的时间里不断取得历史性突破，归功于中国航天人敢于攻坚、勇于创新的精神。我国的载人航天工程，从飞船设计、火箭改进、轨道控制、空间应用到测控通信、航天员训练、发射场和着陆场等方案论证设计，都瞄准世界先进技术，确保工程一起步就有强劲的后发优势，关键技术就能与世界先进水平并驾齐驱，局部还有所超越。面对一系列全新领域和尖端课题，科技人员始终不懈探索、敢于超越，攻克了一项又一项关键技术难题，获得了一大批具有自主知识产权的核心技术和生产性关键技术，展示了新时期中国航天人的卓越创新能力。飞船研制、运载火箭的高可靠性、轨道控制、飞船返回等国际宇航界公认的尖端课题，不仅在一些重要技术领域达到了世界先进水平，而且形成了一套符合我国载人航天工程要求的科学管理理论和方法，创造了对大型工程建设进行现代化管理的宝贵经验。

三大"航天精神"激励着航天人无私奉献。我国航天事业的建设者，是一支具有光荣传统、建立了卓越功勋的团队。中国航天人勇敢地肩负起攀登航天科技高峰的神圣使命，为了祖国的航天事业，默默奉献。他们献出了青春年华，献出了聪明才智，献出了热血汗水，有的甚至献出了宝贵生命。20 世纪 80 年代至 90 年代初，罗健夫和魏文举的名字，感动了无数的中国人。罗健夫这个普通的知识分子，为了攻克技术难关，废寝忘食，连春节也在工作室里度过；作为主要的研制者，在申报成果时，他却要求不要署自己的名字；出国、长工资的机会，他让给别人，分房子他要位置最差的；身患晚期癌症，忍受剧痛还惦记着工作。魏文举这个 211 厂总装车间的装配工，面对即将发射的火箭突发故障，挺身而出第一个冲上去抢险，终因深度中毒而停止了呼吸。在危险时刻，他把生的希望留给了别人，把死的威胁留给了自己。罗健夫、魏文举身上所体现出的献身精神，正是千千万万的航天人无私奉献精神的最好写照。他们用顽强的意志和杰出的智慧，将"一切为了祖国，一切为了成功"写在了浩瀚无垠的太空中、写在了自己的生命里。这种无私奉献的精神，不仅造就了今天中国航天事业的卓越成就，而且还造就了一大批年轻的能够站在世界科技前沿、勇于创新的高素质人才的茁壮成长。在载人航天工程的几大系统中，35 岁以下的技术骨干已占 80%，一批既懂专业、又善管理的人才成为各系统、各专业的带头人，为我国航天事业实现新的突破积蓄了强大的发展后劲。

（二）建立行业核心价值引领的企业文化体系

中国航天科技集团公司把三大"航天精神"作为价值观之"源"，在传承航天三大精神的基础上，逐步形成了新时期航天科技工业的企业理念文化体系，建立了以"以国为重、以人为本、以质取信、以新图强"为核心价值观，引领航天人践行以一流的技术、一流的质量、一流的业绩，实现"以卓越铸就辉煌、用成功报效祖国"的庄严承诺，为经济社会发展、为科技进步和国防现代化作出了卓越贡献。

"以国为重"是这一核心价值观的灵魂。在它的引领下，航天人以"科技强军，航天报国”为使命，在企业追求自身发展和员工成长的进程中，履行着中央企业“共和国长子”顶梁之责和军工企业“铸造国家安全基石”责任，在追求企业效益的同时，始终将国家利益放在首位。在其他军工企业共同努力下，“国家利益至上”等理念已经成为军工文化的核心价值理念，成为国防科技工业的内在精神之魂，它体现出军工行业区别于一般行业的行业文化特征。

“以人为本”的价值观成为企业管理者的自觉理念和行为，成为员工的思想共识，它通过三条途径在行业企业发展中得到体现。一是建设企业文化识别系统，打造员工自觉遵循的文化准则。近年来，航天科技集团通过顶层策划，逐步推进，建立了以视觉识别系统（VI）、理念识别系统（MI）、行为识别系统（BI）为核心的企业文化体系。三大识别系统的导入，统一了航天科技所属百余家单位的整体形象，并将其固化于制、外化于行、内化于心。二是形成了被航天科技广大干部职工和社会公众普遍认同的企业理念，而且还规范了员工各类行为准则。如树立人才是航天的发动机、航天是人才的推进器的人才观，让学习成为生活习惯、把学习作为终身需求的学习观。三是策划了一系列具有航天特色的团队活动，提高了员工的思想认知，聚合了力量，统一了步调，增强了企业的凝聚力和向心力。航天科技通过营造“关爱生命，关注安全”的氛围，不断培育安全文化；通过举行型号试验队出征宣誓仪式、印发企业文化书籍、举办质量承诺活动，增强了员工的使命感和责任感；通过举办航天科技发展与前景高峰论坛、航天质量论坛、航天知识大赛、航天文艺节目巡回演出、青年集体婚礼等主题活动，使企业文化贴近一线、贴近员工、贴近科研，极大激发了员工参与企业文化建设的热情。

（三）培养员工精品意识与创新意识

“以质取信”引导中国航空科技集团公司以质量文化为切入点，大力实施精品战略。从着力提高员工的文化素质入手，使“持续改进、追求卓越、精益求精”的质量理念真正成为员工的工作习惯和自觉行动；将质量文化与质量管理体系建设相融合，建立领导干部质量意识考评制度，客户意见反馈制度和技术质量问题的全面清理和逐一落实制度，倾力打造精品、塑造品牌；以型号攻坚为中心点，确保重点型号任务完成。组织开展了形式多样的型号立功竞赛活动，通过签订“军令状”等形式，落实攻坚责任，自觉履行“保质量、保水平、保节点、保安全”的行为准则。

“以新图强”即以创新文化为发展点，为建设创新型集团提供思想和文化动力。中国航天科技集团以增强自主创新能力，努力建设创新型集团为奋斗目标，培育一种与时俱进、自强不息、充满生机活力、与自主创新战略相匹配的创新文化：以“追求商业成功，提升企业价值”为指导方针，以“非对称超越、无边界创造”为核心理念，以“尊重科学、团队协作、甘于奉献”为行为规范的集团公司创新文化体系。并通过开展高层论坛、典型案例教育等形式大力深化集团公司创新文化建设。

中国航天科技集团以先进的行业企业文化，打造推动事业跨越发展的核心竞争力的成功案例表明，先进的行业文化是保持一个行业长盛不衰、实现可持续发展的根本保证，有先进的思想文化引领，才有行业大发展、大繁荣。

二、缺乏先进文化引领，将严重危害经济社会的发展

在市场经济条件下，市场经济的两重性都将对经济社会的发展同时产生作用。坚持先进文化引领将有效地发挥市场经济的正面效益，在合理有序的竞争中、在优化资源配置中实现科学发展；缺乏先进文化引领，将失去经济社会发展的方向性目标，不能承担起经济社会组织应尽的社会责任；将可能产生片面追求经济增长、单纯追求企业盈利，甚至不惜损害和牺牲社会利益和公众利益，导致经济社会的畸形发展。在今天激烈的市场竞争中，由于行业文化的缺失导致的行业企业主流价值观的迷失，影响企业的信誉和企业的发展，最终危害经济社会的发展的事件并不少见。

（一）缺乏先进文化引领的乱象

2011 年 10 月 25 日《信息时报》刊登一则消息：“专家炮轰第一怪胎中石油，最赚钱央企让 60 万小散割肉。”从中我们可以看到，要实现经济社会的科学发展、实现发展成果人民共享，先进文化对经济社会发展的引领至关重要。文中提到：“每天净赚近 3. 4 亿，自称亚洲最赚钱公司的中石油名副其实，然而这一切均与普通投资者无关。站在 9. 83 元仰望 48 元的历史之巅，恐怕 N 年之内中石油也难以再次到达这个股价高峰，难怪股民会发出‘问君能有几多愁，恰似满仓中石油’的叹息。中石油是目前 A 股市场的‘套牢之王’，上市后套牢资金上千亿居第一，至今为止套牢人数上百万居第一。”

“年赚 1241. 8 亿元，中石油再次坐实了亚洲最赚钱公司的头衔。然而在华丽业绩背后，却是上市四年时间超过 60 万小散们割肉出局。‘最赚钱央企’在公司业绩和二级市场股价上的盈亏逻辑悖逆，让投资者困惑和不满，价值投资何以成为 A 股最大笑话?”

专家们认为中石油的盈亏逻辑悖逆，它的荣耀的开端与悲惨的结局，均是A股“游戏规则”造就的恶果。而这一“游戏规则”客观存在的原因是缺乏股权文化和股市新文化，导致以下两种制度文化的缺陷：

一是畸形发审制度。“市值第一”的中石油是中国股市的一大怪胎，由于国内股市体制的市场定位不对头，加上中石油自己回归A股上市的动机也不纯，“重融资轻回报”的理念，在成就了中石油对A股最大的“贡献”的结果，就是60万小散们割肉出局。曾经中石油也信誓旦旦地表示要“让利于民”，可结果却是股民利益的受损。“事实上，细数A股市场每一个‘套牢王’，剥开其套牢的表象继续向历史追溯，不难发现，发审制度的特殊‘文化’，造成新股高价发行以及高价定位，使得上市公司能以较小代价获得巨额资金。而发行价格与公司业绩的严重背离，却形成风险极大的价格扭曲，从而引发上市后的暴跌。”这一特殊“文化”的价值取向是满足上市公司的融资需求，造就股市的“繁荣”。而这一“繁荣”后面带给经济社会的何种影响，对股民利益的侵害程度，均没有进入它的视野，它的价值取向严重背离社会主义先进文化的要求，背离了社会主义经济社会发展的方向。

二是监管缺位导致分红不均。除了上市之初的定价之争，体现了发审制度的特殊“文化”的缺陷，分红问题也体现了股权文化和股市文化的短板。业内专家认为，“目前与保护中小投资者利益有关的制度规定往往不起作用，大多数股民惨成‘炮灰’。股市的制度设计把融资功能放在了第一位，投资功能放在了从属地位，从而导致了融资功能的强化和投资功能的弱化。许多政策的出发点往往向融资方倾斜，投资者的利益被根本漠视。”“身为A股市场‘第一权重股’的中石油，上市以来的8次分红每股也仅累计获得1.19元的股息。若按48元计算，其四年股息收入也仅有2.48%。这意味着四年时间里，A股股东以损失四分之三投入的风险，换来了比银行存款还要低80%左右的股息，投资者要收回成本起码需要一百年。然而与此形成鲜明对比的是，中石油在美国上市融资不过29亿美元，上市4年海外分红却累计高达119亿美元。最有贡献的A股股民，在‘分红上享受相同权利’的名义下，事实上却成为中石油资本盛宴的‘局外人’。”

因此，专家们呼吁，“应尽快推出股权文化和股市新文化，强调股东的利益至上，要保证分红和保护股东表决的权利，承认股东才是上市公司主体”。客观上，一个只注重上市公司利益而不注重股民利益的股市，是不能长期健康地发展的，对中国经济的发展、对社会的安定稳定都将造成灾难性的影响。建立符合社会主义市场经济发展需要、符合广大人民群众根本利益的股权文化和股市新文化，是引领中国股市健康发展的重要保证。

除此之外，还有诸如伊利与蒙牛、腾讯与360、格力与美的等行业龙头企业曾陷入了“相互诋毁”的怪圈。还有一些行业“潜规则”盛行，“毒奶粉”、“三聚氰胺”、“地沟油”、“瘦肉精”等食品安全事件层出不穷。有的企业为追求高额的利润而不择手段，抄袭、仿制或侵犯他人知识产权的事件时有发生，低质、劣质的假冒伪劣产品充斥市场，“山寨文化”被有些人标榜成了主流文化。这些问题严重影响了我国行业的健康发展和国际形象。

（二）加强行业文化建设刻不容缓

行业文化混乱与发展滞后的种种现象应该引起我们的高度关注。究其原因，既有市场的因素又有机制的原因：一是关注和研究行业文化的机构和人员较少，目前全国还没有专门的行业文化研究机构和部门；二是企业不重视行业文化建设。各行业里的企业大都把注意力集中在赚钱和攫取利益上或站在自身企业的角度关门搞企业文化，而轻行业文化建设；三是行业协会作为我国行业的主要管理部门在行业文化建设上的缺失。在全国众多行业里，许多行业组织还未把行业文化建设作为一项重要工作来抓。

行业协会组织作为我国行业的主要管理者，应主动扛起行业文化建设的重任，将行业文化建设摆在行业发展战略位置，通过行业文化建设，规范企业行为，增强行业公信力、凝聚力、竞争力，树立良好的行业形象。通过行业文化建设，更好地加强行业自律，避免无序竞争，更好地应对国内外各种风险的挑战，更有力地参与国际竞争。同时，行业文化建设是全行业共同的责任，各企业尤其是龙头企业领导要带头遵守和维护行业规范，诚信经营，将行业文化建设融入企业日常的经营、管理，融入企业文化建设，融入员工道德建设中，共同营造和谐发展的行业环境和文化氛围。

行业文化建设关乎行业的竞争力和发展前景，关乎国家的文化软实力，更关系到每个人的切身利益。当前，我们应当把行业文化的建设和培育摆在更加突出的位置，加紧规划和行动，大力提升行业文化建设水平。

三、加快文化产业建设，引领新一轮经济增长

“十二五”期间，我国把加快发展文化产业作为转变经济发展方式的战略举

措。文化产业具有整合和重组传统产业、优化经济结构以及扩大消费、增加就业的重要作用，是推动经济转型升级的重要依托和支撑。

（一）从广东制造到广东设计的创新之路

广东省率先走出一条从广东制造到广东设计的创新之路。广东经过改革开放30年的快速发展，已进入产业结构转型升级的重要阶段。面对激烈的市场竞争，面对资源、能源短缺的压力，发展以人力资源、低碳元素为主的文化创意产业，推动产业结构优化升级和经济发展方式转变，进一步增强综合竞争力，引领新一轮经济增长，成为广东产业发展和经济社会发展的战略选择。从广东制造到广东设计，广东文化产业一方面是向苹果公司学习，改进商业模式，以设计为主；另一方向用文化产业的内容和知识产权，加上设计，来带动制造业的飞跃。努力实现从“卖产品”到“卖文化”的转变，将产品与文化艺术设计、文化产业相结合，提升产品的附加值，已成为广东在谋求产业转型升级中的智慧选择。

政府的政策和扶持文化创意产业发展的战略性措施，是支持文化创意产业发展，推进从广东制造到广东设计的重要保障。2008年7月广东省省委、省政府出台的《关于加快建设现代产业体系的决定》，明确提出建设“珠江两岸文化创意产业圈”。依托珠江两岸良好的创意产业发展基础，创新广府文化、潮汕文化、客家文化，重点发展数字内容、工业设计、文化传媒、动漫制作、创意产品研发、咨询策划、设计创意等高端行业，做大做强一批文化创意产业园区、企业和品牌，培育出一批竞争力强的文化创意产业集群。经过五年努力，建立发展水平全国领先的珠江两岸文化创意产业圈、中国南方文化创意中心、国家级文化创意产业示范区，成为亚太地区最具活力和竞争力的文化创意区之一。

文化企业的自主创新是实现从广东制造到广东设计的根本动力。随着近几年广东省特别是珠三角地区文化创意产业园区不断增多，出版发行业、文化娱乐业、文化旅游业、广告会展业、网游动漫等文化产业，积极探索一条传统产业与文化产业相结合的道路，成就了一批如广州的奥飞、喜洋洋等具有创新能力的动漫企业，逐渐成为珠三角文化产业的主要支撑力量，并逐渐成为国内原创动漫的领头羊，使珠江两岸文化创意产业呈现出良好的发展态势。

（二）文化创意产业领跑经济新一轮发展

广东的文化创意产业，在引领经济新一轮发展中发挥了重要的作用。首先，文化创意产业为提升城市的实力提供软实力。文化创意产业的发展，使珠江两岸丰富商业文化、民主科学潮流、抗战文化、潮汕文化、客家文化等历史文化积淀和文化资源与现代工业文化得以交融，优势文化资源得以整合，特色文化发展空间得以拓展，推动了特色文化品牌的培育、城市文化内涵的发掘和城市文化魅力的提升；其次，文化创意产业引发一系列的“经济效应”。文化创意产业的发展，使城市定位更加明确、城市的人文与艺术气质更加浓厚，城市人文环境、政府服务、商业文化、生态环境都达到一个更好的水平。同时，推动了创新性人才集聚效应的形成，在一系列鼓励和扶持文化创意产业发展的产业政策引导下，加快文化创意产业园区的建设，吸引了一大批人才来粤创业，并因此集聚全国知名的文化创意企业；第三，文化创意产业已成为广东城市品牌的“名片”。珠三角城市商务休闲中心、旅游购物天堂、绿道自驾游等城市名片将提升，优美的生态环境、高品位的人居环境和自由的商业环境成为突破口，整个珠江两岸圈的文化魅力和文明程度在全国得到充分的认同。

（三）文化产业产品交易上的创新之路

广东在加快文化产业建设、引领新一轮经济增长中，不仅在文化产业的生产领域走出一条从广东制造到广东设计的创新之路，而且在文化产业产品的交易上探索出广东设计的创新之路，包括凭借我国唯一国家级、国际化、综合性文化产业博览交易会——深圳文博会，作为引领文化产业发展的“助力器”。深圳文博会将产业和经营意识带入了文化领域，为文化产业的发展打造了一个广阔的平台。从 2001 年到 2011 年，七届文博会已累计成交 5025 亿元；凭借“中国（广州）优秀舞台艺术演出交易会”，将舞台艺术生产要素推到了市场前沿参与交易，为我国舞台艺术“走出去”摸索出一条新路。2010 年，作为中国艺术节的一大创新，第九届中国艺术节首次推出演交会，展出的剧目包括数百个国家级精品剧目，并设立“演艺超市”。在这次演交会上，大型音乐剧《蝶》欧洲巡演等十多个大项目成功签约，达成出口国外市场交易项目 66 个。广东文化已经“扬帆出海”。广州海关发布的统计数据显示，2010 年 1 月至 4 月，广东文化产品累计出口 23 亿美元，大幅增长 62%。①

从广东制造到广东设计，使今日广东已成为孕育创意文化产业商机的热土。在深圳，诞生了腾讯的神话，被联合国教科文组授予“设计之都”；在广州，传统的岭南文化与“退二进三”产业升级相结合，碰撞出新的文化产业，成为引领新一轮经济增长的起跳点。曾经引领流行音乐、粤产电视剧风潮的广东，如今又开

① 吴春燕：《广东文化改革“探路先锋”引领时代新潮》，《光明日报》2011 年 10 月 26 日。

始领跑新一轮文化风潮：动漫《喜羊羊与灰太狼》风靡全国，广东的动漫产值2010年达到了168.67亿元，位列全国第一；创意文化产业的发展在广东正方兴未艾，文化产业已成为广东的重要支柱产业，广东的文化产业增加值连续8年位居全国榜首，仅去年就达到2524亿元，占全国总增加值近1/5。“十二五”期间，广东站位培育国民经济支柱产业的高度，推动文化产业加快发展、科学发展，做大做强一批文化企业集团和文化产业集聚区，提高其对经济增长的贡献率。“十二五”期间，要积极培育一批千亿级行业、百亿级企业和重点产业集聚区，使文化产业增速高于GDP和服务业增速、文化产业增加值占GDP比重超过6%，真正实现由经济领先到文化引领，用文化之力推动经济社会全面发展。

第九章　社会主义核心价值体系引领福建文化产业发展

2011年7月，福建省人民政府制定了《福建省“十二五”文化改革发展专项规划》，明确提出福建文化产业发展目标：“十二五”期间，文化产业加快发展，基本建立结构合理、特色鲜明、政策体系完善、效益逐步显现的文化产业运行框架，形成十大文化产业群，形成一批在全国乃至国际上有一定知名度的文化品牌，拥有一批在全国有实力、有竞争力的文化企业或企业集团。到“十二五”末，实现文化产业增加值保持两位数增长，占GDP比重达8%以上，成为国民经济支柱性产业。① 福建地处海峡西岸，文化底蕴深厚，文化资源丰富，民间资本充裕，发展文化产业有着良好的基础和条件。近年来，在政府和民间等多方合力下，福建文化产业得到了快速发展，但也面临新的机遇与挑战。如何用社会主义核心价值体系引领福建文化产业发展，坚持把社会效益放在首位，努力实现经济效益与社会效益的统一，发挥文化引领风尚、教育人民、服务社会、推动发展的作用，对于推动文化产业成为福建经济发展的支柱性产业和文化强省具有重要意义。

第一节　福建文化产业发展的现状

近年来，福建省通过政策扶持、加大投入、持续运作、平台助推，促进了文化产业蓬勃发展，文化产业正在成为福建经济发展的新亮点、新动力、新引擎，福建文化的影响力正在提升，福建科学发展跨越发展的“文化力”支撑也在逐步增强。但与国内外发达地区的文化产业发展相比，总体上还存在一定的差距。福

① 福建省人民政府：《福建省“十二五”文化改革发展专项规划》。http://www.fj.chinanews.com/news/2011/2011-09-13/144838_5.shtml.

建文化产业发展可以概括为五大成就、五大问题：

一、福建文化产业发展的五大成就

早在2006年福建省就出台了《福建文化强省建设纲要》，决定加快福州、厦门、泉州等中心城市文化建设，发挥中心城市在文化方面对周边地区的辐射、示范和带动作用。提出了力争到2010年，形成适应海峡西岸经济区发展要求的文化设施健全配套，文化产业增加值占全省地区生产总值的比重达到5%的目标。2009年以来，福建省省委、省政府从实际出发，制定了《关于加快文化产业发展的意见》和8个文化产业发展规划，提出发展文化产业的指导思想、发展目标、基本原则、主要措施，注重政策倾斜和保障激励作用。在重申国务院和省政府支持文化产业发展的各项优惠政策的同时，明确提出财政、税收、金融、土地等相关扶持文化产业发展的配套政策。2011年福建省人民政府颁布了《福建省"十二五"文化改革发展专项规划》，全面阐述了"十二五"时期文化体制改革发展的指导思想、基本原则、发展目标、主要任务和保障措施等。在实际工作中，福建着力推进文化产业成为福建经济发展的支柱产业，并把这一目标落实到年度经济社会发展计划之中，坚持文化产业发展任务与经济社会发展任务一同研究部署、一同组织实施；把文化产业纳入"十二五"规划中期评估评价体系；策划重大文化产业项目，推动有实力的文化企业实施跨地区、跨行业、跨所有制兼并重组，延伸文化产业链；支持文化产业重点园区（基地）、重点企业发展，推进文化创意产业聚集区的形成，培育研发设计、产品生产、推广销售等文化创意产业链；依托"6·18"、文博会等平台，推动科技含量高、带动力强的文化创意成果的转化，推动了福建文化产业的蓬勃发展，呈现五大亮点：

（一）文化产业规模扩大，经济总量持续攀升

2009年福建省出台的《关于加快发展文化产业的意见》明确提出，福建省将建设五大文化产业工程：建设文化产业精品工程、建设国产动漫产业工程、建设茶文化产业工程、建设影视基地建设工程和建设广告创意基地建设工程；大力发展十大文化产业：到2012年，全省将形成报刊服务、出版印刷发行、广播影视、演艺娱乐、文化旅游、文化创意、动漫游戏、文化会展、广告、工艺美术十大主导文化产业群。全省文化产业增加值占地区生产总值的比重超过5%；到2020年，福建省文化产业将在国际市场上占有一定份额，增长速度明显高于国民经济增长速度，总体实力进入全国前列。几年来，在建设五大文化产业工程和大力发展十

大文化产业过程中，产业布局结构得到持续优化，产业集中度和聚集效应进一步提升，文化经贸活动平台进一步拓展，文化总体实力增强。至2010年，建成省级以上文化产业示范基地71家，其中国家级6家；厦门和福州分别获评“国家动画产业基地”和“国家影视动画综合实验园”；成功举办了四届海峡两岸（厦门）文化产业博览交易会、五届海峡两岸图书交易会、两届海峡印刷技术展览会、一届海峡版权（创意）产业精品博览交易会。其中，海峡两岸（厦门）文化产业博览交易会累计签约项目329项、总金额超过244亿元。2010年举办的第三届文博会共签约项目138个、交易总金额98.98亿元，分别比上届增长68.29%、13.71%；民营企业进入动漫、印刷、工艺美术等产业取得较大进展，3家民营印刷企业在深交所上市。2006—2010年，全省文化及相关产业增加值年均递增30%，增幅高于地区生产总值平均增长水平。2009年，虽然遭遇国际金融危机寒流，福建文化产业上升趋势依然强劲，全省文化产业增加值达461.05亿元，比上年增长30.8%，占GDP3.77%。经过多年的培育，文化产业成为福建新的经济增长点。“十一五”期间，福建全省文化产业增加值年均增长29.8%，比地区生产总值年均增速高12.8个百分点。2010年文化产业增加值达601.66亿元，福建文化产业占GDP的4.2%，文化产业法人单位实现增加值居全国各省区市第7位。①2011年，福建省文化产业实现增加值802.32亿元，增速达33.3%，文化产业增加值占全省GDP比重为4.6%，对经济增长的贡献率达7.5%；全省文化产业活动单位达5.15万家，新增7546家法人单位；完成主营业务收入近2700亿元，同比增长29.6%；吸纳就业人员75.2万人，同比增长8.6%。重点发展的十大文化产业实现增加值567.24亿元，占全省文化产业的70.7%。2012年一季度，福建省文化产业发展增速较快，文化产业实现增加值166.72亿元，比上年同期增长25.6%，增速高于GDP增速12.6个百分点；对经济增长贡献率增强，一季度文化产业增加值占全省GDP比重为5.0%，比2011年提高0.4个百分点，全省文化产业单位实现收入557.88亿元，拥有资产2676.05亿元，吸纳就业人员75.82万人，比去年底增加0.62万人；产业结构持续优化，一季度全省文化产业服务业增加值49.63亿元，同比增长28.0%，文化制造业增加值103.48亿元，同比增长26.4%；集聚效应进一步凸显，一季度福州、厦门、泉州三市文化产业增

---

① 福建省人民政府：《福建省“十二五”文化改革发展专项规划》。http://www.fj.chinanews.com/news/2011/2011-09-13/144838_5.shtml.

加值分别为35.61亿元、36.11亿元和36.72亿元，三市占全省增加值的比重为65.0%，莆田市文化产业增加值占地区生产总值的8.5%，文化产业在沿海地区集聚发展的格局基本形成。①

(二)政府加大投资力度，引领文化产业发展

加快文化产业发展，政府出政策、出规划、出资金。2007至2011年，福建在文化领域出台十多个文件，制定工商税收政策优惠、社保接续、用地优惠、鼓励非公资本进入、建立健全投融资体系等扶持政策。其中，出台了《福建文化强省纲要》、《关于加快文化产业发展的意见》、《"十一五"文化发展规划》、《福建省非公有资本进入文化产业的若干意见》、《关于加快福建省创意产业发展指导意见》、《关于推动福建省动漫产业发展的若干意见》以及《福建省"十二五"文化改革发展专项规划》等政策文件，引领文化产业发展。明确提出重点打造十大文化产业，并推出创新体制机制、设立专项资金等方面的多项具体举措，加快推进文化产业集约化、规模化发展。明确规定，省级财政每年对文化建设的投入增幅不低于财政经常性收入的增幅。"十一五"期间，全省财政文化支出89.4亿元，年均增长16%；2010年财政对文化方面的投入达26.9亿元。从2009年至2012年，省级财政设专项资金，每年安排1亿元扶持动漫游戏等软件产业发展；设立文化产业发展专项资金，每年安排3000万元扶持相关文化产业发展和项目建设。采取项目补助、贴息、奖励等方式重点扶持文化产业龙头企业、重点文化产业基地、重点文化产业园区、重大文化产业工程、具有示范性导向性的文化产品生产和文化服务项目及国有文化事业转企改制、传统工艺美术保护和发展等。从2009年—2013年期间，对电影发行企业的电影发行收入、电影放映企业在农村的电影放映收入免征增值税和营业税。这些政策和文件不仅使得文化产业发展在财政、工商、税收、投融资等各方面享有优惠政策，同时引导着福建文化产业发展的方向。

(三)文化领域不断开放，形成多元投资格局

福建省不断对外开放文化领域，积极鼓励和吸引更多的民间资本、民营资本、海外华侨资本等等非公有资本进入文化产业领域，参与文化产业开发研究，使福建文化产业呈现出国有、民营、台商等多元投资主体平等竞争、共同开发的

---

① 严顺龙：《一季度福建省文化产业同比增长25.6%呈四大亮点》，《福建日报》2012年4月23日。

发展格局。在鼓励非公资本进入文化产业的政策引导下，福建民营资本进入影视、动漫游戏、数字印刷等领域，涌现出一批民营龙头文化企业。全省民营影视制作经营机构已达34家，占全省影视制作机构总数的58.6%；福建鸿博印刷有限公司等3家民营印刷企业相继上市；网龙网络有限公司成为国内领先的网络游戏和互联网应用的开发商、运营商，2010年公司实现总收入约5.3亿。福建积极支持民间艺术繁荣发展，福建民间艺术，歌仔戏、莆仙戏、闽剧等在民间拥有广泛的市场，它所形成的文化产业日渐兴盛。目前，福建省有民间职业剧团800多个，从业人员近4万人，年产值超过7亿元。仅莆田全市有120多个民间剧团，年演出5万至6万多场，每个剧团每年有300多天下乡演出。福建加快两岸文化产业合作园区建设，鼓励吸纳台胞团体或个人来闽投资文化产业，建立生产基地、地区总部、研发及营销中心等。仅2011年第四届海峡两岸文化产业博览交易会上，台湾有349家文化企业和机构前来参展，比上届增长了逾七成；涉台项目签约额超41亿元人民币，比上届增长了六倍多。2011—2016年的5年里，福建将加快两岸文化产业合作园区建设，鼓励吸纳更多的台胞团体或个人来闽投资文化产业，建立生产基地、地区总部、研发及营销中心等。同时，福建加大文化体制改革力度，推动了多元投资格局的发展。福建省首家国有文艺院团转企改制试点单位省杂技团有限责任公司，改制以来活力迸发，精品力作不断涌现，演出水平明显提高，经营收入稳中有升。福建省电影公司改制组建省中兴电影院线和农村数字电影院线公司，年票房收入从改制前的2500多万元增加到当前的4300万元，实现扭亏为盈。

(四)创意产业带动发展，推进新兴文化产业

福建把创意产业带动作为推动福建科学发展、跨越发展的重要支撑。目前，福建省级创意产业项目储备库已形成上百个投资量大、带动力强、有创意的文化创意产业项目，一批文化创意产业的重大项目纷纷落地，并加快建设。如投资达50亿元的厦门华强文化科技产业基地项目开工；总投资约32.5亿元的福州市海西文化创意产业园动工，将建成全省规模最大的文化创意产业园区；投资120亿元的中国安溪清水岩影视产业园项目签约等。动漫企业在加快打造动漫品牌，衍生产品开发生产和销售等方面得到迅速发展。目前，全省动漫游戏相关企业达160多家，从业人员超过1.5万人。2011年，全行业收入达39.5亿元，同比增长43.6%。福建省新出台的动漫游戏产业发展规划(2010—2012年)确定了年均增速45%左右，产业总收入两年后突破100亿元的目标。目前，福建已形

成厦门、福州两个国家级动画产业基地，近两年全省完成动画片发行许可12126分钟，10部动画片被国家广电总局推荐为优秀国产动画片。①

在发展壮大动漫游戏、文化创意产业的基础上，福建借力高新技术，加快传统文化产业改造升级，使报刊服务业、出版印刷发行业、广播影视业、演艺娱乐业、文化旅游业、动漫游戏业、文化会展业、广告业、工艺美术业等新兴产业初具规模，呈稳健蓬勃发展趋势，以"软实力"成就"硬发展"。以福州、厦门、莆田为例：福州市通过政策扶持、规划引导、机制保障等各项措施，积极推动一批文化创意产业园区（基地）建设，促进文化创意产业集聚发展。福州市制定了《文化创意产业示范企业、示范基地（园区）评选命名管理办法》，评选出了第一批市级文化创意产业示范企业14个、示范基地5个，把龙头企业示范带动作为打造产业链、培育产业集群的重要支撑。目前，福州市已建成动漫游戏产业基地、榕都318文化创意艺术街区等10个文化创意产业园区（基地），形成动漫产业集聚区、工艺产业集中区和重点文化旅游区的产业集群发展格局。文化创意产业正成为福州经济新的增长点和支柱性产业。2010年，福州市文化创意产业实现增加值192.3亿元，同比增长25%，占全市GDP 6.2%。其产值位列福建省各市（区）的首位，并以其高增加值成为福州市新一轮经济发展的强劲引擎。2010年，福州市确立了文化创意产业的发展目标：到2012年，文化创意产业增加值以年均25%以上的速度递增，文化创意产业增加值占地区生产总值的比重超过8%，成为海西省会城市的支柱产业之一；到2015年，福州市文化创意产业增加值将超过500亿元，年均增速将达到23%。到2020年，形成产业特色鲜明、创新能力强大、专业人才集聚、知名品牌众多、公共服务完善的文化创意产业集群，把福州打造成为引领海西、辐射全国的文化创意产业中心。② 厦门市充分发挥资源、人才、环境等优势，大力发展动漫游戏、文化创意、文化会展等文化产业，为提速发展注入新的活力和动力。2010年厦门市文化创意产业实现增加值159.55亿元，比上年同期的122.90亿元增长29.82%，高于全市GDP增长速度14.72个百分点，占全市GDP的比重为7.77%，比上年同期提高了0.7个百分点。对GDP增长的贡献率为11.58%，比上年同期提高2.91个百分点；2011年1—6

① 北京正点国际投资咨询有限公司：《福建省文化产业十二五规划深度分析及投资预测报告》，2012年3月。http://www.topoyo.com/shop/7276320/products/16902890.html.

② 高建进：《2010年福州文化创意产业实现增加值192.3亿元》，《光明日报》2011年10月31日。

月，全市文化及相关产业实现增加值108.8亿，比上年同期增长26.5%，占全市GDP比重为10.24%。五大新兴文化创意服务行业带旺厦门文化服务业。2010年厦门市文化服务业实现增加值54.66亿元，其中，五大新兴文化创意服务行业实现增加值32.93亿元，占全市文化服务业比重60.24%，比上年同期增长35.40%，高于全市文化服务业增长速度10.64个百分点，高于全市GDP增长速度20.30个百分点。其中，会展及展览业、广告业、互联网信息业、动漫、网游业、旅行社实现增加值分别为16.50亿元、6.93亿元、4.52亿元、3.03亿元和1.95亿元。动漫网游业、旅行社业和互联网信息业增幅在50%以上，成为拉动文化产业可持续增长的亮点。① 为推动文化产业成为厦门经济社会发展的支柱性产业，该市制定“三年行动计划”，大力实施“531”工程，即重点培育50个重点文化企业、30个重点文化产业项目、10个重点文化产业园区，力争到2014年，文化产业年增加值达400亿元以上，占全市GDP的10%左右，年均增长速度保持在25%以上。② 莆田市大力发展文化创意产业，2010年全市文化创意产业实现增加值近55亿元，居福建省第四位；文化创意产业增加值占全市地区生产总值的比重达6.6%，居福建省首位。莆田市荣获的八大全国性文化品牌：中国戏曲之乡、中国绘画之乡、中国摄影之乡、中国木雕之城、中国古典工艺家具之都、中国银饰之乡、中国政务商务礼品特色产业基地、中国梦文化之乡。而每个品牌的背后，都支撑着一个响当当的文化产业。其中莆田市是全国三大油画基地之一，经过二十多年的发展，当地油画产业从业人数已超过3000人，带动培养的画师已近2万人。其中莆田市集友框业有限公司是目前国内最大的油画和画框产品生产厂家，年出口量占中国油画出口的30%，产品销往50多个国家和地区；工艺美术产业是莆田市文化创意产业的主打品牌，也是该市10大支柱产业之一。莆田市工艺美术产业发展成就令人瞩目，在2011年举办的第七届深圳文博会“中国工艺美术文化创意奖”作品评选中，莆田市共获得6金8银4铜和一个特别金奖。莆田市工艺美术产业已成为支柱产业，木雕、玉石、金银首饰业的产量、产值及出口额均居全国同业前列。截至2010年年底，全市工艺美术规模以上企业

---

① 厦门市统计局:《大发展、新跨越，厦门市文化创意产业增加值达159亿元——2010年厦门市文化创意产业发展特点》。http://www.stats-xm.gov.cn/tjzl/tjfx/201105/t20110524_18461.htm.

② 王珊珊:《厦门市将力争到2014年文化产业增加值达400亿元以上》。http://www.fj.xinhuanet.com/nnews/2012-04/11/content_25048599.htm.

245 家，规模产值达到 107 亿元，总产值超过 200 亿元。[①] 为了形成具有莆田特色的工艺美术产业集群，莆田市大手笔规划筹建海西文化创意产业城。产业城项目预计投资 223 亿，拥有 1000 家以上现代服务企业，7 万从业人员，9 万常住人口，40 万平方米商业带动消费人群，力争 22 亿元税收，实现 150 亿元核心产业增加值、260 亿元总产业增加值，用 5 年时间再造一个涵江，打造一个响亮的新城品牌，形成继福、厦、泉以外的第四大海西文化创意产业发展高地。[②] 2011 年，莆田市邀请北京大学文化产业研究院开展《莆田市文化发展战略规划》编制工作，为莆田确定近期、中期、远期发展战略目标，明确发展方向、产业布局与功能分区，策划生成一批文化产业项目和社会文化建设重点项目，引领莆田"十二五"期间及 2030 年远景的文化发展方向。

（五）文化特色产业崛起，创新成果不断涌现

福建在打造文化特色产业中，高度重视文化融合与创新。融合带来创新，现代观念激活传统文化。福州的文化名街打造、莆田工艺美术、武夷山大红袍、安溪茶文化等，都已形成专业市场和产业集群，体现鲜明的地方特色。在发展进程中，福建省着力整合资源，各市区县注重发挥历史文化、民俗文化、茶文化、老区文化等文化资源优势，推动文化与创意、旅游、高新技术等产业融合，促进文化产业结构升级，打造特色文化产业品牌，形成了若干具有地方特色的优势文化品牌和特色文化产业基地，使文化特色产业异军突起，成为区域经济发展的支撑产业。福州"三坊七巷"的改造，是文化特色产业发展的成功案例。福州"三坊七巷"是历史文化大观园，也是福州城市精神的发源地。从 2006 年起福州市投入 40 亿元，按照"修旧如旧，保持总体坊巷格局、风格、风貌不变"原则，全面修复"三坊七巷"历史文化街区，提升城市文明形象。2010 年 6 月，"三坊七巷"荣登"中国十大历史文化名街"评选榜首，这一区域也随之成为休闲旅游热点去处。在注重"三坊七巷"人文资源、文化资源的保护与传承的同时，省市政府重视旅游资源的开发与文化产业的融合。目前已有 166 个商家进驻"三坊七巷"，商业业态涉及工艺品、福州特色小吃、福州特产、传统手工艺等。现在，在南后街的经营商业业态规划上，还出现了酒吧咖啡、顶尖奢侈品等"新面孔"。这些新面孔

① 高建进：《莆田文化产业"八仙"怎样过海？把创意产业做大做强做实》，《光明日报》2011 年 8 月 23 日。

② 林红霞：《莆田大手笔规划海西文化创意产业城》，《莆田晚报》2011 年 8 月 8 日。

的出现，给传统的南后街注入现代化的元素。2011 年以来，三坊七巷保护开发有限公司收入、旅游商业收入、景点门票收入总额已超过 1 亿元①；具有千年历史的莆仙戏的新生成为传统文化资源“古为今用”的见证。近年来，莆田市围绕“三贴近”创新精神文明建设载体，利用常年在城乡巡演的 131 个莆仙戏剧团，广泛开展莆仙古典大戏加演现代文明小戏活动，嫁接当代精神的莆仙戏成为充满活力和观众缘的地方剧种。② 安溪一批茶文化企业通过发掘传统制茶工艺，形成了制茶旅游、茶艺表演等文化产业新业态。魏荫茶业自 2008 年建设铁观音文化园以来，魏荫名茶以保护国家非物质文化遗产、弘扬安溪铁观音文化为己任，通过茶文化知识的传播、名茶品饮、茶艺表演等方式，每年前去铁观音茶文化广场参观的中外宾客有几十万人次。近年来，魏荫茶业的茶叶销售增长中一半的贡献率来自文化因素。③

在特色文化产业发展的同时，文化艺术精品不断涌现。连续两届实现全国精神文明建设“五个一工程”奖的“满堂红”，并获得组织工作奖。先后有 21 部剧目获国家级以上大奖，5 人次获“中国戏剧梅花奖”，1 人次获“文华表演奖”；754 种出版物在省级以上各类评奖中获奖，奖项达 881 个，其中 2 种出版物获“五个一工程”奖，2 种出版物获“中国出版政府奖”，15 种出版物获“中华优秀出版物奖”；85 件广播影视作品获得国家级大奖，16 部动画片被推荐为优秀国产动画片；2 部作品获“鲁迅文学奖”。成功举办一届福建艺术节、两届中国国际钢琴比赛、一届（国际）世界合唱节、两届全省戏剧会演和“武夷奖”中青年演员比赛、一届福建省音乐舞蹈节。④ 文化艺术精品影响力不断扩大，2010 年，福建省委宣传部与中央电视台、江西省委宣传部联合出品的重大革命历史题材电视连续剧《红色摇篮》在中央电视台一套黄金时间热播荧屏，好评如潮；大型山水实景演出《印象 · 大红袍》把武夷山世界文化、自然遗产地武夷山“双世遗”文化品牌与旅游产业很好地结合起来，并全球首创 360 度旋转观众席和实景电影，自

① 吕路阳：《文化旅游品牌效益凸显 三坊七巷旅游收入超亿元》，《福州日报》2011 年 10 月 26 日。

② 孟昭丽、涂洪长：《福建探寻传统文化的现代表达 提高文化自觉与文化自信》，《福建日报》2011 年 11 月 16 日。

③ 林桂平等：《福建安溪茶文化产业欣欣向荣》，《海峡都市报》2010 年 3 月 16 日。

④ 福建省人民政府：《福建省“十二五”文化改革发展专项规划》。http://www.fj.chinanews.com/news/2011/2011-09-13/144838_5.shtml.

2010年3月29日开始公演以来，受到热捧，几乎场场爆满，截至2011年2月28日，共演出351场，接待观众40.8万人次，实现收入5047.45万元。其中多项设计创意获国家专利；大陆第一部赴台拍摄的电视剧《神医大道公》由两岸演员共同演绎，播出后受到市场追捧。2011年由中共福建省委宣传部和中视影视制作有限公司、北京华晟泰通传媒投资有限公司共同出品的都市情感剧《野鸭子》自播出以来，在多个电视台引发了收视热潮，春季中央电视台三个月的时间里竟在一套和八套节目中连续重播了四遍，时间之短，密度之大，是多年来少见的。同年9月，获得了“第十一届中日韩电视制作者论坛观摩作品大奖”，这也是今年唯一一部获得此荣誉的中国电视连续剧。

二、制约福建文化产业发展的五大问题

尽管，福建省文化产业形势发展良好，并取得一定成效，但与云南等文化产业发展较快的省份相比还有一定的差距。用先进文化引领文化产业发展的任务还十分艰巨，推动文化与经济社会的协调发展任重道远。从总体上来看，福建省文化产业还存在着一些制约福建省文化产业进一步发展的瓶颈。具体表现为五大问题：

（一）文化产业整体实力不强，市场竞争能力尚待提高

福建省文化产业整体实力不强，产业规模化、集约化程度不高，缺少有竞争力的骨干文化企业和有影响力的文化品牌，产业发展的结构性问题仍然突出，文化体制改革步伐有待进一步加快。福建现有文化产业管理体制和运营机制尚待完善和规范，聚集效应有待进一步增强。文化产业体制尚未理顺，政企不分、政事不分的局面未能打破。行政管理部门间分工不明确、职责交叉、政出多门，造成市场重复建设，经营者无所适从；国有文化单位改革进展迟缓，无法突破“事业单位，企业管理”的发展模式；条块分割、自我封闭、整体竞争力不足，一方面缺少体大质优、自身造血功能强的市场主体，另一方面存在着条块间、区域间、门类间的封闭观念和本位行为。多数文化企业规模小，实力不强，科技含量不足，产业组织集约化程度偏低，市场化程度低，竞争能力弱，缺乏创新性传统的文化产业资源配置机制，与市场化之间存在尖锐矛盾。此外，福建省的信息科技产业发展在全国处于领先水平，但对文化产品和文化服务科技含量的开发和利用明显不足，文化产品和文化服务形态单一、守旧，大大降低了文化产业自身的影响力和文化产品的市场竞争力。

(二)文化产业创新人才不足,推动经济社会发展还需加强

从事文化产业需要具有创造人才和创新性思维的人,尤其是从事文化创意工作。近年来,制约福建省文化产业发展的普遍问题就是文化人才队伍结构不尽合理,高层次复合型人才比重偏低,缺乏创新型人才。以动漫游戏企业为例,除少数企业外,福建省的动漫游戏企业普遍缺乏创意人才。虽然不少省内大专院校设立了动漫学院和动画、数字媒体艺术等专业,但专业师资、教材、教学体系等还不够完备,教学上更多重视绘画和电脑技能的培训,往往忽视了对人文底蕴、艺术修养的培养,培养出来的学生难以满足企业发展的需求。同时,文化既是凝聚人心的精神纽带,又是推动经济社会发展的重要手段;既直接贡献于经济增长,又对提升经济发展质量发挥着重要作用。近年来,福建把发展文化产业作为加快经济发展方式转变、推动科学发展跨越发展的重要抓手,积极推动文化产业发展迈出新步伐、取得新成效。文化特色产业也正在成为区域经济发展的重要支撑。但是与其他发达国家和地区相比,福建省文化产业对经济社会发展的推动力仍显不足。按照国际标准,文化产业增加值占 GDP 比重 5% 以上才能称为支柱性产业,比如欧洲发达国家文化产业增加值占 GDP 比重达 10%—15%,韩国是 15%,日本是 25%,而美国已达到 30%;2010 年,我国文化产业相对发达的地区,如北京、上海、云南、广东、湖南、湖北 6 个省市文化产业增加值占 GDP 比重超过 5%。云南省 2010 年文化产业增加值占全省 GDP 的比重也已经达到 6.1%,湖南省文化产业增加值占 GDP 比重 5.2%①,而 2010 年福建文化产业增加值达 601.66 亿元,仅占 GDP 的 4.2%;2011 年,福建省文化产业实现增加值 802.32 亿元,占 GDP 的 4.6%;2012 年一季度,福建省文化产业实现增加值 166.72 亿元,比上年同期增长 25.6%,一季度文化产业增加值占全省 GDP 比重为 5.0%。可见,福建省文化产业发展还是具有较强的潜力,还有待进一步挖掘,以增强对福建经济社会发展的带动作用。

(三)文化服务业发展相对滞后,文化产业社会效益尚不明显

近几年来,福建省文化及相关产业增加值一直位居全国前列,文化产品法人制造业年增高达 38.7%。但相比之下,福建省的文化服务业发展相对滞后,主要表现在新闻服务、出版发行和版权服务、广播电视电影服务、文化艺术服务、网

---

① 杨跃萍:《2010 年云南省文化产业增加值达 440 亿元》。http://news.cntv.cn/20111028/110396.shtml.

络文化服务、文化娱乐休闲服务等行业发展滞后。同时，公益性文化事业单位改制正在进行中，不少公益性文化事业单位运行机制落后，一些艺术生产和公共文化服务游离于社会、经济的实际发展与需求之外，因而长期缺乏活力，不能很好满足当前群众对文化消费的增长及文化需求多样性、多层性、个性化的趋势，缺少高质量、高品位，切合文化市场需求的文化产品和服务。同时，在投资多元化条件下文化产业社会效益尚不明显。虽然有金融界的大力支持，为福建文化产业的快速发展提供了强劲的动力，但是福建省文化建设经费基数仍然较低、文化产业投资渠道不畅、文化企业融资困难等问题依旧存在，多元投资仍然十分必要。由于民营资本和外资投入的增加，一些文化产业企业为吸引大众，片面地追求经济利益，而忽视社会效益，出现"泛娱乐化"和"眼球经济"等不良现象，给社会文化生活带来负面影响。因此，应对文化企业的投资加以合理的价值观引领，强化企业的社会责任感显得十分重要。

（四）文化资源需要深度挖掘，资源利用需要进一步创新

文化产业发展的过程，实质是文化资源不断转化为文化产品、文化服务的价值实现过程。福建素称"八闽"，地域文化纷繁多样，文化资源丰富。在推进文化产业发展过程中，福建各地都十分重视传承、发扬和创新当地传统优势资源。但不容忽视的是，福建在文化资源开发过程中也存在着一定的短期行为；一些民间舞蹈、仪式、风俗习惯被庸俗化、简单化；一些地方的非物质文化遗产亟待抢救、保护并实现其当代价值的开发。例如闽南文化作为中华文化的一个子系统，其内涵同样是博大精深的。作为闽南文化最基本特征的闽南方言，是我国八大方言之一，目前虽然仍在几千万人中广泛流传，但有日益被冲淡的趋势，出现了"一代比一代更不会说闽南话"的危机。民间艺术如锦歌、铁枝木偶、皮影戏等，因为艺人年龄老化，加上后继乏人，传承上出现了断层。另外，随着大量农村青壮劳动力外出打工和农村城市化进程的加快，闽南传统婚礼、各类民间祭典活动也正日渐淡化。闽南传统婚俗教育新人要忠于爱情、夫妻互敬、孝敬父母、善待亲友，同时也寄托着大家对新人的美好祝愿和希望，这蕴含着丰富的文化意义，对于家庭和社会的和睦安定具有积极的教育价值。因此，在福建文化产业发展过程中，如何在保护闽南文化传统基因的基础上，融入符合当代价值观和审美情趣的因素，努力探索文化创新，促进其现代发展，是亟待解决的难题。

（五）文化消费总量偏低，消费质量需要引导提升

文化消费已成为消费时代的重要主题。文化消费是文化生产的重要动力，

高质量的消费将推动高质量产品的生产。近年来，福建坚持以科学发展为主题，以加快转变、跨越发展为主线，促增长、调结构、统城乡、惠民生，居民的收入水平和消费支出都保持了平稳较快的增长势头。消费结构进一步优化，文化消费进一步上升。2010 年福建城镇居民人均教育文化娱乐服务支出 1786 元，同比增长 18.7%；"十一五"以来，福建城镇居民人均教育文化娱乐服务支出年均增长 10.0%，但总体上城镇居民文化消费能力和水平仍然不高。根据世界著名经济学家钱纳里的理论，当人均 GDP 达到 1000 美元时，文化消费支出占居民消费总支出的比重达到 18%；当人均 GDP 达到 3000 美元时，居民文化消费支出占总支出的比重达到 23%。福建 2010 年 GDP 超 10000 亿元，人均 GDP 已超过 4000 美元，但是城镇居民文化消费占总支出的比例仅为 12%。这说明目前福建居民文化消费总量偏低，居民文化消费的巨大潜力远未得到释放，政府和企业等在促进文化消费的工作力度还不够；另外，一些居民在进行文化消费时存在着追求享乐性、功利性以及审美趣味的低俗化媚俗化倾向，健康消费、知识消费、娱乐消费尚未成为消费时尚，迫切需要加以正确的引导。

第二节　社会主义核心价值体系引领福建文化产业发展路径探究

近年来，福建省在加快海西建设、促进福建跨越式发展的目标下，借助福建省丰富的文化资源、优越的地理位置、众多的闽商投资与大量的海外资本，提出推动文化产业成为福建经济发展的支柱性产业，使福建文化产业得到了快速发展。新时期，必须坚持用社会主义核心价值体系引领福建文化产业发展，使文化产业能够在更加宽松、规范的政策环境下朝健康、积极方向发展，使社会主义核心价值体系成为福建文化产业发展的指导思想，从而不断满足福建人民群众对精神文化需求，推动福建省文化产业跨越式发展。

一、福建省文化产业发展战略

《福建省"十二五"文化改革发展专项规划》提出了推进福建省文化大发展大繁荣，并对福建省文化建设作出了总体部署。其中，对文化产业发展提出了"加快发展文化产业，积极引导文化产品创作生产"的总体要求。提出了"文化产业发展成为全国示范”的发展目标，提出了增强文化产业竞争力的任务：充分利用我省文化底蕴深厚、文化资源丰富和民间资本充裕等优势，加快建设具有福建特色、富有发展活力、产业优势明显的文化产业，实现居民人均文化消费支出占全部消费支出的比重高于全国平均水平，文化产业的增加值保持两位数增长，“十二五”末占地区生产总值的比重达8%以上，文化产业成为我省国民经济支柱性产业。特别是做大做强十大文化产业，着力培育文化龙头骨干企业，加快建设地方特色文化产业集群和园区，全面推进文化市场体系建设四大任务。实施文化产业发展八大工程：重大创意产业园区建设、影视产业园区建设、十大文化旅游精品、十大红色旅游精品、数字影院建设、文艺演出院线建设、国产动漫振兴工程、新闻出版产业基地（园区）建设。①

要实现以上目标任务，就必须坚持社会主义核心价值体系的引领，把握文化产业发展的原则和规律，提升文化产品和服务的内涵和质量，增强文化产业的核心竞争力。

二、社会主义核心价值体系引领福建文化产业发展的六维路径

根据福建文化产业发展的现状分析以及福建文化产业发展战略要求，从解决存在的主要问题入手，以社会主义核心价值体系引领福建省文化产业发展应采取以下六大举措：

（一）挖掘文化资源的精神内涵，赋予鲜明的时代特色

文化资源是文化生产的基础。在文化产业的发展过程中，必须对文化资源实现优化配置。既要考虑资源禀赋和市场潜质，以提高资源利用率带来最大的经济效益，更加注重挖掘文化资源的精神内涵和思想价值，坚持把社会效益放在第一位，避免盲目性、粗放性，庸俗化、功利化的倾向。

福建特色文化资源丰富，包括闽南文化、客家文化、船政文化、妈祖文化、红土地文化、闽都文化、畲族文化、朱子文化等，这些文化中既包含了历史遗存遗址、特色民居建筑、特色服饰、民间工艺等有形的文化资源，也包含语言文字、文学艺术、绘画美术、音乐舞蹈、风俗习惯、民族节庆等无形文化资源。这些文化资源中蕴含着爱国爱乡、海纳百川、乐善好施、敢拼会赢的福建精神，也体现出爱国

---

① 福建省人民政府：《福建省“十二五”文化改革发展专项规划》。http://zc.k8008.com/html/fujian/renminzhengfu/2011/0830/50923.html.

主义为核心的民族精神和以改革创新为核心的时代精神，特别是红土地文化，这些文化资源是在中国共产党领导人民进行革命和建设的长期实践过程中形成的，天然地具有理想信念的导向功能。在文化产业发展过程中，对这些文化资源的利用，首先应该注意挖掘其中的精神内涵和思想价值。在此基础上，加强文化资源的整合，促进文化资源与经济、特别是文化资源与现代科技的融合，使福建文化资源的优势转变为文化品牌优势，既传承民族精神和地域特点，又能彰显时代气息，建设一批特色明显、在国内外有一定实力和影响力的文化产业基地和品牌，实现文化产品社会效益与经济效益的统一。如福州、厦门、泉州等地应该依托技术和人才等优势加快建设特色文化创意园区，率先在全省建立文化产业综合基地；漳州、莆田、三明、南平、龙岩、宁德等地要依托历史文化、民俗文化、红色文化等优势，培育具有地方特色的优势文化品牌和产业基地。坚持“政府主导、社会参与、市场运作”的原则，积极打造一批具有福建特色的影视、图书、戏剧、音乐、歌舞等文化精品。以文化旅游产业发展为例，福建要加强社会主义核心价值体系引领创意带动，使文化旅游成为弘扬民族优秀文化的新途径，成为经济效益与社会效益相统一的增长新亮点。要在已形成世界自然和文化遗产——武夷山，世界地质公园——泰宁等十大文化旅游品牌的基础上，继续提升闽北武夷山、厦门鼓浪屿、莆田湄洲妈祖文化、泉州崇武惠女风情和泰宁水上丹霞 5 个比较完善的品牌，拓展完善福建土楼、闽西古田会址、漳州滨海火山 3 个基本成熟的品牌，重点培育闽东白水洋、福州昙石山 2 个刚刚起步的品牌，促进福建文化旅游产业蓬勃发展。2012 年，福建旅游以“中华文化旅游年”为契机，整合全省特色文化资源推进旅游与文化产业融合发展，推进文化资源向旅游产品转化，通过深化文化旅游的思想内涵，重点打造闽南文化旅游区、客家文化旅游区、妈祖文化旅游区、红色文化旅游区、闽都文化旅游区、福建土楼旅游区、畲族文化旅游区、朱子文化旅游区八大片区，有效地联合各地文化资源，打破地域的限制，形成一批主题突出、特色鲜明的文化旅游区域，推进民族精神与时代精神的融合与传播。如闽南文化旅游区：涵盖厦门、泉州、漳州市，凸显建筑、音乐、宗教、民俗、商贸及现代都市等文化要素；红色文化旅游区：以古田会议旧址为龙头，以全国红色旅游经典景区为重点，推动形成以“领袖故里、红色摇篮”为主题的湘赣闽红色旅游区；闽都文化旅游区：以福州为中心，包括三坊七巷、船政文化、昙石山遗址、寿山石文化等，增强闽都文化的旅游功能；朱子文化旅游区：以南平地区为重点，强化朱子文化内涵的研究和开发，并整合武夷城村古汉城、下梅中国历史文化名村等文化资源，加快培育有一定影响的朱子文化旅游区，等等。

（二）政策引导投资倾向，把提升社会效益放在首位

文化产业的发展，投资是前提。文化产业被投资界认为是成长速度快、容量大的行业，但投资环境不够透明、企业规模较小以及运作规范问题影响投资者的选择，文化企业融资困难、投资渠道不顺畅，也是文化产业发展中面临的突出问题。因此，必须加大对文化产业的扶持力度，财税政策的示范性和导向性需要更加明确。要加大力度提供政策保障，特别要加大对主旋律作品的扶持力度。十七届六中全会审议通过的《决定》指出，要加大财政、税收、金融、用地等方面对文化产业的政策扶持力度，鼓励文化企业和社会资本对接，对文化内容创意生产、非物质文化遗产项目经营实行税收优惠。福建要贯彻落实并且用足用好国务院和省委、省政府关于加快发展文化产业的各项优惠政策，落实文化产业发展专项资金、工商税收土地优惠政策，加大对主旋律作品的扶持力度，在和谐多样的文化环境中，把对福建特色文化产业、重点园区和重点项目的投资立项放在突出地位。吸引和鼓励非公有资本投资公益性文化企业，引导其自觉履行社会责任。同时，要注意加强和改进对非公有制文化企业的服务和管理，使其既要遵循文化产业的生产规制和文化产品的市场法则，同时又肩负起应尽的社会责任。

（三）坚持把握正确的价值取向，为人民提供更好更多的精神食粮

文化产品的创作生产具有其独特的意义与作用，它是文化产业为社会创造物质和精神财富的主体环节和核心部分，直接作用于人们的精神世界，影响民族精神状况和社会文明进步。优秀文化产品以其具有的深厚文化底蕴和人文精神，滋养一个民族和她的人民；以其对当代人的发展状况、当代人的精神追求和理想愿望的真实反映，打造民族精神和提升人民的素质，推动人的自由全面发展和社会发展进步。因此，福建在抓文化产品的创作中，必须牢牢把握以社会主义核心价值体系引领文化产品的创作生产这一正确的价值取向，以社会主义核心价值体系引领文化企业的创作理念、经营管理和企业文化建设。既注重引导和激发企业的社会责任和道德良知，牢牢把握文化企业生产的正确方向，使文化企业和文化工作者能够始终坚持“二为”方向、“双百”方针和“三贴近”原则。坚持以人民为中心的创作导向，贴近实际、贴近生活、贴近群众，采用人民群众喜闻乐见的方式反映人民群众的生产生活，热情讴歌改革开放和社会主义现代化建设以及福建科学发展跨越发展的伟大实践，生动展示人民奋发有为的精神风貌和创造历史的辉煌业绩，创作生产出经得起人民、时代和历史检验的文化精品，

提升文化产品的内涵和质量。又要制定相应的法律法规,抵止文化创作生产的低俗、粗俗、媚俗等不良倾向的形成,禁止低俗、粗俗、媚俗等不良文化产品流向社会,追究违法生产文化垃圾生产者的法律责任。坚持文化创新,在继承民族传统和福建特色的基础上,吸收借鉴其他优秀文明成果,推动具有福建精神、福建风格和福建气派的文化创新产品的产出,极大丰富文化品种和风格,满足人民不断增长的多样化的精神文化需求。

(四)坚持引领文化创意,打造更多的文化精品

坚持社会主义核心价值体系引领文化创意,是打造富有竞争力的文化品牌的关键。文化创意产业是文化产业中的新鲜血液,在与福建相邻的一些经济区域之中,文化创意产业园区或基地得到了迅猛发展。如长江三角洲地区的上海春明艺术产业园、同乐坊等;珠江三角洲地区的香港数码港、深圳文化创意产业园区等。与此相比,福建的文化创意产业发展不足。事实上,福建具备发展文化创意产业的良好条件:福建省省委省政府高度重视文化创意产业的发展,使福建拥有良好的文化创意产业发展的宏观环境;周边地区的文化创意产业的发展,使福建省文化发展面临巨大的竞争压力,但也为福建文化创意产业发展打造区域合作平台提供了条件,并为福建发展提供有益的借鉴;福建具有丰富的文化资源,为文化创意产业的发展提供了很好的资源基础;福建在坚持社会主义核心价值体系引领文化创意,打造富有竞争力的文化品牌中有十分成功的案例,为福建文化创意产业发展提供很强的示范效应。如进一步打造历史文化名街"三坊七巷"旅游品牌,使之成为名副其实的文化产业基地,辐射带动周边文化产业的共同发展。"三坊七巷"深藏丰厚的文化内涵:"三坊七巷"是全国名人故居最集中的街坊,这里产生了中国近现代百位名人,数以百计的政治家、军事家、文学家、诗人;在"三坊七巷",坊巷纵横、石板铺地,白墙青瓦、结构严谨,房屋精致、匠艺奇巧,集中体现了闽越古城的民居特色,被建筑界喻为一座规模庞大的明清古建筑博物馆;"三坊七巷"里的闽剧,居福建五大剧种之首,已有四百多年历史,因有自己独特的艺术魅力而深为广大群众喜爱,是中华民族艺术的一个瑰宝,是国家级非物质文化遗产。其他还有如福州软木画、福州漆箸、福州金箔、畲族医药、厦门蔡氏漆线雕、安溪铁观音、武夷岩茶、柘荣剪纸、福安畲族银器、惠安木雕等众多非物质文化遗产精品,都被很好地保护和展示。"三坊七巷"的开发,不仅可以使人们感受历史的远久和名人大家的宏韬伟略,可以领略我们民族的勤劳和智慧,传播了中华优秀传统文化,实现文化渊源的传承,增强了爱国主义情怀,

而且可以在提高人们的消费层次和水平的同时，实现社会效益与经济效益的统一。因此，“十二五”期间，福建省应该进一步以“三坊七巷”为平台，以传统文化为纽带，以市场与产业为手段，拓展文化产业链，将文化创意转化为文化产品输出，把“三坊七巷”打造为福建文化创意产业基地，辐射带动福建文化产业的共同发展。

（五）引导健康文化消费走向，提升城乡居民消费品位

努力提升城乡居民消费品位，增加文化消费总量，提高文化消费水平，是文化产业发展的内生动力。文化产品和文化服务只有通过文化消费，才能实现其价值，所以文化消费直接影响文化产业发展的方向和规模。鉴于当前人们文化消费的功利性、享乐性以及审美趣味的低俗化、模式化等倾向，必须坚持社会主义核心价值体系的引领，以促进人们健康、高品位的文化消费和社会的文明进步。

生产思想性与艺术性高度统一的文化精品，是引导人们健康文化消费的前提和基础；以社会主义核心价值体系引领人们文化消费观念的进步是关键。要通过宣传、倡导健康文化消费的观念，激发人们文化消费的热情，使人们在文化消费中能传承优秀文化，领略文化底蕴和文化精髓，在文化消费中自觉地认同社会主义核心价值体系，并把它转化为自己内心的信仰和行动的准则；要培养科学的文化消费观，引导文明走向。文化产品和服务良莠不齐，文化消费自然也会由于文化产品的不同而获得不同的消费体验和消费结果。因此，无论是在信息和传媒文化的消费、娱乐和旅游文化的消费还是日常生活文化的消费中，都应该注意提高人们的文化素质、鉴别能力和欣赏水平，引导人们消费那些能体现美好的精神生活、厚重的人文底蕴、清新的时代气息以及优雅的艺术价值的文化产品和服务，提升消费品位；要加强对文化市场监督管理，营造良好的文化消费环境。要加大执法力度，依法保护知识产权，坚决清除淫秽色情和低俗内容，特别是加强网络文化建设和管理。运用经济手段包括税收、价格、补贴等手段，对文化消费进行调节。发挥消费者协会等社会组织的作用，维护文化消费者的权益，等等。

（六）加强闽台合作，增强文化认同，提升福建文化产业的竞争力

“十二五”期间，福建应加快对台对外文化交流，打造两岸文化交流重要基地作为文化建设的重要目标。福建与台湾一衣带水，两岸文化一脉相承，源远流长。福建与台湾文化产业各具特色，合作潜力巨大。文化产业已成为福建确定

的闽台产业对接十大领域之一,“十二五”规划纲要也明确提出把福建建设成为两岸文化交流的重要基地。

一方面,坚持“和合”的文化理念,实现两岸双赢双利、和谐发展。闽台文化同属中华文化圈,“和合”是中华文化人文精神的积极成果,是华夏民族特有的哲学词汇和价值观念。以“和合”的思想进一步加强闽台教育、科学与技术等方面的交往,推动闽台文艺、图书、影视、动漫和网络游戏策划制作等产业方面的交流与合作,共同打造文化产业链;积极搭建并建设好各类对台文化交流与合作的平台,打造两岸人民共同的精神家园。通过举办海峡两岸文博会、图交会、茶博会、艺博会、旅博会、印博会等会展,以及“妈祖之光”、“福建文化宝岛行”、“客家神韵”、闽南文化节、福建族谱展等活动,增进两岸人民和商界的民族认同,充分发挥闽南文化、客家文化、妈祖文化和乡音乡情在两岸交流中的特殊作用;坚持两岸双赢双利、和谐发展的原则,加快两岸文化产业合作园区建设,如漳州闽台书画创意市场、闽台文化影视城,龙岩台湾群创创意产业园,三明永安闽台文化创意产业园,厦门海峡两岸文化创意产业对接试验区、海峡出版产业合作基地、海峡印刷工业园等一个个突出两岸合作特色的文化产业园区正在加快建设,为台胞入闽投资文化产业搭建平台,鼓励吸纳台胞团体或个人来闽投资文化产业,建立生产基地、地区总部、研发及营销中心等;鼓励台湾文化业者来闽设立合资、独资演出场所经营单位,建立闽台文化产业市场网络。

另一方面,推动闽台文化产业的交流与合作,着眼于实现“双提升”,即增进两岸人民的感情,提升两岸文化的认同感与提升福建文化产业的竞争力。以促进闽台文化旅游产业发展为例:福建拥有独特的旅游资源及对台旅游的区位优势,海峡两岸有着共同的文化根基,这为发展海峡文化旅游产业提供了得天独厚的条件。近年来,两岸文化旅游业迅猛发展,这不仅大大增进了两岸人民的感情,提升了两岸文化的认同感,也为福建文化产业的发展起了推波助澜的作用。因此,福建应该充分发挥好对台优势,尤其要挖掘中华文化的价值,推动闽台文化产业的交流与合作,提升福建文化产业的竞争力。一是要增强引领文化与文化引领的意识,建立闽台文化旅游产业先行先试区,构建闽台文化旅游发展平台,以文化旅游带动旅游产业的快速发展。先行先试区平台从政策支持、资金推动、组织保障、信息沟通、机制运行等诸方面搭建良好的闽台对接平台。福建可抓住国务院出台《关于支持福建省加快建设海峡西岸经济区的若干意见》的机遇,大力争取中央政策的支持,赋予闽台旅游合作更开放更优惠的政策,使福建在对台文化旅游合作中享有更多的审批权和自主权,旅游手续更加便利,更加有效地推进闽台文化旅游产业的发展;建立一个由政府、企业、学术界、民间组织共同组成的闽台文化旅游合作促进组织,加强对民间各类涉台组织的统筹管理;加强两岸联合规划,协调闽台文化旅游开发。以"五缘"为主线,对闽台两地非物质文化旅游资源进行普查摸底,构建闽台文化旅游资源数据库。就闽台区域文化旅游产业发展战略、文化旅游资源保护、文化旅游功能分区与建设、文化旅游产品(线路)开发以及文化旅游的政策、管理、资金、环境、信息、人才等保障体系进行全面的规划。二是要加强社会主义核心价值体系引领,根据闽台两地需求对文化旅游资源同质组合、异质互补的同时,注重传承与弘扬民族优秀传统文化,提升民族认同度;要致力于打造现代闽台文化旅游产品体系,闽台文化旅游开发要致力于采用新载体、新视角、新手段拓展闽台文化发展空间,探索新的文化旅游产品开发形式。以文化节事为载体,精选一批开发基础较好、闽台及海外乡亲影响力大、已初步形成品牌效应的重要节事加以重点扶持,如海峡旅游博览会、妈祖文化系列节庆、客家文化恳亲节等,使其进一步朝精品化方向发展;要以现代科技为手段,丰富闽台文化旅游产品。现代文化旅游产业某种意义上更是一种创意产业。要吸引新一代文化旅游者,一定要运用现代影视多媒体技术,融合现代流行元素,进行大胆创新。如构建以大型广场巡游、音乐舞蹈史诗演出为主体,辅以景点表演、节庆活动相结合的闽台旅游文化表演体系。同时创新文化旅游的展示场所,增加游客的参与性和体验性。开发新颖的网络游戏、动漫旅游纪念品、高科技玩具等等,延长闽台文化旅游产业链。三是坚持改革创新的时代精神,借助台湾文化创意产业的力量引擎,实现福建文化产业跨越发展。台湾和福建在文化上存在相近性,有着共同的基础。台湾文化创意产业的主导力量,可以为福建文化创意产业的兴起与发展起到至关重要的带动作用;福建文化的融入可以进一步拓展台湾的文化内涵与外延,提供重要的文化支持。海峡文化创意产业带具有较强的文化辐射功能,可以为海峡西岸经济区建设建立重要文化支撑平台,是提升区域文化发展的重要途径。台湾的文化创意产业已经取得了一定的成绩。台湾 2002 年通过"文化创意产业发展计划",计划提出技术和文化的双主轴的发展方向。创建一条海峡文化创意产业带能够吸取台湾文化创意产业的先进经验,在推动福建自身文化产业发展的同时,加强两岸文化交流与合作。海峡文化创意产业带应主要以福建与台湾为主体,挖掘和整合福建和台湾文化资源,挖掘和充分利用台湾文化创意产业的领先优势,形成两岸文化产业的对接平台,创造良好的技术、政策、文化设施等相关硬件环境,吸引国内外优秀人才,引领文化创意行业的发展方向,提高区域文化的核心竞争力,并辐射周边地区,建立长江三角洲与珠江三角洲文化创意产业的连接平台,形成三大连接区之间优势互补的文化格局,使东南海岸线的文化产业带真正发挥作用。

第三节　社会主义核心价值体系引领福建文化产业发展的微观分析

文化产业的迅速崛起和发展,是当代科技进步和经济全球化条件下文化发展的一个重要趋势。福建从事文化生产和经营的企业在不断发展壮大,其中如:福建日报报业集团、福建省广播影视集团、福建省新华发行集团、福建省欣骋文化传媒有限公司、厦门青鸟动画公司、福建网龙网络有限公司、福州悠谷动漫数字科技公司等。我们以福建省广播影视集团和福建网龙网络有限公司为例,对社会主义核心价值体系引领福建文化产业发展进行微观分析。福建省广播影视集团和福建网龙网络有限公司成功实践,证实了文化企业是可以通过社会主义核心价值体系引领有效地实现社会效益与经济效益的高度统一。

一、福建省广播影视集团发展分析

福建省广播影视集团自 2004 年成立以来,始终坚持社会主义核心价值体系引领集团发展,在激烈的市场竞争中,在各种挑战面前,清醒地认识广播电视媒体所具有的党和国家的宣传工具与作为文化产业的重要力量的二重属性,坚持党和国家宣传工具属性的根本性和前提性,充分认识广播电视媒体在社会效益方面所肩负的传播社会主义核心价值的根本职责,坚持把这一职责放在第一位。同时,在坚持以社会主义核心价值体系引领集团发展方向的前提下,努力提高经济效益,并以经济效益为基础,提升集团履行根本职责的能力,在实践中探索实行社会效益与经济效益统一的有效方法和路径。

(一)坚持社会主义核心价值体系引领发展方向

福建省广播影视集团的发展,是坚持社会主义核心价值体系引领的典范。随着市场经济的发展,在经济利益的驱动下,广播电视媒体作为文化产业的这一属性越来越受到从业人员的重视,收视率、收听率以及经营创收等经济指标,成为支配着许多广播电视媒体发展方向的无形力量。加之互联网、手机等新媒体的兴起，信息传播自由性、分散性、便捷性和跨国界等特点，使传播格局急剧变化，加剧了广播电视媒体的危机感和紧迫感。在新的市场环境和传播环境的剧变中，广播电视媒体在应对新的挑战面前，出现两种错误取向：一是片面追求经济效益，主动出让阵地，放弃主流舆论传播，将版面或时间让位给非主流舆论，甚至迎合世俗、低俗的要求。在广播电视领域，在综艺娱乐、新闻资讯、文化科教等各大类型节目都不时可见低俗、媚俗、恶俗现象；二是主观上想要壮大主流舆论，但战略、战术上都不善于适应形势、主动创新，创造出思想性和艺术性高度一致的优秀栏目、节目，无法赢得受众，失去发展的根基，难以为继。这两种取向，在使主流舆论遭到了不同程度的削弱甚至是边缘化的同时，也制约了广播影视产业的发展。

福建省广播影视集团始终坚持以社会主义核心价值体系为价值标准，着力正本清源，对“三俗”现象防微杜渐。福建省广播影视集团自成立以来，多次对集团所属各广电节目中“三俗”现象进行排查，着手整改，建立了三项制度：一是建立健全对各频率频道节目的严格抽查评审制度。由集团策划评审委员会聘请资深从业人员和专家学者定期或不定期地进行抽查评审，严把节目导向关。特别是对“三俗”现象易发多发的综艺娱乐类节目，更是重点抽查评审，评审抽查的范围涵盖所有频率频道的综艺娱乐类22个电视栏目和6个广播栏目，对发现的“三俗问题”立即进行整改。二是建立健全科学的节目进入和退出机制。通过“五加强”实现这一机制的运行：加强节目的选调工作，把导向正确、制作精良的品牌节目安排在上星频道播出；加强节目策划，拟定优秀的节目方案报集团策划评审委员会研究论证；加强节目质量的评估，结合奖惩制度，对高质量、高格调的节目进行奖励和扶持，使质量差、格调低的节目退出荧屏；加强外购节目审片人审查责任意识、增加外购节目存储量、加强编辑力量进行再创造；加强一线队伍的培养和管理，建立科学选人用人机制。通过电视专业频道和广播频率领导班子成员竞聘上岗，把一批政治素质好、业务水平高、组织能力强、作风正派的人推上了中层领导岗位，分批对原先的临时人员进行了考试审核，择优录用，排除了人才队伍中的一些隐患，为抵制“三俗”现象提供了坚强的组织和人事保障。三是建立了严格的宣传管理制度，对出现思想导向问题栏目节目的相关责任人，包括中层领导、制片人、主持人和记者编辑均实行“一票否决”，坚决调整使用。同时大力加强人员培训，通过节目的观摩、交流、研讨等方式，提高队伍的政治素质和专业素质。

（二）以改革创新精神引领科学发展

福建省广播影视集团在坚持社会主义核心价值体系导向、抵制“三俗”的前提下，坚持发展创新，坚持“三贴近”，以受众喜闻乐见形式，推出思想性与艺术性统一栏目节目，着力构建科学优化的广播电视节目体系，做到雅俗共赏，从而充分占领舆论主阵地，挤压“三俗”现象的生存空间。在新闻节目方面，明确将新闻宣传整体定位在“构建党和政府与人民群众的连心桥”上，始终把党和政府的意志与人民群众的意愿有机地统一起来。致力于破解普遍存在的正面报道难、舆论监督难、典型宣传难、新闻创新难的“四难”问题。在正面报道中，准确栏目定位与设置，创新节目内容、报道形式与手段、管理机制与队伍建设等，使新闻宣传更有效地引导社会舆论，更有力地促进全社会形成团结、稳定、鼓劲、积极向上的舆论氛围的形成。如，新闻报道确立“从民生看国计”的报道视角，以普通群众的身边事和切身体会解读党和政府一系列方针政策的内涵和意义，使党和国家新闻宣传的目标与大众对新闻宣传的需求一致起来，通过大众的价值认同，实现新闻宣传的社会价值；在舆论监督上，坚持“以人为本，构建和谐”的建设性监督原则，坚持用事实说话，用观点引导，强化观众参与互动，以主流舆论的主动介入，释疑解惑，缓和化解社会矛盾；引导问题“曝光”向问题探讨转化，形成推动问题解决的舆论氛围，使舆论监督成为社会进步的积极因素；在典型宣传中，以“人民群众普通一分子”为基点，以“真实鲜活感人、可信可亲可学”为标准，发现和挖掘典型人物身上的主流特征，发挥典型形象的引导作用。

在新闻创新上，坚持“三贴近”原则，把新闻性与科学性、时代性、真实性、群众性有机结合起来，开辟新的专栏。仅2011年《福建卫视新闻》和《福建新闻联播》栏目推出“走基层、转作风、改文风”和“身边的感动”，《福建新闻》推出“走基层、转作风、改文风——来自基层的报道”，新闻频道《现场》、《新闻2100》和《新闻午报》，开辟《八闽新事》等新闻专栏，经济生活频道《热线777》栏目开辟专栏。其中，“走基层、转作风、改文风”、“走基层、转作风、改文风——来自基层的报道”，深入报道各地推进经济社会各项事业发展过程中的新鲜经验、新的做法和形成的新的风尚；“身边的感动”则把报道对象锁定在如环卫工人、交通协管员等普通劳动者身上，以平实的视角、朴素的语言发掘、展示基层群众言行中的真善美，增加新闻的可信度与亲近感。在综艺娱乐节目方面，把大力倡导高雅艺术与致力于群众艺术有机统一起来，将中华民族博大精深的传统艺术、富于福建地域特色的民间艺术与健康积极的现代艺术紧密结合起来,有效地扩大收视面、提高了收视率,影响面甚至覆盖港澳台和许多国家的华人社会。如《相约东南》系列大型电视综艺晚会近年来相继在福州、北京、香港和台湾等地举办,以弘扬中华优秀传统文化为主题,集中了两岸多地众多演艺明星同台放歌起舞,并通过两岸多地的数家卫星电视向全球直播,反响极为热烈,影响十分巨大。在文化科教节目方面,坚持"科学、理性、真实、客观"的宗旨,在立足传承文化、传播科学,决不让封建迷信和伪科学有任何生存空间的前提下,致力于打造品牌栏目。如电视综合频道的《发现档案》栏目已经成为全国知名的文化科教栏目。

(三)有效地实现社会效益和经济效益的双赢

福建省广播影视集团的探索和实践表明,广播电视媒体面对新的传播格局和市场环境、舆论环境剧变的挑战,坚持社会主义核心价值体系引领,并把坚持社会主义核心价值体系引领具体化为生动活泼的传播形式,是能够有效实现社会效益和经济效益双赢的。以福建人民广播电台为例:集团成立后,福建人民广播电台保留呼号,取消了行政建制。5 个广播频率和东南广播公司成为集团下属扁平化管理的二级传播机构。2010 年,集团按照"统一管理、统一经营,分开核算"的原则,对广播体制进行改革,将新闻综合频率、都市频率、音乐频率三套广播频率捆绑运营。福建新闻综合频率以"新闻立台"为宗旨,以台海特色新闻为突破口,打造精品频率,实施五大举措,推进改革发展:一是提出了"让新闻与现场同步、让新闻与发生地同步"口号,全天节目打通直播,最新消息随时插播,提升新闻的传播速度。二是加强资源整合,把福建 66 家市县电台集中整合进福建"广播新闻协作网",提高新闻的共时性、实效性和贴近性。三是创新台海特色新闻。福建地处海峡西岸,注重发挥涉台广播资源丰富的优势,与台湾许多电台互换节目,内容涉及政治、经济、社会、民生的各个方面,体现出鲜明的特色。四是注重时效和互动,充分利用新媒体的快捷功能,开通了主持人 QQ 群,重视从听众发来的微博中发现新闻来源,采访过程随时通过"微直播"报道进程,了解听众反馈,加大本土新闻与听众的互动。五是打造个性化节目的品牌,把目前很知名、很成熟的个性化节目,如《小薇看台湾》、《一品宗泽》、《一路陶克秀》等打造成品牌节目,同时借新闻频率的公益性和公信力,举办品牌推广活动,扩大新闻频率的品牌影响力。福建都市频率明确了以"娱乐立台、服务立台、公益立台"的定位,在改革中加大了节目创新和品牌行销的力度。坚持与时代同行、与生活同步。2004年私家车开始兴起的时候,提出了"都市人的生活,有车族的广播"的口号,关注开车人衣食住行、吃喝玩乐的生活需求,打造"我的快乐车生活",借以"说"新闻方式,让听众在开车时能心情愉悦地接受资讯。同时打造频率"公益立台"的品牌形象,不断推出公益活动。2008年5.12汶川大地震后,福建都市频率与福建省红十字会一起做募捐,当天募集捐款73万多元,创下了省红十字会一天零散捐款额的最高纪录。每年4月份与《海峡都市报》一起做"圆贫困学生大学梦"活动,听众一对一地认领、资助贫困学生上大学。福建音乐频率在改革中改版成汽车音乐调频,改版后的汽车音乐调频,以类型化的播出模式、"小清新"的节目风格、讲究艺术格调的形象包装被市场认同。同时,配合支持广告部做品牌推广活动,在与新媒体合作上另辟蹊径。去年和苹果公司合作推出了913汽车音乐调频,成为增加收听率和影响力的一项举措。

福建广电集团以建立纯新闻频率为特色,把综合频率直接改变为纯新闻频率,转型中做到社会效益与经济效益的双赢,本该是难度更大。然而,由于他们坚持社会主义核心价值体系的引领,在"三台捆绑运营"中都实现了社会效益与经济效益的双赢。社会效益方面,福建新闻频率转型仅仅一年,收听率就从福州地区排名第13位一跃成为第3位,传播力、影响力大大增强;都市频率的创新机制一直引领着福建广播节目的潮流,他们继续领跑着福州地区的收听率市场;汽车音乐调频也在改革中找到了新的市场支撑点,在福州地区的收听率比以前提升了7到8位。经济效益方面,广告创收大幅提高:新闻频率广告创收增长了83%;汽车音乐调频广告比上年增长50%多;都市频率广告超额300多万元完成了任务。2011年三个频率的广告创收达到5465万元,加上交通频率和经济频率5000多万元的创收,2011年福建广播的创收第一次超过亿元,跻身于国内亿元电台之列。"十二五"期间,福建省广播影视集团力求继续秉承"台海特色、新闻立台、群众立场、全国视野、新闻表达"的理念,向整个集团冲刺全国前10名的目标努力迈进。①

二、福建网龙网络有限公司发展分析

党的十七届六中全会明确指出,要发展健康向上的网络文化,加快发展文化

---

① 刘园丁、范国平:《精准定位、花开六异的福建广播——专访福建广播影视集团党组成员、副董事长王展》,《中国广播网》。http://www.cnr.cn/gbzz/ytzmdm/201204/t20120416_509453444.html.

产业，特别是网络游戏等新兴文化产业。这就要求整个游戏行业在追求利润的同时，需进一步发展文化内容，担负起优秀文化传播的重任。福建网龙网络有限公司（NetDragon Websoft Inc.）（简称网龙）坚持爱国主义为核心的民族精神和以改革创新为核心的时代精神，凭借先进的研发核心技术、敏锐的市场洞察力和广阔的国际视野，凭借推出一系列具有自主知识产权、带有浓厚中国文化底蕴的原创网络游戏产品以及无线软件产品，实现经济效益与社会效益的统一。

（一）网络游戏新兴文化产业的领跑者

网龙公司成立于1999年，仅十几年的发展，网龙已成为中国网络游戏与移动互联网应用的开发商和运营商的领导者之一，成为中国民族网络游戏、移动互联网应用的领跑者和海外市场拓展的先行者，为社会作出了巨大的贡献。网龙荣誉不计其数，包括荣获一系列国家级权威奖项。仅2011年，网龙公司在“中国tmt国际商会”上荣获“chinatmt首届移动应用评选最具投资价值移动互联网企业TOP5”，第二届中国出版政府奖“先进出版单位奖”，第十届17173中国网络游戏风云榜评选网龙公司荣获“最佳网游公司”，《地下城守护者OL》荣获“最受期待网络游戏”，《魔域》再获“最佳2.5D网络游戏”，在“首届海峡（国际）品牌文化节”上荣获“海峡杰出品牌”奖，第九届中国国际软件和信息服务交易会评选结果揭晓，福建天晴数码有限公司荣获“2010—2011中国软件和信息服务业创新产品奖”及“2010—2011中国软件和信息服务业突出贡献奖”；网龙公司董事长刘德建荣获“2010—2011中国软件和信息服务业领军人物奖”。

网龙在飞速发展中也取得了十分可观的经济业绩。仅公司2011年11月30日公布的第三季度财务业绩的报告显示，网龙第三季度净利润为人民币4980万元，较2011年第二季度增长16%，较2010年第三季度增1619.8%；总收益约为人民币202.7百万元，较2011年第二季度增长10%，较2010年第三季度增长58.1%。网游业务收益约为人民币183.5百万元，较2011年第二季度增长5%，较2010年第三季度增长43.1%。无线业务收益约为人民币19.2百万元，较2011年第二季度增长103.4%，较2010年第三季度增长1923.8%。

（二）开发民族文化资源的原创性精品是其成功的基础

透视网龙的成功经历，社会主义核心价值体系引领的导向脉络清晰可见：

基于民族文化资源的原创性产品打造，精品品牌不断涌现是成功的基础。党的十七届六中全会为网络游戏制定了明确的历史定位，其意义已不仅仅停留在创造经济价值方面。网游企业需要完成更高的目标，实现财务业绩与文化内容双丰收。在网游作为一种文化载体,其传播民族优秀文化的作用显得尤为重要的今天,网龙把握了国家也大力扶持民族网游的发展,鼓励用新媒体、新手段传播弘扬民族文化的机遇,力求在每年交出一份漂亮财务报表的同时,向消费者和社会提交一份文化报表。网龙高度关注选择研发具有传统文化特色的网游产品,在帮助企业打造自身品牌的同时,为传播和弘扬我国传统文化作出积极贡献。该公司自主研发的《征服》、《投名状 Online》、《开心》等都是基于我国传统文化的民族网游作品,该公司旗舰产品《征服》自 2003 年推出至今,在海内外赢得居高不下的人气和良好的业绩表现。网龙在文化产品的创作中体现出了活跃的景象,以超乎想象的创造力创造出不断涌现的精品佳作,赢得巨大成功的同时,丰富了文化生活;用自己的产品提供文化增加值,在游戏产品传播民族优秀文化方面,作出了积极的贡献;使其网游产品,不但更容易吸引玩家关注,也更受到社会的欢迎以及政府部门的支持。

在网游产品的开发中,网龙始终坚持鲜明的创作思路:将结合玩家的体验和反馈,不断总结和优化公司研发、运营经验,持续创新,加入更多新的元素和创意,提升现有产品的游戏体验,开发出更多优秀的原创网游产品,让人们在娱乐的同时,潜移默化中受到优秀传统文化的熏陶;网龙在开发上不拘泥于特定模式或套路,而是兼收并蓄,选择最合适的传达方式,自主研发带有很强的文化性,在角色造型等方面极富有东方特色的网游;而且在开发过程中,友情、家庭、正邪、善恶等方面的东方价值观,也都渗入到角色个性和情节场景等设计中;在作品中巧妙地融入了历史、地理、武侠等中国文化,让全世界范围内的玩家在游戏的过程中更多地了解中国,接受中国文化。

(三)培养自主创新的研发核心竞争力是网龙成功的动力

网龙四管齐下,培养自主创新为主的研发核心竞争力:一是确立明晰的创新理念,即坚持自主研发,持续创新,倾力打造拥有自主知识产权的高质量网游精品。技术研发上,目前已自主研发 2D、2. 5D 引擎,并斥巨资引进动作捕捉仪和业界最先进的 3D 游戏开发引擎——Unreal 3 Engine,具备开发各类网络游戏的技术储备;二是重视创新人才的集聚,以投资的眼光看待人才引进和培养,以优于业界的薪酬福利回馈优秀人才。良好的创新氛围和人才政策,使其拥有国内最好的网络游戏研发团队——天晴数码,这是网龙最核心的竞争力,仅策划团队就接近百人,超过国内许多游戏公司的总人数;三是坚持创新游戏运营,在国内第一家引进全球顶级传播公司奥美公司,为游戏运营提供专业营销传播和 CRM

客户关系行销专业指导，提升游戏行业运营的专业化程度；四是倡导以创新性企业文化引领创新，创新是网龙公司文化的精髓，公司倡导的“快乐、学习、创新、真诚”的企业文化，经过多年的培育，已成为员工的自觉行为，他们通过“学习、努力、争取”来实现。同时，依靠公开和自由来保证。网龙实行公开绩效，公开奖惩，接受评议；通过内部论坛直接自由地与董事长对话，自由地发表意见，使每一个员工的积极性、创造性能最大限度地发挥出来。网龙凭借创新竞争力，确立了伟大目标：规模化、公众化、国际化。近期目标——公司产品规模化：以技术领先为核心竞争力，使中国人拥有自主知识产权的网络游戏成为市场的主角。从数量和品质上，以绝对优势使自己成为网络游戏行业的领跑者。中期目标——公司运营国际化：实现 NASDAQ 挂牌上市，增强品牌号召力，攫取人才，增加技术研发投入，实现国际领先水平；实现资本、技术、市场的国际化。网龙远景——从优秀到卓越：成就伟大企业，跻身世界 500 强前列！

（四）推动民族文化走向世界是网龙成功的路径

在激烈的市场竞争中，网游产品进军海外已经成为每个大中型网游公司营销战略的必由之路。而网龙是第一个开拓了国际市场并成功运营的中国网游企业，现已成为美国市场上最大的中国网游运营商，覆盖英、法、西班牙、阿拉伯等 9 种语言区域的游戏市场，参加全球游戏界的“奥斯卡”——美国 E3 大展，与育碧（Ubisoft）、迪士尼（Disney）、美国艺电（EA）等众多的重量级国际伙伴进行多方面合作，迈出了民族网游海外拓展历史性的一步。目前，网龙公司来自海外市场的收益持续约占总收益的 20%。网龙公司突出的业绩受到了各界的关注和肯定，连续四年荣获新闻出版署和信息产业部颁发的“中国游戏海外拓展奖”及“中国十佳游戏开发商”。

（五）注重满足消费群体娱乐文化需求是网龙成功的根本

为了满足全球用户不断变化的需求及市场发展，网龙公司开发了图像管理、即时通信、理财、知识管理、娱乐互动、SNS 等系列应用软件，包括 91 背单词、91 理财、91 笔记、91 看书等“91 系列”、开心学习等应用软件，为用户提供更丰富的游戏及娱乐服务。特别是网龙创意的“网龙 · 数字都市——把城市搬上互联网”中的“中山数字都市”是成功的典范，在网龙原有资源及中山三维地图的基础上，建立 7 个数字平台，全方位改变中山市民的传统生活模式，诞生全新数字都市的新生活模式。同时，在发展过程中还将会对城市建设和经济发展带来重大的社会效益。

第四节 文化产业助推建设更加优美和谐幸福的福建

"十二五"时期,是福建加快转变经济发展方式、推动跨越发展的关键时期,也是推进海峡西岸经济区建设、提前三年全面建成小康社会的决定性时期。2011年11月15日,福建省省委书记孙春兰在中国共产党福建省第九次代表大会上做了主题报告,报告第一次提出建设更加优美更加和谐更加幸福的福建,指明了福建全面建设小康社会的方向目标所在,这表明在推进科学发展跨越发展中,经济发展的目的在于改善人民生活这一新的发展思路正在形成。在社会主义核心价值体系引领下的文化产业发展,将对建设更加优美和谐幸福的福建起到巨大的推动作用。

一、加快文化产业发展助推建设更加优美的福建

建设更加优美的福建依赖于推进生态福建的建设,加快发展低碳产业和循环经济。时至今日,文化产业以其自主创造和技术含量高的优势,政策因素和市场因素利好的作用,已成为投资回报最好的行业之一,文化产业投资热将会较长期存在。《福建省"十二五"文化改革发展专项规划》提出增强文化产业竞争力、做大做强十大文化产业的主要任务:文化创意业、动漫游戏业、报刊服务业和出版印刷发行业、广播影视业、演艺娱乐业、文化旅游业、文化会展业、广告业、工艺美术业,其中把文化创意业作为十大文化产业之首。强调指出:以沿海中心城市为重点,打造创意研发设计、产品生产、推广销售等创意产业链,建设若干个海峡西岸经济区创意产业集群。培育省级创意产业园区(基地),实施创意产业发展工程,重点发展创意设计、数字服务创意、文化创意、时尚设计及咨询服务创意四大领域。文化产业作为文化与经济相互交融的产业形态,由于其具有的高科技、高收益、低耗能等特性,使福建文化产业在为福建经济带来强劲增长的同时,并不会造成环境的压力和破坏。文化产品生产消耗的自然资源低,更多地消耗的是可再生的人力资源,因此它具有很强的环保型。节约资源和保护环境是我国的基本国策,节约能源,发展循环经济,推广低碳技术,保护环境,促进经济社会发展与人口资源环境相协调,同样是福建走可持续发展的必由之路。当前,福建经济发展也面临资源、能源、环境等瓶颈制约,而文化产业是典型的低碳经济、绿

色经济，它较少受资源、能源、环境瓶颈制约，在消耗物质资源少、环境污染小的条件下，实现高附加值。福建加快文化产业发展，就为推动可持续发展注入了强大动力。特别是文化创意产业这一新的发展模式，更是体现资源节约型、环境友好型社会建设要求，符合“生态文明建设”的精神，将成为环保新能源行业重要的文化支撑。文化创意产业的前景决定了它必将具有的巨大发展潜力和投资前景。从消费角度看，文化产品是与日俱增的消费热点。但它的消费基本属于环保型与资源节约型，它的消费过程与结果较少产生环境污染。因此，加快文化产业发展，提升福建经济实力的同时，能够保证建设青山绿水、碧海蓝天的美好家园。

二、加快文化产业发展助推建设更加和谐的福建

“十二五”期间，福建将“推动文化产业成为国民经济支柱性产业。把发展文化产业作为转方式调结构的重要着力点”①。这将极大优化福建的产业结构，实现产业结构与资源供给结构、技术结构、需求结构相适应，促进产业与产业之间协调能力的加强和关联水平的提高以及福建经济各产业间的协调发展，使各产业发展与整个福建经济发展相适应；把发展文化产业作为转方式调结构的重要着力点，发挥文化产业高科技、高收益、低耗能等特性，使之在扩内需、保增长、调结构等方面具有独特的优势，实现从过去主要依靠第二产业带动经济增长，转变为依靠第一、第二、第三产业协同带动，特别是要增加第三产业的比重。文化产业是第三产业的核心产业，它的中间产品和服务是极具创造性的生产要素，对福建经济各个行业都具有广泛的关联带动作用。新技术革命为文化功能的扩展提供了新的手段，催生出一系列新的文化业态，如网络服务、动漫游戏、数字媒体、手机视频等，对经济发展的贡献率明显提高。福建文化产业也充分发挥这一优势，加强与旅游、休闲、制造、电信、交通、房地产等区域经济产业部门的渗透和融合，加快形成以文化内容为纽带、关联度日益密切的产业链和产业集群。文化产业高端领域的创意设计，以及会展、电子商务等生产性服务业与工业、农业逐步结合，不断提升福建传统产业的内在价值、信息化和集约化水平，在推动经济发展中发挥着越来越大的作用。通过以文化产业的发展作为调整和优化供给结

① 孙春兰：《坚持科学发展跨越发展　为建设更加优美更加和谐更加幸福的福建而奋斗》，《福建日报》2011年11月21日。

构的突破口,从总供给方面进一步优化了经济结构和产业结构,实现经济发展的结构和谐;通过文化产业以创新创意为主动力,有力推动经济发展方式的转变,实现科学发展、绿色发展,推动人与社会、人与自然的和谐发展;通过加快发展文化产业,带动创业,增加就业。文化产业投入的是智力资源,产出的是知识产权,不需要更多厂房和土地就能够创造很多的就业机会。而且文化产业的行业和门类众多,产业链条长,就业容量大;就业形式灵活多样,不仅适合个体、自由职业者和掌握传统技艺者等各类不同群体就业,同时作为知识经济和服务行业,特别适合大学生、研究生等知识阶层就业和创业。文化创意是推动其他相关产业发展的重要动力。发展文化产业,有利于解决更多的人就业,特别是能够有效缓解大学生、研究生就业难的问题,有利于带动其他领域、其他产业的创新发展,实现更多的人就业创业。就业问题是关系到民生的最根本问题,是维护社会安定稳定最重要的基础问题,因此,发展文化产业,增加就业,带动创业,对推动建设平安福建、和谐福建将产生重要意义。

三、加快文化产业发展助推建设更加幸福的福建

"切实保障和改善民生,让人民群众共享发展成果",是福建省第九次党代会提出的今后五年的一项重要目标和任务。① 加快文化产业发展是提高海峡西岸经济区综合竞争力的重要手段。2006 在《福建文化强省建设纲要》中提出,要推动福建省文化发展主要指标进入全国前十位,成为文化事业整体水平和文化产业总体实力居全国前列的文化强省。做大做强文化产业,将有力促进福建经济社会又好又快发展,大力提升海峡西岸经济区的综合竞争力,极大提升福建的经济实力,更大程度上满足人民群众过上更加幸福生活的新期待,更有力地解决群众最关心最直接最现实的利益问题,满足人民物质生活的需要;做大做强文化产业,是满足人民群众精神文化需求的重要途径。人民幸福生活的需求,也包括广泛的精神生活需求,文化产业是以产业形态、通过政府扶持和市场引导,为社会公众提供文化、娱乐产品和服务以及与之相关联活动的集合。文化产业市场需求强、发展潜力大、较易实现社会效益和经济效益统一,加快文化产业发展是市场经济条件下满足人民群众精神文化需求的重要途径。因此,加快发展文化

---

① 孙春兰:《坚持科学发展跨越发展 为建设更加优美更加和谐更加幸福的福建而奋斗》,《福建日报》2011 年 11 月 21 日。

产业，增加文化产品和服务的品种、数量和质量，有利于文化事业繁荣发展，满足人民群众日益增长的精神文化需求。福建在增强文化产业竞争力、做大做强“十大文化产业”中，从文化创意业到动漫游戏业，从报刊服务业和出版印刷发行业、广播影视业到演艺娱乐业，从文化旅游业到文化会展业，从广告业到工艺美术业，涉及人民群众精神生活的方方面面。加快文化产业发展，打造更多的文化精品，将直接满足人们的精神生活的各种需求；做大做强文化产业，将有利于扩大居民消费，拉动居民消费结构升级，提升人们的消费层次和消费水平。从目前总需求与总供给平衡关系上来看，很多产业都出现产能过剩的问题，文化产业是少数几个总供给还远远不能满足总需求的朝阳产业之一，人民日益增长的物质文化需要同落后的社会生产之间的矛盾这一社会主要矛盾在文化领域表现得特别突出。文化产业也是人民群众生活基本实现小康之后增加消费的重要途径，大力发展文化产业，也就抓住了扩大消费的重要着力点。消费层次和消费水平的提高，是人民群众生活水平提高的一个重要标志，体现人民精神生活需求的满足。这些，都助于从物质和精神双方面提升人们的幸福指数，增强人们的幸福感，推动建设更加幸福的福建。

参考文献

1.《中国大百科全书》哲学卷 2，中国大百科全书出版社 1987 年版。

2. 梅荣政：《用马克思主义引领社会思潮》，武汉大学出版社 2008 年版。

3.《中华人民共和国国民经济和社会发展第十二个五年规划纲要》，人民出版社 2011 年版。

4. 冯天瑜：《中华文化辞典》，武汉大学出版社 2001 年版。

5. 陈炜：《城市广电集团发展战略》，东南大学出版社 2008 年版。

6. 金光耀：《中国的民族主义》，《近代中国的国家形象与国家认同》，上海古籍出版社 2003 年版。

7. 刘登阁、周云芳：《西学东渐与东学西渐》，中国社会科学出版社 2000 年版。

8. 王俊秀、杨宜音：《2011 年中国社会心态研究报告》，社会科学文献出版社 2011 年版。

9. 邹广文：《论社会发展的人文价值导向》，《哲学动态》1995 年第 2 期。

10. 丁祥艳、朱前星：《社会思潮的引领与和谐社会构建视域中的社会整合》，《求实》2011 年第 11 期。

11. 沈壮海：《文化软实力的中国话语、中国境遇与中国道路》，《马克思主义研究》2009 年第 11 期。

12. 赖海燕、左乐平：《论社会主义核心价值体系与中国文化软实力》，《求实》2010 年第 12 期。

13. 李方祥：《西方对我国的意识形态渗透》，《高校理论战线》2010 年第 1 期。

14. 刘建军：《中国特色社会主义共同理想是社会主义核心价值体系的主题》，《高校理论战线》2007 年第 4 期。

15. 洪晓楠、林丹：《论社会主义核心价值观与国家文化软实力》，《文化学刊》2010 年第 4 期。

16. 王永贵:《意识形态领域新挑战与马克思主义大众化》,《当代世界与社会主义》2010 年第 6 期。

17. 方宝璋:《文化事业、文化产业的关联互动》,《重庆社会科学》2009 第 9 期。

18. 贾磊磊:《主流文化的体系建构与国家文化软实力》,《电影艺术》2008 年第 1 期。

19. 李少惠、梁蕾:《民俗文化视域下农村公益性文化事业建设思考》,《前沿》2010 年第 17 期。

20. 新华社特约评论员:《以改革创新推动文化发展繁荣——六论学习贯彻党的十七届六中全会精神》,《理论参考》2011 年第 11 期。

21. 包国强:《论我国文化市场主体培育的路径选择》,《湖北社会科学》2011 年第 2 期。

22. 艾斐:《文化产业的精神规范与价值取向》,《红旗文稿》2011 第 22 期。

23. 云杉:《文化自觉文化自信文化自强——对繁荣发展中国特色社会主义文化的思考》,《红旗文稿》2010 年第 17 期。

24. 张国祚:《提升我国文化软实力的战略思考》,《红旗文稿》2011 年第 8 期。

25. 冯皓、朱耿友、冯宜萍:《发展文化产业要把社会效益放在首位》,《云南农业大学学报》2007 年第 1 卷第 2 期。

26. 石平:《文化要坚持以人为本》,《求是》2011 年第 23 期。

27. 刘志琴:《服饰变迁——非文本的社会思潮史》,《东方文化》2000 年第 6 期。

28. 费孝通:《对文化的历史性和社会性的思考》,《思想战线》2004 年第 2 期。

29. 朱力:《社会风尚的理论蕴含》,《学术交流》1998 年第 4 期。

30. 李抒望:《当代中国发展与进步的道德诉求》,《党史纵横》2010 年第 9 卷第 1 期。

31. 潘正祥、詹德斌:《苏联瓦解的文化因素》,《安徽史学》2002 年第 4 期。

32. 叶飞霞:《论社会主义意识形态开放性与马克思主义大众化的辩证互动》,《福建农林大学学报》2011 年第 2 期。

33. 王国敏、李玉峰:《挑战与回应:坚守马克思主义在意识形态领域的主流地位》,《马克思主义研究》2007 年 11 期。

34. 方付建、王国华:《当代社会思潮:发展取向与干预方式》,《长江论坛》2010 年第 3 期。

35. 马立诚:《改革开放以来的四次大争论》,《领导文萃》2008 年第 20 期。

36. 涂浩然、卢丽刚:《全球化时代文化认同建构中的中国国家文化安全》,《前沿》2011 年第 7 期。

37. 周玉:《论社会主义核心价值体系大众化的科学内涵及其实现路径》,《重庆大学学报》2011 年第 2 期。

38. 邓聿文:《政府需要怎样的文化自觉》,《理论与当代》2012 年第 1 期。

39. 白翠红:《培育中华民族精神的着力点:中华文化认同》,《广东技术师范学院学报》2010 年第 3 期。

40. 施柳周:《先进文化对当代大学生心理健康的调适》,《湖北社会科学》2008 年第 8 期。

41. 黎群:《深化央企文化建设 引领行业文化发展》,《企业文明》2011 年第 8 期。

42.《人民日报》评论员:《确保文化改革发展的正确方向——三论认真学习贯彻党的十七届六中全会精神》,《人民日报》2011 年 10 月 31 日。

43. 教育部中国特色社会主义理论体系研究中心:《社会主义核心价值体系是兴国之魂》,《光明日报》2011 年 12 月 8 日。

44. 习近平:《加强和改进新形势下党的建设的纲领性文献》,《人民日报》2009 年 10 月 9 日。

45. 刘云山:《以高度政治自觉推进学习型党组织建设》,《人民日报》2010 年 3 月 3 日。

46. 杜学文:《重视文化在综合国力中的重要作用》,《光明日报》2003 年 3 月 6 日。

47. 贾磊磊:《国家文化软实力的主要构成》,《光明日报》2007 年 12 月 7 日。

48. 沈壮海、张发林:《中国文化软实力提升之路》,《中国教育报》2008 年 2 月 5 日。

49. 秦宣:《西方意识形态渗透方式新变化》,《中国社会科学报》2011 年 5

月 24 日。

50. 吴佳珅:《“炒冷饭”的复制扼杀文艺创新》,《光明日报》2011 年 11 月 21 日。

51. 永春:《文化“魂”与“体”辩证关系刍议》,《人民日报》2011 年 10 月 26 日。

52. 颜晓峰、全林远:《社会主义先进文化是文化强国的旗帜》,《解放军报》2011 年 10 月 21 日。

53. 申维辰:《文化创新的本质与法则》,《人民日报》2010 年 10 月 12 日。

54. 辛向阳:《准确把握文化事业与文化产业的辩证关系》,《中国青年报》2012 年 1 月 4 日。

55. 陈建一:《如何解决“供需背离”》,《中国文化报》2010 年 8 月 26 日。

56. 袁秀:《高度重视农村社会主义核心价值体系建设》,《河北日报》2010 年 9 月 1 日。

57. 陈彬斌:《公共文化服务需要再加把劲》,《人民日报》2011 年 10 月 6 日。

58. 教育部中国特色社会主义理论体系研究中心:《坚持先进文化前进方向》,《光明日报》2010 年 8 月 17 日。

59. 章传家、刘光明:《坚持文化体制改革的正确方向》,《光明日报》2006 年 6 月 8 日。

60. 宣言:《积极推进文化发展方式转变 实现文化又好又快发展》,《经济日报》2010 年 8 月 23 日。

61.《陕西日报》评论员:《加快打造合格的文化市场主体——七论深化文化体制改革促进文化产业发展推进文化强省建设》,《陕西日报》2009 年 7 月 24 日。

62. 谭旭东:《不能忽视文化产业的社会效益》,《光明日报》2010 年 3 月 24 日。

63. 王卫平:《弘扬主旋律 创造好效益——话剧〈立秋〉成功的启示》,《文艺报》2007 年 9 月 20 日。

64. 苏丽萍:《话剧〈立秋〉五年演出 500 场的启示》,《光明日报》2009 年 5 月 21 日。

65. 范玉刚:《提高文化产业竞争力要重视文化价值的传承和高扬》,《学习时报》2011 年 11 月 30 日。

66. 吴恒跃、张忠波:《以社会主义核心价值体系引领企业文化建设》,《河北日报》2011 年 12 月 7 日。

67. 任仲平:《论三贴近——贴近实际、贴近生活、贴近群众》,《人民日报》2004 年 12 月 17 日。

68. 李长春:《切实加强对文化产品创作生产的引导 多出精品力作多出优秀人才》,《人民日报》2010 年 12 月 17 日。

69. 刘林:《和谐社会风尚与先进文化的内在关联》,《光明日报》2007 年 5 月 19 日。

70. 李玉滑:《仰望星空脚踏实地——如何看待社会的共同理想》,《光明日报》2011 年 11 月 21 日。

71. 常红、罗旭:《155 万人次参与 2012 网上"两会"调查 社会保障最受关注》,《新华月报》2012 年 3 月 1 日。

72. 王伟:《榜样的力量是无穷的》,《光明日报》2007 年 9 月 18 日。

73. 王南:《第七届中华慈善奖揭晓 曹德旺得票数最多》,《法制晚报》2012 年 4 月 10 日。

74. 赵曜:《当代中国社会思潮透视》,《中国教育报》2002 年 4 月 24 日。

75. 李建华、姜国俊:《用社会主义核心价值体系引领多样化社会思潮》,《光明日报》2008 年 3 月 4 日。

76. 刘云山:《以高度政治自觉推进学习型党组织建设》,《人民日报》2010 年 3 月 3 日。

77. 林荣贵:《传统文化的认同与多民族国家的统一》,《人民日报海外版》2000 年 7 月 3 日。

78. 辛鸣:《让兴国之魂走向大众实践》,《中国青年报》2011 年 11 月 14 日。

79. 张田勘:《误读书比不读书更可怕》,《中国青年报》2012 年 5 月 4 日。

80. 孙劲松、郭齐勇:《优秀传统文化与"文化强国"战略》,《光明日报》2011 年 12 月 12 日。

81. 任理轩:《当代中国需要什么样的国民心态?》,《人民日报》2010 年 7 月 12 日。

82. 刘慧卿、王斌:《培育积极健康的社会文化心态》,《光明日报》2012 年 6 月 3 日。

83.《人民日报》评论部:《“心态培育”,执政者的一道考题》,《人民日报》2011 年 4 月 21 日。

84. 胡锦涛:《在庆祝中国共产党成立 90 周年大会上的讲话》,《人民日报》2011 年 7 月 2 日。

85. 温家宝:《政府工作报告——2012 年 3 月 5 日在第十一届全国人民代表大会第五次会议上》,《人民日报》2012 年 3 月 16 日。

86. 杨建:《中国航天 50 年纪念特稿:激情岁月培育伟大精神》,《中国航天报》2006 年 10 月 8 日。

87. 徐岚:《专家炮轰第一怪胎中石油最赚钱央企让 60 万小散割肉》,《信息时报》2011 年 10 月 25 日。

88. 广东省省委、省政府:《关于加快建设现代产业体系的决定》,《广州日报》2008 年 7 月 29 日。

89. 李培:《广东建设文化强省,由经济领先到文化引领用文化之力推社会全面发展》,《南方日报》2011 年 8 月 25 日。

90. 段金柱:《文化产业,给力福建跨越发展——我省多方合力推动文化产业又好又快发展》,《福建日报》2011 年 3 月 24 日。

91. 孙春兰:《坚持科学发展跨越发展 为建设更加优美更加和谐更加幸福的福建而奋斗》,《福建日报》2011 年 11 月 21 日。

92. 周玮、璩静:《中宣部等四部门负责人就深化文化体制改革发布会》。http://news. xinhuanet. com/politics/2011 - 02/28/c_121131945. htm.

93. 吴黎宏:《发展文化产业莫入误区》。http://www. qstheory. cn/lg/clzt/201110/t20111025_119395. htm.

94. 徐金波:《中国 70 多家网媒发表宣言 倡导抵制低俗杜绝淫秽》。http://www. chinaz. com/news/2009/1212/100939. shtml2009 - 12 - 17.

95. 房宁:《影响当代中国的三大社会思潮》。http://news. ifeng. com/opinion/specials/thinking/200812/1209_4817_914434_2. shtml.

96. 雍莉:《福建省广播影视集团:坚决抵制“三俗”坚持发展创新》。http://www. cctv. com/profile/special/C18317/20070420/105132. shtm.

97. 福建省记协:《福建省广播影视集团深入报道活动进展》。http://news. xinhuanet. com/zgjx/2011 - 09/13/c_131135537. htm.

98.《2011 网游产业将超 420 亿实现业绩与文化双丰收》,《中新网》。http://www. chinanews. com/it/2011/12 - 09/3520725. shtml.

99. 资料来源:福建网龙网络有限公司。http://www. nd. com. cn/cn/about/intro. shtml.

100. 中共福建省省委办公厅、省人民政府办公厅:《关于加快文化产业发展的意见》(闽委办发〔2009〕3 号)。http://dnp. xmu. edu. cn/s/44/t/210/a/54636/info. jspy.

后　记

2011年初，我们着手构思写一本关于文化与社会发展研究的书籍。开始，我们的重点是放在文化事业与文化产业发展关系研究上。党的十七届六中全会的召开，文化强国战略的提出，特别是“社会主义核心价值体系是兴国之魂，是社会主义先进文化的精髓，决定着中国特色社会主义发展方向”观点的高站位，启迪着我们明确全书的主线：以社会主义核心价值体系引领文化建设，用先进文化引领社会经济发展，并把书名定为《引领文化与文化引领》。

叶飞霞负责全书的构思与统稿，撰写序、第一章、第四章、第八章、第九章及后记；刘淑兰撰写第二章、第三章、第五章、第六章、第七章。由于时间和水平的缘故，本书不可避免存在不足和缺陷，敬请读者指正。本书在编辑出版过程中得到人民出版社的大力支持，在此谨表诚挚的谢意。

作　者

2012年9月